KB272600

절세 모음.zip

3.상속·증여편

사례로 쉽게 푸는 상속·증여 절세 백과

2026 개정세법 반영

절세
모음.zip

3. 상속·증여편

메트라이프생명 노블리치센터 솔루션랩 지음

엮은이 조미정 | 공동저자 김인태·신일환·조영호·조하림·고경남·원윤정

맑은샘

펴내며

노블리치센터가 문을 연 이래 고전적이고도 핵심적인 상담 주제는 역시 상속입니다. 책으로 치면 스테디셀러인 동시에 베스트셀러인 셈입니다. 상속이 누구도 피할 수 없는 사건이기 때문일 것입니다. 따라서 노블리치센터 솔루션랩에서 상속·증여편을 내는 것은 필연적 결과입니다.

한국사회의 흐름을 좌지우지해 온 베이비부머들의 은퇴는 '은퇴 쓰나미'라는 유행어를 낳았습니다. 베이비부머의 은퇴는 성장률의 저하, 공적연금의 부담 가속, 노인 문제, 경제활동기의 연장, 이에 따른 청년고용과의 갈등 같은 수많은 문제를 안고 있으며, 대한민국의 현재와 미래를 관통하는 문제가 되었습니다.

그럼, 은퇴 쓰나미의 종착지는 어디일까요? 그것은 누구도 피할 수 없는 마지막 인생의 이벤트인 사망으로 마무리됩니다. 은퇴 쓰나미 다음은 상속 쓰나미입니다. 이제 현명하고 바른 상속을 진지하게 고민하고, 가능한 모든 방법을 동원해 준비할 때입니다.

상속 준비가 어려운 이유는 크게 세 가지로 보입니다.

첫째, 입장에 따라 드러나는 기대치의 간극이 크기 때문입니다.

물려주는 사람은 은퇴 후 장기생존에 대한 걱정, 자신과 배우자의 질병과 간병, 치매 등 건강과 돌봄 문제를 먼저 고민합니다. 반대로 물려받는 상속인은 상속을 '재산의 효율적인 분배'라는 경제적인 문제로 바라보는 경향을 보입니다. 주려면 빨리 주는 것이 세금 측면에서 유리하고 더 많은 기회가 생기는 데 초점을 맞춥니다. 이런 입장의 차이는 종종 서운한 감정과 불화를 일으킵니다.

상속인 간의 기대치도 다릅니다. 부모님 돌봄과 재산형성에 대한 기여도에 대한 평가가 자의적이라는 점에서 '공정한 배분'에 대한 합의에 도달하기 쉽지 않습니다.

둘째, 생의 마지막이 어떤 모습으로 남을 것인지를 결정하는 과정이기 때문입니다. 끝을 대비하는 것은 쉬운 일이 아닙니다. 대부분은 마치 나에게는 그날이 오지 않을 것처럼 준비를 미루죠.

MZ들 사이에선 '낳음 당했다'는 표현이 있습니다. 태어남에 자신의 선택과 의지가 반영되지 않았다는 점을 피력하는 것입니다. 비록 '낳음 당'했지만 '죽음 당'하는 것은 사양입니다. 생의 끝을 온전히 스스로의 뜻과 의지로 준비하고 맞이할 수 있다면 이 또한 좋지 않겠습니까! 정신적·정서적·경제적 유산을 온전히 남기는 준비에 이 책이 일조하기를 바랍니다.

특히 우리의 전문분야인 '절세'가 가능하도록 밑그림을 그리고 준비하는 데 아이디어를 드릴 것이라 생각합니다.

마지막 이유는 상속 절차의 복잡성 때문입니다. 상속 준비와 사전증여에는 많은 고려가 필요합니다. 은퇴는 어떻게 대비할지, 물려주고 싶은 사람은 누구인지, 자산을 어떻게 배분하는 것이 좋을지, 각각의 경우의 수에 따른 세금은 얼마나 다른지, 자산의 가치상승과 가족의 감정까지 고려하면 문제는 더 복잡해집니다.

막상 상속이 일어난 후에도 마찬가지입니다. '복잡한 상속 절차를 진행하느라 충분히 슬퍼할 겨를이 없다'는 말이 나올 정도입니다.

이 책은 그동안 노블리치센터를 찾은 분들의 상담 사례를 통해 상속·증여 준비와 절세방법을 안내할 목적으로 제작되었습니다. 막연하게 고민하는 분들께 해법을 제공할 수 있도록 직관적이고 쉽게 구성하였습니다.

Part 1은 상속준비의 필요성에 대해 알아봅니다. 물가와 부동산 가격 상승으로 자산가 세금이던 상속세의 대중화, 더 나아가 사전 증여의 증가세를 살펴보고, 계획 수립의 효용을 따져봅니다.

Part 2에서는 상속·증여의 7가지 트렌드를 추려 보았습니다. 이 트렌드는 노블리치센터 상담에서 체감한 변화와 두드러진 관심사를 중심으로 정리하였습니다. 특히 컨설팅 분야, 자산가들의 절세 트렌드를 엿보실 수 있을 것입니다.

Part 3은 상속·증여를 위해 꼭 알아야 할 지식을 정리하였습니다. 상속·증여에 영향을 미치는 민법과 세법을 안내합니다. 직관적으로 궁금한 부분을 찾아볼 수 있도록 목차를 설정하고 내용을 더 쉽게 이해할 수 있도록 간단한 사례를 삽입하였습니다.

Part 4에서는 상속·증여세의 핵심인 자산 평가에 대해 다룹니다. 자산가치 평가방법은 상속·증여세 절세에서 매우 중요한 부분입니다. 자산별 평가방법부터 알아두면 쓸모 있는 절세 팁까지 촘촘하게 담았습니다.

Part 5와 6은 컨설팅 사례를 소개합니다. 부동산 자산가, 법인 대표부터 우리 주변에서 흔히 만날 수 있는 중산층까지 대표적인 절세 컨설팅 방법을 엿볼 수 있을 것입니다. 상속·증여세 절세의 합법적이고도 효율적인 절세 팁을 꼭꼭 눌러 담았습니다.

Part 7은 신탁을 특별히 떼 내어 다루고 있습니다. 신탁은 최근 상속·증여 분야의 라이징 스타(rising star)라 할 만합니다. 생전에도 사후에도 고인의 뜻대로 맞춤형 설계가 가능합니다. 또 설계를 어떻게 하느냐에 따라 절세 혜택도 누릴 수 있습니다.

특히 2024년 11월, 보험금청구권신탁의 법적 근거가 마련되면서 신탁의 활용이 급증할 것으로 예상됩니다. 새로운 제도를 빠르게 수용하고 활용해 현명한 안심 상속의 길을 열어줄 것입니다.

부록에는 상속·증여의 실전서로 실무에 필요한 여러가지를 놓치지 않고 챙겨 두었습니다. 노블리치센터에서 흔히 받는 증여에 대한 알쏭달쏭한 질문 모음, 상속·증여 관련 절차와 서류 양식, 세법개정안 등 알짜 정보를 유용하게 활용하시기 바랍니다.

《절세모음.zip》〈개인편〉을 시작으로 〈법인편〉, 〈상속·증여편〉까지 재무컨설팅의 이슈에 대해 '궁금할 때 펼치면 쉽게 찾고 활용 가능한 책'을 만들고자 노력하였습니다. 목차를 찬찬히 읽으며 나에게 필요한 정보를 건져 올리는 기쁨을 누리시기를 기대합니다. 여러분의 상속·증여에 대한 현명한 결정을 도울 수 있어 기쁩니다.

이 책이 나오기까지 수많은 지원과 응원을 아끼지 않은 솔루션랩의 전문위원들과 노블리치센터 구성원들, 메트라이프생명 본사 여러분, 끝으로 언제나 우리를 믿고 함께 달리는 필드의 모든 분들께 감사의 말씀을 전합니다.

보험의 기본 중 하나가 사망에 대한 보장이라는 점에서, 상속은 보험업계의 변치 않는 화두입니다.

인생의 마침표를 찍는 순간을 상상하면 대부분 이런 것들을 바라지 않을까요? 가족을 아끼고 사랑하는 마음이 온전히 전달되기를, 열심히 살아온 삶의 흔적이 멋진 모습으로 기억되기를, 내 재산이 내 뜻과 바람대로 제대로 쓰이기를.

상속·증여 계획은 이런 바람을 이루기 위해 꼭 필요한 준비입니다. 최근 보험업계에서도 보험금청구권신탁이 도입되면서 보험금의 상속에 대한 관심이 다시 높아지고 있습니다. 상속·증여에서 세금에 대한 대비도 빠질 수 없습니다. 미리 준비할수록 절세 가능한 폭도, 절세 효과도 커지기 때문입니다.

이 책의 저자인 메트라이프생명의 노블리치센터 전문위원들은 자산가와 기업가들에게 상속·증여 컨설팅을 20년간 진행해 온 상속·증여 분야의 전문가들입니다. 각 분야의 신뢰도 높은 전문 자격을 보유하고 20년간 누적된 경험을 바탕으로 제공하는 솔루션은 상담을 받았던 고객분들이 인정하고 있습니다. 이번 《절세모음.zip》〈상속·증여편〉에서 그 노하우를 소개하게 되어 자랑스럽게 생각합니다.

특히 각 장마다 포함된 깨알 같은 전문가 팁과 사례와 도해를 곁들인 점 등 문턱을 낮추고 누구나 쉽게 읽을 수 있게 배려한 부분이 눈에 띕니다.

이 책은 상속과 증여를 고민하는 분들과, 고객을 돕는 에이전트들에게 영감과 기회를 줄 것입니다. 《절세모음.zip》〈상속·증여편〉과 함께 아름다운 상속을 준비하시기 바랍니다.

메트라이프생명보험㈜ CEO 송영록

딱딱할 것 같은 '상속·증여 세금의 세계'를 마치 예능 프로그램처럼 실제 상담사례로 쉽고 재미있게 풀어낸 책. 읽다 보면 '절세'가 결코 부자들만의 단어가 아님을 깨닫게 된다. 상속세 앞에서 머리 싸매던 아버지도, 증여세 계산기에 겁먹은 아들, 딸도 이 책 한 권이면 "아, 이렇게 하면 되는구나!!!" 하고 무릎을 탁!!! 탁!! 치게 될 것이다. 자식에게는 현명한 부모로, 부모에게는 든든한 자식으로 기억되는 지혜를 얻고 싶다면 《절세모음.zip》〈상속·증여편〉을 강력 추천한다.

임용권 | 교육전문위원

알쏭달쏭. 그런 것 같기도 하고 그렇지 않은 것 같기도 하여 얼른 분간이 안 되는 모양을 가리킨다. 상속·증여만큼 이 단어가 어울리는 분야도 없을 것이다. 퀴즈게임에서 알쏭달쏭한 것은 즐거움이 되지만, 자녀에게 자산을 물려줄 때는 큰 문제가 될 수 있다. 자칫 더 높은 세금을 부담해야 할 수 있기 때문이다. 더 안전하게, 더 온전하게 물려주고 조금이라도 세금을 줄이고 싶은 마음은 인지상정일 것이다. 그동안 내게 이 문제로 질문을 던진 수많은 분들께 《절세모음.zip》을 추천한다. 당신의 알쏭달쏭함을 명쾌하게 해결해 줄 것이다.

박윤영 | 교육전문위원

이 책은 세금에 대해 잘 모르는 분들도 쉽게 이해할 수 있도록 다양한 사례를 통해 절세 포인트를 정리하고 있다. 또한, 고객 유형별로 구체적인 상황을 설정하고 맞춤형 솔루션을 수록함으로써, 다양한 고객에게 대안을 제시한 점도 흥미롭다. 마지막으로, 현대인들의 삶의 변화에 맞추어 최근 이슈화되고 있는 신탁제도의 A to Z를 자세히 다루고 있다. 이 책을 정독하며 그동안 대략만 알고 있던 몇 가지 이슈를 명확하게 이해하게 되었다. 같은 문제를 고민하는 고객과 에이전트에게도 명쾌한 솔루션을 제공해 줄 것이다. 메트라이프 노블리치센터에서 1년여간 심혈을 기울여 집필한 《절세모음.zip》〈상속·증여편〉이 많은 분들의 절세 전략에 도움이 되길 기대한다.

이재학 | 교육전문위원

※ 노블리치센터 교육전문위원은 법인 컨설팅, 상속증여, 세금, 변액 및 달러보험, 은퇴 등 특수 분야의 전문교육을 담당한다. 전문적인 분야를 상대의 수준에 맞추어 쉽게 푸는 것이 이들의 특기다.

1. 압도적 물량의 컨설팅 사례와 독보적 노하우의 아낌없는 나눔

이 책은 노블리치센터가 수행하는 연 7,000건의 컨설팅에서 뽑아 올린 사례들로 가득하다. 특히 컨설팅 사례를 정리한 Part 5와 6은 요즘 현장의 상속·증여 컨설팅 노하우를 생생하게 담고 있다.

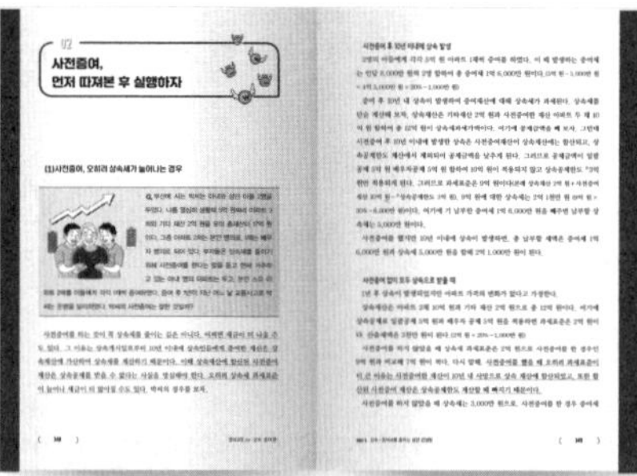

2. 상속·증여 컨설팅의 최신 트렌드로 꽉 채움

가족법인 활용, 보험금청구권신탁과 민사신탁제도를 활용한 상속·증여 설계, 창업을 통한 증여 설계와 절세 등 현존하는 상속·증여 최신 트렌드와 실전 활용방법 총정리

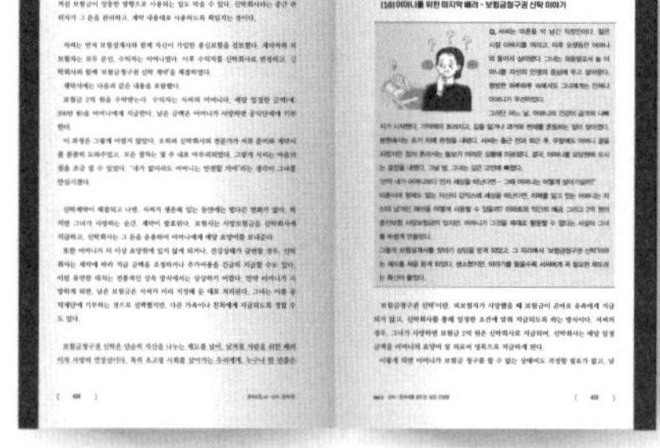

3. 초보도 전문가로 이끄는 친절하고 섬세한 내비게이션

어려운 세금, 설명 뒤엔 연습으로 확실히 [직접 계산해 봅시다], 확실한 개념정리를 도와주는 [잠깐! 알고 갑시다] [핵심요약], 최신경향과 이슈를 알아보는 [FOCUS], 알뜰살뜰 복습까지 챙기는 [QUIZ], 고급전략 대방출 [노블리치 TIP]까지. 초보자도 쉽게 따라 전문가로 성장하는 친절하고 섬세한 내비게이션 구성

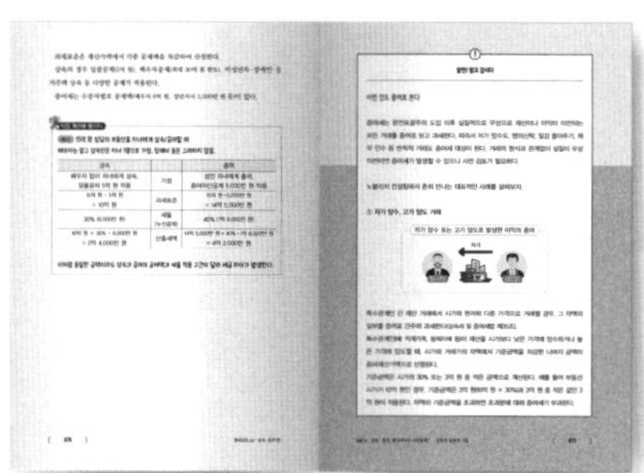

절세모음.zip 〈상속·증여편〉

4

까다로운 전문가들의 엄격한 검증을 통과해 믿을 수 있는 솔루션

풍부한 컨설팅 경험을 가진 세무사와 CFP, 부동산 감정평가사들이 엄격하게 검증하여 내용의 신뢰도를 높였다. 이슈에 대한 토론과 교차검증을 거쳐 믿을 수 있는 솔루션만 모았다.

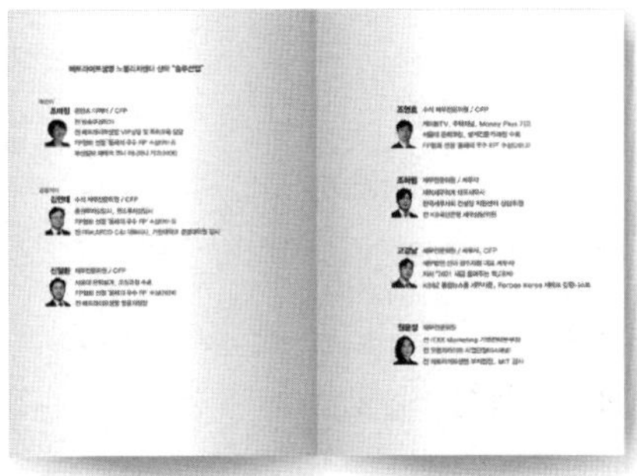

5

정품만큼 탐나는 샘플 실무자에게 꼭 필요한 자료를 모은 부록

갑작스러운 고객의 질문에도 즉시 대응할 수 있도록 '고객에게 흔히 받는 증여 질문' 정리, 실무에 필요한 상속·증여 관련 서식 모음, 분야별로 유용한 사이트 정리 등 실무자와 상속·증여를 실행하고자 하는 분들께 유용한 자료들을 부록으로 정리하였다.

6

목차만 봐도 안다.

상속·증여, 궁금할 땐 헤매지 말고, 절세모음.zip

'분명 본 기억이 나는데, 어디 있지?' 궁금한 점을 찾아보려고 할 때 흔히 마주치는 상황이다. 아무리 좋은 자료라도 찾을 수 있어야 보배다. 상세하고 직관적인 목차로 구성하여 목차만 펼치면 궁금한 내용들을 찾아볼 수 있도록 하였다. 절세모음.zip, 목차만으로 충분하다!

PART 3 상속증여, 어디서부터 시작할까? ··· 상속과 증여의 기초

PART 4　모든 시작은 재산의 평가로부터

PART 5 고객 유형별 절세 컨설팅

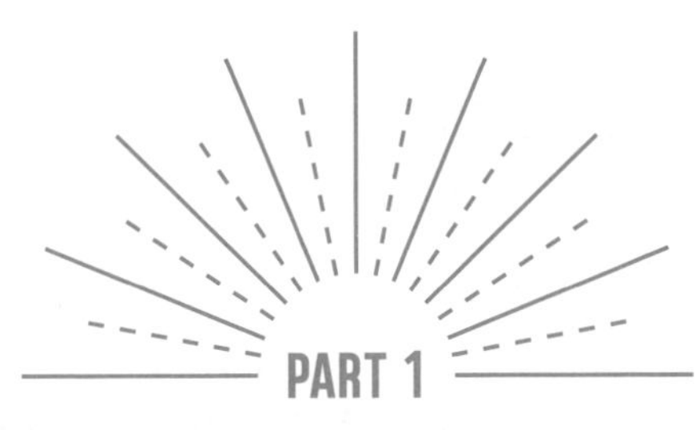

PART 1

왜
준비가 필요할까?

서울시민 100명 중 15명은 상속세를 낸다

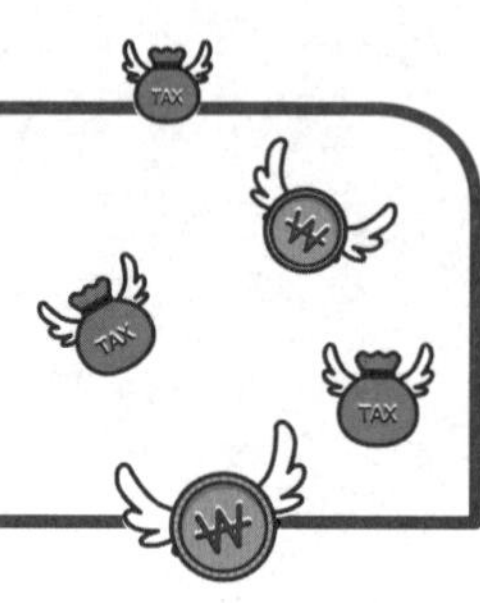

2018년 7,000명 수준이었던 상속세 과세대상 인원이 6년이 지난 2024년에는 21,193명으로 3배 이상 증가했다. (국세통계 상속세 결정현황, 2025년) 자산 가치는 매년 상승하는 데 반해 상속세법상 공제금액은 제자리걸음인 것이 주요 원인으로 꼽힌다.

(출처: 통계청 국세통계연보, 2024)

2013년 약 5억 2,000만 원이었던 서울의 아파트 가구당 평균 매매가는 2025년 4월 기준으로 14억 원을 넘는다(한국부동산원, 「공동주택실거래가격지수」, 2025.04). 이에 반해 2013년도나 현재나 상속공제 금액은 거의 변화가 없다. 대표적인 상속공제는 일괄공제 5억 원과 배우자상속공제 최대 30억 원이다. 해당 금액은 1999년 이후 20

절세모음.zip (상속·증여편)

년이 넘도록 변동 없이 유지되었다.

　따라서 종전에는 상속세 공제금액 범위 내에 있던 자산도 가치가 상승하면서 공제 범위를 벗어나는 경우가 많아졌다. 특히 최근 몇 년 사이 서울 수도권 지역을 중심으로 집값이 고공행진 하면서, '아파트 한 채만 있어도 상속세 부담'이라는 이야기가 유행처럼 퍼졌다. 이를 증명하듯, 2024년 서울 지역 상속세 과세비율은 15%에 이른다. 서울시민 100명이 사망하면 15명은 상속세를 낸다는 뜻이다(통계청 국세통계연보, 2024).

　'상속세 = 부자들의 세금'이라는 공식은 옛말이 되었다. 이 정도면 상속세를 중산층 세금으로 보아야 한다. 최근 정치권에서 상속세제 개편논의가 활발한 것도 이런 문제의식에서 비롯된 것으로 보인다. 더불어 상속세에 대한 일반인들의 관심이 높아지면서 미리 대비하려는 움직임이 활발해지고 있다.

02 미리 받고 나눠 받고, 계획만 잘 세워도 세금이 줄어든다

대표적인 상속세 절세 방법 중 하나가 상속이 발생하기 전 미리 증여하는 사전증여이다. 국세통계 자료는 사전 증여의 증가세를 보여준다. 2014년 약 8,900건이던 신고 건수가 2024년에는 약 1만 5,400건으로 2배 가까이 증가하였다.

사전증여가 활발한 것은 상속세와 증여세의 세금부과 방식이 다르기 때문이다. 상속세와 증여세는 10%에서 최대 50%의 세율을 똑같이 적용한다. 그런데 상속세는 유산 전체에 세율을 곱하고 증여세는 본인이 증여받은 재산에 대해서만 세금을 부과한다. 증여를 통해 여러 명에게 쪼개 주면, 세율이 낮아지기 때문에 세금 측면에서 유리하다.

아버지의 유산 중 20억 원을 자녀 4명이 각 25%씩 증여받는 경우 증여세와 상속세

를 비교해 보자. (이때 상속공제 및 증여재산공제는 아버지의 다른 재산에서 적용받는 것으로 한다. 또한 증여 후 10년 이내에 아버지가 사망하지 않는 것으로 가정한다.)

과세표준 20억 원을 상속으로 받았을 때 상속세는 1억 원은 10%, 4억 원은 20%, 5억 원은 30%, 나머지 10억 원은 40%의 세율이 적용된다. 이렇게 계산된 상속세는 6억 4,000만 원이다.

20억 원을 자녀 4명이 각 25%씩 증여받았을 때 증여세는 자녀 1인을 기준으로 1억 원은 10%, 4억 원은 20%의 세율이 적용된다. 자녀 1인당 증여세는 9,000만 원이다. 자녀 4인의 증여세 합계액은 3억 6,000만 원이다. 상속세보다 2억 8,000만 원 적은 금액이다.

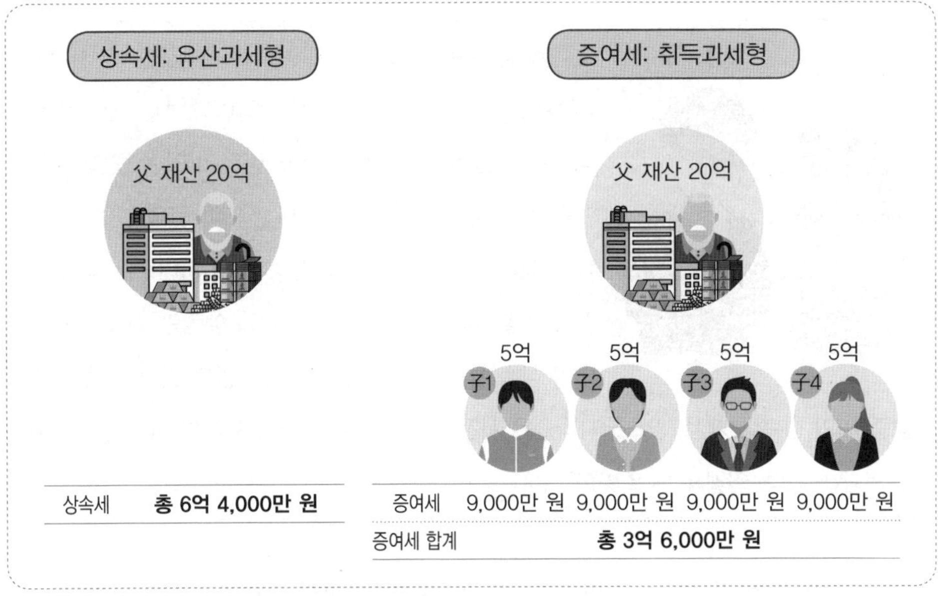

미리 주는 행위만으로 수억 원의 세금을 줄일 수 있다. 이러한 합법적이고 정당한 절세방안을 모색하는 것은 이제 선택이 아닌 필수 덕목이 되었다.

하지만 절세방안을 찾는 길이 마냥 쉬운 것만은 아니다. 위 사례처럼 사전증여가 상속세를 줄일 수 있는 방법이 될 수도 있지만 그렇지 않은 경우도 있기 때문이다.

03

사전증여,
제대로 알면 득 모르면 독

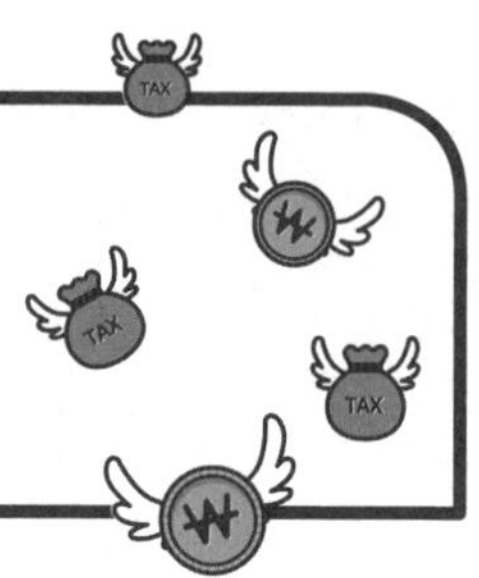

(1) 사전증여는 만능일까?

Q. 안상중 씨는 훗날 본인의 상속이 발생했을 때 자녀들이 부담해야 할 상속세가 항상 걱정이다. 최근 친구들 모임에서 사전 증여가 상속세 절세방안이 될 수 있다는 얘기를 듣고 본인이 소유한 전 재산 10억 원을 자녀 4인에게 공평하게 나눠주었다. 안상중 씨의 자녀들은 평소 자산 관리를 철저하게 했던 아버지의 얘기만 믿고 사전증여가 상속세 절세에 도움이 된다고 알고 있었다. 훗날 안상중 씨의 상속이 개시되었고, 자녀들은 사전증여를 해서 오히려 세금이 늘었다는 얘기를 듣게 되었다. 어떻게 된 일일까?

자녀 1인이 아버지로부터 증여받은 2억 5,000만 원에서 증여재산공제 5,000만 원을 차감한 후 계산한 증여세는 3,000만 원, 자녀 4인의 증여세 합계액은 1억 2,000만 원이다.

하지만 아버지의 전 재산 10억 원을 증여가 아닌 상속으로 받았다면 납부할 세금은 전혀 없다.

이는 상속공제금액과 증여재산공제금액의 차이에서 발생한 결과이다.

만약, 상속인이 배우자와 자녀 1인 이상인 경우 최소 적용되는 상속공제금액은 일괄공제 5억 원과 배우자상속공제 5억 원을 합산한 10억 원이다. 상속으로 받았다면 상속재산 10억 원에 상속공제 10억 원을 차감하여 실제 납부할 상속세는 발생하지 않는 것이다.

안상중 씨가 사전 증여 시 적용한 증여재산공제금액은 자녀 1인당 5,000만 원이다. 자녀 4인의 증여재산공제금액의 합계는 2억 원이다. 이는 상속공제 10억 원보다 훨씬 적은 금액이다.

상속공제	증여재산공제(10년 이내 합산)
• 일괄공제(5억 원) • 배우자상속공제(5억~30억 원) • 금융재산상속공제(20%, 2억 원 한도) • 동거주택상속공제(100%, 6억 원 한도) • 감정평가수수료	• 배우자(6억 원) • 직계존비속(부모, 자녀 등) 　성년(5,000만 원) 　미성년(2,000만 원) • 기타 친족(1,000만 원) • 감정평가수수료

사전 증여한 날부터 10년 이내 상속이 발생하여 사전 증여재산을 상속세 신고 시 합산하는 경우에도 이미 납부한 증여세는 돌려받지 못한다. 결국, 안상중 씨가 자녀들을 위해 했던 사전증여가 자녀들에게는 두고두고 아쉬울 수밖에 없게 되었다.

상속세 절세방안을 모색할 때는 피상속인과 상속인의 주변 상황을 두루 고려하여 신중을 기하여야 한다.

상속세 공제금액 범위 내 금액은 사전증여가 아닌 상속으로 물려주자?

상속세 공제금액 범위 내 금액은 사전증여가 아닌 상속으로 물려주자. 절세 측면에서 훨씬 더 유리하다.

상속세 면세점

① 피상속인의 배우자가 있는 경우: 최소 10억 원(일괄공제 5억 원 & 배우자공제 최소 5억 원)

② 피상속인의 배우자가 없는 경우: 최소 5억 원(일괄공제 5억 원)

③ 피상속인의 배우자만 있는 경우: 최소 32억 원(기초공제 2억 원 & 배우자공제 30억 원)

(2) 세대생략 할증과세? 할인과세!

조모부 씨가 자녀와 손자녀에게 2억 원을 증여한다면 각각 납부할 세금은 얼마인지 알아보자. (손자녀는 성년이다.)

자녀가 증여받을 때 납부해야 할 증여세는 2,000만 원이다. 손자녀가 직접 받았을 때는 2,600만 원의 증여세를 납부해야 한다. 세대를 건너 손자녀에게 바로 증여하면 세대생략 할증과세가 적용되기 때문이다. 손자녀의 증여세가 30% 더 많다. 조모부 씨가 들은 얘기가 맞다.

다만, 모든 상황에서 그런 것은 아니다. 증여세를 계산할 때 동일인으로부터 10년 이내 증여받은 재산이 있다면, 합산하여 증여세를 계산한다. 상속·증여세는 누진세율을 적용하기 때문에 증여금액을 합산하면 적용하는 세율이 더 높아질 가능성이 있다. 조모부 씨가 자녀에게 이미 증여한 적이 있다면 세금이 달라질 수 있다는 뜻이다.

조모부 씨가 자녀에게 10년 이내 5억 원을 증여한 적이 있다고 가정해 보자. 여기에 2억 원을 추가로 증여하게 되면 자녀의 증여세는 5,500만 원으로 늘어난다. 과거 증여받은 5억 원과 2억 원을 합한 7억 원에 대한 증여세 1억 3,500만 원에서 과거 증여받았을 때 납부한 증여세 8,000만 원을 차감하여 계산한 금액이다. 손자녀에게 바로 증여했을 때 납부하는 증여세 2,600만 원보다 훨씬 많다.

이 경우 세대생략에 따른 할증과세가 아니라 오히려 할인과세가 되는 셈이다.

손자녀에게 직접 증여한 경우 절세 측면에서 유리한 점이 하나 더 있다.

증여세를 계산할 때 10년 이내 증여받은 재산을 합산하여 증여세를 계산하는 것처럼 상속세 계산 시에도 10년 이내 증여한 재산을 합산하여 상속세를 계산한다. 증여재산을 합산하면 상속세는 늘어난다.

하지만 손자녀에게 증여한 재산을 합산하는 기준은 10년이 아니라 5년 이내다. 손자녀는 상속인이 아니기 때문이다. 이미 연세가 많아 돌아가실 날을 가늠하기 쉽지 않다면, 합산기간이 짧을수록 유리할 것이다.

만약, 조모부 씨가 이미 5억 원을 증여받은 자녀가 아닌 손자녀에게 2억 원을 증여하고 6년이 지난 후 상속이 발생했다면, 상속 시점에 사전증여재산으로 인해 추가로 납부할 세금은 없다.

자녀에게 이미 증여한 재산이 많다면 손자녀에게 증여해 보자

세대생략 할인과세가 가능하다!

04

당신의 정답이 나에겐 오답일 수 있다
… 전문가가 필요한 진짜 이유

우리는 시중에서 상속세와 증여세를 줄이는 이러저러한 비법을 수없이 만나게 된다. 하지만 위 사례에서 보았듯 상속과 증여는 하나의 정답을 일괄적으로 적용할 수 없다.

전체적인 자산규모, 가족관계, 재산을 주고자 하는 사람의 나이, 자산 처분에 대한 의지, 자산 상승 가능성과 상승률 등 많은 변수들이 존재한다. 심지어 사망 시기는 예측할 수 없는 변수다. 변수에 따라 해답이 달라질 수 있음에 유의하자. 옆자리의 정답이 나에게는 오답일 수 있다. 상속·증여 계획에서 전문가의 도움이 필요한 이유다.

또한 상속과 증여는 단순한 세금 문제가 아니다. 가족 간에 얽히고 쌓인 감정의 문제가 훨씬 본질적이다. 주는 사람의 공평과 받는 사람의 공정이 다르고, 기여에 대한 서로의 평가와 기대치 또한 일치하지 않는다. 차이는 쉽게 좁혀지지 않고 분쟁의 씨앗이 된다.

우리가 바라는 상속은 단순히 '재산을 물려주는' 것'이 아니다. 아끼고 사랑하는 가족 관계를 지속하는 것, 고인의 유지를 계승해 가는 것을 소망한다. 아름답고 지속가능한 상속을 바란다면 걸맞은 준비가 필요하다. 명확한 방향의 의사결정, 가족에 대한 배려, 충분한 소통이 따라야 한다. 유류분에 대한 대비나 유언장의 작성, 신탁을 통한 분쟁 예방과 적절한 자산의 분배 같은 법적·제도적인 장치까지 준비한다면 더

할 나위 없다. 전문가의 도움이 필요한 두 번째 이유다.

사전증여의 증가나 상속세 준비 보편화 등의 움직임은 상속에 대한 인식 변화를 보여준다. 더 이상 상속은 죽으면 일어나는 사건이나 죽기 직전에나 고민하는 문제가 아니다. 한창때에 인생의 저물녘을 준비하는 과정으로, 스스로 선택하는 주도적 인생 마무리로, 사후에도 나의 뜻을 이루는 수단이다. 상속에 대한 준비 방법 또한, 미리 준비하고 수시로 수정 보완하며 관리하는 쪽으로 변화 중이다.

오늘의 선택은 나와 사랑하는 가족들의 내일이다. 지금의 선택은 미래의 세금을 결정한다.

《절세모음.zip》 상속·증여편과 함께 현명한 상속 준비와 절세 전략을 세워보자.

PART 2

남들은 어떻게 할까?
··· 상속·증여의 7가지 트렌드

　성공한 사업가나 자산가들은 대부분 확고한 자기만의 철학과 이를 뒷받침할 경험을 가지고 있다. 그런 이들을 상담하면서 자주 듣는 질문 중 하나는 의외로 "남들은 어떻게 하는가?"다. 특히 자신과 비슷한 직업, 연령, 환경을 가진 사람을 통한 간접 경험에 관심을 갖고 귀를 열어둔다.

　이 장에서는 노블리치센터 상속·증여 상담에서 눈에 띄는 변화와 두드러진 관심사를 7가지로 추려보았다.

　각 트렌드와 관련한 상세한 내용은 이후 각 본문에서 자세히 다루기로 하고, 여기서는 상속과 증여의 최신 트렌드를 읽을 수 있도록 흐름을 위주로 가볍게 정리하였다. 7가지 트렌드는 노블리치센터의 자산가 상담 사례를 토대로 집약하여 선정하였으므로, '다른 사람들은 상속·증여를 어떻게 준비하는지' 엿보는 마음으로 가볍게 읽기를 권한다. 우리의 경험이 독자 여러분께 상속과 증여에 대한 통찰과 새로운 아이디어를 제공하기를 기대한다.

상속보다 증여
··· 일찍 주고 쪼개 주는 사전증여 확산

국세청 통계연보에 따르면 최근 10년간 증여 건수는 8만 9천여 건에서 16만여 건으로 늘었다. 2021년부터 부동산 경기 하락으로 재산가치가 일시적으로 떨어지면서 사전증여가 주춤함에도 두 배나 증가한 수치다. 죽은 뒤 재산을 상속으로 물려주는 것 대신 살아있을 때 직접, 원하는 방식으로 원하는 사람에게 물려주는 '증여'에 대한 선호도가 뚜렷해지고 있음을 보여준다.

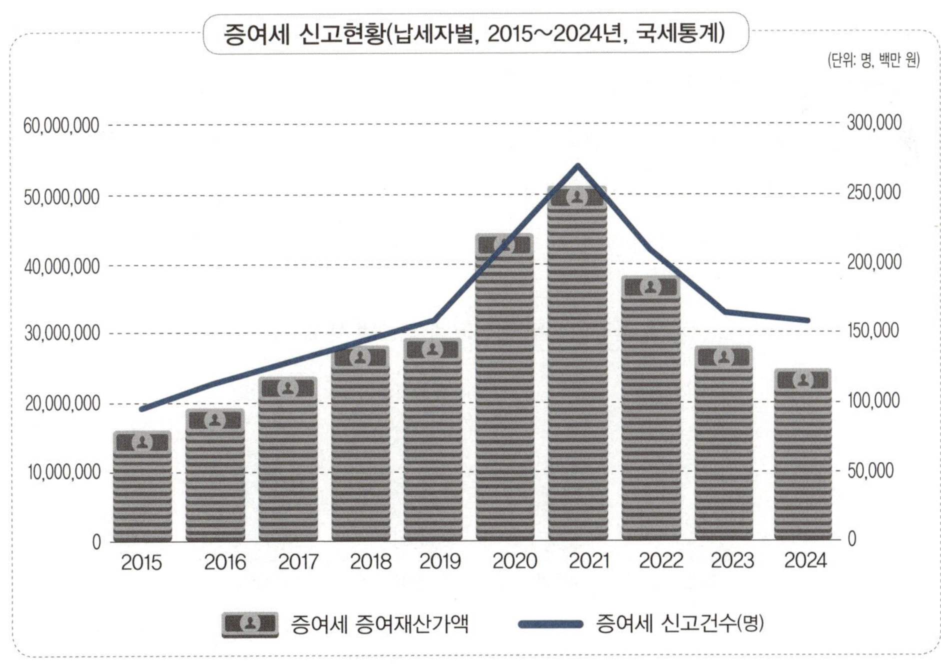

구분	증여세 신고건수(명)	증여재산가액(백만 원)
2015	98,045	15,283,579
2016	116,111	18,208,190
2017	128,454	23,344,390
2018	145,139	27,411,429
2019	151,399	28,250,186
2020	214,603	43,613,387
2021	264,274	50,459,313
2022	215,640	37,745,424
2023	164,230	27,338,773
2024	153,557	24,652,684

사전증여에 대한 적극적인 태도는 의사결정권을 가진 고객층의 변화와 관련이 있는 것으로 보인다. 노블리치센터 컨설팅 고객의 약 70%는 50~60대다. 50대가 전체의 35.55%, 60대가 34.88%다. 뒤이어 40대가 17.52%를 차지한다(노블리치센터 20주년 기념 보고서, 노블리치가 만난 부자들 2026년).

주 상담계층인 50~60대는 1950~1970년대생으로, 상당수 부모에게 사업체나 재산을 물려받은 2세대 자산가다.

경제성장기에 자수성가하여 부를 축적한 1세대 자산가들은, 일생을 바쳐 모은 자산을 움켜쥐고 있는 경향이 강하다. 그것이 인생의 자취이자 성공의 증거라 믿기 때문이다. 또한 미리 재산을 나눠주면 자식들이 나약하거나 나태해질 것을 염려한다.

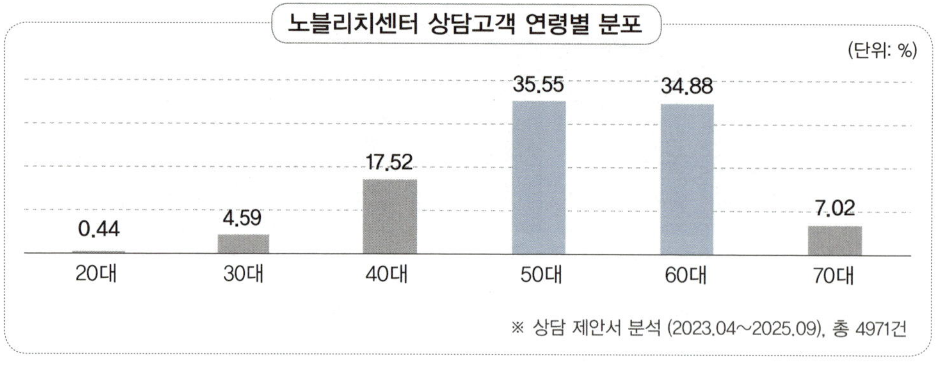

절세모음.zip 〈상속·증여편〉

　이에 반해 이미 상속과 증여를 경험하며 상속과 상속세 준비의 필요성을 체감한 2세대들은 대부분 다른 태도를 보인다.

　2세대 자산가들의 상속에 대한 경험은 보통 두 가지로 나뉜다. 부모의 준비로 증여부터 차근차근 자산을 상속받았거나, 반대로 준비 없는 상속으로 고생해 본 경우다. 증여받은 경험이 있는 사람들은 사전증여가 절세에 도움이 된다는 사실도 잘 알고 있으며 자신이 부모로부터 증여받은 것처럼 자녀에게 증여하는 것을 당연하게 여긴다. 반대로 상속 세금으로 고생한 이들 또한 아이러니하게도 동일한 결론을 보인다. 준비 없는 상속 때문에 얼마나 힘들 수 있는지, 생각보다 상속세 부담이 훨씬 무거울 수 있다는 점을 너무 잘 알기 때문이다. 또한 자녀에게 일찍 증여하는 것이 '자녀가 다양한 것을 경험하고 성공할 수 있는 기회를 주는 행위'로 생각하는 경향이 강하다.

　이들 세대는 적극적으로 증여방법을 연구하고 절세에 대한 정보를 모은다. 그리고 증여를 실행하는 데 망설임이 적다. 창업자금 증여특례처럼 정부의 각종 지원제도를 활용하거나 증여에 유리한 시기와 자산을 가늠하는 것은 이제 자산가들 사이에는 자연스러운 풍경이 되었다.

02

자녀보다 손자녀
… 세대생략증여 증가

엄마의 정보력, 아빠의 무관심, 할아버지의 경제력. 항간에 떠돌던 자녀 입시성공의 3요소를 들어본 적 있을 것이다. '할아버지·할머니 찬스'는 더 이상 낯설지 않다. 현장에서 만나는 고객들도 증여, 특히 '세대생략증여'에 높은 관심을 보이고 있다.

세대생략증여란 자녀를 건너뛰고 손자녀에게 바로 증여하는 것을 말한다.

조부모 – 부모 – 손자녀로 차근차근 증여하면 두 번의 증여세를 내야 한다. 하지만 조부모가 손자녀에게 직접 증여하면 증여세를 한 번만 내면 된다. 물론 30%의 할증이 있지만, 긴 안목으로 볼 때 절세가 가능해 고액 자산가들이 많이 활용하는 방법이다.

최근 5년간 세대생략증여 건수는 2배로 증가했다. 특히 50억 원 이상의 자산가들은 손자녀에게 증여하는 건이 전체의 44%를 차지한다. 증여의 대상이 되는 수증자의 연령도 점점 낮아져 미성년 손자녀에 대한 증여가 크게 늘었다. 최근 국세청 자료에 의하면 2019년 미성년 손자녀에게 증여한 건수가 3,905건이었던데 비해 2023년에는 5,176건으로 30% 이상 증가했다.

할아버지·할머니의 손자·손녀 사랑과 절세효과가 합쳐져 고액 자산가들의 세대생략증여는 당분간 꾸준히 늘어날 것으로 보인다.

2019년~2023년 미성년자 세대 생략 증여세 결정현황

(건, 억 원)

憐悼		2019년	2020년	2021년	2022년	2023년	계
미성년자 전체	건수	9,368	10,056	20,706	19,740	14,094	73,964
	증여재산 가액	11,764	10,618	23,504	20,468	15,803	82,157
미성년자 세대생략	건수	3,905	4,105	7,251	6,587	5,176	27,024
		41.70%	40.80%	35.00%	33.40%	36.70%	36.50%
	증여재산 가액	6,094	5,546	10,117	9,041	7,337	38,135
		51.80%	52.20%	43.00%	44.20%	46.40%	46.40%
	1인 평균	1.6	1.4	1.4	1.4	1.4	1.4
미성년자 일반	건수	5,463	5,951	13,455	13,153	8,918	46,940
		58.30%	59.20%	65.00%	66.60%	63.30%	63.50%
	증여재산 가액	5,669	5,072	13,387	11,427	8,466	44,021
		48.20%	47.80%	57.00%	55.80%	53.60%	53.60%
	1인 평균	1	0.9	1	0.9	0.9	0.9

(출처: 국세청 제출자료, 국회의원 최기상 의원실 보도자료, 2024.10.23.)

03

사적비법보다 공적제도
… 가업승계특례제도 활용 증가

베이커리 카페가 열풍이다. 시내 골목마다, 혹은 도심 외곽의 한적한 곳에서도 심심찮게 만날 수 있다. 베이커리 카페가 성행하는 이유로, 소득이 높아지면서 경험과 감성을 중시하는 문화를 꼽는다. 여기에 숨겨진 이유가 하나 더 있다. 바로 증여와 절세 효과다.

'창업자금 증여세 과세특례'를 이용해 자녀의 창업을 지원하면서 절세효과까지 누릴 수 있어 부자들의 관심이 높아지고 있다.

창업자금 증여세 과세특례는 자녀의 창업을 목적으로 재산을 증여하면 세금을 감면해 주는 제도다. 5억 원까지는 세금을 과세하지 않고, 5억 원 초과분에 대해 10%의 단일세율로 과세한다. 창업 활성화와 고용창출이 목적이다.

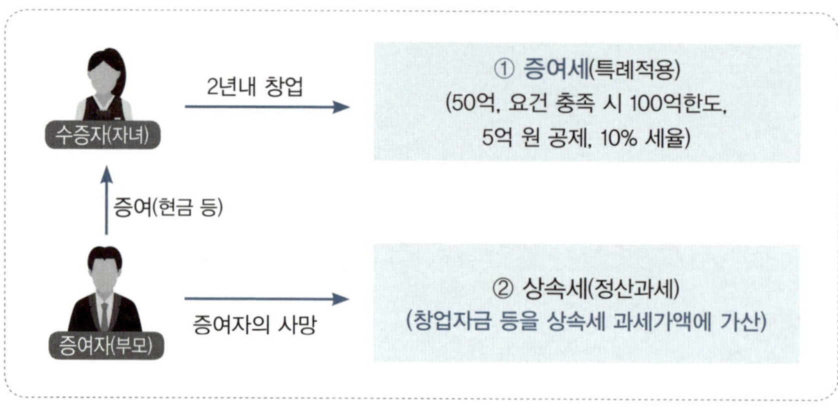

이 제도를 이용해 증여하고 세금을 감면받은 사람은 꾸준히 늘고 있다. 노블리치센터를 찾는 고객 중에도 '이왕 줄 거 자녀에게 가게도 차려주고 세금도 줄일 수 있으면 좋지 않느냐'며 이 제도에 관심을 보이는 경우가 눈에 띄게 증가하는 추세다. 특히 요즘 자녀들은 가업을 물려받기보다 자신의 사업을 하고 싶어 하는 경우가 많아, 창업자금 증여는 더욱 활발해질 것으로 보인다.

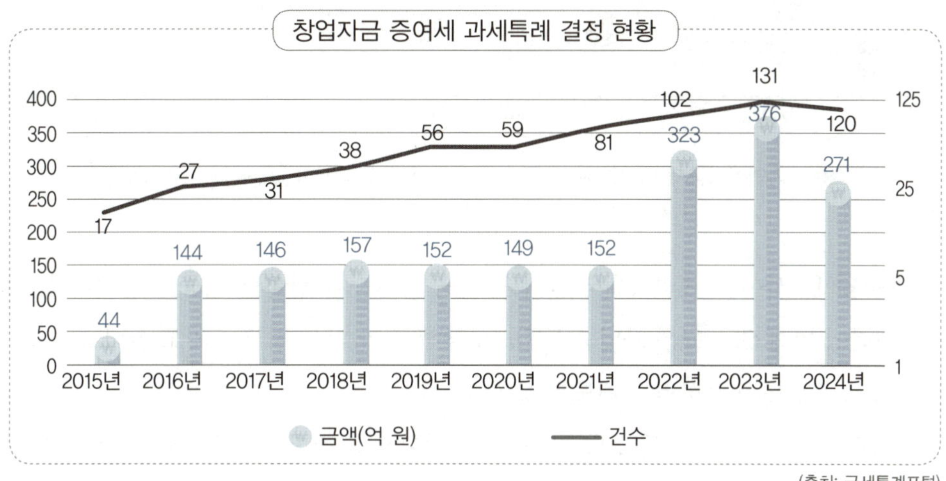

(출처: 국세통계포털)

위에서 살펴본 창업자금 증여세 과세특례는 가업승계 특례제도 중 하나다.

가업승계 특례제도는 가업상속공제, 가업승계 증여세 과세특례, 창업자금 증여세 과세특례로 구성되어 있다. 중소기업의 지속적 경영이 가능하도록 가업승계와 관련된 세금문제를 지원하기 위해 만들어진 제도다.

이런 취지에도 불구하고 까다로운 사후관리조건, 제도에 대한 불신, 실질적인 혜택의 부족 등 여러 이유로 그동안 가업승계 제도의 활용은 지지부진했다. 이에 요건과 사후관리를 완화하고 납부유예제도를 신설하는 등 중소기업 지원제도로서 실질적인 효과를 거둘 수 있도록 정부는 매년 세법개정을 거듭해 왔다. 이러한 노력으로 가업승계제도 활용이 점차 늘고 있다. 특히 60세 이상의 고령 경영자 비중이 빠르게 늘어나고 있어 앞으로 가업승계제도를 활용한 승계가 더욱 활발해질 것으로 예측된다.

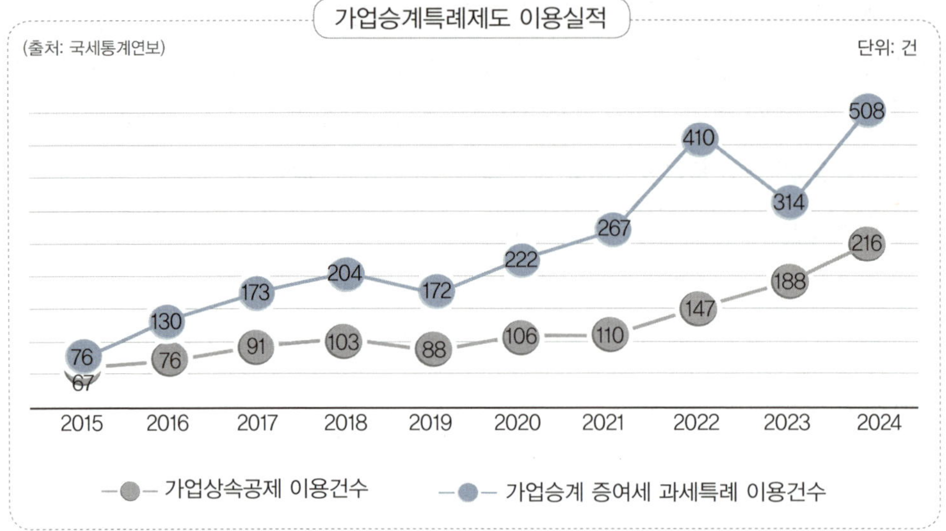

최근 몇 년 사이 노블리치센터 상담 중에도 가업승계 컨설팅 비중이 급격히 늘었다. 예전에 비해 CEO들은 가업승계제도에 대해 훨씬 많은 정보를 갖고 찾아오며, 적극적으로 제도를 이용하려는 태도를 보인다.

컨설팅 내용도 보다 구체적이고 실질적인 방향으로 진화하였다. 예전에는 가업상속이 유리한가 불리한가를 따지는 단순한 상담이 주를 이루었다. 가업상속공제 제도에 대해서도 컨설턴트들이 먼저 소개하고 안내해야 고객들은 관심을 보였다.

요즘은 다르다. 가업상속공제를 할 때 가업승계 증여특례를 같이 활용하는 증여+상속 복합 플랜이 나을지 가업상속공제 단일 플랜이 유리할지, 고객의 요구가 더 세밀해졌다. 절세효과 극대화를 위해 사업무관자산비율을 조정하거나 잉여금을 관리하는 장기적이고 체계적인 계획수립을 요청하기도 한다. 또 가업승계를 위해 법적 분쟁의 가능성, 남은 상속인들을 위한 자산분배까지 종합적으로 고려하는 방법을 모색한다.

그동안 가업승계 지원제도는 실제 사용자가 적어 유명무실한 제도로 꼽혀왔다. 하지만 앞으로 기업의 상속·증여에서 빼놓을 수 없는 핵심적인 상담 분야가 될 것으로 예측된다. 다양한 법적·제도적 보완과 인식의 변화, 실제 승계가 필요한 고령CEO 경영 기업의 증가 등의 사회적 흐름과 실제 가업승계 컨설팅을 희망하는 고객의 증가가 이를 뒷받침한다.

절세모음.zip 〈상속·증여편〉

04

자녀보다 자녀법인
… 가족법인 설립 관심

가족법인, 혹은 자녀법인이라는 단어를 들어본 적 있는가? 요즘 상속·증여 컨설팅에서 급부상한 화두다. '가족법인 증여'란 자녀 혹은 자녀와 배우자 등 가족을 주주로 법인을 만든 후, 자녀에게 증여하는 대신 자녀법인에 증여하는 방법을 가리킨다. '가족' 대신 '가족법인'에 증여하면 뭐가 다를까?

「상증법 제45조의5 특정법인과의 거래를 통한 이익의 증여」에 따르면 가족법인에 이익을 무상이전하면, 사실상 가족법인의 주주가 증여받은 것으로 본다. 다만, 주주 1인당 연간 증여의제이익이 1억 원 미만이면 증여세가 부과되지 않는다.

특정법인 지배주주의 지분율별로 계산한 증여의제이익이 1억 원 이상인 경우에만 증여세 과세

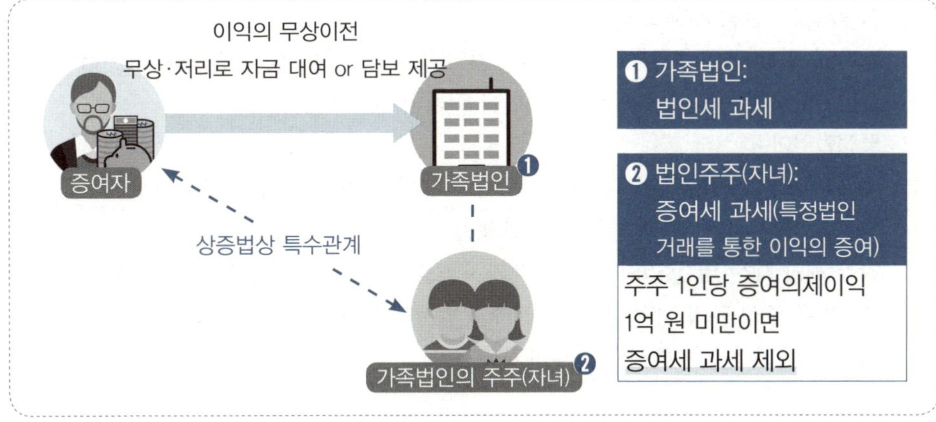

예를 들어보자. 아버지에게 3명의 자녀와 4명의 성인 손자녀가 있고, 이들에게 각각 1억 원씩, 총 7억 원을 증여하려고 한다. 아버지가 각 1억 원씩 7명에게 증여하면, 증여세는 대략 4천만 원 정도다.

그런데 7명의 자녀와 손자녀를 주주로 하는 법인을 만들면 어떻게 될까?

지분은 1/7씩 동일하게 배분한다고 가정하자. 아버지는 자녀와 손자녀가 아니라 법인에 7억 원을 증여하고, 이때 주주 1인당 얻게 되는 무상이익(증여의제이익)은 1억 원 미만이 된다. 따라서 증여세 없이 7억 원을 증여할 수 있다. 증여의제이익을 계산할 때는 연간 주주 1인당으로 따지므로, 매년 7억 원씩 추가로 증여하면 절세 폭은 더욱 높아지게 된다. 또한 가족법인의 주주 수를 늘리는 것도 방법 중 하나다.

물론, 주주들이 이 자금을 법인에서 가지고 나가려면 배당 등이 필요하고, 이때 별도의 세금이 부과되지만, 일반증여에 비해 절세 가능성이 높아지는 것은 분명해 자산가들에게 빠르게 확산되고 있다.

특정법인 거래를 통한 이익의 증여

상증법 제45조의5 제1항

지배주주의 주식보유비율이 30% 이상인 법인 지배주주의 특수관계인과 다음 각 호에 따른 거래를 하는 경우, 거래한 날을 증여일로 하여 특정법인의 이익에 특정법인의 지배주주 등의 주식보유비율을 곱하여 계산한 금액을 그 특정법인의 지배주주 등이 증여받은 것으로 본다.

1. 재산 또는 용역을 무상으로 제공받는 것

- 상증세법 시행령 제34조의5 제5항
  법 45조의 5 제1항을 적용할 때 특정법인의 주주 등이 증여받은 것으로 보는 경우는 같은 항에 따른 증여의제 이익이 1억 원 이상인 경우로 한정한다.
- 특정법인이란
  지배주주와 그 친족(이하 지배주주 등)이 직·간접 주식보유비율이 30% 이상인 법인
- '현저히 낮은 대가' 및 '현저히 높은 대가'란
  각각 해당 재산 및 용역의 시가와 대가(현물출자의 경우에는 출자한 재산에 대하여 교부받은 주식 등의 액면가액의 합계액을 말한다)와의 차액이 시가의 30% 이상이거나 그 차액이 3억 원 이상인 경우의 해당 가액

부동산 등의 재산을 가족법인에 증여(재산 증여)하거나 가족법인에 저리 또는 무상으로 자금을 대여해 주는 방법(자금 대여), 부모님의 모법인에서 자녀가 주주로 있는 가족법인에 차등배당을 하는 방법(가족법인 차등배당) 등이 주로 활용된다.

가족법인을 활용한 증여플랜은 〈Part 6. 실전컨설팅 사례〉 중 '11. 가족에 직접 증여 대신 가족법인에 증여'에서 자세히 다루고 있다.

가족법인에 증여세 없이 자금 대여, 얼마까지 가능할까?

주주 1인당 대여 가능금액 21억 7,391만 원

※ 지분 50%인 주주 2명일 때: 총 43억 4,783만 원 무상 대여 가능

비교 자녀(개인)에게 자금 대여, 증여세 없이 얼마까지 가능할까?

상증법 제41의4(금전무상대출 등에 따른 이익의 증여)

타인으로부터 금전을 무상으로 또는 적정이자율보다 낮은 이자율로 대출 받은 경우로서, 증여재산가액이 1천만 원 이상인 경우에 적용합니다.

증여재산가액

= 대출금액 × 4.6% − 실제지급한 이자

무상대여(이자율 0%) 가능한 최대액은? 2억 1,739만 원

05

유언보다 신탁
··· 신탁을 통한 자산이전 전략

(1) 상속분쟁이 늘고 있다

'상속' 하면 어떤 것들이 떠오르는가? 재산을 물려받는 것 외에 가족 간의 갈등, 상속세 같은 것들을 떠올리는 경우가 많다. 그중 상속재산 분할에 대한 법적 분쟁은 꾸준히 증가하고 있다.

법원에 접수된 상속재산 법적 분쟁 건수는 2014년 771건에서 2024년 3,075건으로 치솟았다. 10년 새 4배 가까이 늘어난 수치다.

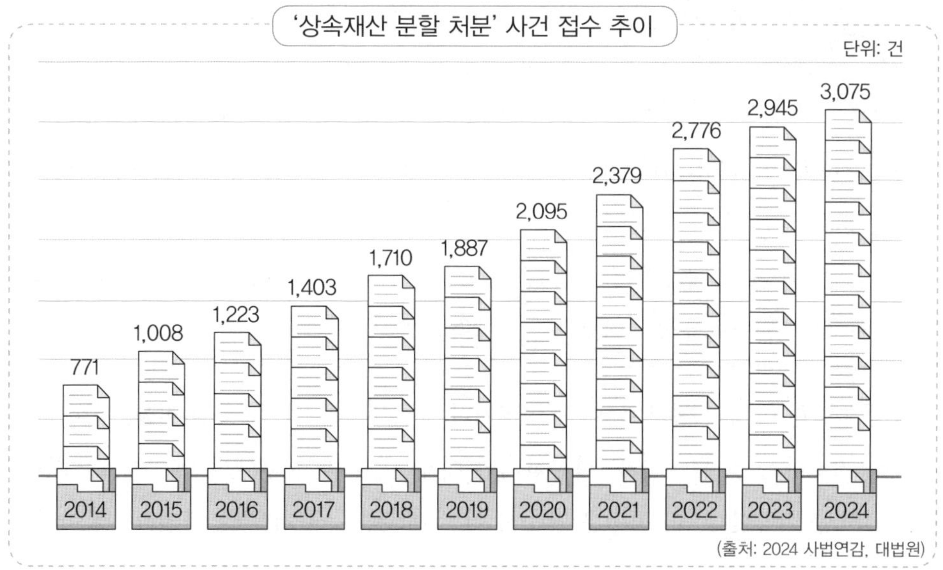

분쟁은 주로 '내 몫의 유산은 적절한가?'에 대한 인식에서 비롯된다. 요즘 상속인 대부분은 장남이, 아들이 더 상속받는 것을 부당하다고 느낀다. 반면 장남이나 아들들은(주로 부모의 기대를 더 받았던 자식들이다) 그만큼 부모님을 더 봉양하고 기여했다고 생각해 보상을 원한다. 각자의 기대치와 상속재산 분배 사이의 골은 분쟁의 씨앗이다. 여기에 약간의 감정적 갈등이 추가되면 쉽게 '상속분쟁'으로 번진다.

이런 분쟁을 예방하고 화목하고 갈등 없이 상속할 방법은 없을까?

(2) 내가 죽은 후에도 치매인 아내의 생활비를 지켜주고 싶다

상속받는 사람은 재산 분배의 형평성을 고민하지만, 정작 상속을 하는 입장은 좀 더 다르다.

Q. 올해 80세를 맞은 최 씨는 자녀들을 모두 분가시킨 후 아내 김 씨와 둘이 살고 있다. 최근 최 씨의 건강이 악화되면서, 치매에 걸린 아내에 대한 걱정이 커졌다. 아내의 치매가 심해지면서 장보기 같은 소소한 돈 관리도 최 씨가 가져온 지 오래다. 자연히 자신이 사망한 후 아내에게 재산관리를 맡길 수 없는 형편이다. 그렇다고 자식에게 재산을 넘겨주고 어머니를 봉양하라고 하기도 마음 한구석이 편치 않다. 만에 하나, 혹시나… 하는 걱정이 슬금슬금 올라오곤 하는 것이다.

내가 죽은 후에도 아내가 돈 관리에 대한 걱정 없이 꾸준히 생활비와 치료비, 간병비를 확실하게 보장받으면서 살 수 있는 방법은 없을까?

치매에 걸린 아내의 생활비, 아직 어리거나 아픈 자녀를 위한 지원 비용, 평소 가치관대로 기부하는 것 등 사연은 다양하지만 대개 '내가 죽은 후에도 내 뜻대로 재산이 사용되기'를 희망한다. 이 고민은 단순히 어떤 재산을 누구에게 줄 것인가, 뿐 아니라 언제 얼마만큼 줄 것인지, 지속적인 지원이 가능할지, 안전하게 재산을 유지하고 운영할 수 있을지, 보다 복잡한 고민을 내포한다.

(3) 새로운 대안으로 부상하는 신탁

상속과 관련한 이런 고민의 해결책으로 신탁이 급부상 중이다.

- 신탁이란
  ① 재산의 소유자인 위탁자가
  ② 재산의 임대, 처분, 운용 등의 권리를 수탁자에게 맡기고
  ③ 신탁재산에서 발생하는 신탁이익은 수익자에게 귀속시키는 법률관계를 말한다.

신탁을 이용하면 특정 자녀가 성인이 될 때까지 생활비를 분할 지급하고, 40세 이전에는 상속 재산 처분권을 행사할 수 없도록 묶어둘 수 있다. 또 부동산의 소유권은 자녀에게 상속하지만, 임대소득은 배우자 생전에는 배우자에게, 배우자 사망 후에는 자녀에게 지급하도록 지정하고 배우자 사망 전에는 처분하지 못하도록 할 수도 있다.

예전에 유언을 통해 고인의 뜻을 잇는 것이 일반적이었다면, 최근에는 유언의 대체 수단으로 신탁이 활발하게 선택되고 있다. 신탁은 신탁의 내용과 범위, 수익자와 수탁자의 지정, 재산의 귀속시기 등을 유연하게 조정할 수 있다. 따라서 세금문제에도 탄력적으로 대응할 수 있다는 것도 큰 장점이다.

특히 2024년 11월부터 보험금청구권 신탁제도가 본격 시행되면서 보험을 신탁에 활용하는 길이 활짝 열리게 되었다. 보험금청구권 신탁이란, 보험계약에서 피보험자의 사망으로 지급되는 사망보험금을 신탁재산으로 하는 신탁계약을 가리킨다. 생전에 사망보험금의 사용에 대해 언제, 어떻게 사용할지 결정해 두면 고인의 사망 후 생명보험이라는 유산을 내 뜻과 목적에 맞게 운영할 수 있다.

신탁의 특징과 장점, 활용방법을 자세히 알고 싶다면 〈Part 7. 신탁이 뜬다〉를 살펴보기 바란다. 현명하고 아름다운 상속을 위한 팁을 얻을 수 있을 것이다.

자식이 받을 보험금, 삼촌 도박비로 못 가게 하려면

내 사망보험금 쓰임 걱정된다면

생전, 보험금청구권 신탁 설정 / 언제 얼마나 줄지도 결정 가능

Q. 이혼 후 홀로 자녀를 키우고 있는 A씨는 혹여나 자신이 아프거나 다쳐 자녀를 지킬 수 없는 상황에 대한 두려움이 많았다. 이를 대비하기 위해 거금의 사망보험금도 설계해 봤지만, 또 다른 걱정이 들기 시작했다. 본인의 사망 이후 미성년 자녀를 대신한 법정대리인이 사망보험금을 모두 A씨의 자녀만을 위해 쓸지 알 수 없었기 때문이다.

많은 사람들은 남겨질 가족이 경제적인 어려움을 겪지 않았으면 하는 마음으로 보험을 활용한다. 다만 그 대상이 재산관리의 경험이나 능력이 부족한 미성년자이거나, 장애인 등 본인 스스로 목적에 맞게 사용하기 어려운 상황이라면 또 다른 걱정이 추가된다. 부양을 대신할 부양자가 과연 올바른 목적으로 사용할지 하는 우려다.

10살 아들을 둔 부모가 부부모임에 참석했다가 교통사고로 사망한 사건이 있었다. 자녀를 위해 5억 원의 사망보험금을 준비했지만, 아들은 미성년자라 법정대리인인 삼촌이 보험금을 수령했다. 조카의 양육비와 교육비로 사용됐어야 하는 이 보험금을 도박벽이 있는 삼촌이 전부 도박으로 탕진해 버리는 안타까운 사연이었다.

이런 안타까운 사연들을 미연에 방지하기 위해 사용할 수 있는 해결책이 바로 '보험금청구권신탁'이다.

보험금청구권신탁이란 보험계약에 있어 피보험자의 보험사고로 발생하는 보험금이 신탁계약의 신탁재산이 되는 신탁을 말한다. 사망으로 인한 위험을 보장하는 생명보

험의 장점과 사망 후 유산을 목적에 맞게 관리하고 효율적으로 운영이 가능한 신탁의 장점을 결합한 제도이다.

조금 더 쉽게 표현하면 사망보험금을 생전에 미리 설정하고, 유가족에게 언제, 어떻게 사용할지 결정하고 준비하는 방법이다. 2024년 11월 12일부터 본격적으로 시행된 보험금청구권 신탁제도는 특히, 부모가 사망한 후 유족이 보험금을 올바르게 사용할 수 있을지 걱정될 때 해결할 수 있는 해결책이 될 수 있다.

사망보험금을 분할해 자녀 생활비와 학자금으로 지급하도록 계획할 수도

앞서 A씨는 홀로 남겨질 자녀를 위해 사망보험금 3억 원의 신탁계약을 체결했다. 이후 본인이 사망하면 자녀에게 매월 200만 원의 생활비를 지급, 대학 입학 시 졸업까지 매년 2,000만 원의 학자금을 지급, 대학 졸업 후 남은 금액을 일시에 지급하도록 요청했다.

지적장애인 자녀를 위한 신탁계약도 있다. 중소기업 대표 B씨는 본인이 사망 후 사망보험금 수령일에 일단 5,000만 원을 일시적으로 자녀에게 지급 후, 그다음부터 10년간 월 300만 원, 그 뒤로는 매월 250만 원씩 지급할 수 있도록 하는 신탁계약을 체결했다.

손자녀의 대학 입학, 결혼 같은 특별한 날을 위한 선물로 보험금 남긴 할머니

다른 의미의 신탁계약도 존재한다. C씨는 손자녀들이 할머니를 항상 기억해 줬으면 하는 마음으로, 본인의 사망보험금을 손자녀의 대학교 등록금 납입 시마다 500만 원, 결혼할 때 5,000만 원 등 중요한 시점에 맞춰 지급할 수 있는 계약을 체결하기도 했다. 이처럼 '보험금청구권신탁'은 자신의 필요에 의해 세부적인 내용을 결정하기 때문에 신탁계약자마다 그 내용이 가지각색이다. 다만, 자신의 사망보험금이 자신의 의지대로 올바르게 쓰였으면 하는 마음은 계약자 모두 동일하다. 고인의 유지와 유가족의 재산관리를 안전하게 지키고자 한다면, 이제는 '보험금청구권 신탁'을 통해 해결할 수 있다.

고경남 메트라이프생명 노블리치센터 세무전문위원 / 헤럴드경제, 2024.12.26.

06

선택 아닌 필수,
보편화되는 상속보험

종신보험은 상속과 상속세 재원 마련 수단으로 널리 알려져 있다. 국세청에서도 십수 년간 '세금절약가이드'를 통해 보험을 활용해 상속세에 대비한 계획을 세울 것을 추천해 왔다.

"납세자금 대책을 마련해 놓지 않으면 상속재산을 처분해야 하거나 공매를 당하는 상황이 발생할 수도 있다. 자녀 명의로 보장성보험을 들어 놓는다든지, 사전증여 등으로 세금을 납부할 수 있는 능력을 키워 놓는다든지 아니면 연부연납 또는 물납을 하도록 할 것인지 등 납세자금대책이 검토되어야 한다."

(출처: 국세청 발간 《세금절약가이드》 2024년, p189)

종신보험 고액 계약을 체결하는 대표적인 목적으로 상속세 대비를 꼽을 수 있다. 실제 노블리치센터에 상담을 의뢰하는 고객들도 상속세 규모를 예측하고 사전증여 등을 통한 절세방안을 모색하지만, 끝까지 남는 상속세는 결국 종신보험으로 준비하는 경우가 대부분이다. 오히려 상속세용 종신보험 한두 개쯤 갖지 않은 자산가를 만나기가 어려운 지경이다. 그만큼 보험을 활용한 상속 준비가 보편화된 것으로 보인다.

2025년 한 해 노블리치센터의 컨설팅을 받은 후 고객 중 종신보험 가입자를 분석

절세모음.zip 〈상속·증여편〉

한 결과를 보면, 보험료가 고액일수록 60세 이상 피보험자의 가입비율이 높았다. 상속세 재원 마련을 목적으로 하는 초고액 계약, 특히 종신보험은 가입할 때 계약자와 피보험자, 수익자의 구조를 어떻게 설계하느냐, 실제 보험료를 누가 납입했는가에 따라 상속세와 증여세가 달라질 수 있으므로 가입 시점부터 정확한 조언을 받기를 추천한다.

상속과 증여에서 보험을 활용하는 다양한 방법과 사례는 Part 6의 13장 '현명한 상속에는 보험이 필요하다' 부분에서 자세히 다루고 있다.

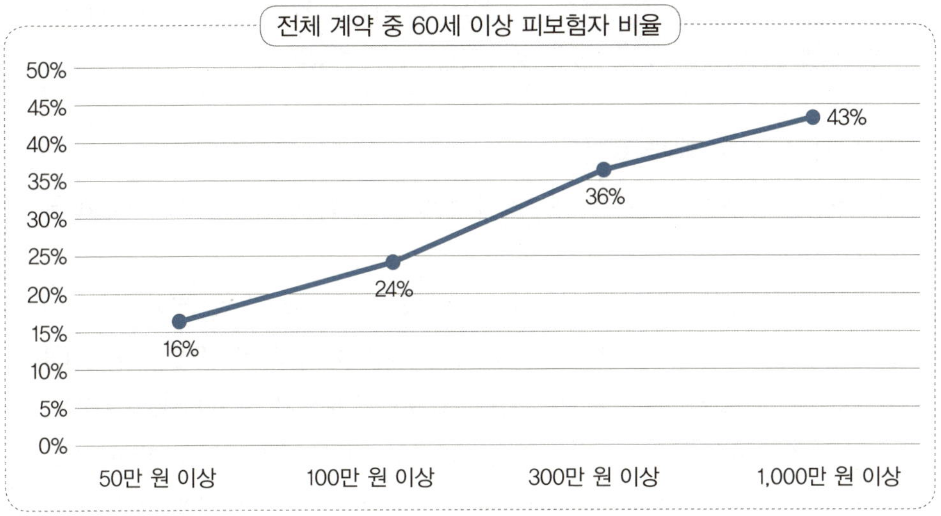

늘어나는 상속세, 종신보험 200% 활용으로 해결

Q. "세금과 죽음을 제외하고는 확실한 것은 하나도 없다." 미국의 정치인이자 100달러 지폐 얼굴의 주인공인 벤자민 프랭클린의 말이다. 우리가 살면서 피하고 싶지만 피할 수 없는 죽음과 세금. 삶의 마지막 순간까지도 상속세라는 명목으로 세금은 끝까지 우리를 따라다닌다. 피할 수 없다면 미리 준비하는 것이 가장 현명한 방법이다.

보험 통해 부 다음 세대로 이전

최근 주택 등 실물자산의 가격이 상승하면서 상속세를 납부하는 인원이 가파르게 증가하고 있다.

통계자료에 따르면 2010년 약 4,500명 수준이었던 상속세 신고인원이 10년 뒤인 2020년에는 약 1만 명으로 2배 이상 증가했다. 자산가치가 오르는 동안 상속세법상 공제금액은 제자리걸음을 하고 있다. 일괄공제 5억 원, 배우자상속공제 최대 30억 원이 가장 대표적인 상속공제다. 해당 금액은 20년이 넘도록 변동이 없다. 이제는 대도시 내 주택 1채만 가지고 있어도 상속세를 미리 준비해야 한다는 얘기가 나오는 것도, 상속세법 개정논의가 활발한 것도 이 때문이다. 국세청이 인정한 상속세 대비 방안인 종신보험은 빨리 가입할수록 유리하다. 더 이상 드라마 속 부자들만의 이야기가 아닌 피할 수 없는 상속세에 대비하기 위해 종신보험을 미리 가입하는 것은 국세청 안내책자에서 소개할 만큼 확실하고 검증된 방법이다. 종신보험을 활용하면 적은 비용으로 상속세 재원 마련이 가능하다.

상속세가 1억 원이고 이를 종신보험으로 마련한다고 가정해 보자. 메트라이프 모두의 종신보험(저해약환급형) 상품 안내장에 따르면 50세 남자 기준 월 보험료 23만 원씩 20년 동안 납부해 총 5,520만 원의 보험료를 불입하면 1억 원의 사망보험금 수령이

절세모음.zip 〈상속·증여편〉

가능하다. 총 납입보험료는 미리 준비할수록 줄어들 수 있다. 같은 상품으로 가입시점이 40세로 10년 빨라진다면 월보험료는 17만 2,000원으로 총 납입보험료 4,120만 원 정도의 보험료로 동일한 보장이 가능해진다. 만에 하나 보험료 납입이 끝나기 전에 사망이 발생하는 경우에도 사망보험금은 100% 지급된다.

※ 메트라이프 모두의 종신보험(저해약환급형) 상품 안내장 기준. 사망보장 1억 원, 20년납

종신보험을 200% 활용하기 위해선 보험의 구조가 중요하다. 보험료를 사망한 피상속인이 납부하고 사망보험금을 상속인이 수령했다면 사망보험금 전체가 상속재산에 포함된다. 피상속인이 납부한 보험료를 재원으로 한 사망보험금을 피상속인의 사망으로 인해 상속인이 수령한 경우로 사망을 원인으로 재산의 무상이전이 발생하기 때문이다. 이는 세법상 상속에 해당하므로 피상속인의 상속재산에 포함된다.

위 보험의 구조를 조금 바꿔보자. 계약자와 수익자는 피상속인의 배우자이고 피보험자는 피상속인이면 어떨까? 이 경우 피보험자의 사망이 발생하면 피상속인의 배우자가 불입한 보험료를 재원으로 피상속인의 배우자가 사망보험금을 수령하게 된다. 결국 보험료를 불입한 자와 보험금을 수령한 자가 같아져 재산의 무상이전이 발생하지 않아 상속세 부담은 없다.

	계약자	피보험자	수익자	실제 보험료 불입	
1	피상속인	피상속인	상속인	피상속인	보험금 상속재산에 포함 상속세 발생
2	배우자	피상속인	배우자	배우자	상속재산에 포함 x 상속세 x

이와 같이 보험을 통해 부를 다음 세대로 이전하고 동시에 상속세까지 줄이는 것은 자산가들이 매우 선호하는 상속 방법 중 하나다.

'세금까지 고려하는 전문성' 고객신뢰

한편 상속인이 상속포기해도 보험금은 받을 수 있다. 종신보험은 어떠한 상황에서도 상속인에게 지급되는 확실한 상속재산이다.

민법상 상속은 피상속인의 모든 재산과 부채의 포괄적 승계를 원칙으로 한다. 만약, 상속으로 인해 받을 재산보다 부채 즉 빚이 더 많다면 받을 재산을 한도로 하여 빚을 상환하는 한정승인 또는 상속 자체를 포기하는 상속포기를 상속개시일부터 3개월 이내 신청해야 한다. 이럴 경우 빚을 떠안지 않더라도 고인에게서 받을 재산도 없어진다. 하지만 사망보험금은 민법상 상속재산이 아니라 수익자인 상속인의 고유자산에 해당한다. 상속포기를 신청했어도 피상속인 사망 시 수익자에게 지급 가능하다. 한정승인을 신청했더라도 사망보험금으로 피상속인의 채무를 상환할 의무가 없어 상속인에게 지급할 수 있다.

결론적으로 종신보험은 상속자산으로 특히, 상속세 절세가 가능하다는 면에서 대단히 유용하다. 특히, 계약자와 수익자를 설정할 때는 상속세에 대한 검토가 함께 이뤄져야 한다. 보험 가입 시 세금까지 고려하는 전문성이야말로 상속 전문가로서 고객의 신뢰를 얻는 지름길일 것이다.

조하림 메트라이프생명 노블리치센터 세무전문위원 / 보험신보, 2023.9.25.

07

전문가 조언을 통한 계획 수립의 일상화

　노블리치센터에서 자산가와 상속이나 증여에 대한 상담을 하다 보면 고객들의 변화를 체감하게 된다. 과거에는 상담 중에 "어떻게 해야 하나?"는 막연한 질문이 많았다면 최근 고객들의 질문은 상당히 구체적이고 전문적이다. "이렇게 하려고 하는데 괜찮나?" 라든지 "이런 정보를 들었는데 사실인가?"라는 식이다. 의사결정 전에 정확한 사실을 확인하거나 교차 검증을 원한다. 상속이나 증여 방법별로 효과나 문제를 비교하고 싶어 하는 경우도 많다.

　고객들 대부분은 여러 군데에서 상속 컨설팅을 받아본 경험이 있으며 상당히 구체적이고 높은 수준의 정보를 획득하고 있다. 상속 계획도 한 번 수립하고 끝내는 것이 아니라 수시로, 상황이 바뀔 때마다 점검하고 수정하려는 움직임을 보인다.

　자산가들을 중심으로 하는 이런 '상속 준비와 계획의 일상화'는 중산층까지 확산될 것으로 예측된다. 2024년 하나금융연구소가 발간한 '중산층의 상속 경험과 계획' 보고서에 따르면 상속을 경험한 사람 10명 중 7명이 어려움을 겪은 것으로 나타났다. 어려움의 원인은 상속에 대한 준비 부족과 상속 절차상의 어려움(46%), 법률 및 세금 문제에 대한 지식부족(41%), 상속세 등 경제적 부담(29%), 가족 간 재산 분할 분쟁(23%) 순으로 조사됐다. 보고서는 "중산층의 과반 이상은 전문가의 도움 없이 스스로 상속을 준비하려는 경향이 있지만, 상속을 경험한 경우에는 전문가의 도움을 받겠다는 의견이 30%나 껑충 뛰었다."고 밝혔다.

이는 전 세계 공통으로 나타나는 현상으로 보인다. "글로벌 4대 회계법인이며 컨설팅 회사인 언스트앤영(EY)이 최근 발간한 '글로벌 웰스 리서치 보고서'에 따르면, 부자들은 다수의 자문가에게 자문을 구하는 경향이 두드러지고 있다. 평균적으로 고객들은 2.3명의 자산관리자를 사용하고 있고, 32%는 그 수를 늘릴 계획"이라고 웰스매니지먼트지가 보도하였다.

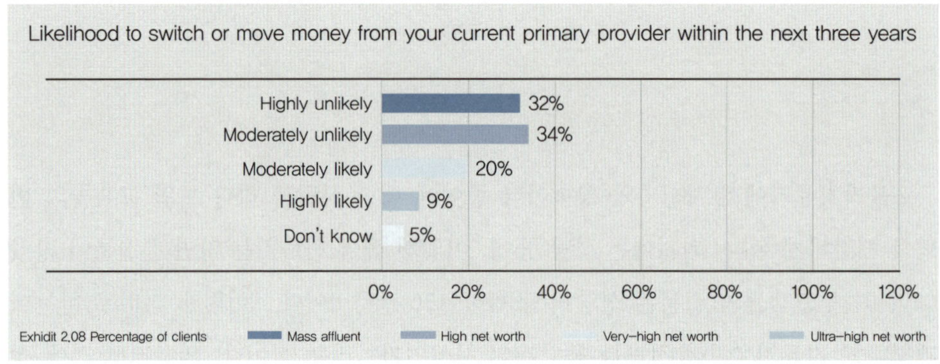

(출처: 웰스매니지먼트(http://www.wealthm.co.kr))

자산가치 상승으로 인한 상속세 대상의 확대, 상속절차의 복잡성 등의 이유로 법적, 세무적 전문가를 필요로 하는 사람들이 늘고 있다. 또한 인터넷의 발달로 보편적이고 일반적인 정보를 손쉽게 취득할 수 있게 되면서, 고객들 '전문적이고 내 상황에 딱 맞는 적합하고 특별한 정보'를 점점 더 원하고 있다. 상속 준비에서 전문가의 역할과 조언이 중요해지는 이유다.

절세모음.zip 〈상속·증여편〉

PART 3

상속·증여, 어디서부터 시작할까?
… 상속과 증여의 기초

01

상속과 증여란 무엇인가?

(1) 같은 듯 닮은 듯 서로 다른 상속과 증여

> **Q.** 어릴 적부터 부모님이 남겨주신 집에서 가족들과 함께 살아온 K씨. 최근 부모님의 건강이 눈에 띄게 나빠지면서, 가족들은 자연스럽게 '재산을 어떻게 나눌 것인가'라는 현실적인 고민을 마주했다. 형제들은 부모님 생전에 미리 증여를 받는 것이 나을지, 아니면 사후에 상속을 받는 것이 유리할지 저마다 의견이 다르다. 가족회의는 매번 감정이 섞여 결론을 내지 못하고, K씨는 세금 문제까지 고려해야 한다는 사실에 머리가 복잡하다. 상속과 증여, 이름은 비슷하지만 실제로는 어떻게 다르고, 어떤 선택이 더 현명할까?

상속과 증여의 기본 개념

상속과 증여는 '재산을 무상으로 이전하는 행위'라는 점에서 닮은꼴이다.

둘의 결정적인 차이는 '재산이 이전되는 시점'에 있다. 상속은 피상속인의 사망을 원인으로 하여 상속인에게 재산이 일괄적으로 이전된다. 반면 증여는 증여자가 생존해 있는 동안, 자신의 의사로 특정인에게 재산을 이전하는 것이다.

상속은 민법과 상속세 및 증여세법에 따라, 증여는 증여계약과 상속세 및 증여세법에 따라 각각 과세된다.

상속은 피상속인의 전체 재산을 기준으로 과세하며, 상속인들은 각자 받은 재산의 비율대로 연대납세의무를 진다. 증여는 수증자(받는 사람)별로 과세되며, 여러 명에게 분산 증여하면 상대적으로 낮은 세율을 적용받을 수 있다.

구분	상속	증여
정의	피상속인의 사망으로 인해 법정 상속인에게 재산이 무상으로 이전되는 것	증여자가 생존 중에 자신의 재산을 무상으로 타인(수증자)에게 이전하는 행위 및 계약
발생 시점	재산을 가진 사람이 사망할 때 자동 발생	재산을 가진 사람이 살아 있을 때 당사자 간의 합의(계약)로 발생
수증자 범위	법정 상속인(4촌 이내 친족)로 제한	친족뿐 아니라 타인도 가능
세금 종류	상속세	증여세
세율 구조	과세표준 구간별 10~50% 누진세율	
세금 계산 기준	피상속인 전체 재산에 대해 합산하여 계산 상속인별로 분할해 각자 부담 (연대납세의무 있음)	수증자 별로 증여받은 금액에 대해 각각 계산 여러 명에게 나누면 세율 구간 낮아질 수 있음
공제 항목	기초공제(2억), 일괄공제(5억), 배우자공제(5~30억), 금융재산공제 등	배우자(6억), 직계존비속(5,000만, 미성년자 2,000만), 기타 친족(1,000만) 등 관계별 공제
법적 절차	법률에 따라 자동 개시, 상속인들 간 분할 절차 필요	증여계약에 따라 직접 이전, 특정 목적·조건 부여 가능
공통점	모두 무상으로 재산이 이전 이전받는 사람의 노력이나 대가가 없음	

상속세와 증여세의 과세 체계

상속세와 증여세는 동일한 누진세율 구조를 갖는다.

과세표준 구간	세율	누진공제액
1억 원 이하	10%	–
1억 원 초과 ~ 5억 원 이하	20%	1,000만 원
5억 원 초과 ~ 10억 원 이하	30%	6,000만 원
10억 원 초과 ~ 30억 원 이하	40%	1억 6,000만 원
30억 원 초과	50%	4억 6,000만 원

※ 산출세액 = (과세표준 × 세율)−누진공제액

과세표준은 재산가액에서 각종 공제액을 차감하여 산정한다.

상속의 경우 일괄공제(5억 원), 배우자공제(최대 30억 원 한도), 미성년자·장애인·동거주택 상속 등 다양한 공제가 적용된다.

증여세는 수증자별로 공제액(배우자 6억 원, 성년자녀 5,000만 원 등)이 있다.

직접 계산해 봅시다

예시 15억 원 상당의 부동산을 자녀에게 상속/증여할 때

배우자는 없고 상속인은 자녀 1명으로 가정, 장례비 등은 고려하지 않음.

상속		증여
배우자 없이 자녀에게 상속, 일괄공제 5억 원 적용	가정	성인 자녀에게 증여, 증여재산공제 5,000만 원 적용
15억 원 − 5억 원 = 10억 원	과세표준	15억 원 − 5,000만 원 = 14억 5,000만 원
30% (6,000만 원)	세율 (누진공제)	40% (1억 6,000만 원)
10억 원 × 30% − 6,000만 원 = 2억 4,000만 원	산출세액	14억 5,000만 원 × 40% − 1억 6,000만 원 = 4억 2,000만 원

이처럼 동일한 금액이라도 상속과 증여의 공제액과 세율 적용 구간이 달라 세금 차이가 발생한다.

잠깐! 알고 갑시다

이런 것도 증여로 본다

증여세는 완전포괄주의 도입 이후 실질적으로 무상으로 재산이나 이익이 이전되는 모든 거래를 증여로 보고 과세한다. 따라서 저가 양수도, 명의신탁, 일감 몰아주기, 채무 인수 등 변칙적 거래도 증여세 대상이 된다. 거래의 형식과 관계없이 실질이 무상 이전이면 증여세가 발생할 수 있으니 사전 검토가 필요하다.

노블리치 컨설팅에서 흔히 만나는 대표적인 사례를 살펴보자.

① 저가 양수, 고가 양도 거래

특수관계인 간 재산 거래에서 시가와 현저히 다른 가격으로 거래될 경우, 그 차액의 일부를 증여로 간주해 과세한다(상속세 및 증여세법 제35조).

특수관계인(예: 직계가족, 형제자매 등)이 재산을 시가보다 낮은 가격에 양수하거나 높은 가격에 양도할 때, 시가와 거래가의 차액에서 기준금액을 차감한 나머지 금액이 증여재산가액으로 산정된다.

기준금액은 시가의 30% 또는 3억 원 중 적은 금액으로 계산된다. 예를 들어 부동산 시가가 10억 원인 경우, 기준금액은 3억 원(10억 원 × 30%)과 3억 원 중 작은 값인 3억 원이 적용된다. 차액이 기준금액을 초과하면 초과분에 대해 증여세가 부과된다.

이 규정은 거래의 형식적 합법성을 넘어 경제적 실질을 중시한다. 단, 특수관계인이 아닌 일반인 간 거래에서는 거래가액이 시가와 현저히 다르고 정당한 사유가 없는 경우에만 동일한 기준이 적용된다.

핵심요약

- 특수관계인 간 저가 양수/고가 양도 시 차액 일부가 증여세 과세대상
- 기준금액: min(시가 × 30%, 3억 원)
- 증여재산가액 = (시가 − 거래가) − 기준금액
- 거래에 따른 실제 이익의 이동 여부를 판단해 조세회피 방지

직접 계산해 봅시다

1. 부동산 저가 매매: 부모가 시가 8억 원인 토지를 자녀에게 4억 원에 매도한 경우
   차액 4억 원 − 기준금액 2.4억 원(8억 원 × 30%) = 1.6억 원에 대한 증여세 과세
2. 주식 고가 매입: 자녀가 부모에게 시가 6억 원인 주식을 9억 원에 구매한 경우
   차액 3억 원 − 기준금액 1.8억 원(6억 원 × 30%) = 1.2억 원에 대한 증여세 과세

관련 법령

상속세 및 증여세법 제35조(저가 양수 또는 고가 양도에 따른 이익의 증여)

② 부동산 무상사용

타인의 부동산을 무상으로 사용함으로써 얻은 경제적 이익을 증여로 간주해 과세한다(상속세 및 증여세법 제37조).

이 조항에 따르면, 부동산 소유자와 함께 거주하지 않는 주택 및 토지를 무상으로 사용할 경우, 해당 이익이 5년간 1억 원 이상이면 증여세가 부과된다. 무상사용 이익은 부동산 시가의 2%[*]를 연간 기준으로 계산한 후, 10% 할인율을 적용해 5년간의 현재가치로 환산한 금액으로 산정된다.

단, 부동산 소유자와 함께 거주하는 주택은 해당 규정에서 제외되며, 특수관계인이 아닌 자 간 거래에서는 정당한 사유가 없는 경우에만 적용된다.

 **핵심요약**

- 부동산 무상사용 이익이 5년간 1억 원 이상이면 증여세 과세
- 계산식: 부동산 가액 × 2% × 3.79079(10% 이율의 5년 현가계수)
- 1억 원 미만일 경우 증여세 면제
- 주거용 부동산 중 동거주택은 제외

 **직접 계산해 봅시다**

1. **15억 원 부동산 무상사용:**

   연간 이익: 15억 원 × 2% = 3,000만 원

   5년간 현재가치: 3,000만 원 × 3.79079 = 1억 1,372만 원

   결과: 1억 원 초과 → 증여세 과세

2. **13억 원 부동산 무상사용:**

   연간 이익: 13억 원 × 2% = 2,600만 원

   5년간 현재가치: 2,600만 원 × 3.79079 = 9,856만 원

   결과: 1억 원 미만 → 증여세 면제

관련 법령

상속세 및 증여세법 제37조(부동산 무상사용에 따른 이익의 증여)

---

[*] 부동산 무상사용 이익률, 상증세법 시행규칙 제10조

③ 금전 무상대출

금전을 무상으로 또는 적정 이자율(현재 연 4.6%)보다 낮은 이자율로 대출받은 경우에도 그 이익을 증여로 간주해 과세한다(상속세 및 증여세법 제41조의4).

대출금액에 적정 이자율을 적용해 계산한 금액과 실제 지급 이자의 차액이 1년간 1,000만 원 이상일 경우 증여세가 부과되며, 1,000만 원 미만이면 과세 대상에서 제외된다.

> **무상 대출**: 대출금액 × 4.6%
>
> **저리 대출**: (대출금액 × 4.6%) − 실제 지급 이자

대출기간이 1년 이상인 경우, 매년 1년 단위로 재계산하여 증여세를 부과한다. 예를 들어 3억 원을 무상으로 대출받으면 연간 증여이익은 1,380만 원(3억 원 × 4.6%)으로 1,000만 원 이상이므로 증여세 대상이 된다. 단, 특수관계인이 아닌 자 간 거래에서 정당한 사유가 있으면 적용되지 않는다.

핵심요약

- 1년간 증여이익 1,000만 원 이상 시 증여세 과세
- 계산식: 대출금액 × 4.6% − 실제 이자
- 대출기간 1년 이상 → 매년 재계산
- 2억 1,700만 원 이하 무상대출 시 증여세 면제(1,000만 원 ÷ 4.6%)

1. **3억 원 무상대출**:

   연간 증여이익: 3억 원 × 4.6% = 1,380만 원

   결과: 1,000만 원 이상 → 증여세 과세

2. **3억 원 저리대출(연 2%)**:

   증여이익: (3억 원 × 4.6%) − (3억 원 × 2%) = 1,380만 원 − 600만 원 = 780만 원

   결과: 1,000만 원 미만 → 증여세 면제

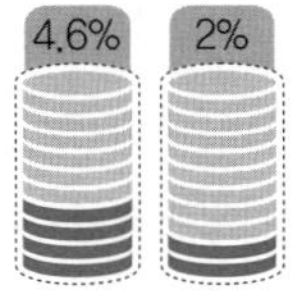

 **관련 법령**

상속세 및 증여세법 제41조의4(금전 무상대출 등에 따른 이익의 증여)

④ 주주 간 차등배당

최대주주가 배당을 포기하거나 지분율에 비해 적게 받음으로써 특수관계인이 더 많은 배당을 받은 경우, 그 초과분을 증여로 간주해 과세한다(상속세 및 증여세법 제41조의2). 이 규정은 주주평등 원칙을 위반한 차등배당으로 부의 이전을 방지

하기 위해 도입되었다.

초과배당금액은 특수관계인이 실제 받은 배당금에서 지분율에 따른 정상배당금을 차감한 금액으로 산정된다. 이때 초과배당금액에서 해당 금액에 대한 소득세 상당액을 공제한 나머지 금액이 증여세 과세대상이 된다.

단, 법인주주가 초과배당을 받은 경우에는 해당 법인의 주주 개인별 간접이익이 1억 원 미만이면 증여세가 과세되지 않는다.

핵심요약

- 초과배당금액 = 실제 수령액－(지분율 × 총배당금)
- 증여재산가액 = 초과배당금액－소득세 상당액
- 법인주주인 경우 해당 법인의 주주 개인별 간접이익 1억 원 미만 시 증여세 면제
- 2021년 개정세법 이후 차등배당 시 예외 없이 증여세 과세

사례

1. 개인주주 차등배당

부모(지분 80%)가 일부 배당 포기 → 자녀(지분 20%)가 1억 원 중 8,000만 원 수령

※ 종합과세 되지 않는 2,000만 원은 부모가 배당받음

초과배당금액: 8,000만 원－(1억 원 × 20%) = 6,000만 원

증여세 과세대상: 6,000만 원－소득세 상당액(6,000만 원 기준)

2. 법인주주 차등배당

A법인(부모 지분 99%, B법인 지분 1%)이 1억 원 배당 시, B법인이 1억 원 수령

B법인 주주(자녀 50%)의 간접이익: 9,900만 원 × 50% = 4,950만 원

결과: 1억 원 미만 → 증여세 면제

관련 법령

상속세 및 증여세법 제41조의2(초과배당에 따른 이익의 증여)

이런 것은 증여로 추정하지 않는다: 증여추정 배제

최근 부모가 자녀의 주택 취득자금이나 전세금 등을 지원하는 사례가 늘면서, 국세청은 자금출처조사와 증여추정제도를 엄격히 운영하고 있다. 상속세 및 증여세법은 재산을 자력으로 취득했다고 보기 어려운 경우 증여로 추정해 과세하지만, 현실적으로 모든 재산에 대해 일일이 과세하기는 어렵다. 이에 따라 세법과 사무처리규정에서는 연령별·금액별로 일정 기준을 정해, 그 한도 이하에서는 증여로 추정하지 않고, 입증책임을 과세관청에 전환하는 '증여추정 배제' 제도를 두고 있다. 이 기준은 자금출처조사 대상 선정과 국세행정의 효율성을 위해 마련된 것으로, 한도 미만이라고 해서 증여세 신고·납부 의무가 면제되는 것은 아니다.

증여세 증여추정 배제란 무엇인가

증여세에서 '증여추정'이란, 재산을 취득하거나 부채를 상환한 사람이 자신의 소득·재산·직업·연령에 비해 자력으로 자금을 마련했다고 보기 어려운 경우, 그 자금 전부 또는 일부를 타인으로부터 증여받은 것으로 간주해 증여세를 과세하는 제도다. 이때 납세자가 자금의 출처를 명확히 소명하지 못하면, 입증하지 못한 금액(미입증액)에 대해 증여세가 부과된다. 그러나 세법은 일정 요건을 충족하는 경우, 증여로 추정하지 않고 증여세 과세를 배제한다. 이를 '증여추정 배제'라고 한다. 즉, 증여추정 배제란 일정 기준 이하의 자금에 대해서는 자력취득으로 인정해 증여세를 과세하지 않는 제도다. 이는 납세자에게 유리한 규정으로, 입증책임이 납세자에서 과세관청으로 전환된다.

증여추정 배제 기준

① 미입증액 기준

재산 취득자금 또는 채무상환자금의 출처를 100% 소명하지 못해도, 미입증액이 취득 재산가액(또는 채무상환액)의 20% 또는 2억 원 중 적은 금액 미만이면 증여로 추정하지 않는다.

> **예시** 10억 원짜리 부동산을 취득하면서 8억 5,000만 원만 자금출처를 소명했다면, 미입증액이 1억 5,000만 원으로 2억 원과 2억 원(10억 원×20%) 중 적은 금액(2억 원) 미만이므로 증여추정이 배제된다.

② 연령별 취득·상환 누적액 기준

재산 취득일 또는 채무상환일 전 10년 이내에 취득한 주택·기타 재산·채무상환액의 합계가 아래 표의 한도 이내라면 증여추정이 배제된다. 이 기준은 연령별로 다르며, 세대주 여부와 무관하게 적용된다.

연령	재산 취득액		채무상환액	총액한도
	주택	기타		
30세 미만	5,000만 원	5,000만 원	5,000만 원	1억 원
30세 이상	1억 5,000만 원	5,000만 원	5,000만 원	2억 원
40세 이상	3억 원	1억 원	5,000만 원	4억 원

위 한도는 10년간 누적 기준이며, 실제 취득·상환액이 한도 미만이면 증여추정이 적용되지 않는다.

③ 기타 기준

- 자금 출처가 소득, 상속, 기존 재산 처분, 대출, 전세보증금 등으로 명확히 입증된 경우에도 증여추정이 배제된다.
- 단, 배우자나 직계존비속으로부터의 차입은 원칙적으로 자금출처로 인정되지 않으나, 실제 차용임이 입증되면 예외적으로 인정된다.

 **주의 사항**

- 증여추정 배제는 '입증책임의 전환'일 뿐, 증여로 보지 않는다는 의미가 아니다. 즉, 증여추정이 배제된 경우에도 과세관청이 실제 증여 사실을 입증하면 증여세가 과세될 수 있다.
- 미입증액이 20% 또는 2억 원 미만이어도, 증여 사실이 확인되면 전액 증여세 과세 대상이 된다.
- 증여추정은 증여자를 특정할 수 없는 경우에 적용되며, 증여자가 특정되면 일반 증여세 규정(10년 합산, 증여공제 등)이 적용된다.
- 증여추정 배제 한도는 2020년 2월 11일 이후 세대주 구분 없이 연령 기준으로 적용된다. 일부 자료에서 세대주 기준을 언급하나, 이는 과거 기준이므로 최신 규정을 확인해야 한다.
- 자금출처조사는 간편조사와 일반조사로 나뉘며, 탈세 혐의가 중대하거나 명백할 경우 일반조사로 전환될 수 있다.
- 자금출처조사 대상은 재산, 소비, 소득 규모 분석(PCI 시스템), 금융정보분석원(FIU) 의심거래, 지자체 통보, 탈세 제보 등 다양한 경로로 선정된다.

 **핵심요약**

증여세 증여추정 배제란?

재산 취득·채무상환 시 자금출처를 전부 소명하지 못해도 미입증액이 일정 기준(취득가액의 20% 또는 2억 원 중 적은 금액 미만, 또는 연령별 10년 누적 한도 이하)이면 증여로 추정하지 않는 제도다. 이는 납세자에게 입증책임을 완화해 주는 장치지만, 실제 증여 사실이 확인되면 증여세가 과세될 수 있으므로 자금조달 계획과 소명자료 준비에 각별히 주의해야 한다.

 **관련 법령**

상속세 및 증여세법 제45조(재산 취득자금 등의 증여 추정)

상속세 및 증여세법 시행령 제34조(재산 취득자금 등의 증여추정)

상속세 및 증여세 사무처리규정 제42조(재산취득자금 등의 증여추정 배제기준)

절세를 위한 상속·증여 기본원칙

상속·증여세 과세 방식을 이해했다면, 이를 활용해 합법적인 절세계획을 수립할 수 있다. 상속·증여세 절세를 위해 다음에 소개하는 원칙 3가지는 반드시 기억해 두자.

① 사전증여, 타이밍이 중요하다 – 10년 주기의 활용

상속 개시 전 10년 이내(상속인이 아닌 경우 5년 이내)에 증여한 재산은 상속재산에 합산되어 상속세가 부과된다. 따라서 사망 시점을 기준으로 10년 이전에 미리 증여하면 증여한 재산이 상속재산에 합산되지 않으므로, 증여세만 부담하면 된다.

상속세 과세표준 20억 원이 예상되는 재산이 있다고 가정해 보자.

만약 10억 원을 상속 5년 전에 증여하면 상속세와 증여세를 합쳐 6억 4,000만 원을 내야 하지만, 10년 전에 증여했다면 증여세 2억 4,000만 원, 상속세 2억 4,000만 원으로 총 4억 8,000만 원으로 줄일 수 있다.

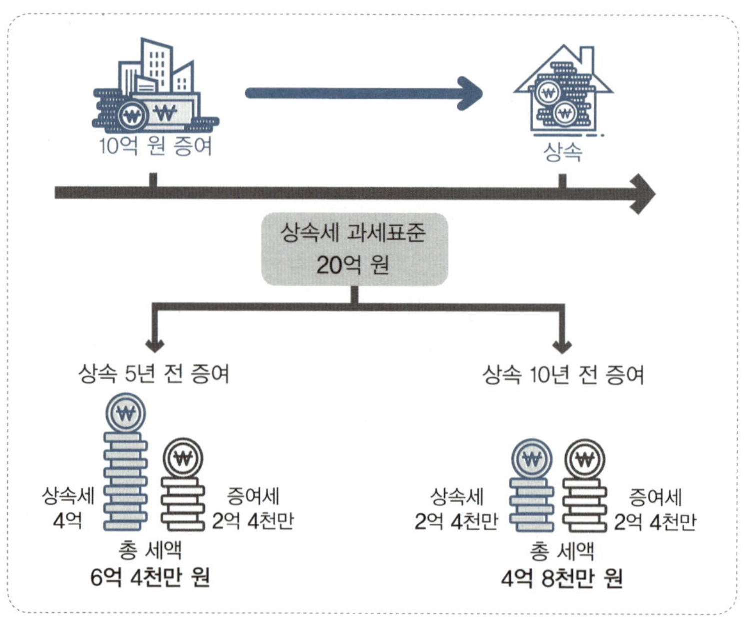

사전증여는 타이밍이다. 주려면 미리 주는 게 낫다는 사실을 기억하자.

② 나누어 줄수록 좋다 - 분산 증여

증여할 때 증여공제한도 내로 증여하면 세금이 없다고들 한다. 흔히 '(성년) 자녀에게 5,000만 원, 배우자는 6억 원까지는 세금이 없다.'는 공식이 나온 것은 이런 이유다.

증여공제는 절세에서 매우 중요하다. 증여공제를 최대한 활용하기 위해서는 다음 두 가지를 지켜 증여계획을 수립해야 한다.

첫째, 증여세는 수증자별로 공제액이 적용된다는 점이다.

성인 아들에게 3억 원을 증여하려고 할 때, 아들에게 한 번에 증여하지 않고 아들, 며느리, 손자로 대상을 나누는 식이다. 예를 들어 아들에게 1억 5,000만 원, 며느리에게 1억 원, 손자녀에게 5,000만 원을 각각 증여하면 세 부담을 줄일 수 있다.

둘째, 10년 주기를 활용하는 것이다. 증여세는 수증자별로 10년간 공제액이 적용되므로 10년 주기로 나누어 여러 번 증여하면 누진세율 구간을 낮춰 절세 효과가 커진다.

수증자 분산 예시와 효과

증여방법	수증자	증여금액	증여재산공제	과세표준	세율	산출세액	총 세금 (합계)	절세 효과
일시 증여 (1인)	성인 아들	3억 원	5,000만 원	2억 5,000만	20%	4,000만 원	4000만 원	–
분산 증여 (3인)	성인 아들	1억 5,000만	5,000만 원	1억 원	10%	1,000만 원	1,900만 원	2,100만 원 ↓
	며느리	1억 원	1,000만 원	9,000만 원	10%	900만 원		
	손자녀 (성인)	5,000만 원	5,000만 원	0원	0%	0원		
	합계	3억 원	–	–	–	1,900만 원		

③ 오르는 자산을 주는 게 좋다 - 자산가치 상승분의 사전증여

어떤 자산을 자녀에게 주는 게 나을까?

향후 가치 상승 가능성이 높은 부동산이나 주식은 미리 증여하는 것이 유리하다.

증여세는 증여 당시 평가액을 기준으로 부과되기 때문에, 이후 가치가 올라도 추가 세금 없이 자녀의 자산으로 인정된다. 미리 증여하면 가치상승분만큼 세금을 줄일 수 있는 셈이다.

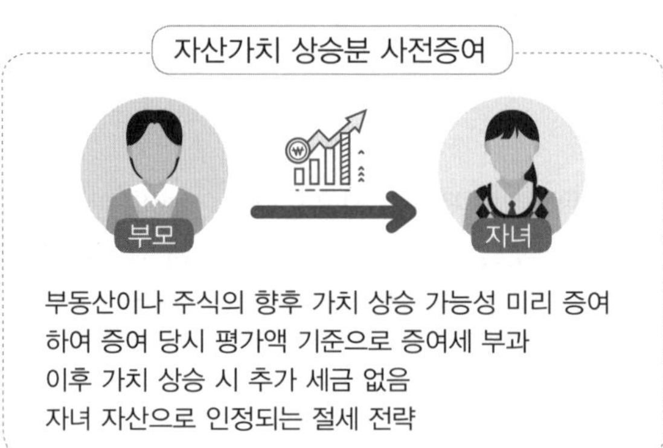

상속과 증여, 어떤 것이 유리한가?

상속과 증여 중 어느 쪽이 더 유리한지는 상황에 따라 다르다.

상속은 공제액이 크고, 배우자와 미성년자 등에게 추가 공제가 적용된다. 반면 증여는 분산 증여, 10년 주기 활용, 자산가치 상승분 선증여 등 다양한 절세 전략을 쓸 수 있다.

기본적으로 재산 규모가 상속세 공제 금액 범위 내에 있다면 증여보다 상속이 세금 측면에서 더 유리하다. 상속세가 나오지 않는 면세점 최소기준은 다음과 같다. 배우자와 자녀가 모두 있다면 10억 원, 배우자가 없는 경우 5억 원, 자녀와 부모 없이 배우자만 있다면 32억 원이다. 만약 재산규모가 이보다 크다면 사전증여를 고려해 보는 것이 좋다.

하지만 상속이 일어나는 시점은 대부분 수십 년 뒤다. 상속시점의 재산은 지금보다 가치 상승할 가능성이 높다. 이를 고려하지 않으면 뜻하지 않게 상속세를 부담할 수도 있다. 실제로 서울 등 주요 도시의 아파트 가격이 상승하면서 최근 상속세 과세 대상자와 결정세액이 꾸준히 증가하는 추세다. 2024년 기준 상속세 과세 대상자는 약 2.1만 명, 결정세액은 8조 1,975억 원에 달했다(국세청 통계).

상속과 증여는 닮은 듯 다르다. 상속은 사망 후 재산이 한 번에 이전되고, 증여는 생전에 계획적으로 분산할 수 있다. 공제액, 세율, 과세 방식, 절세 전략 등 다양한 요소를 꼼꼼히 따져보고, 가족 구성원과 재산 규모, 자산의 성격에 맞는 맞춤형 플랜을 세우는 것이 현명하다. 이를 위해 전문가의 조언을 받기를 추천한다.

(2) 유증과 사인증여, 무엇이 다른가?

Q. 부모님의 건강이 나빠지면서 가족들은 부모님의 재산 정리를 고민하게 된다. 누군가는 부모님의 유언장을 준비하자고 제안하고, 또 다른 자녀는 돌아가신 후의 재산 분배에 대해 아버지와 계약서를 써 두자고 주장한다. 가족들 사이에 '유증'과 '사인증여'라는 낯선 용어가 오가지만, 정확한 차이를 아는 사람은 없다. 둘은 어떻게 다르고 언제 사용해야 하는 걸까?

유언과 사인증여는 얼핏 비슷해 보이지만, 실제로는 법적 성격과 절차, 효력에서 중요한 차이가 존재한다. 이 두 제도를 제대로 이해해야만 가족 간 분쟁 없이 재산을 이전할 수 있다. '유증'과 '사인증여'의 차이로 혼란을 겪는 경우는 의외로 빈번하다. 대법원 판례에서도 유사한 사건을 찾을 수 있다.

대표적인 사례로 2023년 대법원 판결(2022다302237)을 살펴보자.

이 사건에서, 망인은 사망 전 자신의 재산을 자녀들에게 분배한다는 취지로 동영상을 촬영했으나, 해당 동영상이 민법상 유언의 요건(예: 유언의 취지, 성명, 날짜, 증인 구술 등)을 갖추지 못해 유언으로서의 효력이 인정되지 않았다. 이에 장남은 "비록 유언은 무효지만, 망인과 자신 사이에 사인증여 계약이 성립했다"며 소유권이전등기를 청구했다. 1심과 2심은 판단이 엇갈렸고, 대법원은 결국 "유언의 방식 요건을 갖추지 못한 유증이 사인증여로 전환되려면 증여자와 수증자 사이에 명확한 청약과 승낙이 있어야 하며, 단순히 유언이 무효라는 이유만으로 사인증여의 효력을 인정할 수는 없다"고 판시했다.

이 사건은 실제 가족 내에서 유언장 준비(유증)와 사전 계약(사인증여) 중 어떤 방식을 택할지 고민하다가, 법적 요건과 효력의 차이로 분쟁이 발생할 수 있음을 잘 보여준다.

유증은 유언자의 단독행위로 엄격한 형식이 필요하고, 사인증여는 쌍방의 계약이지만 역시 명확한 의사합치가 있어야 한다. 위 사례는 이를 제대로 이해하지 못하면 가족 간 분쟁이 커질 수 있음을 보여준다.

유증과 사인증여의 기본 개념

유증은 유언자가 사망한 후 자신의 재산을 특정인에게 무상으로 이전하겠다는 의사를 유언으로 남기는 단독행위다. 즉, 유언자가 혼자 남긴 의사표시만으로 효력이 발생하며, 수증자의 승낙이 필요 없다.

반면 사인증여는 증여자와 수증자 간에 생전에 증여계약을 체결하되, 그 효력이 증여자의 사망 시에 발생하는 계약이다. 즉, 쌍방의 의사합치(청약과 승낙)가 필요하다. 이 점에서 유증이 단독행위라면, 사인증여는 계약행위다

효력 발생 시기와 방식

- 유증: 유언자가 사망하면 유언에 따라 재산이 수증자에게 이전된다. 유언은 민법이 정한 엄격한 방식(자필, 녹음, 공정증서 등)을 반드시 따라야 하며, 요건을 갖추지 않으면 무효가 된다.
- 사인증여: 생전에 계약을 맺고, 증여자의 사망과 동시에 효력이 발생한다. 유증과 달리 유언의 방식(민법상 요건)을 갖출 필요는 없고, 계약의 형태만 갖추면 된다. 단, 청약과 승낙이 있어야 한다.

철회와 변경의 가능성

유증은 유언자가 생전에 언제든지 자유롭게 철회하거나 변경할 수 있다. 사인증여

도 효력이 발생(즉, 증여자가 사망)하기 전에는 증여자와 수증자 모두 합의로 계약을 해지하거나, 증여자가 일방적으로 철회할 수 있다. 최근 대법원 판례에 따르면, 사인증여 역시 유증과 마찬가지로 생전에는 언제든지 철회가 가능하다고 본다.

법적 효과와 실무상 차이

- 유증은 유언의 방식에 따라야 하므로 요건이 엄격하다. 방식에 맞지 않으면 무효가 될 수 있다.
- 사인증여는 계약이므로 유언의 방식이 필요 없고, 증여자와 수증자의 의사합치만 있으면 된다.
- 유증은 수증자의 승낙이 필요 없으나, 사인증여는 반드시 수증자의 승낙이 필요하다.
- 포괄적 유증(전 재산 또는 일정 비율을 유증)은 상속인과 동일한 권리·의무를 갖지만, 포괄적 사인증여는 계약이므로 동일한 효과가 발생하지 않는다.
- 유증은 법적으로 상속인과 수증자가 경합할 수 있으나, 사인증여는 계약에 따라 수증자만 권리를 가진다.

예시로 보는 차이

유증	사인증여

| A가 유언을 통해 "내 사망 후 내 아파트를 딸 B에게 남긴다"고 남겼고, 유언의 방식(자필, 공정증서 등)을 모두 갖췄다면, 사망 후 B가 아파트를 소유한다. | A와 B가 생전에 "A가 사망하면 아파트를 B에게 증여한다"는 계약을 체결했다면, A의 사망과 동시에 B가 소유권을 취득한다. 이때 계약서만 있으면 되고, 유언의 방식은 필요 없다. |

유증과 사인증여는 모두 사망을 원인으로 재산이 이전된다는 점에서 비슷해 보이지만, 법적 성격과 요건, 효력에서 중요한 차이가 있다. 유증은 단독행위로 유언의 엄격한 방식을 따라야 하고, 사인증여는 계약행위로 비교적 자유롭게 체결할 수 있다. 가족 간 원만한 재산 이전을 위해서는 상황에 맞는 제도를 선택하고, 각각의 요건과 절차를 정확히 따르는 것이 중요하다.

관련 법령

민법 554조~제562조(증여 및 사인증여)

민법 1060조~제1111조(유언 및 유증)

민법상 유언제도

유언은 사람이 사망하기 전에 자신의 재산을 사후에 어떻게 처리할지 정하는 단독행위다.

한국은 고령 인구 증가와 1인 가구 확대로 상속과 유언에 대한 사회적 관심이 빠르게 높아지고 있다. 하나금융연구소의 '상속 시장 분석 및 고객 세분화 방안' 보고서에 따르면 2012년 기준 상속시장 중 생전 유언 작성에 의한 유언시장 규모는 약 35조 원으로 추정되며, 만 40세 이상 자산가의 54%가 유언장 작성 의향을 보였으나 실제 작성 비율은 5% 미만에 그친 것으로 보인다.

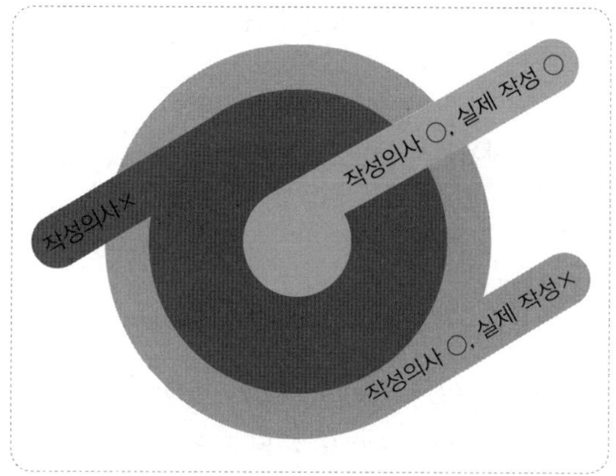

최근에는 상속분쟁 예방, 디지털자산 관리 필요성 등으로 디지털 유언장 제도도 시범 도입되고 있다. 유언대용신탁 등 다양한 상속 설계 수단이 확산되면서 가족구성 변화, 유류분 갈등 등 사회적 변화에 대응하는 유언제도 활용이 늘고 있다.

민법은 유언의 형식과 절차를 엄격하게 규정하며, 정해진 요건을 갖추지 않으면 유언은 무효가 된다. 유언의 자유는 인정되지만, 유류분 등 일정한 제한이 있다.

유언의 방식

민법은 다음과 같이 5가지 유언 방식을 규정한다.

방식	요건	특징 및 유의점
자필증서 유언	유언자가 전문, 연월일, 주소, 성명을 직접 자필하고 날인한다.	간단하지만, 한 글자라도 미작성 시 무효가 될 수 있다.
녹음 유언	유언자와 증인 1인이 구술 내용을 녹음한다.	녹음 상태가 불량하거나 증인 요건 미달 시 무효가 된다.
공정증서 유언	공증인 앞에서 증인 2인과 함께 유언 내용을 구술한다.	공증 절차를 거치므로 분쟁 위험이 가장 낮다.
비밀증서 유언	유언서를 봉인해 증인 2인 앞에서 제출하고, 5일 내 공증인 확정일자를 받는다.	내용의 비밀성이 보장되지만, 절차가 복잡하다.
구수증서 유언	급박한 사정에서 증인 2인 앞에서 구술, 7일 내 법원 검인을 받는다.	긴급 상황에만 허용되며, 사후 검인이 필요하다.

주의 사항

- 자필증서 유언은 모든 내용을 자필로 작성해야 하며, 타자나 복사본은 인정되지 않는다. 수정 시에도 자필 서명과 날인이 필요하다.
- 공정증서 유언과 비밀증서 유언은 증인 요건을 반드시 지켜야 하며, 증인 미참여 시 무효가 된다.
- 자필, 녹음, 비밀증서, 구수증서 유언은 사망 후 법원 검인 절차를 거쳐야 한다.
- 유언 당시 유언자의 의사능력이 명확해야 하며, 정신적 문제가 있으면 무효가 될 수 있다.

컴퓨터로 작성한 유언장에 일부만 자필로 작성한 경우, 자필증서 유언의 요건을 충족하지 못해 무효

유언자가 의식이 불명확한 상태에서 고개를 끄덕인 것만으로는 유언의 효력이 인정되지 않는다.

유언은 법정 형식과 절차를 엄격히 지켜야 하며, 고액 자산이나 분쟁 우려가 있는 경우 전문가 자문을 받는 것이 안전하다.

관련 법령

민법 제1060조(유언의 요식성)

민법 제1065조(유언의 보통방식)

민법 제1066조(자필증서에 의한 유언)

민법 제1067조(녹음에 의한 유언)

민법 제1068조(공정증서에 의한 유언)

민법 제1069조(비밀증서에 의한 유언)

민법 제1070조(구수증서에 의한 유언)

민법 제997조, 제1073조(상속 및 유언의 효력 발생 시기)

후견인제도

후견인제도는 질병, 장애, 노령 등으로 인해 사무처리 능력이 부족한 성인이나, 친권자가 없는 미성년자 등에게 후견인을 선임해 신상보호와 재산관리를 지원하는 제도다. 우리나라는 2024년 기준 65세 이상 고령인구가 전체의 20%를 넘어 초고령사회에 진입했고, 이에 따라 성년후견제도 이용도 꾸준히 증가하고 있다. 2021년 기준 후견사건 접수는 1만 1,545건에 달하며, 주로 친족이 후견인으로 선임되는 경우가 많고, 성년후견 유형이 압도적으로 많다. 제도 시행 10년이 지났으나, 후견인이 금융회사 등에서 업무를 대리할 때 실무상 불편이 여전해 매뉴얼 마련 등 개선 노력이 이어지고 있다. 성년후견제도는 고령자 · 장애인의 인권 보호와 자기결정권 존중을 목적으로 도입되었으며, 사회복지서비스와의 연계, 후견인 전문성 강화 등도 점차 중요해지고 있다. 성년후견은 가정법원의 심판을 통해, 미성년후견은 친권자의 유언이나 법원의 선임으로 개시된다.

후견사건 접수건수 추이(출처: 법원행정처 사법연감)

연도	2013	2014	2015	2016	2017	2018	2019	2020	2021	2022	2023
건수	1,883	3,748	4,674	5,410	7,033	8,359	9,585	11,094	11,545	11,807	11,907

※ 2023년 접수된 후견사건 11,907건 중 인용건수는 8,672건으로 인용률은 72.8%입니다.

후견방식

후견인제도는 크게 성년후견, 한정후견, 특정후견, 임의후견 네 가지로 나뉜다.

첫째, 성년후견은 지속적으로 사무처리 능력이 결여된 성인을 대상으로 한다. 이 경우, 후견인은 피후견인을 대신하여 모든 법률행위를 대리할 수 있으며, 법원의 감독을 받게 된다. 즉, 피후견인의 일상적이고 비일상적인 모든 법률적 행위에 대해 후견인이 전적으로 대리할 수 있는 권한을 갖는다.

둘째, 한정후견은 일상적인 사무처리는 가능하지만 특정 행위에 제한이 필요한 경우에 적용된다. 이 유형에서는 특정 법률행위에 한해서만 후견인의 동의가 필요하다.

즉, 피후견인이 일상적인 생활은 스스로 할 수 있으나, 재산관리나 중요한 계약 등 특정한 법률행위에 있어서는 후견인의 동의나 대리가 필요하다고 판단될 때 법원이 한정적으로 후견을 명한다.

셋째, 특정후견은 일시적이거나 특정 사무에만 후원이 필요한 경우에 적용된다. 이 경우에는 한정된 범위와 기간 내에서만 후견인이 지정된다. 예를 들어, 일시적으로 병원 치료나 재산처분 등 특정 목적을 위해서만 후견인의 도움이 필요한 경우에 법원이 그 범위와 기간을 명확히 정하여 후견인을 지정한다.

넷째, 임의후견은 장래를 대비해 본인이 직접 후견인을 미리 지정하는 제도이다. 이 경우, 본인이 사전에 공정증서를 통해 계약을 체결하고, 법원의 감독인 선임이 완료된 후에야 효력이 발생한다. 즉, 본인이 아직 사무처리 능력이 충분할 때 미리 후견인을 지정해 두고, 실제로 사무처리 능력이 상실된 때에 법원의 감독 하에 후견계약이 발효된다.

후견인제도 요약

구분	대상 및 요건	특징 및 권한 범위
성년후견	지속적으로 사무처리 능력이 결여된 성인	후견인이 모든 법률행위 대리, 법원 감독
한정후견	일상적 사무는 가능하나 특정 행위에 제한이 필요한 경우	특정 법률행위에 한해 후견인 동의 필요
특정후견	일시적 또는 특정 사무에만 후원이 필요한 경우	한정된 범위·기간 내 후견인 지정
임의후견	장래를 대비해 본인이 직접 후견인을 미리 지정	공정증서로 계약, 법원 감독인 선임 후 효력

성년후견, 한정후견, 특정후견은 모두 법원의 심판을 통해 개시된다. 임의후견은 본인이 정신적 제약이 오기 전 미리 계약을 체결하고, 실제로 판단능력이 저하되면 법원이 감독인을 선임해 효력이 발생한다.

- 후견인 선임 시 피후견인의 의사와 건강, 생활관계, 재산상황을 충분히 고려해야 한다. 법원은 후보자의 직업, 경험, 이해관계도 함께 검토한다.
- 성년후견과 한정후견은 후견인이 피후견인의 재산을 처분할 때 법원의 허가가 필요하다. 권한 남용 방지를 위해 정기적으로 후견사무보고서를 제출해야 하며, 법원이 감독한다.
- 한정후견은 종료가 쉽지 않으므로 신중하게 선택해야 한다. 사유가 소멸하지 않으면 계속 유지된다.
- 임의후견은 계약의 유효성, 법적 분쟁 가능성 등도 염두에 둬야 한다.
- 후견인은 변호사, 법무사 등 전문가가 아니어도 가능하지만, 업무수행을 위한 기본적인 법률·재산관리 지식이 필요하다.
- 후견인의 권한 남용, 피후견인 권리 침해 등 부작용을 막기 위해 법원이 후견인의 변경이나 해임, 권한범위 조정, 특정처분 명령을 할 수 있다.
- 후견은 피후견인의 정신상태가 호전되거나 사망할 때 종료된다. 임의로 종료할 수 없다.

사례로 보는 후견인제도

사례 1

지적장애 1급 아들을 둔 어머니가 법원에 성년후견 개시를 신청해 후견인으로 지정됐다. 어머니는 아들의 재산관리와 신상보호를 법적 근거 아래 안정적으로 수행할 수 있었다.

사례 2

초기 치매 증상이 있는 어머니를 둔 딸이 한정후견을 신청했다. 어머니는 일상생활은 가능했지만, 부동산 처분 등 중요한 법률행위에는 한정후견인의 동의가 필요했다. 법원은 딸을 한정후견인으로 지정했다.

고령의 아버지가 치매로 대출 연장 서류에 직접 서명할 수 없는 상황에서, 아들이 대출 연장 업무에만 한정된 특정후견인으로 지정됐다. 이로써 한시적으로 필요한 법률행위를 대리할 수 있었다.

노인성 질환을 우려한 고령자가 미리 아들을 임의후견인으로 지정하는 계약을 체결했다. 이후 본인의 판단능력이 저하되자 법원이 임의후견 감독인을 선임해 임의후견 계약이 발효됐다.

후견인제도는 피후견인의 권익 보호와 재산관리의 안전장치로서, 법적 절차와 요건을 충족해야 하며, 각 방식별 특성과 한계를 충분히 이해한 후 활용해야 한다.

관련 법령

제928조(미성년자에 대한 후견의 개시)　　제929조(성년후견심판에 의한 후견의 개시)

제930조(후견인의 수와 자격)　　제938조(후견인의 대리권 등)

제939조(후견인의 사임)　　제949조(재산관리권과 대리권)

제959조의13(특정후견인의 임무의 종료 등)

제959조의14(후견계약의 의의와 체결방법 등)

(3) 상속, 언제 개시될까?

Q. 부모님의 건강이 급격히 악화되면 가족들은 자연스럽게 유산 정리에 대해 논의하게 되지만, 상속에 대해 명확히 알지 못해 혼란스럽다. 사망신고를 해야 상속이 개시되는 것인지, 사망이 아닌 경우 예를 들어 실종의 경우에는 어떻게 되는지, 각종 상황별로 상속개시 시점이 달라질 수 있다.

상속개시의 원인과 시기를 명확히 아는 것은 상속 절차 외에도 상속세 신고와 납부, 상속포기 등 실무적 대응에 따라 세금의 영향도 차이가 발생할 수 있으므로 매우 중요하다.

상속개시의 원인

상속은 피상속인(고인)의 사망을 원인으로 하여 개시된다. 여기서 '사망'에는 자연사망뿐 아니라 법적으로 사망으로 간주되는 여러 경우가 포함된다.

- 자연사망: 피상속인이 실제로 사망한 경우, 그 시점에 상속이 개시된다.
- 실종선고: 장기간 생사가 불명한 경우, 법원이 실종선고를 내리면 실종기간 만료일에 사망한 것으로 간주되어 상속이 개시된다. 보통 실종은 최후 소식일부터 5년, 특별실종(전쟁·재난 등)은 위난발생일부터 1년이 지나야 실종선고가 가능하다.
- 인정사망: 재난 등으로 사망이 확실하다고 인정되는 경우, 가족관계등록부에 기재된 사망일시를 기준으로 상속이 개시된다.
- 부재선고: 부재선고를 받은 경우에도 실종선고와 동일하게 상속이 개시된다.

상속개시의 시기

상속개시의 시기는 상속개시 원인이 발생한 바로 그 순간이다.

- 자연사망: 실제 사망이 발생한 시점
- 실종선고: 실종기간 만료일

- 인정사망: 가족관계등록부에 기재된 사망일시
- 부재선고: 실종선고일

상속개시일은 상속재산의 평가기준일, 상속세 과세대상 판정일, 상속세 신고기한 산정의 기준일이 된다. 피상속인의 사망신고일이나 상속인의 인지 여부와는 무관하게, 법적으로 사망이 확정된 시점이 상속개시일이다.

상속개시의 장소

상속은 피상속인의 주소지에서 개시된다. 고인이 병원 등 주소지 이외의 장소에서 사망하더라도, 법적으로는 주소지를 기준으로 상속이 개시된다.

실무상 유의점

상속개시일은 상속세 납세의무 성립일이자, 상속포기나 한정승인 등 상속 관련 각종 신고·절차의 기준일이 된다. 상속인은 상속개시 있음을 안 날로부터 3개월 이내에 상속포기 또는 한정승인을 할 수 있다. 특히 실종선고나 인정사망 등은 상속개시일이 실제 사망과 다를 수 있으므로, 상속세 신고 및 재산분할 등 실무에서 정확한 시점 확인이 필수적이다.

상속개시는 피상속인의 사망, 실종선고, 인정사망 등 법적으로 사망이 확정된 시점에 발생한다. 상속개시일은 상속세와 각종 절차의 기준이 되므로, 가족 내에서 상속 절차를 준비할 때 반드시 정확히 확인해야 한다.

관련 법령

민법 제997조(상속의 개시)　　　민법 제998조(상속의 개시 장소)
민법 제27조(실종선고)　　　상속세 및 증여세법
가족관계의 등록 등에 관한 법률

(4) 상속, 누가 얼마나 받을까?

Q. 부모가 갑작스럽게 돌아가신 후, 남겨진 가족들은 재산을 얼마나, 어떻게 나눠야 할까? 자녀들은 각자 자신의 몫을 궁금해하고, 배우자는 혼자 살아야 할 노후를 걱정한다. 때로 오해와 갈등을 일으키는 상속, 누가 얼마나 받을까?

법정상속분의 원칙과 실제 적용 방식을 살펴본다.

상속인의 범위와 순위

상속인은 피상속인(사망자)과 혈연 또는 혼인으로 연결된 일정 범위의 사람들이다. 민법은 상속인을 다음과 같이 순위별로 규정한다.

- 1순위: 직계비속(자녀, 손자녀 등)과 배우자
- 2순위: 직계존속(부모, 조부모 등)과 배우자(1순위가 없을 때)
- 3순위: 형제자매(1, 2순위가 없을 때)
- 4순위: 4촌 이내의 방계혈족(1, 2, 3순위가 없을 때)

배우자는 항상 1순위 또는 2순위 상속인과 공동상속인이 되며, 이들이 모두 없을 때에만 단독 상속인이 된다.

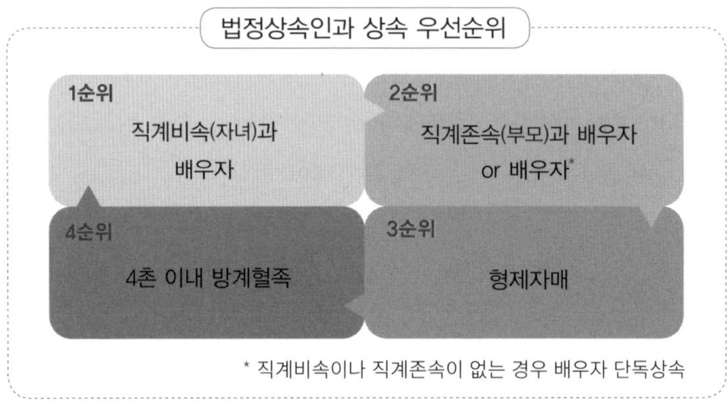

법정상속분의 계산

상속재산은 유언이 없거나 유언이 무효인 경우, 상속인 간 협의분할에 따른다. 상속인들끼리 협의만 가능하다면 상속재산을 자유롭게 분배할 수 있다.

만약 협의가 없다면 민법상 법정상속분에 따라 분할한다. 공동상속인 간의 상속분은 원칙적으로 균등하지만, 배우자는 다른 공동상속인(자녀, 부모 등)보다 1.5배의 상속분을 가진다.

주요 상속 조합별 상속분

상속인 구성	배우자 상속분	자녀/부모/형제 상속분
배우자 + 자녀 1명	3/5	2/5 (자녀 1명)
배우자 + 자녀 2명	3/7	2/7 (각 자녀)
배우자(자녀없음) + 부모 2명	3/7	2/7 (각 부모)
자녀만 2명(배우자 없음)	–	1/2 (각 자녀)
배우자(자녀, 부모없음) + 형제 2명	1	–

- 자녀, 부모, 형제 등 동순위 상속인은 균등하게 나눈다.
- 배우자는 공동상속인(자녀, 부모 등 직계존비속) 상속분의 1.5배를 받는다.

법정상속분, 누가 얼마나 받을까?

Q1. 〖배우자+자녀 1명〗 상속재산 35억 원을 배우자와 자녀 1명이 상속받을 때 각자의 지분과 금액은?

A1. 배우자 지분: 3/5 → 35억 × 3/5 = 21억

자녀 지분: 2/5 → 35억 × 2/5 = 14억

Q2. 〖배우자+자녀 2명〗 배우자와 자녀 2명이 35억 원을 상속받을 경우, 각자의 금액은?

A2. 배우자 지분: 3/7 → 35억 × 3/7 = 15억

자녀 각 지분: 2/7 → 35억 × 2/7 = 10억

Q3. 〖배우자+부모 2명〗 배우자와 부모 2명이 35억 원을 상속받을 때(자녀 없음), 각자의 상속금액은?

A3. 배우자 지분: 3/7 → 35억 × 3/7 = 15억

부모 각 지분: 2/7 → 35억 × 2/7 = 10억

Q4. 〖자녀 2명(배우자 없음)〗 배우자가 없고 자녀 2명만 35억 원을 상속인일 때, 각자의 상속금액은?

A4. 자녀 각 지분: 1/2 → 35억 × 1/2 = 17.5억

Q5. 〖배우자＋형제 2명〗 배우자와 형제 2명이 35억 원을 상속인일 때(직계비속·존속 없음), 각자의 지분은?

A5. 배우자 지분: 100% → 35억 원 전액

형제 지분: 0% (3순위 상속인은 배우자 단독 상속 시 권리 없음)

특별수익과 기여분 조정

상속에서 흔한 분쟁거리가 되는 부분이다. 망인 생전에 누가 얼마를 더 받았다, 부모님을 내가 더 모셨다, 집을 사는데 자녀 중 하나가 얼마의 돈을 냈다는 등 지분을 주장할 때 특별수익과 기여분을 내세운다.

- 특별수익: 생전 증여나 유증 등으로 미리 재산을 받은 상속인은, 그 받은 금액만큼 상속분에서 차감된다.
- 기여분: 피상속인의 재산 형성·유지에 특별히 기여한 상속인은 기여분만큼 상속분이 가산된다.

기여분에 대해서는 '부모님을 모시고 살았다면 기여를 인정받을 수 있을까?'에서 자세히 다루고 있으니 궁금한 분은 참고 바란다.

대습상속

상속인이 될 자녀나 형제자매가 상속개시 전에 사망하거나 결격자가 된 경우, 어떻게 상속인을 결정할까? 이 때 적용되는 것이 대습상속이다. 원래 상속인이었을 사람의 직계비속(손자녀, 조카 등)이 대신 상속인이 되어 상속분을 승계하는 것을 말한다.

예를 들어 아들과 딸, 총 2명의 자녀 중 딸이 아버지보다 먼저 사망했다고 가정해보자. 딸은 결혼해 배우자와 자녀1명이 있다. 이 상태에서 아버지가 돌아가시면 누가 상속받게 될까?

딸이 먼저 사망하지 않았다면 상속인은 아버지의 배우자(어머니)와 아들, 딸이었을 것이다. 이 사망한 딸의 상속지분은 '딸의 상속인'에게 대습된다. 즉 사위와 외손자가 대습상속인이 되는 것이다.

사위와 외손자는 딸이 받아야 할 상속분(2/7)을 법정지분에 따라 나누어 받는다. (아래 그림)

절세모음.zip (상속·증여편)

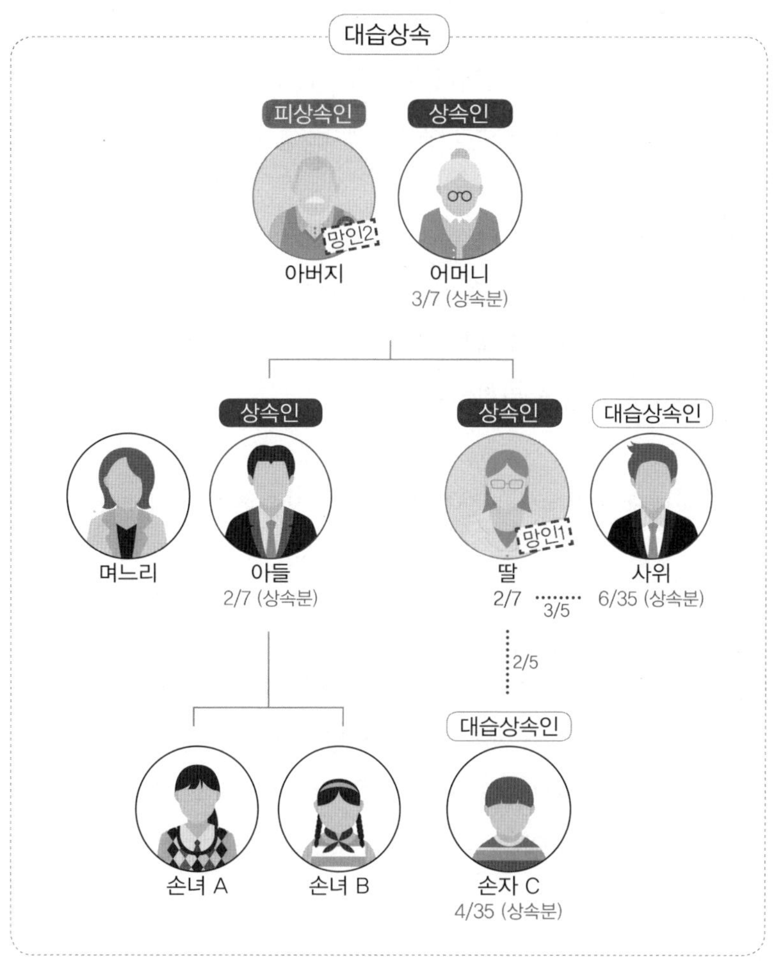

상속재산 분할 방법과 순서

분할 방법	정의	법적 근거	적용 시기	우선 순위
유언 분할	피상속인이 유언으로 상속재산 분할 방법을 지정하거나 제3자에게 위탁	민법 제1012조	유언이 있는 경우	1순위
협의 분할	공동상속인 간 협의를 통해 자유롭게 분할(법정상속분과 무관 가능)	민법 제1013조	유언 없고 협의가 성립된 경우	2순위
심판 분할	협의 불가 시 가정법원이 구체적 상속분*을 기준으로 분할 결정	민법 제1013조, 제269조	유언 없고 협의 실패 시	3순위

* 구체적 상속분: 법정상속분＋특별수익/기여분 반영한 최종 상속지분

① **유언분할**

피상속인의 유언에 따라 분할되며, 유류분 제도로 인해 일부 제한될 수 있음.

예시: "주택은 장남에게, 예금은 차남에게" 구체적 지정 가능.

② **협의분할**

공동상속인 전원 합의 필요 (일부 제외 불가).

법정상속분과 다르게 분할 가능(예: 특정 상속인에게 재산 집중).

협의서 작성 시 인감증명서 첨부 필수.

협의분할 완료 후 유류분 반환청구 불가

③ **심판분할**

법원은 분할대상 상속재산을 산정 후 구체적 상속분*에 따라 분할

결론

상속재산의 분배는 법정상속분을 기본으로 하되, 유언, 특별수익, 기여분, 대습상속 등 다양한 요소에 따라 실제 상속분이 달라질 수 있다. 배우자는 항상 우선적 지위를 갖고, 자녀·부모·형제 등과의 관계에 따라 상속분이 정해진다. 정확한 상속분 계산과 분할을 위해서는 상속인 구성과 각자의 상황을 꼼꼼히 따져야 한다.

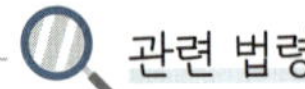

관련 법령

민법 제1000조~제1010조(상속인, 상속순위, 상속분 등)

상속세 및 증여세법

---

* 구체적인 상속분: 피상속인 재산 + 특별수익 - 기여분

이런 경우 누가 상속받을까?

Q1. 〔사실혼 배우자와 상속〕 피상속인이 사실혼 배우자와 오랜 기간 동거했으나, 법률혼(혼인신고)은 하지 않은 상태로 사망했습니다. 사실혼 배우자는 상속인이 될 수 있을까요?

Q2. 〔유언과 유류분 분쟁〕 망인은 자필 유언장으로 전 재산을 장남에게만 주겠다고 남겼습니다. 다른 자녀들이 유류분을 주장할 수 있을까요?

Q3. 〔상속순위와 법정상속분〕 피상속인이 배우자와 미성년 자녀 1명을 남기고 사망했습니다. 피상속인의 어머니가 "아파트를 사줬으니 상속받아야 한다"고 주장합니다. 누가 상속인이며, 상속분은 어떻게 될까요?

Q4. 〔상속 결격사유〕 피상속인이 임신한 배우자와 자녀 1명을 남기고 사망했습니다. 배우자는 경제적 부담으로 태아를 낙태했습니다. 누가 상속인이며, 상속분은 어떻게 될까요?

Q5. 〔상속포기와 차순위 상속〕 피상속인의 자녀(1순위 상속인)들이 모두 상속을 포기했습니다. 이 경우 피상속인의 손자녀가 상속인이 될 수 있을까요?

Q6. 〖동시사망과 대습상속〗 교통사고로 아버지와 아들이 동시에 사망한 것으로 추정됩니다. 아들의 자녀(손자)가 대습상속을 받을 수 있을까요?

Q7. 〖기여분 인정 사례〗 자녀 중 한 명이 피상속인의 병간호와 생활비 지원 등으로 특별히 기여했습니다. 이 자녀의 상속분이 법정상속분보다 늘어날 수 있을까요?

Q8. 〖협의 없는 단독등기〗 공동상속인 중 1인이 다른 상속인의 동의 없이 단독으로 상속부동산을 등기했습니다. 이 등기는 유효할까요?

Q9. 〖상속분 양도와 분할청구권〗 상속인이 자신의 상속지분을 다른 상속인에게 모두 양도한 뒤, 상속재산분할을 청구할 수 있을까요?

Q10. 〖유언분할 vs 협의분할〗 피상속인의 유언과 달리 상속인들이 협의분할을 했습니다. 유언과 협의 중 어느 것이 우선할까요?

A1.

질문요약　　사실혼 배우자와 장기간 동거

정답　　상속권이 없음

적용 판례·원칙　　대법원: 사실혼 배우자 상속권 불인정

A2.

질문요약　　유언으로 전 재산을 장남에게 증여

정답　　유류분 반환청구 가능

적용 판례·원칙　　민법 제1112조(유류분 권리)

A3.

질문요약　　배우자·미성년 자녀·모친 존재

정답　　배우자와 자녀가 1순위 상속인, 모친은 상속권 없음

적용 판례·원칙　　민법 제1000조(법정상속순위)

A4.

질문요약　　임신중 태아 낙태

정답　　배우자는 상속결격사유에 해당되어 상속권이 상실되고, 자녀가 단독 상속인이 됨

적용 판례·원칙　　민법 제1004조, 대법원 92다2127 판결

A5.

질문요약　　1순위 상속인 전원 포기

정답　　손자녀가 차순위 상속인

적용 판례·원칙　　대법원 2017다265890 판결

A6.

질문요약　　아버지와 아들 동시사망

정답　　손자녀가 대습상속을 받을 수 있음

적용 판례·원칙　　대법원 2004다53196 판결

A7.

질문요약	특별 기여 자녀 존재
정답	기여분 인정 시 상속분이 증가
적용 판례·원칙	민법 제1008조의2(기여분)

A8.

질문요약	협의 없는 단독등기
정답	무효이며, 다른 상속인은 등기 말소를 청구가능
적용 판례·원칙	대법원 2016다267843 판결

A9.

질문요약	상속분 양도 후 분할청구
정답	분할청구권 상실
적용 판례·원칙	대법원 2015다204567 판결

A10.

질문요약	유언과 협의분할 충돌
정답	유언이 우선하나, 전원 동의 시 협의분할 가능
적용 판례·원칙	민법 제1012조(유언분할 우선 원칙)

(5) 채무가 더 많을 때는 어떻게 해야 할까? - 상속포기와 한정승인

Q. 부모님이 돌아가신 뒤, 남겨진 재산을 정리하던 중 예상치 못한 빚이 있다는 사실을 알게 되었다. 집 한 채와 소액의 예금이 전부인 줄 알았는데, 사업 실패로 얻은 채무가 훨씬 많다는 걸 뒤늦게 발견한 것이다. 가족들이 빚까지 모두 떠안아야 할까? 상속을 포기하면 되는 걸까?

상속채무가 상속재산보다 많을 때의 선택지

상속을 받게 되면 고인의 재산과 빚을 함께 물려받게 된다. 만약 상속재산보다 채무가 더 많거나, 재산과 빚의 규모를 정확히 알 수 없는 경우에는 신중한 선택이 필요하다. 이런 상황에서 상속인은 상속포기, 한정승인, 특별한정승인 등 다양한 제도를 활용해 빚의 대물림을 막을 수 있다.

① 상속포기

상속포기는 고인의 재산과 빚을 모두 물려받지 않겠다는 의사를 법원에 신고하는 절차다. 상속포기를 하면 상속인은 처음부터 상속인이 아니었던 것으로 간주되어, 고인의 재산과 채무 모두 승계되지 않는다. 이 제도는 주로 고인이 남긴 빚이 재산보다 많거나, 채무 부담을 피하고자 할 때 활용된다.

상속포기는 고인의 사망 사실을 안 날, 일반적으로는 사망일로부터 3개월 이내에 고인의 최종 주소지를 관할하는 가정법원에 신청해야 한다. 이 기간 내에 신청하지 않으면 단순승인으로 간주되어 고인의 재산과 빚을 모두 물려받게 된다. 상속포기 신청이 법원에서 받아들여지면, 상속인의 권리와 의무가 모두 소멸되어 고인의 빚을 갚을 필요가 없어진다.

다만 상속포기를 한 경우 상속권과 빚이 후순위 상속인(형제, 조카, 4촌 이내 친척 등)에게 넘어갈 수 있다. 가족 중 일부만 상속포기를 하면 남은 가족이 빚을 떠안을 수 있으므로, 가족 전체가 함께 상속포기를 해야 빚의 대물림을 막을 수 있다.

② 한정승인

한정승인은 상속받은 재산의 범위 내에서만 고인의 빚을 갚는 제도다. 상속인은 자신의 고유재산으로 고인의 채무를 변제할 필요가 없고, 오로지 상속재산 한도 내에서만 책임을 진다. 이 제도는 상속이 개시된 사실을 안 날로부터 3개월 이내에 가정법원에 신청해야 한다.

예를 들어 상속재산이 1,000만 원이고 고인의 채무가 5,000만 원이라면, 상속인은 1,000만 원까지만 빚을 갚으면 되고, 나머지 4,000만 원에 대해서는 책임이 없다. 한정승인은 상속재산과 채무의 규모를 정확히 알 수 없거나, 빚이 상속재산보다 많을 가능성이 있을 때 안전하게 선택할 수 있는 방법이다.

③ 특별한정승인

특별한정승인은 상속포기나 한정승인 신청 기한인 3개월을 넘겼더라도, 상속인이 빚이 더 많다는 사실을 중대한 과실 없이 뒤늦게 알게 된 경우에 적용할 수 있다. 이 경우 상속인은 채무가 상속재산을 초과한다는 사실을 안 날로부터 3개월 이내에 한정승인을 신청할 수 있다. 특별한정승인을 인정받으려면 상속인이 그동안 채무초과 사실을 몰랐고, 이를 알지 못한 데 중대한 과실이 없었음을 입증해야 한다.

절차 및 실무상 유의점

- 상속포기와 한정승인은 모두 가정법원에 신청해야 하며, 필요한 서류와 절차가 다소 다르다.
- 상속포기는 비교적 간단하지만, 한정승인은 채권자 통지, 신문공고 등 추가 절차가 필요하다.
- 상속포기나 한정승인 신청 전에 고인의 재산을 임의로 처분하면 단순승인(빚까지 모두 상속)으로 간주될 수 있으니 주의해야 한다.
- 상속포기는 일부만 할 수 없고, 재산과 채무 전체에 대해 포기해야 한다.
- 한정승인은 상속재산 내에서만 책임지고, 내 재산은 안전하다. 단, 절차가 복잡할 수 있으니 전문가의 도움을 받는 것이 좋다.

상속채무가 상속재산보다 많을 때는 상속포기 또는 한정승인을 통해 내 재산을 지키고 빚의 대물림을 막을 수 있다. 기한(3개월) 내에 정확한 절차를 밟는 것이 무엇보다 중요하다. 빚 상속 문제는 가족 전체의 문제이므로, 후순위 상속인에게도 미리 알리고 함께 대응하는 것이 현명하다.

관련 법령

민법 제1019조(승인·포기의 기간)   민법 제1028조(한정승인)
민법 제1041조(상속포기)   상속세 및 증여세법

(6) 부모님을 모시고 살았다면 기여를 인정받을 수 있을까? - 기여분

Q. 형제들 중 유일하게 부모님을 모시고 살며, 병원 진료와 식사, 생활비까지 책임졌던 A씨. 부모님이 돌아가신 뒤 다른 형제들은 "자식으로서 당연히 할 일을 했을 뿐"이라며 모두 똑같이 나누자고 주장했지만, A씨는 자신이 특별히 기여한 만큼 더 받아야 한다고 생각한다. 과연 A 씨는 기여분을 인정받을 수 있을까?

기여분이란 상속인 중에서 피상속인의 재산 형성·유지 또는 특별한 부양에 실질적으로 기여한 사람이 있을 때, 그 기여를 상속분에 반영해 추가로 인정해 주는 제도다. 민법 제1008조의2에 근거하며, 오직 법정상속인만이 기여분을 청구할 수 있다.

기여분이 인정되는 요건

기여분이 인정되기 위해서는 몇 가지 중요한 요건이 있다.

첫째, 기여분을 주장할 수 있는 자격은 반드시 법정상속인, 즉 자녀나 배우자 등 법률상 상속권이 있는 사람이어야 하며, 간병인이나 친구 등은 해당되지 않는다.

둘째, 기여분이 인정되려면 단순한 효도나 일상적인 부양, 방문만으로는 부족하고, 장기간 부모와 동거하거나 간호를 하거나, 생활비나 치료비를 부담하는 등 부모 재산의 유지나 증식에 실질적으로 기여한 경우처럼 사회적 통념상 일반적으로 기대되는 수준을 넘어서는 특별한 기여가 있어야 한다.

셋째, 이러한 특별한 기여가 있었다고 주장하는 상속인은 구체적인 사실과 증거를 통해 자신의 기여를 입증해야 하며, 법원은 기여의 성격과 기간, 강도, 그리고 상속 재산에 미친 영향 등을 종합적으로 고려하여 기여분 인정 여부를 판단하게 된다.

실제 인정 사례와 최근 경향

"편찮으신 부모님을 모시고 살며 생활비도 부담했습니다."

동거·간호 및 생활비 부담: 장기간 부모님과 동거하며 생활비, 치료비, 병원비 등을 부담한 경우 기여분이 인정될 수 있다.

"부모님과 가까이 사는 건 저뿐이라 수시로 들러 부모님을 돌보았습니다."

가까이 거주하며 자주 돌봄: 최근에는 부모와 한집에 살지 않아도, 주말마다 찾아와 돌보거나, 형제 중 유일하게 생활비·병원비를 보탠 경우 등도 기여분이 인정된 사례가 있다.

"부모님의 병원비와 간병비는 제가 댔습니다."

인정비율: 전체 상속재산의 20~50% 정도가 기여분으로 인정되는 경우가 많으며, 특별한 사정이 있으면 100%까지 인정된 사례도 있다. 예를 들어, 생활비·병원비 전액 부담(100%), 동거 및 제사 모심(40%), 주말 돌봄(50%), 치료비 부담(30%) 등 다양한 판례가 존재한다.

법원의 태도 변화: 과거에는 단순 부양을 자녀의 당연한 의무로 보아 기여분 인정을 엄격히 했지만, 최근에는 부모를 모시는 자녀가 드물어지면서 특별한 부양 자체가 기여로 인정되는 경향이 강해지고 있다.

기여분 인정 절차

상속 기여분 인정 절차에는 중요한 단계가 있다.

첫째, 상속인들 사이에 협의가 이루어지는 경우, 모든 상속인이 자발적으로 동의하면 특정 재산을 기여자에게 추가로 배정하는 등 자유롭게 기여분을 결정할 수 있다. 이때 반드시 비율로 정할 필요는 없다. 예를 들어 특정 부동산이나 예금 계좌를 기여자에게 지정하는 방식으로도 합의가 가능하며, 협의가 이루어진 경우에는 법적 분쟁 없이 상속 절차를 진행할 수 있다.

둘째, 상속인 간 협의가 이루어지지 않거나 불가능한 경우에는 기여분을 주장하는 상속인이 가정법원에 상속재산분할심판 청구와 함께 기여분결정청구를 제기해야 한다. 이때 기여분결정청구는 반드시 상속재산분할심판과 병합하여야 하며, 단독으로 기여분만 청구할 수는 없다. 법원은 기여의 시기, 방법, 정도와 상속재산의 규모, 그리고 다른 상속인들의 상황 등을 종합적으로 고려해 기여분 인정 여부와 그 정도를 결정한다.

계산 방법

공식   [전체 상속재산 – 기여분] × [법정상속지분] + [기여분]

예시   전체 상속재산 1억 원, 기여분 2,000만 원, 상속지분 1/3이라면, (1억 원 – 2,000만 원) × 1/3 + 2,000만 원 = 4,667만 원.

결론적으로, 부모님을 모시고 살았다는 사실만으로 자동으로 기여분이 인정되는 것은 아니다. 하지만 장기간 실질적으로 부양하거나, 생활비·치료비를 부담하는 등 특별한 기여가 입증되면, 법원은 그 기여를 상속분에 반영해 추가로 인정해 준다. 최근에는 부양 자체가 특별한 기여로 인정되는 경향이 강해지고 있으므로, 구체적 사실과 증빙자료를 준비해 적극적으로 주장하는 것이 중요하다.

 **관련 법령**

민법 제1008조의2(기여분)

상속재산분할에 관한 규정(민법 제1012조~제1018조 및 제269조 등)

(7) 특정 자녀에게 한 푼도 주지 않아도 될까? - 유류분

Q. 부모의 유언장에 "둘째 아들에게는 한 푼도 주지 않는다"는 내용이 적혀 있다면? 혹은 생전에 편애하던 자녀에게만 대부분의 재산을 증여하고, 나머지 자녀들은 아무것도 받지 못하게 된 상황이라면?

정말 특정 자녀가 한 푼도 상속받지 못하는 걸까? 현실에서 상속권은 어떻게 보호받을 수 있는지 살펴보자.

한국 상속법상 피상속인은 유언을 통해 재산의 분배를 자유롭게 정할 수 있다. 그러나 유언이나 생전 증여로 특정 자녀를 완전히 배제하는 것은 원칙적으로 불가능하다.

이유는 바로 유류분 제도 때문이다. 유류분은 일정 범위의 상속인에게 최소한의 상속분을 보장하는 장치로, 피상속인의 의사와 무관하게 법이 정한 비율만큼은 반드시 상속받을 권리가 있다.

유류분 제도의 내용과 보호 범위

유류분권리자: 직계비속(자녀, 손자녀 등), 배우자, 직계존속(부모, 조부모 등)

유류분 비율:

직계비속(자녀 등), 배우자: 법정상속분의 2분의 1

직계존속(부모 등): 법정상속분의 3분의 1

형제자매: 헌법재판소는 피상속인의 형제자매에게 유류분을 인정한 민법 제1112조 제4호에 대해 단순 위헌 결정을 내렸다(2021헌바301, 2024. 4. 25.). 이 결정으로 인해 형제자매는 더 이상 유류분 반환청구권을 행사할 수 없게 되었고, 유류분 권리자에서 제외되었다.

예를 들어, 자녀 3명과 배우자가 공동상속인인 경우, 각 자녀의 법정상속분이 2/9라면, 유류분은 1/9(법정상속분의 1/2)로 보장된다.

유류분 반환청구권

특정 자녀가 유언이나 생전 증여로 상속에서 배제되었더라도, 자신의 유류분에 미달하는 경우에는 유류분 반환청구권을 행사할 수 있다.

즉, 유류분권리자는 유류분을 침해한 수증자(다른 자녀 등) 또는 유언상 수증자에게 반환을 청구할 수 있으며, 이 경우 실제로 최소한의 상속분을 돌려받게 된다.

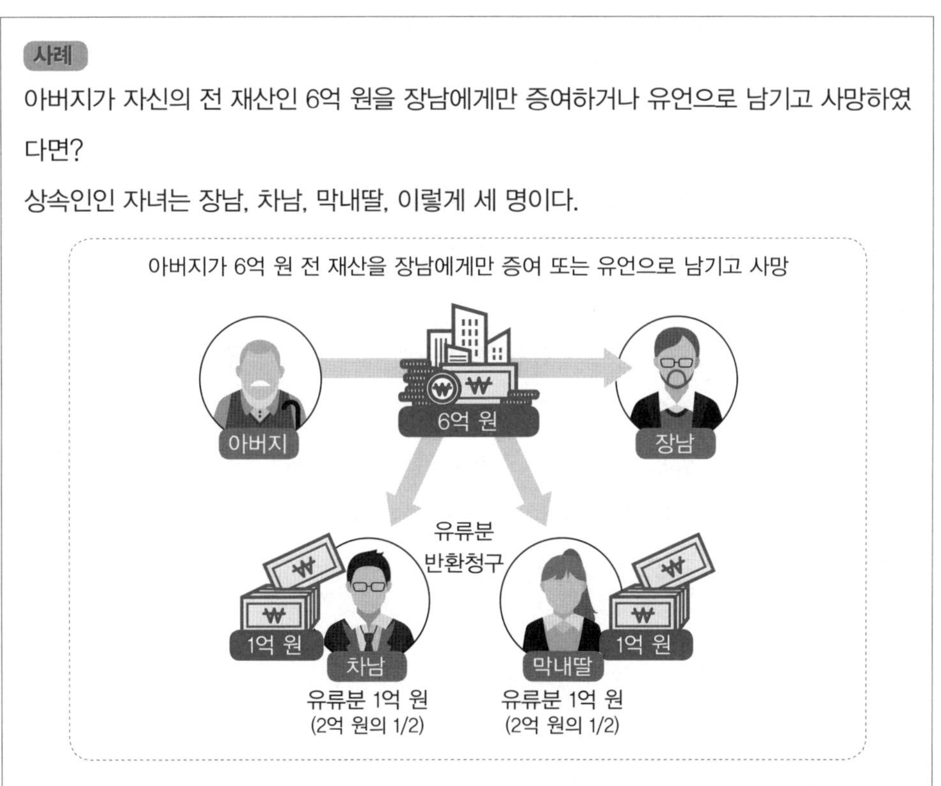

각 자녀의 법정상속분은 2억 원, 민법상 유류분 제도에 따라, 각 자녀는 자신의 법정상속분의 2분의 1에 해당하는 1억 원에 대해 유류분 권리를 가진다.

따라서 차남과 막내딸은 각자 1억 원씩을 유류분 반환청구를 통해 장남으로부터 돌려받을 수 있다. 이처럼 유류분 제도는 특정 상속인에게만 재산이 집중되는 것을 방지하고, 다른 상속인의 최소한의 상속권을 보장하기 위한 장치이다.

① 법정상속분 vs 유류분

　법정상속분: 자녀 3명 → 각자 2억 원 (6억 ÷ 3)

　유류분: 법정상속분의 50% → 각자 1억 원 (2억 × 50%)

② 최종 결과

　장남: 6억 원 중 4억 원 보유

　차남 & 막내딸: 각 1억 원씩 지급받음 (총 2억 원 반환)

유류분 반환청구 예외 및 주의해야 할 사항 중 중요한 내용은 다음과 같다.

첫째, 유류분 권리자가 상속결격 사유에 해당하거나, 즉 고인을 해친 경우 등과 같이 법적으로 상속인의 자격을 상실했거나, 상속포기를 한 경우에는 유류분도 주장할 수 없다.

둘째, 유류분 반환청구권은 영구적인 권리가 아니기 때문에 행사 기간에 주의가 필요하다. 구체적으로, 상속이 개시된 사실과 유류분 침해 사실을 안 날로부터 1년 이내에 청구해야 하며, 설령 이를 알지 못했더라도 상속 개시일로부터 10년이 지나면 청구권이 소멸된다. 이 두 가지 시효 중 어느 하나라도 경과하면 유류분 반환청구권은 더 이상 행사할 수 없으므로, 권리자는 기간 내에 신속하게 청구 절차를 진행해야 한다.

결론적으로, 유언이나 생전 증여로 특정 자녀를 상속에서 완전히 배제하는 것은 원칙적으로 불가능하다. 유류분 제도에 의해 최소한의 상속분은 반드시 보장되며, 침해된 경우 반환청구를 통해 돌려받을 수 있다. 따라서 상속을 설계할 때는 유류분 제도를 반드시 고려해야 하며, 분쟁을 예방하려면 상속인 간 충분한 소통과 법적 검토가 필요하다.

관련 법령

민법 제1112조~제1118조(유류분 및 반환청구권)

상속세 및 증여세법

달라지는 유류분 제도

요약

2024년 4월 25일 헌법재판소는 유류분 제도의 핵심 조항에 대해 위헌 및 헌법불합치 결정을 내렸다. 주요 변경점은 다음과 같다:

1. 형제자매의 유류분권 폐지
2. 패륜행위자 유류분 상실 사유 도입
3. 기여분 반영 강화
4. 유류분 산정 기준 개편

    이번 결정은 1977년 유류분 제도 도입 이후 47년 만의 대규모 개편으로, 상속 분쟁 감소와 피상속인의 재산권 강화를 목표로 한다.

유류분 제도의 기본 취지와 현황

유류분 제도는 피상속인이 자신의 재산을 유언이나 생전 증여로 자유롭게 처분하더라도, 일정 범위의 가족(법정상속인)에게는 최소한의 상속분을 보장해 주는 장치입니다. 이는 유족의 생존권 보호, 가족 연대 유지, 상속재산 형성에 대한 기여 보상 등을 목적으로 1977년 민법 개정 때 도입되었습니다. 하지만 최근 가족 구조와 사회 환경이 변화하면서, 유류분 제도의 실효성과 공정성에 대한 논란이 꾸준히 제기되어 왔습니다.

유류분 권리자	유류분 비율(법정상속분 대비)
직계비속·배우자	1/2
직계존속	1/3
형제자매	1/3 (2024년 폐지)

내용

1. 기존 유류분 제도의 문제점

기존 유류분 제도에서는 상속재산 형성에 아무런 기여가 없는 형제자매도 법정상속분의 1/3을 유류분으로 청구할 수 있었기 때문에, 실제로 재산 형성에 기여하지 않은 이들에게까지 권리가 주어져 피상속인의 재산처분의 자유가 과도하게 제한되는 문제가 있었다. 또한, 피상속인을 학대하거나 유기한 상속인조차 유류분권을 행사할 수 있었는데, 이는 일반적인 법감정이나 사회적 상식에 부합하지 않는 불합리한 결과를 낳았다. 더불어, 피상속인을 부양하거나 재산 형성에 실질적으로 기여한 상속인이 받은 증여재산도 유류분 산정 대상에 포함되어, 기여분이 사실상 무시되는 상황이 발생했다.

2. 헌법재판소 결정 주요 내용

이러한 문제점을 개선하기 위해 헌법재판소는 여러 가지 중요한 결정을 내렸다. 먼저, 2024년 4월 25일 자로 민법상 형제자매의 유류분권을 위헌으로 선언하여 형제자매는 더 이상 유류분을 청구할 수 없게 되었고, 예컨대 10억 원의 재산을 조카에게 유증한 경우에도 형제자매는 유류분 청구권을 행사할 수 없게 되었다. 또한, 피상속인을 학대하거나 유기한 상속인의 유류분권을 박탈할 수 있도록 유언이나 법원 판결을 통해 효력이 발생하도록 하였으며, 기여분을 유류분 산정에서 제외하는 규정도 신설되어 피상속인 부양이나 재산 형성에 기여한 금액만큼 유류분 기초재산에서 차감할 수 있게 되었다. 예를 들어, 5억 원을 기여한 경우 유류분 산정 시 5억 원을 제외하고 계산하는 방식이 적용된다.

3. 입법 추진 방향

앞으로의 입법 추진 방향도 구체적으로 제시되었다. 우선, 학대나 유기 등 구체적인 패륜행위를 유류분 상실 사유로 명확하게 규정할 예정이고, 피상속인의 유언이나 법원 판결을 통해 유류분권 박탈이 가능하도록 제도화할 계획이다. 또한, 민법상 기여분 규정을 유류분에도 명확히 적용하여, 기여상속인이 받은 증여재산을 유류분 산정에서 제외하는 것이 강제화 될 전망이다. 이러한 개정은 2025년 12월 31일까지 마련될 예정이며, 만약 시한 내에 개정이 이루어지지 않을 경우 2026년 1월 1일부터는 유류분 반환청구권에 대한 근거 규정이 소멸하게 된다.

원인

최근 사회적 변화로 인해 상속에 대한 인식과 관련 분쟁 양상이 크게 달라지고 있다.

핵가족화가 진행되면서 형제자매 간 상속에 대한 기대감이 줄어들고 있으며, 이에 따라 유류분 소송도 증가하는 추세입니다. 실제로 대법원 통계에 따르면 유류분 소송은 2010년 452건에서 2020년 1,444건으로 10년간 219%나 늘어났다.

이와 함께 상속을 둘러싼 법적 형평성 문제도 더욱 부각되고 있다. 피상속인의 재산권과 유족의 생존권 사이의 갈등이 심화되고 있으며, 기여 없이 상속을 받는 이들의 불로소득을 방지해야 한다는 목소리도 커지고 있다.

또한, 국민의 법감정 역시 중요한 변수로 작용하고 있습니다. 예를 들어, 패륜행위자에게도 유류분 권리를 인정하는 현행 제도에 대해 사회적 반발이 일어나고 있다. 이러한 흐름은 상속제도의 개선과 사회적 합의의 필요성을 시사한다.

구분	변경 전	변경 후
유류분 권리자	직계비속, 배우자, 직계존속, 형제자매	직계비속, 배우자, 직계존속
유류분 상실	패륜행위자도 권리 유지	학대·유기 시 권리 박탈
기여분 반영	증여재산 전액 산정	기여분만큼 제외 후 산정
소송 영향	형제자매 소송 가능	형제자매 소송 불가

정리

유류분 제도는 형제자매의 권리 폐지, 패륜행위자 유류분 상실, 기여분 반영 등으로 대폭 변화하고 있다.

이는 상속인의 생존권 보호와 피상속인의 재산처분 자유, 그리고 가족 간 기여에 대한 공정한 평가라는 시대적 요구를 반영한 개편이다.

상속설계와 분쟁 예방을 위해 최신 제도 변화에 주목할 필요가 있다.

 관련 법령

민법 제1112조: 유류분 권리자 및 비율

민법 제1118조: 기여분 준용 규정

(8) 해외에 살아도 세금이 똑같을까?

Q. 외국에 거주하는 자녀가 있는가? 한국에서 상속이나 증여를 할 때 '거주자'와 '비거주자'의 구분은 세금에 큰 영향을 준다. 실제로 거주자와 비거주자에 따라 과세 대상 재산, 공제 항목, 신고 기한까지 모두 달라진다. 해외에서 오래 생활한 가족이 있다면 상속세가 얼마나 나올지, 또 증여에는 어떤 제약이 있는지 실무적인 부분까지 챙겨봐야 한다.

한국 세법에서 거주자와 비거주자는 국내 체류 실태와 생활관계에 따라 구분된다. 거주자는 국내에 주소를 두거나 183일 이상 거소를 둔 사람을 의미한다. 여기서 주소란 생활의 근거지가 되는 장소로, 가족이 국내에 있거나 자산이 국내에 소재하는 등 객관적인 사실을 종합해 판단한다. 또한, 직업이나 가족, 자산 상태 등을 고려하여 183일 이상 국내에 거주하는 것으로 인정되면 거주자로 분류된다.

반면, 비거주자는 거주자에 해당하지 않는 사람을 말한다. 즉, 국내에 주소나 거소가 없거나 183일 미만만 체류한 경우가 이에 해당한다. 다만, 국내에 영주할 목적으로 귀국하여 국내에서 사망한 경우에는 예외적으로 거주자로 간주될 수 있다.

이처럼 거주자와 비거주자의 구분은 국적이나 외국 영주권 취득 여부와는 무관하며, 실제 생활관계와 국내 체류 기간 등 객관적 사실에 따라 판단한다.

거주자와 비거주자의 구분

거주자: 국내에 주소를 두거나 183일 이상 거소(居所)를 둔 사람

- 주소는 생활의 근거지, 가족·자산의 국내 소재 등 객관적 사실로 판단
- 직업, 가족, 자산 상태 등을 종합해 183일 이상 국내 거주가 인정되면 거주자

비거주자: 거주자가 아닌 사람.

- 국내에 주소나 거소가 없거나, 183일 미만 체류한 경우 등.
- 단, 국내에 영주 목적으로 귀국해 국내에서 사망하면 거주자로 간주

상속세 및 증여세법은 소득세법의 거주자 판정 기준을 대부분 준용한다.

상속세에서 거주자와 비거주자의 차이

구분	거주자	비거주자
과세대상	국내외 모든 상속재산	국내 소재 상속재산만 과세
공제항목	대부분의 상속공제(일괄공제, 배우자공제, 금융재산공제 등) 적용	기초공제(2억 원), 국내 상속재산 관련 공과금·채무만 공제, 기타 공제 불가
장례비용	공제 가능	공제 불가
신고·납부기한	상속개시일이 속한 달 말일부터 6개월 이내	9개월 이내

- 피상속인이 거주자인 경우, 국외 재산까지 모두 상속세 과세 대상이 되므로 세 부담이 커질 수 있다.
- 비거주자는 국내 재산에 대해서만 과세되지만, 각종 공제 혜택이 제한된다.
- 국외 재산에 대해서는 해당 국가에서 별도로 상속세를 납부해야 할 수 있다.
- 이중과세를 방지하기 위해 외국납부세액공제 제도가 있다.

증여세에서 거주자와 비거주자의 차이

- 거주자: 국내외 모든 증여재산에 대해 과세.
- 비거주자: 국내 재산에 대해서만 과세(수증자가 특수관계인이 아니고, 외국에서 증여세를 납부한 경우 국외재산 과세 제외).
- 공제항목: 거주자와 달리, 비거주자는 증여재산공제(직계비속 5,000만 원 등) 적용 불가

실무적으로 상속세를 판단할 때는 피상속인, 즉 돌아가신 분의 거주자 여부가 기준이 되며, 상속인의 거주자 여부는 과세에 영향을 미치지 않는다. 상속공제, 신고기한, 과세대상 등 세부적인 규정에서 차이가 크기 때문에, 해외 체류기간이나 주소지 등 객관적인 사실을 꼼꼼하게 확인하는 것이 중요하다. 특히 비거주자의 경우에는 국내에 있는 상속재산에 대해서만 상속세가 부과되고, 대부분의 공제 혜택이 제한되

므로 더욱 세심한 주의가 필요하다.

정리하자면, 거주자와 비거주자의 구분은 상속·증여세 부담과 절세 전략에 결정적인 영향을 미친다. 해외에 오래 체류하거나 가족이 분산된 경우, 거주자 판정 기준과 각종 공제 적용 여부를 반드시 확인해야 한다. 필요시 전문가 상담을 통해 불필요한 세금 부담을 줄이는 것이 바람직하다.

절세모음.zip 〈상속·증여편〉

남편과 함께 남미에서 의류사업을 하는 60대 초반의 K씨. 사업상 해외에 체류하는 날이 많지만 꾸준히 국내 부동산을 매입했고, 부동산매매나 관리 문제로 왕래도 잦은 편이다. 현재 본인 소유의 아파트와 단독주택, 건물, 공장 외에 남편 명의의 오피스텔과 상가까지 꽤 많은 부동산을 보유하고 있다.

그러다 최근 일부 부동산을 처분하려고 마음먹으면서 생각지도 못한 문제에 부딪히게 됐다. 본인이 세법상 비거주자로 분류되어 부동산 매도 시 생각보다 훨씬 많은 세금을 내야 한다는 사실을 알게 된 것이다.

소득세법상 거주자란 국내에 주소를 두거나 183일 이상의 거소를 둔 개인을 말하며, 거주자가 아닌 개인을 비거주자라 한다. 비거주자는 부동산을 처분할 때 여러 부분에서 세제혜택을 보지 못한다. 비거주자인 K씨가 부동산을 매도하면 세금을 얼마나 내야 할까?

> **소득세법상 거주자와 비거주자란?**
>
> 거주자란 국내에 주소를 두거나 183일 이상 거소를 둔 개인을 말하며, 비거주자는 거주자가 아닌 자를 말합니다. 국적이나 외국영주권 취득 여부와는 관련이 없으며 거주기간, 직업, 국내에 생계를 같이하는 가족 및 국내 소재 자산의 유무 등 생활관계의 객관적인 사실에 따라 구분합니다.

비거주자는 1세대1주택이라도 비과세 혜택 받을 수 없어

K씨의 원래 계획은 다음과 같았다. 보유 부동산 중 재개발 이슈가 대두된 단독주택은 가격이 오르기 전에 자녀에게 증여하고 1세대1주택 비과세 요건을 갖춰 예전에 거주했던 아파트를 매도하려 했다. 아파트 가격이 많이 올라 세제혜택을 보며 매도하면 되겠다는 판단에서였다.

하지만 비거주자에겐 주택 양도시 1세대1주택 비과세가 적용되지 않는다. 또한 주택의 장기보유 기간에 따라 최대 80%까지 양도세를 공제해 주는 '장기보유특별공제'도 적용되지 않고, 대신 최대 30%까지만 장기보유특별공제를 받을 수 있다. 이럴 경우 양도소득세가 4억 이상 늘어나게 된다.

거주자 VS 비거주자 양도소득세 비교

※ 양도가액 20억, 취득가액 5억 5천, 필요경비 1,650만 원

양도세 계산		거주자일 때	비거주자일 때
양도 시 세제혜택	1세대 1주택 비과세 적용	O (고가주택 기준금액(12억 원) 초과 양도차익에 대해서만 과세)	X (일반주택 양도세율 적용)
	장기보유특별공제 적용	최대 80%	최대 30%
납부세액(지방소득세 포함)		2,680만 원	4억 4,000만 원

비거주자는 상속 발생 시 최대 30억 원의 배우자공제를 받을 수 없어

뿐만 아니라 상속이 발생했을 때도 세금이 크게 증가한다. 거주자는 상속재산에서 최대 약 37억 원까지 공제받을 수 있는데 비해, 비거주자의 경우 모든 상속공제가 해당되지 않고 기초공제 2억 원만 가능하다. 최대 1,000만 원, 수목장의 경우 1,500만 원까지 받을 수 있는 장례비 공제도 받을 수 없다. 경우에 따라 활용할 수 있는 가업상속공제, 동거주택 상속공제도 모두 해당되지 않는다.

상속세에서 제외되는 공제액 중 금액이 가장 큰 배우자공제 (최대 30억) 가 되지 않기 때문에 사망시 상속세가 크게 증가한다. 조기 사망에 대한 리스크가 훨씬 늘어나는 것이다.

거주자 VS 비거주자 상속세 공제금액 비교

상속세 공제항목	거주자일 때	비거주자일 때
일괄공제	5억 원(또는 기초공제 2억 원+인적공제)	2억 원 (기초공제)
배우자공제	5억 원~30억 원	X
금융재산공제	2,000만 원~2억 원	X
장례비공제	1,000만 원(수목장 1,500만 원)	X

《솔루션》 체류일자 조절을 통해 거주자 요건만 충족해도 양도세 크게 줄일 수 있어

상담 후 K씨는 본인만이라도 거주자 요건을 충족시키기로 했다. 당분간 해외사업은 남편 위주로 운영하고 본인은 국내에서 체류 기간을 늘려 국내 부동산 관리를 하는 식이다.

다행히 자녀들은 국내에서 취업해 거주자에 해당하므로 성년자녀 1인당 5,000만 원의 증여재산 공제는 받을 수 있다. 자녀(수증자)가 거주자인 경우 부모(증여자)의 거주 여부와 관계없이 증여재 산공제가 가능하다. 따라서 재개발에 예상되는 단독주택 증여를 올해 안에 진행하고 내년에 거주 자로 인정받은 후 아파트를 매도할 계획이다.

조금만 신경을 써도 세금에 큰 차이가 날 수 있다는 사실을 알게 된 후 K씨는 절세를 위한 여러 방 안도 함께 고려하고 있다.

수익형 부동산을 법인으로 전환하고 일부 지분을 자녀에게 증여할 계획도 추가로 세웠다. 부담스 러운 상속세도 미리 대비해야 할 필요를 느껴, 종신보험을 통해 상속세 재원을 준비할 생각이다.

유학, 해외 취업, 사업, 그 밖의 다양한 이유로 가족 중 한둘은 외국생활을 하는 것이 흔한 시대가 되었다. 따라서 한국 국적을 갖고 있지만 거주요건을 맞추지 못해 비거주자인 경우가 늘고 있다. 비거주자에게 발생할 수 있는 여러 가지 리스크를 고려해 사전에 전문가의 진단을 받아 보기를 권 한다.

1. 국내 체류일자를 늘려 거주자 요건 충족

2. 재개발 이슈로 가격상승이 예상되는 단독주택 올해 자녀에게 증여

3. 내년에 거주자 인정 후 아파트 매도 (1세대 1주택 비과세 적용)

4. 상가는 부동산 임대법인으로 전환해 지분의 일부를 자녀에게 증여

5. 상속세 재원마련을 위한 종신보험 가입

김인태 재무전문위원, 메트라이프생명 노블리치센터 솔루션랩 / 이코노미스트, 2022.5.29.

(9) 보험의 상속과 증여

보험계약과 보험금은 상속세 및 증여세법상 복합적인 과세 논리가 적용되는 대표적인 금융자산이다. 최근 고액자산가와 일반가계 모두 사적 이전과 자산관리 수단으로 보험을 적극 활용하면서, 보험금의 상속세·증여세 과세 여부에 대한 관심이 크게 높아지고 있다.

상속개시 전후 보험계약 구조, 보험료 납입 주체, 보험금 수익자 지정 방식에 따라 세법상 과세대상과 세액이 크게 달라질 수 있다. 관련 규정과 실무상 쟁점을 정확히 이해하는 것이 중요하다. 국세청은 보험금의 자금흐름과 계약관계에 대한 조사를 강화하고 있으며, 실제 과세사례와 판례도 꾸준히 축적되고 있다.

본문에서는 상속세 및 증여세법이 보험계약과 보험금에 대해 어떻게 접근하는지, 주요 적용규정과 실무상 주의점, 근거법령을 중심으로 체계적으로 정리한다.

상속세·증여세법상 보험금의 성격

상속세 및 증여세법은 보험계약과 보험금에 대해 특수한 과세 기준을 마련하고 있다. 보험계약의 구조, 즉 계약자·피보험자·수익자의 관계와 보험료 납입 주체에 따라 보험금은 상속재산 또는 증여재산으로 각각 분류된다. 이때 보험금이 상속재산으로 간주되는 경우와 증여세 과세대상으로 인정되는 경우가 명확히 구분되어 있으며, 각각 별도의 법적 근거가 존재한다.

① 상속재산으로 간주되는 보험금

피상속인이 보험계약자이거나 실질적으로 보험료를 납입한 경우, 피상속인의 사망으로 지급되는 보험금은 상속재산에 포함된다. 이 경우 보험금은 '간주상속재산'으로 분류되어 상속세 과세 대상이 된다.

법적 근거: 상속세 및 증여세법 제8조(상속재산으로 보는 보험금)
- 피상속인의 사망으로 받는 생명·손해보험금 중 피상속인이 계약자이거나 실질

적 보험료 납부자인 경우 상속재산으로 본다.

- 계약자 ≠ 피상속인이라도 실질적 보험료 납입사실이 확인되면 상속재산 포함 한다.

② 증여세 과세 대상 보험금

보험료를 납입한 사람과 보험금 수익자가 다르고, 보험료 납입자가 사망하지 않은 상태에서 보험금이 지급되는 경우, 해당 보험금은 증여로 간주되어 증여세 과세 대상이 된다. 즉, 타인이 납입한 보험료로 인한 보험금 수령은 실질적으로 재산의 무상 이전으로 보기 때문이다.

법적 근거: 상속세 및 증여세법 제34조(보험금의 증여)

- 보험금 수령인과 보험료 납부자가 다른 경우, 보험사고 발생 시 보험금 상당액을 증여로 간주

  예외 상속세 과세 대상인 경우 증여세 적용 배제

절세모음.zip (상속·증여편)

이 보험의 세금은?

사례 1 상속세가 과세되는 경우

- 보험료 5,000만 원(부모 납입) → 보험금 1억 원 수령
- 부모 상속재산: 10억 원

총 상속재산 = 10억 원+1억 원 = 11억 원

사례 2 증여세가 과세되는 경우

- 계약자: 자녀 / 피보험자: 부모 / 수익자: 자녀
- 보험료 1,000만 원(부모 증여) → 보험금 1억 원 수령

증여가액 = 1억 원−1,000만 원 = 9,000만 원

사례 3 세금이 면제되는 경우

- 보험료 출처: 자녀 순수자금

상속세·증여세 모두 비과세

보험 계약구조에 따른 상속·증여세 과세 여부

사례	보험계약자	보험료 불입자	피보험자	보험수익자	과세여부	재산가액
1	부모	부모	부모	자녀	상속세 과세	보험금
2	자녀	부모	부모	자녀	상속세 과세	보험금
3	자녀	자녀(본인자금)	부모	자녀	비과세	-
4	부모	부모	모부	부모	비과세	-
5	부모	부모	모부	자녀	증여세 과세	보험금
6	자녀	자녀(증여자금)	부모	자녀	증여세 과세	보험금과 증여자금 차액

보험금의 상속세·증여세 과세 여부는 계약 구조와 자금흐름에 의해 결정된다. 따라서 다음 순서에 따라 보험계약을 관리하는 것을 추천한다.

상속·증여세에 대비한 보험계약 관리방법   🔍

① 계약자 – 피보험자 – 수익자 관계를 명확히 구분하고, 모든 보험료 납입 내역을 문서화한다.

② 특히 고액 보험계약의 경우 사전에 전문가와의 상담을 통해 세무리스크를 검토, 관리한다.

③ 추정상속재산 2년 규정이 있으므로 그 전에 계약관계를 정비할 필요가 있다.

④ 관련 법령의 최신 개정 동향(2025년 3월 시행 개정내용 포함) 또한 지속적으로 확인해야 한다.

02

상속세와 증여세, 얼마나 나올까?

(1) 상속세와 증여세, 어떻게 계산할까?

> **Q.** 평생 모은 재산을 자녀와 배우자에게 어떻게 나눠줄지 고민하는 부모가 많다. 부동산, 현금, 주식 등 자산가액이 커질수록 상속세와 증여세 부담도 무거워진다. 실제로 상속세 과세 대상자가 최근 몇 년 사이 크게 늘었고, 증여세 신고건수 역시 꾸준히 증가했다. 세금 부담을 줄이려는 다양한 전략이 논의되고 있지만, 기본적으로 상속세와 증여세는 누진세 구조로 설계되어 있어 자산이 많을수록 세율이 높아진다. 결국, 누구나 피할 수 없는 세금이지만, 적절한 절세 전략을 통해 부담을 줄일 수 있다.

상속세와 증여세는 모두 '누진세' 구조다. 즉, 과세표준이 커질수록 적용되는 세율이 높아진다. 상속세는 피상속인이 사망한 후 남긴 모든 재산에 대해 부과되고, 증여세는 생전에 재산을 무상으로 이전할 때 부과된다. 두 세금 모두 공제금액을 적용한 뒤 남는 과세표준에 세율을 곱하고, 누진공제액을 빼서 산출한다.

최근 국세청 통계에 따르면, 2024년 상속세 과세 대상 피상속인은 2만 1,193명으로 집계되었다. 이는 2020년 1만 명을 처음 넘긴 이후 4년 만에 약 2배 증가한 수치다. 상속세 결정세액은 8조 1,975억 원으로, 2년 연속 감소했으나 5년 전과 비교하면 약 2배 증가한 것으로 나타났다. 증여세는 부동산 등 증여가 감소하면서 신고건수와 재산가액이 3년 연속 감소했으나, 여전히 연간 수십만 건이 신고되고 있다.

상속세 결정 현황

구분	2020년	2021년	2022년	2023년	2024년
피상속인	10,181	12,749	15,760	19,944	21,193
결정세액	4,229,435	4,913,145	19,260,324	12,290,143	8,197,527

상속세와 증여세, 어떻게 계산할까?

앞서 살펴보았듯, 상속세는 유산세 방식으로 고인의 재산에 대해 세금을 부과하고, 증여세는 취득세 방식으로 수증자별로 증여받은 재산에 대해 각각 세금을 부과한다.

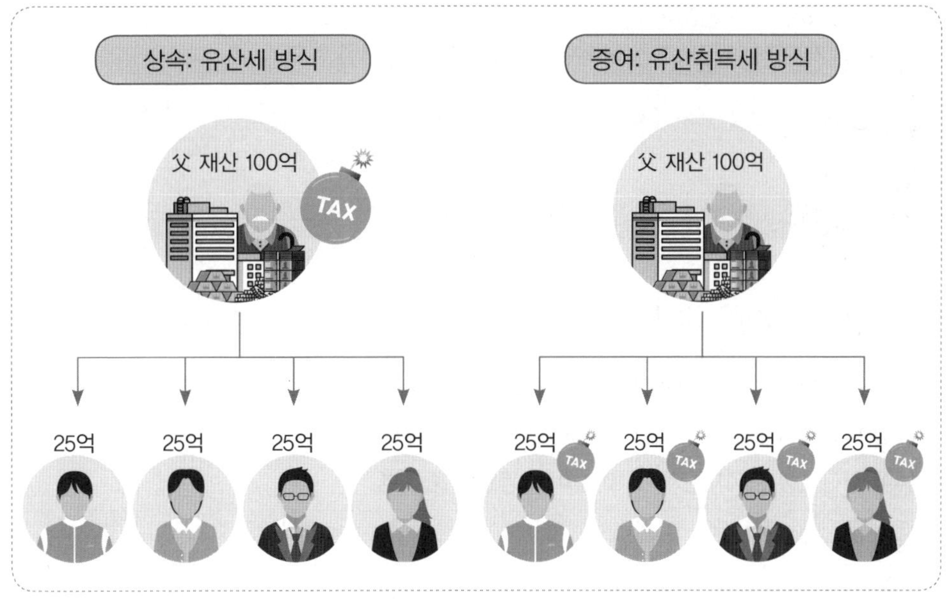

상속세와 증여세는 다음과 같은 절차로 계산한다.

✔ 상속세 계산구조(유산세 방식)

	총 상속재산가액: 민법상속＋간주상속＋추정상속
⊖	비과세재산, 불산입재산, 공과금, 장례비, 채무
⊕	합산대상 사전증여재산가액: 상속일로부터 10년(5년) 이내 증여분
⊜	상속세과세가액

⊖	상속공제	
	배우자공제	최소 5억 원, MIN [실제상속, 법정상속분(30억 원 한도)]
	일괄공제	Max [5억 원, (기초공제＋기타인적공제)]
	가업상속공제	가업상속분×100%, 600억 원 한도(사후관리 5년)
	영농상속공제	30억 원 한도
	금융재산상속공제	순금융재산×20%, 2억 원 한도
	동거주택상속공제	상속주택가액×100%, 6억원 한도

⊜	과세표준
⊗	세율
⊜	산출세액

✔ 증여세 계산구조(유산취득세 방식)

	증여재산가액: 민법증여＋증여의제＋증여추정
⊖	비과세재산, 불산입재산, 증여재산에 담보된 채무
⊕	합산대상 증여재산가액: 10년 이내 동일인 증여분
⊜	증여세과세가액

⊖	증여재산공제	증여자별, 수증자별, 그룹별, 10년 단위로 적용

증여자	공제액
배우자	6억 원
직계존비속	5,000만 원(미성년자 2,000만 원) ※ 결혼(전후 2년) 또는 출산(2년 내) 최대 1억 원 추가
기타 친족	1,000만 원

⊜	과세표준
⊗	세율
⊜	산출세액

절세모음.zip 〈상속·증여편〉

상속세

상속재산이 15억 원이며 배우자 없이 자녀 1인만 있는 경우를 예로 들어보자.

		금액	비고(가정치 및 설명)
	상속재산	15억 원	
⊖	공제금액 (배우자 없음, 자녀 1인)	5억 원	일괄공제
⊜	과세표준	10억 원	상속재산－공제금액
⊗	적용 세율	30%	과세표준이 5억 원 초과～10억 원 이하 구간
⊖	누진공제액	6,000만 원	과세표준이 5억 원 초과～10억 원 이하 구간 적용
⊜	산출세액	2억 4,000만 원	(10억 원×30%)－6,000만 원 ＝ 2억 4,000만 원
⊖	신고세액공제(3%)	720만 원	산출세액의 3% 적용, 자진신고 시 공제
⊜	최종 납부세액	2억 3,280만 원	산출세액－신고세액공제

증여세

성년 자녀 한 명에게 1억 2,000만 원을 증여하는 경우, 증여세는 얼마일까? 10년 이내 다른 증여는 없다고 가정한다.

			비고(가정치 및 설명)
	증여재산	1억 2,000만 원	
⊖	공제금액(직계비속)	5,000만 원	증여세 공제금액(직계비속 기준)
⊜	과세표준	7,000만 원	증여재산－공제금액
⊗	적용 세율	10%	과세표준이 1억 원 이하 구간
⊜	산출세액	700만 원	
⊖	신고세액공제(3%)	21만 원	산출세액의 3% 적용, 자진신고 시 공제
⊜	최종 납부세액	679만 원	산출세액－신고세액공제

상속·증여, 절세의 5가지 팁

- 사전증여 활용: 상속 10년 전에 증여하면 해당 재산은 상속세 과세표준에 합산되지 않음. 10년 단위로 여러 번 나누어 증여하면 세 부담을 더 줄일 수 있음.

- 상속인이 아닌 자에게 증여: 손자, 손녀, 사위, 며느리 등 상속인이 아닌 자에게 증여하면 5년만 지나도 상속재산에 합산되지 않음.

- 공제금액 활용: 직계존비속, 배우자 등에게는 공제금액이 크게 적용되어 과세표준을 줄일 수 있음.

- 여러 명에게 분산 증여: 같은 재산을 여러 명에게 나눠 증여하면 세 부담을 낮출 수 있음.

- 부동산 증여 시 부채 포함: 부동산을 증여할 때 빚도 함께 물려주면 증여세 과세표준에서 부채를 공제할 수 있음.

절세모음.zip (상속·증여편)

(2) 상속세와 증여세는 왜 세율이 똑같을까?

Q. 모은 재산을 자녀에게 물려주려는 순간, 세금 부담이 머릿속을 맴돈다. 부동산, 현금, 주식 등 자산 규모가 클수록 상속세와 증여세의 압박은 커진다. 두 세금 모두 누진세 구조로 설계되어 있어 자산이 많을수록 세율이 높아지지만, 한 가지 의문이 남는다. 왜 상속세와 증여세의 세율은 동일할까?

상속세와 증여세는 왜 세율이 똑같을까?

상속세와 증여세의 세율이 동일한 이유는, 두 제도 모두 본인 노력 없이 재산을 취득하는 무상 이전이라는 본질적 공통점이 있기 때문이다. 이를 통해 사회경제적 공평성을 확보하고, 세율 차이로 인한 탈세 시도를 방지할 수 있다. 또한 법률적으로도 두 세금의 세율 구조를 동일하게 규정해 일관성을 유지하고 있으며, 최고 50%의 누진세율로 고액 자산가의 재산 집중을 억제하고 자산 격차 완화라는 정책적 목적도 함께 달성한다.

상속세와 증여세의 세율이 동일하게 설계된 데에는 몇 가지 중요한 배경과 논리가 있다.

첫째, 상속과 증여 모두 본인의 노력 없이 무상으로 재산을 취득한다는 점에서 본질적으로 동일하므로, 사회경제적 공평성을 위해 무상 이전 재산에 대해 차별 없이 과세하는 것이 원칙이다.

둘째, 만약 상속세와 증여세의 세율에 차이가 있다면, 세율이 낮은 쪽으로 재산을 미리 이전하는 등 세금 회피를 노린 편법이 발생할 수 있기 때문에, 세율을 통일함으로써 이러한 탈세 시도를 원천적으로 차단할 수 있다.

셋째, 세법상 상속과 증여 모두를 동일한 재산 이전 행위로 간주하며, 「상속세 및 증여세법」 제26조와 제56조에서 두 세금의 세율 구조를 명시적으로 일치시키는 등 법적 설계의 일관성을 유지하고 있다.

넷째, 최고 50%의 누진세율 체계는 고액 자산가의 과도한 재산 집중을 방지하고 자산 격차를 완화하려는 정책적 목적을 반영한 것으로, 이는 OECD 국가 중에서도 가장 높은 수준에 해당한다.

위와 같은 이유로 상속·증여세율은 동일한 기준을 적용하는데, 과세표준이 1억 원 이하일 때 10%에서 시작해 30억을 초과하면 최대 50%의 세금이 부과된다. 과표와 세율은 다음의 표와 같다.

상속·증여세율

과세표준	세율	누진공제액
1억 원 이하	10%	–
5억 원 이하	20%	1,000만 원
10억 원 이하	30%	6,000만 원
30억 원 이하	40%	1억 6,000만 원
30억 원 초과	50%	4억 6,000만 원

(3) 누가 세금을 내야 할까?

Q. 모은 재산을 자녀에게 물려주는 순간, 세금을 걱정하게 된다. 가장 먼저 맞닥뜨리는 질문은 "누가 세금을 내야 하는가"다. 상속인은 물려받은 재산 규모에 따라 세율이 결정되고, 증여받은 사람은 증여자와의 관계에 따라 공제금액이 달라진다. 최근 상속세 과세 대상자가 2만 명에 육박하며, 증여세 신고건수도 연간 수십만 건에 이른다. 세금을 피할 순 없지만, 납부 주체와 절차를 정확히 이해하면 불필요한 분쟁과 부담을 줄일 수 있다.

누가 세금을 내야 할까?

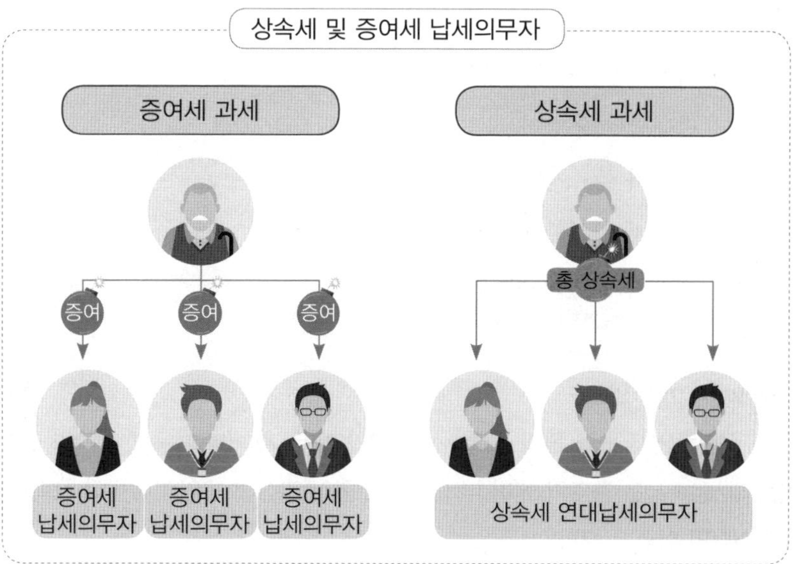

① 상속세의 납세의무자

상속세는 상속인 또는 수유자가 납부한다. 상속인은 피상속인의 혈족, 배우자, 대습상속인 등을 의미하며, 수유자는 유언이나 증여계약으로 재산을 취득하는 자를 말한다. 공동상속인인 경우 각자가 상속받은 재산 비율에 따라 세금을 분담하고, 연대납세의무를 진다. 즉, 한 상속인이 미납 시 다른 상속인이 대신 납부해야 한다.

- 단독상속: 상속인 1인이 전액 납부
- 공동상속: 각 상속인이 받은 재산 비율에 따라 분담, 연대책임 부과
- 수유자: 유언·증여계약으로 재산을 취득한 자도 공동상속인과 같이 연대책임 부과

② 증여세의 납세의무자

증여세는 수증자(증여받은 자)가 원칙적으로 납부한다. 단, 수증자의 주소 불명 또는 납부 능력 미흡 시 증여자가 연대납부해야 한다

- 수증자: 재산을 무상으로 받은 개인 또는 비영리법인

-

수증자가 비거주자 → 국내 소재 재산만 과세

증여자가 연대납부해야 하는 경우:

      수증자 주소 불명

      수증자 납부 능력 부족

      수증자가 비거주자인 경우

연대납세의무, 이런 일도…

아버지가 사망하면서 10억 원의 상속재산이 남았고, 두 자녀(형과 동생)가 각각 5억 원씩 상속받았다. 상속세는 총 2억 원이 부과되었다. 형이 자신의 몫인 1억 원의 상속세를 내지 않고 버티면 어떻게 될까?

국세청은 동생에게 형 몫까지 포함해 2억 원 전액을 징수할 수 있다. 동생은 억울하지만, 법적으로 연대납세의무가 있기 때문에 반드시 납부해야 하며, 이후 형에게 구상권을 행사할 수 있다.

절세모음.zip 〈상속·증여편〉

자녀의 상속세, 어머니가 대신 납부해도 증여세가 없다 🔍

Q. 대장암 판정을 받은 박씨(62세)는 상속과 상속세에 관심이 높아졌다. 현재 시가 45억 원인 거주 아파트 외 다른 부동산은 정리하고 금융자산 15억 원을 보유하고 있다. 아내(59세)와 직장인인 자녀 2명이 있다. 박씨의 상속세를 절세할 수 있는 방법은 무엇일까?

보통 상속세를 줄이는 방법으로 사전증여를 추천한다. 대장암 판정을 받아 10년 이후의 생존을 장담할 수 없는 박 씨에게는 적절한 방법이 아니다. 사전증여를 하더라도 10년 이내에 피상속인이 사망하면 상속자산에 포함되어 상속세 절세효과가 없기 때문이다.

박씨의 경우 추천할 수 있는 방법은 배우자공제와 상속세 연대납세의무를 활용하는 것이다. 상속세 부담을 최대한 낮추면서 2차 상속세도 절감할 수 있다.

상속이 개시되면 상속재산의 배분은 먼저 유언에 따르고 유언이 없을 경우 가족 간의 합의로 정한다. 그러나 가족 간의 합의가 이루어지지 않으면 법정상속분으로 상속재산을 배분한다. 박씨의 보유 상속자산은 거주 아파트 45억 원과 금융자산 15억 원으로 총 60억 원이다. 이때 배우자 상속분에 따라 배우자 공제금액이 달라진다.

만약 배우자가 상속을 포기하면 약 18~19억 원의 상속세가 나온다. 배우자가 법정지분을 상속받으면 상속세는 9억 원, 배우자공제한도인 30억 원을 상속받아도 상속세는 9억 원이다. (아래 표 참조)

배우자의 상속지분에 따른 상속세 변화

[단위: 억 원]

상속세 계산 절차	상속포기	법정지분 상속	30억 상속
총 상속재산가액	60	60	60
− 상속과세액(금융재산)	15	15	15
− 상속과세액(부동산재산)	45	45	45
상속세 과세가액	59.85	59.85	59.85
− 장례비용	0.15	0.15	0.15
공제금액	12	32.65	32.65
− 일괄공제	5	5	5
− 배우자공제	5	25.65	25.65
− 금융재산공제	2	2	2
상속세 과세표준	47.85	27.2	27.2
산출세액	19.325	9.28	9.28
세액공제(신고세액공제 3%)	0.57975	0.2784	0.2784
납부할 세액	18.745	9.002	9.002

아내가 법정지분 상속받고 나머지 자산을 두 자녀가 똑같이 나누기로 했다면 각자 상속세는 다음과 같다.

▷ 총 상속세 9억 원

　　배우자 상속세 3.9억 원 (9억 원×3/7 = 3.9억 원)

　　자녀 각 2.6억 원 (9억 원×2/7 = 2.6억 원)

이때 두 자녀가 납부할 상속세 5.2억 원을 아내가 대신 납부할 수 있다. 이를 연대납세의무라고 한다.

연대납세의무란 납세 의무자 중 한 사람이 세금을 대신 납부하더라도 추가 증여세를 부담하지 않는다. 또한 배우자의 상속자산이 줄어들어 2차 상속에 대한 상속세 절세도 가능해진다.

상속재산 분할 합의 때 배우자가 금융자산 위주로 상속받고 부동산의 지분을 줄여 상속세를 납부하기 쉽게 설계하는 것도 좋다.

 관련 법령

상속세 및 증여세법 제3조의 2(상속세 납부의무)

상속세 및 증여세법 제19조(배우자 상속공제)

(4) 얼마부터 세금을 낼까? - 공제의 활용

Q. 평생 모은 재산을 자녀와 배우자에게 물려주고 싶은 마음은 누구나 같다. 최근 부동산, 주식 등 자산 가격이 크게 오르면서 상속세와 증여세 부담도 커졌다. 실제로 2024년 상속세 과세 대상자는 2만 명이 넘었고, 증여세 신고건수도 연간 수십만 건에 이른다. 많은 사람들이 궁금해하는 것은 '얼마부터 세금을 내야 하는가'이다. 공제금액과 면제한도를 알면 불필요한 세금 부담을 줄일 수 있다.

얼마부터 세금을 내야 할까?

상속세와 증여세는 모두 공제금액과 면제한도가 있다. 이 기준을 넘지 않으면 세금을 내지 않아도 된다. 단, 공제금액을 초과하는 부분부터 누진세율이 적용된다.

상속세 과세 기준

상속세는 총 상속재산에서 공제금액을 차감한 금액(과세표준)에 따라 세금이 결정된다.

상속세의 과세 기준은 다양한 공제 항목을 통해 상속인별로 세부적으로 조정된다.

기초공제는 상속이 발생하면 누구나 2억 원을 기본적으로 공제받을 수 있다.

인적공제는 자녀, 미성년자, 장애인, 연로자 등 상속인의 신분과 상황에 따라 별도의 금액이 추가로 공제된다.

일괄공제는 상속재산이 민법상 상속순위에 따라 상속인에게 이전되는 경우 5억 원까지 공제할 수 있으며, 대습상속 시에도 적용된다.

배우자가 단독으로 상속받는 경우에는 일괄공제가 적용되지 않고, 기초공제 및 배우자상속공제가 적용된다.

배우자상속공제는 최소 5억 원에서 최대 30억 원까지 공제가 가능하다.

이처럼 상속세 과세 기준은 상속인 구성과 특성에 따라 다양한 공제가 복합적으로 적용되어 실제 과세 대상 금액을 조정하는 구조를 갖고 있다

① **기초공제 및 인적공제**

- **기초공제**: 2억 원
- **인적공제**: 자녀공제: 1인당 5,000만 원

  미성년자공제: 1인당 1,000만 원 × (19세 – 현재 연령)

  장애인공제: 1인당 1,000만 원 × 기대여명 연수

  연로자공제: 65세 이상 상속인 1인당 1,000만 원

② **일괄공제**

- **금액**: 5억 원
- **적용 조건**: 상속재산을 민법상 상속순위(배우자 → 자녀 → 부모 → 형제자매)에 따라 선순위 상속인이 상속받는 경우

  예 자녀가 상속받거나, 자녀가 포기하여 배우자가 단독 상속받는 경우 포함

  대습상속(손자, 며느리 등) 시에도 적용 가능
- **주의사항**: 배우자 단독 상속 시 일괄공제 적용 불가 → 기초공제(2억 원)＋배우자상속공제 활용

  일괄공제와 기초공제＋인적공제 중 더 큰 금액 선택 가능

예시 상속재산 15억 원＋선순위 상속인(자녀 1인)
- 일괄공제 선택: 15억 원−5억 원 = 10억 원 (과세표준)
- 기초＋인적공제 선택: 15억 원−(2억 원 + 5,000만 원) = 12억 5,000만 원(과세표준)
  → 일괄공제가 유리

---

③ **배우자상속공제**

- 최소 5억에서 최대 30억 원까지 공제 가능
- 배우자가 실제 상속받은 금액이 5억 원을 초과하는 경우 배우자상속공제액(한도) 계산

아래 3가지 금액 중 가장 적은 금액

A. 거주자의 사망으로 상속이 개시되어 배우자가 실제 상속받은 금액

B. (상속재산가액* × 배우자의 법정상속분) − 상속재산에 가산한 배우자가 사전증여받은 재산의 증여세 과세표준

C. 30억 원

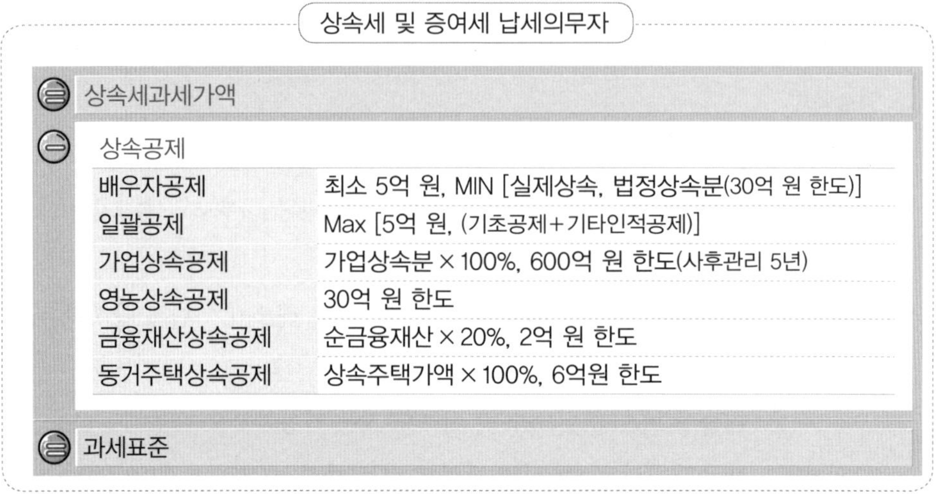

증여세 과세 기준

증여세는 증여받은 재산가액에서 각종 공제금액을 차감한 과세표준에 따라 산정된다.

기본적으로 직계비속(성인 자녀)에게는 10년간 5,000만 원, 미성년 자녀는 2,000만 원까지 비과세 공제가 적용된다. 배우자로부터 증여받는 경우에는 6억 원까지, 기타 친족으로부터는 1,000만 원까지 비과세 공제가 가능하다.

2024년부터는 직계존속(부모, 조부모 등)으로부터 결혼자금을 증여받는 경우, 혼인 신고일 전후 2년 이내에 증여받은 재산에 대해 1억 원까지 추가 공제가 가능하며, 기존 직계존속 증여공제와 중복 적용되어 최대 1억 5,000만 원까지 비과세된다.

또한, 자녀 출생이나 입양일로부터 2년 이내 증여받은 재산에 대해 1억 원까지 추

---

* 상속재산가액 = (본래+간주+추정)상속재산가액+상속개시 전 10년 이내 상속인에게 증여한 재산가액-상속인이 아닌 수유자가 유증·사인 증여받은 재산가액-비과세 재산가액-공과금 및 채무-과세가액 불산입 재산가액

절세모음.zip 〈상속·증여편〉

가 공제가 가능하나, 혼인공제와 통합된 공제 한도 내에서만 적용되어 중복 혜택은 받을 수 없다.

이처럼 증여세 과세 기준은 수증자와 증여자의 관계, 증여 목적(결혼, 출산 등)에 따라 다양한 공제가 복합적으로 적용되는 구조를 갖고 있다.

① 기본 공제

- **직계존비속(성인 자녀):** 10년간 5,000만 원까지 비과세 (단, 미성년 자녀는 2,000만 원)
- **배우자:** 6억 원까지 비과세
- **기타 친족:** 1,000만 원까지 비과세 등

② 자녀결혼공제

2024년 1월 1일부터 직계존속(부모·조부모)으로부터 결혼자금을 증여받는 경우 1억 원까지 추가 공제가 가능하다. 기존 직계존비속 증여공제(10년간 5,000만 원)와 중복 적용되어 총 1억 5,000만 원까지 비과세된다.

- **적용 요건:**

  혼인신고일 전후 2년 이내 증여받은 재산

  증여받는 (손)자녀가 국내 거주자여야 함

  증여재산 종류: 현금, 부동산, 주식 등 실질적으로 이전되는 경제적 가치가 있는 자산

  (단, 간접적이거나 우회적인 형태의 증여, 채무 면제, 변제 이익, 증여의제/추정 자산 제외)

- **부부 기준 최대 공제액:**

  신랑·신부 각각 1억 5,000만 원 → 총 3억 원(각각 증여재산공제 5,000만 원 포함)

③ 출산공제

자녀 출생일 또는 입양일로부터 2년 이내 증여받은 재산에 대해 1억 원까지 추가 공제 가능. 단, 혼인공제와 통합한 공제 한도(1억 원)가 적용되어 중복 혜택은 불가능하다.

증여자별, 수증자별, 그룹별, 10년 단위로 적용	
증여자	공제액
배우자	6억 원
직계존비속	5,000만 원(미성년자 2,000만 원) ※ 결혼(전후 2년) 또는 출산(2년 내) 최대 1억 원 추가
기타 친족	1,000만 원

증여재산공제

과세표준

직접 계산해 봅시다

상속세 계산

상속재산 10억, 상속인 배우자+자녀 1명, 10년 이내 사전증여 없음

구분	금액	비고(가정치 및 설명)
상속재산	10억 원	예시 가정치
일괄공제	5억 원	자녀 1명
배우자 공제	5억 원	배우자 있음
과세표준	0원	10억 원−(5억 원+5억 원)
산출세액	0원	과세표준 없음

※ 실제로는 장례비, 채무 등 추가 공제가 있으나, 예시는 단순화함.

증여세 계산

성인 자녀에게 6,000만 원 증여 시, 10년 이내 다른 증여 없음

구분	금액	비고(가정치 및 설명)
증여재산	6,000만 원	성인 자녀
공제금액	5,000만 원	직계비속(성인 자녀)
과세표준	1,000만 원	6,000만 원−5,000만 원
적용 세율	10%	1억 원 이하 구간
누진공제액	없음	
산출세액	100만 원	1,000만 원 × 10%

절세모음.zip (상속·증여편)

상속·증여세 면세점을 기억하자   🔍

상속세와 증여세에는 일정 금액 이하의 자산 이전에 세금이 부과되지 않는 '면세점' 제도가 있다. 이 면세점은 절세 전략의 핵심 출발점이기 때문에, 정확히 이해하고 활용하는 것이 중요하다.

상속세 면세점(공제 기준)

상속세에서는 상속재산에서 2억 원의 기초공제가 우선 적용된다. 상속인 중 배우자가 있는 경우에는 최소 5억 원에서 최대 30억 원까지 배우자 상속공제를 받을 수 있다. 기초공제, 그 밖의 인적공제를 합산해 5억 원 미만일 때는 일괄적으로 5억 원 공제가 적용된다. 금융자산의 경우에는 금융부채를 차감한 순금액의 20%(2억 원 한도)의 금융재산 상속공제가 적용된다. 이처럼 공제항목을 모두 적용하면, 배우자와 자녀 有 기준으로 실질적으로 10억 원 이상까지 상속세가 면제될 수 있다. 최근에는 상속세 면세점을 상향하는 방안이 추진되고 있는데 얼마만큼 상향될지 기대된다.

조건	상속세 면세점 (배우자공제 최소금액 가정)	비고
배우자+자녀 有	10억 원	배우자공제+일괄공제
배우자	32억 원	배우자공제+기초공제
자녀 有	5억 원	일괄공제
순금융재산 10억 원	+ 2억 원	MIN(20%, 2억 원)
상속 동거주택 10억 원	+ 6억 원	MIN(100%, 6억 원)

증여세 면세점(공제 기준)

증여세의 경우, 10년간 배우자에게는 6억 원까지 증여세가 면제된다. 직계존속(부모 등)과 직계비속인 성인 자녀는 5,000만 원, 미성년자는 2,000만 원까지 면제된다. 기타 친족(4촌 이내 혈족 등)에게는 1,000만 원까지 면제된다. 이 면세점을 초과하는 금액에 대해서는 구간별 누진세율(10~50%)이 적용된다.

조건	증여세 면세점 (10 이내 합산)	비고
배우자	6억 원	
직계비속(자녀, 손자녀)	5,000만 원	미성년자 2,000만 원
직계존속(부모)	5,000만 원	
기타 친족	1,000만 원	
결혼, 출산(직계비속)	+ 1억 원	

면세점은 10년 단위로 적용되기 때문에, 10년마다 분산 증여하면 면세점 혜택을 반복적으로 누릴 수 있다. 또한 여러 명에게 나누어 증여하면 각자 면세점을 적용받아 전체 세 부담을 줄일 수 있다. 상속세의 경우에도 가족 구성에 따라 공제항목을 최대한 활용하면 상속세 부담을 크게 줄일 수 있음을 기억하자.

상속세와 증여세의 면세점은 자산 이전 계획의 첫걸음이다. 각종 공제와 면세점을 적극적으로 활용하면, 합법적으로 세금을 최소화할 수 있다. 법 개정 동향과 가족 구성원의 상황에 맞춰 전략을 세우는 것이 중요하다.

(5) 신고납부, 언제까지 해야 할까?

Q. 집안 어른이 돌아가신 뒤, 서랍에서 찾아낸 재산 목록과 각종 서류 더미 앞에서 망연자실한 시간을 보낸다. 가족회의를 통해 재산 분할과 상속세 신고에 대해 이야기하지만, 복잡한 세법과 신고 절차에 막막함을 느낀다. 증여로 미리 재산을 나눠주는 방법도 생각하지만, 증여세 신고와 납부 시점, 공제 한도 등이 또 다른 고민거리다. 세금 신고 기한을 놓치면 가산세와 체납, 심하면 형사처벌까지 불러올 수 있다는 사실에 마음이 무거워진다. 정확한 기한과 절차를 알고 준비하는 것이 가장 중요한 첫걸음임을 다시 한 번 확인한다.

상속세와 증여세 모두 신고와 납부에 대해 명확한 기한이 정해져 있다.

상속세 신고 및 납부

상속세는 피상속인(사망자)의 사망일이 속한 달의 말일부터 6개월 이내에 신고·납부해야 하며, 피상속인이 비거주자이거나 외국에 주소를 둔 상속인이 있는 경우 9개월 이내로 기한이 연장된다. 신고기한 내 자진신고 시 신고세액의 3% 공제 혜택을 받을 수 있으나, 기한을 초과할 경우 신고불성실 가산세(20% 또는 부정행위 시 40%)와 납부지연 가산세(일일 0.022%)가 부과된다.

증여세 신고 및 납부

증여세는 증여일이 속한 달의 말일부터 3개월 이내에 신고·납부해야 하며, 수증자가 납부의무를 진다. 다만, 수증자의 주소 불명·납부 능력 부족·비거주자 요건 해당 시 증여자에게 연대납부의무가 발생한다. 세액이 2,000만 원을 초과하면 연부연납(분할납부) 신청이 가능하며, 허가 시 최대 5년까지 분할 납부할 수 있다. 상속세와 마찬가지로 신고기한 내 자진신고 시 세액공제 혜택이 제공되며, 위반 시 동일한 가산세가 적용된다.

이와 같이 상속세와 증여세는 신고기한, 납부 주체, 분할납부 조건 등에서 차이를 보이지만, 기한 준수 시 혜택과 위반 시 가산세 부과 등 기본 원칙은 동일하게 운영된다.

아래 표는 상속세와 증여세의 신고납부 절차를 한눈에 비교할 수 있도록 구성하였다.

상속세	구분	증여세
상속개시(사망일)	사건 발생 시점	증여일(재산 인도·등기·명의개서 등 객관적 취득시점)
사망일이 속하는 달의 말일	신고납부 기한 개시	증여일이 속하는 달의 말일
거주자: 6개월 이내, 비거주자: 9개월 이내 (공휴일/주말이면 다음 영업일까지 연장)	신고납부 기한	3개월 이내 (공휴일/주말이면 다음 영업일까지 연장)
관할 세무서, 홈택스, 은행(국고수납대리점), 우체국 등	신고서 제출 및 세금 납부	상속세와 동일
신고기한 내 또는 고지서 납부기한 내 납부세액 2,000만 원 초과 시 신청 (최대 10년, 특례 시 20년)	연부연납 신청	신고기한 내 또는 고지서 납부기한 내 납부세액 2,000만 원 초과 시 신청 (최대 5년, 특례 시 15년)
납부세액 1,000만 원 초과 시 신고기한 이후 2개월 이내 분납 (별도 신청 없이 신고서 기재)	분할납부(분납)	상속세와 동일

연부연납 제도

연부연납은 상속세 또는 증여세를 일시에 납부하기 어려운 경우, 일정 요건을 갖추면 세금을 여러 해에 걸쳐 분할 납부할 수 있는 제도다. 이 제도는 납세자의 부담을 줄이고, 재산의 현금화가 어려운 경우에도 세금을 체계적으로 납부할 수 있도록 지원한다.

① 연부연납 신청 요건

- 납부세액 2,000만 원 초과: 상속세 또는 증여세의 납부세액이 2,000만 원을 초

과해야 한다. 다만, 각 회분의 분할납부 세액이 1천만 원을 초과하도록 연부연
납기간을 정하여야 한다.

- 납세담보 제공: 신청세액에 상당하는 금전, 유가증권, 납세보증보험증권, 부동
산 등 법정 담보를 제공해야 한다.
    ✔ 금전, 납세보증보험증권, 납세보증서는 110% 이상
    ✔ 부동산 등 기타 담보는 120% 이상
- 신청기한 준수: 상속세 및 증여세 과세표준 신고기한 내 신청해야 한다.
- 담보 소유권: 상속인 및 수증자, 제3자 소유의 재산 모두 담보로 제공 가능하다.

② 연부연납 기간 및 납부 방식

- 일반상속: 최대 10년(가업상속공제 등 특례 적용 시 최대 20년)
- 증여: 최대 5년(가업승계 증여세 과세특례 적용 시 최대 15년)
- 각 회분 세액: 1,000만 원을 초과해야 한다. 예를 들어, 증여세 3,000만 원을 5
년간 연부연납하면 1회분은 3,000만 원 ÷ (5＋1) = 500만 원이 되므로, 기간을
조정해 1회분이 1,000만 원을 초과하도록 해야 한다.
- 가산금(이자): 연부연납 기간 동안 남은 세액에 대해 정부가 정한 가산금(2025년
연 3.1%)이 부과된다. 가산금은 매년 변동될 수 있다.

③ 연부연납과 분납의 차이

- 분납(분할납부): 납부세액이 1,000만 원을 초과하는 경우, 신고기한 이후 2개월
이내에 1,000만 원을 초과하는 금액을 나누어 납부할 수 있다. 별도의 담보 제
공이나 가산금이 없다.
- 연부연납: 납부세액이 2,000만 원을 초과하는 경우, 담보 제공 및 가산금 부과
조건으로 최대 10년(상속), 5년(증여)까지 분할 납부할 수 있다. 두 제도는 중복
적용이 불가하다.

	분납		연부연납
	분납 분납은 2개월간 별도의 이자가 없습니다.		**연부연납** 연부연납하면 10년에 걸쳐 상속세를 나누어 낼 수 있습니다.
부가가치세 제외 국세	대상 세목	상속세(증여세)
2개월 이내	기간	10년(5년) 이내
불필요	승인여부	승인 필요
없음	담보제공	담보 제공
1,000만 원 초과	금액	2,000만 원 초과
Max(1,000만 원, 50%)를 납부 나머지 2개월 내 납부	납세방법	1/11(1/6) 신고납부기한까지 납부 매년 1/10(1/5)씩 10(5)년 납부
없음	이자상당액	연3.1%(2025.3.21.)

예시

✔ 납부세액이 1,500만 원일 때

납부기한 내
1,000만 원 납부

납부기한 후
2개월 이내
500만 원 납부

✔ 납부세액이 3,000만 원일 때

납부기한 내
1,500만 원 납부

납부기한 후
2개월 이내
1,500만 원 납부

✔ 납부세액이 2,500만 원일 때

납부기한 내
1,250만 원 납부

납부기한 1년 후
1,250만 원 납부
(연부연납 이자상당액 별도)

✔ 납부세액이 9,000만 원일 때(5년 연부연납시)

납부기한 내
1,500만 원

납부기한 1년 후~5년 후
1,500만 원 납부
(5년간 매년)

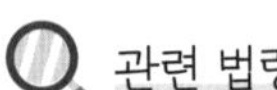 관련 법령

상속세 및 증여세법 제67조(상속세 신고)

상속세 및 증여세법 제70조(상속세 납부)

상속세 및 증여세법 제71조(상속세 연부연납)

상속세 및 증여세법 시행령(연부연납, 담보, 가산금 등)

국세기본법 제47조의2(가산세)

남들은 다 아는 증여세 절세법

(1) 세금 없이 최대한 증여 가능한 금액은 얼마?

Q1. 부모가 자녀에게 세금 없이 증여할 수 있는 최대 금액이 궁금하다. 증여공제, 면세점, 기간별 구분이 복잡한데 정확히 얼마까지 가능한지 알려달라.

A1. 증여세를 내지 않고 가족 간에 재산을 이전할 수 있는 한도, 즉 '세금 없이 증여 가능한 금액'은 증여자와 수증자의 관계, 수증자의 나이, 증여 시점, 그리고 증여 목적에 따라 다르다. 가장 일반적인 경우인 부모가 성인 자녀에게 증여할 때는 5,000만 원까지 증여세 과세가액에서 공제된다.

이 공제는 수증자 기준으로 최근 10년간 증여받은 금액을 모두 합산하여 계산한다. 2024년 1월 1일에 부모가 자녀에게 5,000만 원을 증여하고 2033년 12월 31일 이내 같은 자녀가 추가로 5,000만 원을 증여받는 경우, 추가 증여분에 대해선 공제적용이 불가하다.

미성년 자녀일 경우에는 공제 한도가 2,000만 원으로 줄어든다. 조부모가 손자녀에게 증여하는 경우에도 성인 손자녀는 5,000만 원, 미성년 손자녀는 2,000만 원까지 공제된다. 기타 친족(4촌 이내 혈족, 3촌 이내 인척)으로부터 증여받는 경우에는 1,000만 원까지 공제된다. 배우자 간 증여는 6억 원까지 공제된다.

증여재산공제: 증여자별, 수증자별, 그룹별, 10년 단위로 적용

증여자	공제액
배우자	6억 원
직계존비속	5,000만 원(미성년자 2,000만 원) ※ 결혼(전후 2년) 또는 출산(2년 내) 최대 1억 원 추가
기타 친족	1,000만 원

A2. 부모가 성인 자녀에게 2억 원을 증여할 경우, 일반 증여공제(5,000만 원)만 적용하면 과세표준은 1억 5,000만 원이 된다.

증여세 누진세율표에 따라,

1억 원 이하: 10%

5억 원 이하: 20%

따라서 증여세는 2,000만 원이 된다.

【계산】

1억 × 10%＋5,000만 원 × 20% ＝ 1,000만 원＋1,000만 원 ＝ 2,000만 원

A3. 증여공제는 수증자 기준으로 최근 10년간 증여받은 금액을 모두 합산하여 계산한다. 즉, 10년마다 공제 한도가 리셋된다.

예를 들어, 오늘 부모가 자녀에게 5,000만 원을 증여했다면, 10년 이내까지는 같은 자녀가 부모로부터 추가로 증여받을 경우 공제 한도를 초과하여 증여세가 발생할 수 있다. 10년이 지나면 다시 5,000만 원까지 증여세 없이 증여할 수 있다.

 **QUIZ**

증여세, 있을까? 없을까?

Q1. 6년 전 어머니에게 3,000만 원, 올해 아버지에게 5,000만 원을 증여받았다. 증여세는?

A1. <u>300만 원</u>

풀이.
- 아버지와 어머니는 직계존속으로 10년 합산 적용
- 총증여액: 3,000만 원+5,000만 원 = 8,000만 원
- 증여재산공제(성인 자녀): 5,000만 원
- 과세표준: 8,000만 원−5,000만 원 = 3,000만 원
- 세율 10% → 3,000만 원×10% = 300만 원

Q2. 아버지가 성인 자녀에게 10년 동안 매년 4,000만 원씩 증여했다. 증여세는?
(단, 가산세는 없다고 가정)

A2. <u>6,000만 원</u>

풀이.
- 10년 합산: 4,000만 원×10 = 4억 원
- 증여재산공제(성인 자녀): 5,000만 원
- 과세표준: 4억 원−5,000만 원 = 3억 5,000만 원
- 산출세액: 1억×10%+2억 5,000만 원×20% = 6,000만 원

Q3. 아버지가 자녀가 15세 때 2,000만 원, 19세 성년 시 5,000만 원을 증여했다. 증여세는?

A3. <u>200만 원</u>

풀이.
- 10년 이내 동일인(아버지) 증여 합산: 2,000만 원+5,000만 원 = 7,000만 원

- 증여재산공제(성인 기준): 5,000만 원

- 과세표준: 7,000만 원−5,000만 원 = 2,000만 원

- 세율 10% → 2,000만 원×10% = 200만 원

Q4. 내가 할아버지 5,000만 원, 아버지 5,000만 원을 순차적으로 증여받았다. 증여세는?

A4. 500만 원

풀이.
- 직계존속 그룹(할아버지+아버지) 10년 합산 증여재산공제 한도: 5,000만 원

- 할아버지 증여세 과세표준 = 5,000만 원−5,000만 원(증여재산공제) = 0 원

  (할아버지 → 손자 증여 시 세대생략 할증(30%) 적용 없음)

- 아버지 증여세 과세표준 = 5,000만 원

- 산출세액: 5,000만 원×10% = 500만 원

Q5. 내가 삼촌 1,000만 원, 이모 1,000만 원 증여 받았다. 증여세는?

A5. 100만 원

풀이.
- 기타 친족 그룹(삼촌+이모) 10년 합산 증여재산공제 한도: 1,000만 원

- 삼촌 증여세 과세표준 = 1,000만 원−1,000만 원(증여재산공제) = 0 원

- 이모 증여세 과세표준 = 1,000만 원

- 산출세액: 1,000만 원×10% = 100만 원

(2) 결혼하면 1억 5,000만 원까지 세금이 없다고?

A1. 결혼이나 출산을 위한 증여는 일반 증여공제와 별도로 추가 공제를 받을 수 있다. 2024년 1월 1일 이후, 혼인 신고일 전후 2년 또는 자녀 출생일 이후 2년 이내에 부모, 조부모 등 직계존속으로부터 증여받은 재산은 최대 1억 원까지 추가로 공제받을 수 있다. 공제는 수증자 기준으로 평생 1회에 한해 적용되며, 일반 증여공제(5,000만 원)와 별도로 적용된다. 즉, 결혼이나 출산 시 부모, 조부모 등 직계존속으로부터 최대 1억 5,000만 원까지 증여세 없이 증여받을 수 있다. 양가 부모 모두에게 각자 증여받는 경우, 자녀 부부 입장에서는 최대 3억 원까지 세금 없이 증여받을 수 있는 셈이다.

증여재산공제: 증여자별, 수증자별, 그룹별, 10년 단위로 적용

증여자	공제액
배우자	6억 원
직계존비속	5,000만 원(미성년자 2,000만 원) ※ 결혼(전후 2년) 또는 출산(2년 내) 최대 1억 원 추가
기타 친족	1,000만 원

A2. 부모가 성인 자녀에게 2억 원을 증여할 경우,

일반 증여공제(5,000만 원)만 적용하면 과세표준은 1억 5,000만 원이 된다.

증여세 누진세율표에 따라,

1억 원 이하: 10%

5억 원 이하: 20%

따라서 증여세는 2,000만 원이 된다.

【계산】

$$1억 \times 10\% + 5,000만 원 \times 20\% = 1,000만 원 + 1,000만 원 = 2,000만 원$$

만약 결혼이나 출산 목적의 증여라면, 추가 공제(1억 원)까지 적용되어 과세표준이 5,000만 원이 되며,

따라서 증여세는 500만 원이 된다.

【계산】

$$5,000만 원 \times 10\% = 500만 원$$

Q3. 결혼이나 출산으로 인한 증여공제 면세점과 기간별 구분에 대해 정리해 달라.

A3. 결혼·출산 증여공제는 평생 1회에 한해 1억 원까지 추가로 공제받을 수 있다. 이 공제는 일반 증여공제와 별도로 적용된다.

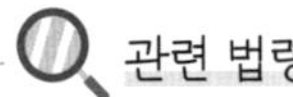 관련 법령

상속세 및 증여세법 제53조의2(혼인·출산 증여재산 공제)

상속세 및 증여세법 시행령(증여재산공제, 혼인·출산 증여공제 등)

신설된 결혼·출산 증여재산공제 알아보기

요약

2024년 1월 1일부터 결혼·출산 증여재산공제 제도가 신설되었다. 직계존속(부모, 조부모 등)이 자녀·손자녀의 결혼 또는 출산을 위해 증여하는 경우, 1억 원까지 증여세를 공제받을 수 있다. 이는 기존 증여재산공제(성인 5,000만 원)와 별도로 적용되며, 총 1억 5,000만 원까지 세금 없이 증여가 가능하다.

내용

1. 공제 요건

- 대상: 결혼 또는 출산(입양 포함)을 하는 수증자(자녀·손자녀)
- 증여자: 직계존속(부모, 조부모 등)
- 증여 시기:
    ▹ 결혼: 혼인신고일 전후 2년 이내 (총 4년)
    ▹ 출산: 출생·입양신고일부터 2년 이내
- 공제 한도: 평생 1억 원 (결혼·출산 통합 적용)

2. 공제 대상 재산

- 현금, 부동산, 주식 등 모든 재산 형태 포함
- 단, 증여추정·의제 규정에 해당하는 재산(예: 명의신탁)은 제외

3. 특이사항

- 반환 조건:
    ▹ 약혼 후 혼인이 무산되거나 입양이 취소된 경우, 증여받은 재산을 3개월 이내 반환하면 증여세 면제 유지.
- 중복 적용:
    ▹ 기존 증여재산공제(성인 5,000만 원)와 별도로 1억 원 추가 공제 가능.
    ▹ **예** 결혼 증여 1억 원 + 일반 증여 5,000만 원 → 총 1억 5,000만 원 비과세.

사례 1 결혼 증여

- 상황: 2024년 3월 혼인한 A씨가 2023년 1월 부모에게서 8,000만 원 증여받음
- 공제 적용:
  ▷ 혼인일 전 2년 이내 증여 → 1억 원 한도 내 8,000만 원 공제.
  ▷ 잔여 한도 2,000만 원은 추후 출산 시 사용 가능.
- 증여세: 0원.

사례 2 출산 증여

- 상황: 2024년 6월 출산한 B씨가 2025년 1월 조부모에게서 1억 2,000만 원 증여받음
- 공제 적용:
  ▷ 출산일 후 2년 이내 증여 → 1억 원 한도 적용.
  ▷ 초과분 2,000만 원은 일반 증여재산공제(5,000만 원)에서 공제.
- 증여세: 2,000만 원−5,000만 원(일반 공제) = 0원.

사례 3 결혼+출산 통합

- 상황: C씨가 2024년 결혼 시 7,000만 원, 2025년 출산 시 5,000만 원 증여받음.
- 공제 적용:
  ▷ 결혼 7,000만 원 + 출산 3,000만 원(잔여 한도) = 총 1억 원 공제.
  ▷ 출산 증여 초과분 2,000만 원 → 일반 공제(5,000만 원) 적용.
- 증여세: 0원.

 관련 법령

상속세 및 증여세법 제53조의2(혼인·출산 증여재산공제)

(3) 여러 번 나누어 주면 진짜 좋을까?

Q1. 증여세를 줄이려면 한 번에 주는 것보다 여러 번 나누어 주는 것이 좋은가?

A1. 증여세는 누진세율을 적용받기 때문에, 재산을 여러 번 나누거나 여러 명에게 분배하면 세율이 낮은 구간을 활용할 수 있어 절세 효과가 있다. 단, 동일인에게 10년 이내에 여러 번 증여할 경우 모든 금액이 합산되므로 전략적 접근이 필요하다.

상속과 증여 설계에서 10년 규칙은 세 부담을 줄이기 위한 핵심 개념이다.

상속세는 피상속인 사망일 기준으로 10년 이내에 증여받은 재산을 상속재산에 합산하여 과세하므로, 이 기간을 지키지 못하면 증여세를 이미 납부한 재산도 상속세 과세표준에 포함되어 세율이 올라가 총 세액이 크게 증가할 수 있다.

반대로, 10년을 넘긴 증여는 상속세 과세대상에서 제외되어 세 부담이 줄어든다. 또한 증여세는 10년 이내 동일 수증자에게 증여한 재산을 합산해 누진세율을 적용하므로, 10년마다 증여를 분산하면 매번 낮은 누진세율을 적용받을 수 있다.

상속과 증여 전략은 '10년 단위 설계'가 중요하다.

10년 규칙의 핵심

- 상속세 합산 기간: 피상속인 사망일 기준 10년 이내 증여재산은 상속재산에 합산
- 증여세 합산 기간: 증여세는 10년 이내 동일 증여자(직계존속의 배우자 포함)에게 증여받은 재산을 합산해 누진세율 적용

10년을 채우지 못하면?

- 합산 과세: 사전 증여재산, 상속세 및 증여세 과세표준에 합산
- 세율 증가: 상속세 및 증여세 누진세율(최대 50%)로 인해 총세액이 급증

10년을 넘기면?

- **상속세 절감**: 10년 전 증여재산은 상속세 과세대상에서 제외되어 세 부담 감소
- **증여세 분할**: 10년 단위로 증여하면 매번 낮은 누진세율 적용 가능

직접 계산해 봅시다

배우자 6억 원 사전증여 후 10년 내 상속 vs 10년 후 상속 비교

증여 후 10년 내 상속 발생		구분	증여 후 10년이 지나 상속 발생	
금액	비고		금액	비고
6억 원	배우자에게 증여 (6억 원 공제)	증여재산	6억 원	배우자에게 증여 (6억 원 공제)
0원	6억 원 공제 적용	증여세	0원	6억 원 공제 적용
15억 원		상속재산	15억 원	
21억 원	6억 원(증여) + 15억 원(상속)	합산 재산	0원	
2억 8,000만 원	누진세율 적용 (단, 배우자 5억 원, 일괄공제 5억 원 공제 가정)	상속세	9,000만 원	누진세율 적용 (단, 배우자 5억 원, 일괄공제 5억 원 공제 가정)

※ 10년 합산 여부에 따라 1억 9,000만 원 절세 효과 발생

10년 증여의 3가지 절세법

10년 단위 절세 방법은 다음과 같은 세 가지 주요 전략이 있다.

① 10년 주기로 증여해 세율을 낮춘다

증여세는 금액이 클수록 높은 세율(10~50%)이 적용된다. 10년마다 나눠 증여하면 각 회차의 과세표준을 낮춰 세율을 최소화한다.

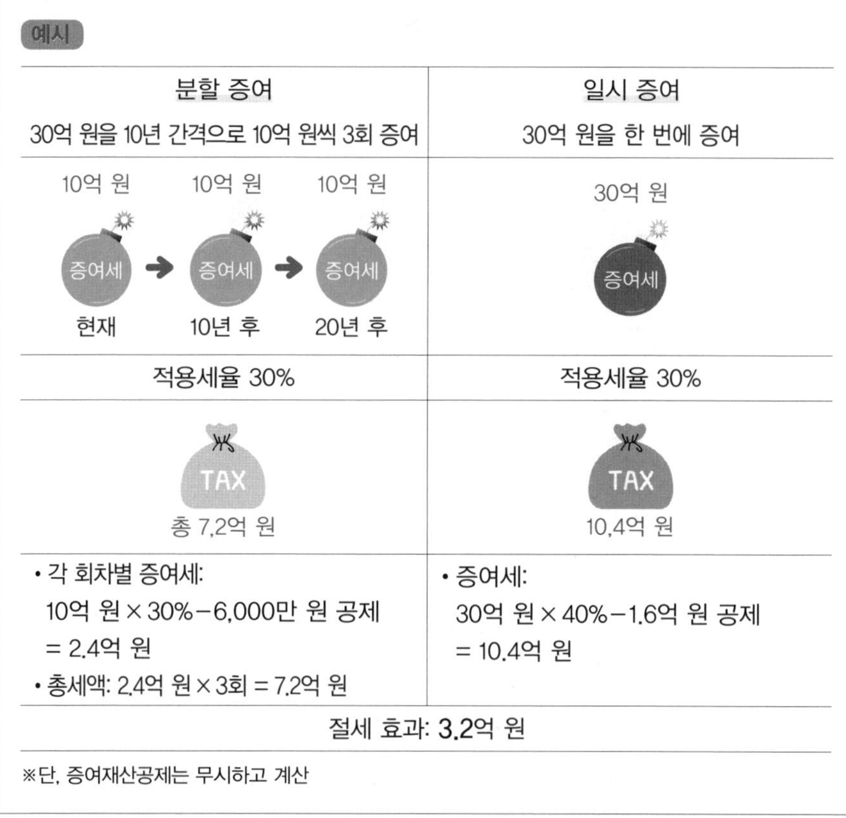

분할 증여	일시 증여
• 각 회차별 증여세: 10억 원 × 30% − 6,000만 원 공제 = 2.4억 원 • 총세액: 2.4억 원 × 3회 = 7.2억 원	• 증여세: 30억 원 × 40% − 1.6억 원 공제 = 10.4억 원
절세 효과: **3.2억 원**	

※단, 증여재산공제는 무시하고 계산

② 세대를 건너뛰어 증여(세대생략증여)하면 상속세 합산 기간이 5년으로 줄어든다

손자에게 증여하면 증여 시 산출세액의 30%를 가산한다. 하지만 증여 후 5년이 지나면 상속재산에 합산되지 않는다. 자녀에게 증여할 경우 10년인 것에 비하면 합산기간이 대폭 줄어든다. 다만, 5년 내 사망하면 상속재산에 합산되므로 건강 상태를 고려해 실행해야 한다.

- 조건: 조부가 손자에게 5억 원 증여 → 6년 후 조부 사망
- 결과: 5억 원이 상속재산에서 제외되어 상속세 절감
- 추가 전략: 성인 손자 4명에게 각 1.25억 원씩 증여 → 2억 원 증여세 면제(1인당 5,000만 원 공제)

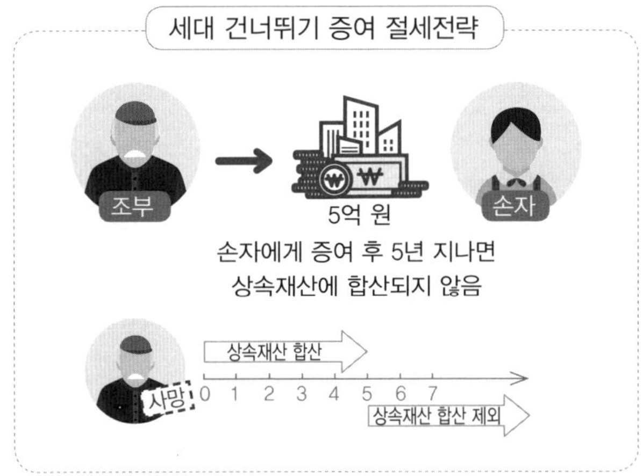

③ 부동산을 증여하고 10년 후에 팔면 양도세를 줄일 수 있다

증여 후 10년 내 양도 시 취득가액을 증여자의 원래 취득가로 산정한다.

10년 후 양도 시에는 증여 당시 시가를 적용한다.

고가 부동산은 증여 후 10년 이상 보유하고, 10년이 지난 시점에 매각한다.

- 조건: 부친 취득가 3억 원 → 현재 시가 10억 원 증여

  5년 후 15억 원에 양도:

  양도차익 = 15억 원−3억 원 = 12억 원 → 양도세 3.6억 원(30% 가정)

  10년 후 15억 원에 양도:

  양도차익 = 15억 원−10억 원 = 5억 원 → 양도세 1.5억 원(30% 가정)

- 절세 효과: 2.1억 원 절약

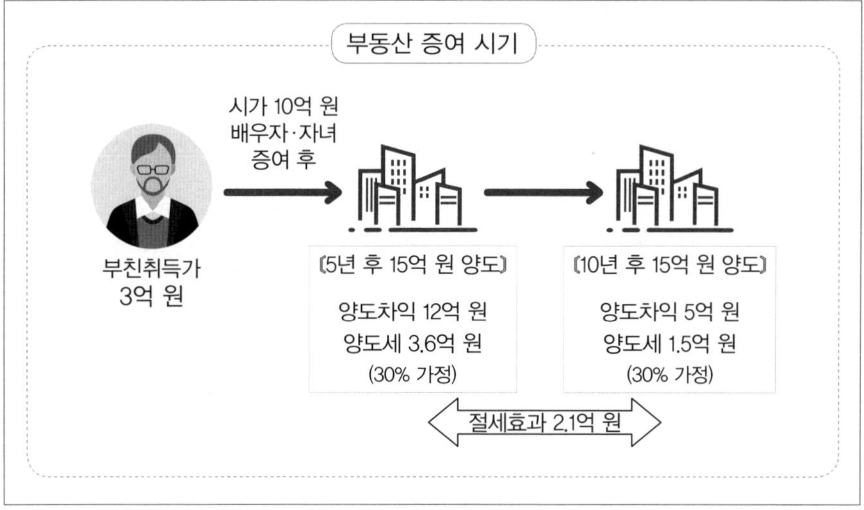

관련 법령

상속세 및 증여세법 제13조: 사전증여재산 합산 규정

소득세법 제97조의2: 양도소득의 필요경비 계산 특례, 이월과세 규정

QUIZ

OX 퀴즈

	문제	정답
1	〔증여기간〕 10년 주기로 증여 시 증여재산공제를 매번 적용받을 수 있다.	
2	〔수증자〕 10년간 성인 자녀에게 5,000만 원 이하 증여 시 증여세가 면제된다.	
3	〔수증자〕 15세 때 2,000만 원 증여 후, 19세 때 추가로 5,000만 원 증여 시 증여세가 면제된다	
4	〔분할증여〕 10억 원을 10년간 매월 833만 원씩 증여하면* 증여세가 감소한다.	
5	〔상속합산〕 사전증여한 재산은 상속 발생 시 10년 이내면 무조건 합산된다.	
6	〔세대생략〕 손자에게 직접 증여하면 자녀의 미래 증여세를 절약할 수 있다.	

---

* 유기정기금: 일정 기간 동안 일정 금액을 정기적으로 증여(또는 상속)하는 권리의 가치를 평가하는 방법

	질문 요약	답변 내용	근거 법령
1	10년 분할 증여 공제	O 10년간 분할 증여 시 매번 증여재산공제 적용 가능	상속세 및 증여세법 제47조
2	성인 자녀 증여 면제	O 성인 자녀에게 연간 5,000만 원 이하 증여 시 증여세 면제. 단, 10년간 합산 관리됨	동법 제53조
3	성년 자녀 증여 면제	× 성년 자녀는 10년간 5,000만 원 공제를 받을 수 있는데, 4년전 2,000만 원 받은 금액이 있어서 한도 초과로 과세 대상, 추가 증여 가능액은 3,000만 원	동법 제53조
4	월정액 분할 증여	O 10억 원을 10년간 월 833만 원씩 증여 시 유기정기금 평가(2025년 기준 3% 할인율 적용)에 의하여 할인된 현재가치로 계산되어 과세표준 감소	동법 시행령 제62조
5	상속합산 조건	× 상속인에게 증여한 재산은 상속 전 10년 이내, 비상속인은 5년 이내 증여분만 합산	동법 제13조
6	세대생략 증여	O 손자에게 직접 증여 시 자녀의 미래 증여세 부담 감소. 단, 할증과세 고려 필요	동법 제57조

🔍 관련 법령

상속세 및 증여세법 제47조: 10년 이내 증여 합산

상속세 및 증여세법 제53조: 증여재산 공제

동법 시행령 제62조: 정기금을 받을 권리의 평가

(4) 며느리랑 사위까지? 여러 명에게 나누어 주면 더 유리할까?

A1. 자녀뿐 아니라 며느리, 사위에게도 증여가 가능하다. 다만, 세법상 증여자와 수증자의 관계에 따라 증여공제 한도와 세율 적용이 달라지므로, 누구에게 어떻게 주는지에 따라 세금 부담이 크게 달라진다.

A2. ① 직계비속(자녀, 손주 등):
- 성인 자녀: 10년간 5,000만 원 공제
- 미성년 자녀: 10년간 2,000만 원 공제

② 배우자:
- 10년간 6억 원 공제

③ 기타 친족(며느리, 사위 등):
- 10년간 1,000만 원 공제

A3. ① 자녀에게 주는 것이 기본적으로 가장 유리하다.
- 증여공제 한도가 5,000만 원으로 가장 크다.
- 자녀가 결혼하거나 출산하면 추가로 1억 원까지 공제받을 수 있다(최대 1억 5,000만 원 비과세).

② 며느리, 사위에게 주는 것도 절세 효과가 있다.
- 증여공제 한도는 1,000만 원으로 적지만, 수증자를 여러 명(예: 며느리,

사위 등)으로 나누면 각각 1,000만 원까지는 공제받을 수 있다.

- 증여를 여러 명에게 분산하면 누진세율 구간을 낮출 수 있다.

> **예시 1** 자녀에게만 3억 원을 증여하면 과세표준이 2억 5,000만 원(5,000만 원 공제)이 되어 세금이 많다.
>
> **예시 2** 자녀에게 1억 9,000만 원, 며느리에게 1억 1,000만 원을 나누어 증여하면 각각 공제가 적용되어 세금이 줄어든다.

③ 주의사항:

- 직계존속(부모, 조부모 등)이 직계비속(자녀, 손자녀 등)에게 증여할 때는 직계존속과 그 배우자가 각각 증여해도 '동일인'으로 간주해 합산 과세된다.

- 며느리, 사위는 직계비속이 아니므로 시부모와 처부모가 각각 증여하면 '동일인'으로 보지 않아, 합산 과세하지 않는다.

- 조세회피목적의 교차증여로 판단될 경우 각 자녀에게 직접증여한 것으로 보고 교차증여를 직접증여로 재구성하여 증여세를 과세할 수 있으므로 주의가 필요하다.

용어정리

교차 증여란?

직계존속이 아닌 장인, 장모, 시부모님이 아래 그림과 같이 직계비속이 아닌 사위, 며느리에게 교차로 증여하는 방법이다.

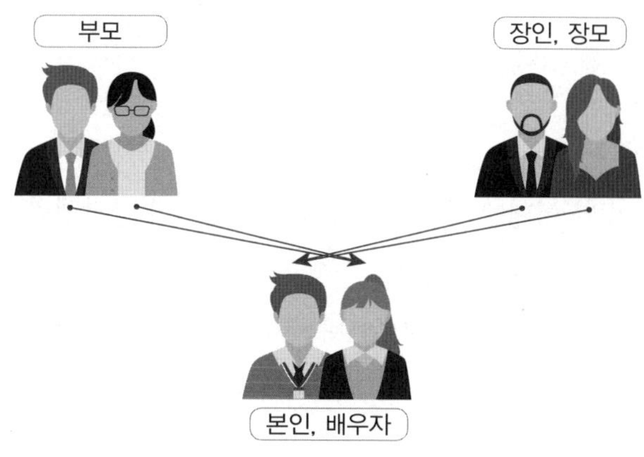

자녀에게만 3억 원 증여	CASE	자녀에게 1억 9,000만 원, 며느리에게 1억 1,000만 원 증여	
자녀(아들)	수증자	자녀(아들)	며느리
5,000만 원	증여공제	5,000만 원	1,000만 원
2억 5,000만 원	과세표준	1억 4,000만 원	1억 원
20% (누진공제 1,000만 원)	증여세율	20% (누진공제 1,000만 원)	10%
약 4,000만 원	세금	약 1,800만 원	1,000만 원
		합계 2,800만 원	
	절세효과	**1,200만 원**	

Q4. 결론적으로, 누구에게 어떻게 주는 게 유리한가?

A4. ① 가장 유리한 방법은 자녀에게 주는 것이다.

▷ 증여공제 한도가 크고, 결혼·출산 시 추가 공제도 받을 수 있다.

② 증여공제 한도를 모두 소진했다면, 며느리·사위에게도 증여를 고려할 수 있다.

▷ 수증자를 여러 명으로 나누면 각각 공제받을 수 있다.

③ 증여를 여러 명에게 분산하면 누진세율 구간을 낮출 수 있어 전체적으로 세금이 줄어든다.

Q5. 기타 친족(며느리, 사위) 증여 시 주의할 점

A5. ① 증여공제 한도는 10년간 1,000만 원이다.

② 증여 후 10년 이내에 양도하면 우회양도로 인한 부당행위계산 규정이 적용될 수 있으니 주의해야 한다.

③ 증여자(부모)가 사망하면, 사위·며느리에게 증여한 재산은 5년 전까지 상속재산에 포함될 수 있다(자녀는 10년 전까지 포함).

(5) 외할아버지와 친할아버지, 여러 명이 주면 더 유리할까?

Q1. 외할아버지, 친할아버지, 할머니, 엄마, 아빠 등 다양한 가족이 자녀에게 증여할 때, 누가 주는 게 세금상 더 유리한가?

A1. 증여세는 증여자와 수증자의 관계에 따라 공제 한도가 달라진다.

직계존속(아버지, 어머니, 친할아버지, 친할머니, 외할아버지, 외할머니 등)이 직계비속(자녀, 손자녀 등)에게 증여하는 경우, 공제 한도는 "수증자 기준 10년간 5,000만 원(미성년자는 2,000만 원)"이다. 즉, 증여자가 아버지든 어머니든, 친할아버지든 외할아버지든 모두 '직계존속' 그룹에 해당하므로, 여러 명이 증여해도 수증자(자녀 등) 기준으로 10년간 공제 한도는 5,000만 원이다.

Q2. 엄마, 아빠, 할아버지, 할머니가 각각 증여하면 공제 한도가 늘어나나?

A2. ① 엄마, 아빠, 친할아버지, 친할머니, 외할아버지, 외할머니 등은 모두 '직계존속' 그룹이다.

② 수증자(자녀 등)는 이들로부터 10년간 받은 증여가액을 모두 합산해 5,000만 원까지 공제받을 수 있다.

③ 여러 명이 증여해도 공제 한도가 늘어나지 않는다.

> **예시** 아빠가 3,000만 원, 엄마가 3,000만 원, 할아버지가 2,000만 원을 증여하면, 자녀는 이 중 5,000만 원까지만 공제받고, 나머지는 과세 대상이 된다.

④ 증여일이 다르면 먼저 증여받은 금액에서 공제하고, 남은 금액이 있으면 다음 증여에서 공제한다. (단, 같은 날 증여받으면, 증여가액 비율로 안분하여 공제)

A3. ① 공제 한도는 모두 동일하다.

    ▷ 엄마, 아빠, 친할아버지, 친할머니, 외할아버지, 외할머니 등 누구든 '직계존속' 그룹에 해당하므로, 수증자(자녀 등) 기준으로 10년간 5,000만 원까지 공제받을 수 있다.

② 증여자가 많다고 해서 공제 한도가 늘어나지 않는다.

③ 공제 한도를 넘어서 증여하면, 초과분에 대해 증여세가 부과된다.

> **예시** 외할아버지가 5,000만 원, 친할아버지가 5,000만 원을 증여하면, 자녀는 5,000만 원까지만 공제받고, 나머지 5,000만 원은 과세 대상이 된다.

④ 공제 한도를 넘어서 증여하면, 초과분에 대해 증여세는 증여자 순서가 중요하다.

> **예시 1** 외할아버지가 5,000만 원, 아버지가 5,000만 원 순서로 증여하면, 자녀는 5,000만 원까지만 공제받고, 나머지 5,000만 원은 10% 세율이 적용된다.
>
> **예시 2** 아버지가 5,000만 원, 할아버지가 5,000만 원 순서로 증여하면, 자녀는 5,000만 원까지만 공제받고, 나머지 5,000만 원은 10% 세율에 30% 세대생략할증이 적용되어 세금 부담이 가중된다.

세대생략할증이란?

증여 시 세대생략할증이란, 조부모(직계존속)가 자녀 세대를 건너뛰고 손자녀(직계비속)에게 직접 증여하는 경우, 즉 중간세대(자녀)를 생략하고 재산을 이전할 때 적용되는 증여세 할증과세 제도를 의미합니다. 이는 부의 조기 대물림을 방지하고, 실제로 자녀 세대에서 한 번 과세되어야 할 증여세를 회피하는 것을 막기 위한 제도인데, 현재 할증률은 30%이지만 미성년자한테는 20억 원 초과시 40%를 적용하고 있다.

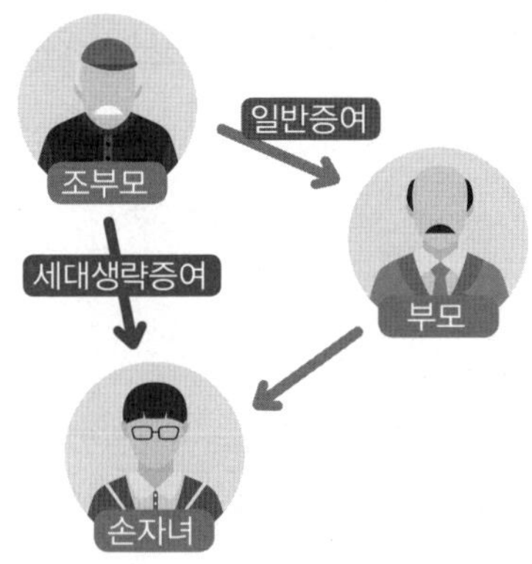

직접 계산해 봅시다

① 할아버지가 2,000만 원, 아버지가 3,000만 원, 어머니가 3,000만 원을 자녀에게 증여
- 증여가액 합계: 8,000만 원
- 공제 한도: 5,000만 원(수증자 기준 10년간)
- 과세표준: 3,000만 원
- 증여세: 3,000만 원 × 10% = 300만 원

② 외할아버지가 5,000만 원, 친할아버지가 5,000만 원을 자녀에게 증여
- 증여가액 합계: 1억 원
- 공제 한도: 5,000만 원
- 과세표준: 5,000만 원
- 증여세: 5,000만 원 × 10% + (30% 세대생략할증) = 650만 원

A4. ① 엄마, 아빠, 친할아버지, 친할머니, 외할아버지, 외할머니 등 누구든 '직계존속' 그룹에 해당하므로, 공제 한도는 모두 동일하다.

② 여러 명이 증여해도 수증자(자녀 등) 기준으로 10년간 5,000만 원까지 공제받을 수 있다.

③ 공제 한도를 넘어서 증여하면, 초과분에 대해 증여세가 부과된다.

④ 증여자가 많다고 해서 공제 한도가 늘어나지 않으니, 증여계획을 잘 세워야 한다.

관련 법령

상속세 및 증여세법 제53조(증여재산 공제)

상속세 및 증여세법 시행령 제46조(증여재산공제의 적용방법)

상속세 및 증여세법 제53조의2(혼인·출산 증여재산 공제)

상속세 및 증여세법 제57조(직계비속에 대한 증여의 할증과세)

증여세는 얼마일까?

Q1. 아버지가 5,000만 원, 어머니가 5,000만 원 증여했다. 증여세는?

A1. 500만 원

풀이.
- 아버지와 어머니는 직계존속 그룹으로 10년간 합산 공제 한도 5,000만 원 적용
- 총 증여액: 5,000만 원+5,000만 원 = 1억 원
- 증여재산공제: 5,000만 원
- 과세표준: 1억 원−5,000만 원 = 5,000만 원
- 세율 10% → 5,000만 원×10% = 500만 원

Q2. 아버지가 5,000만 원, 삼촌이 5,000만 원 증여했다. 증여세는?

A2. 400만 원

풀이.
- 아버지 증여: 직계존속 공제 5,000만 원 적용 → 과세표준 0원.
- 삼촌 증여: 기타 친족 공제 1,000만 원 적용 → 5,000만 원−1,000만 원 = 4,000만 원.
- 세율 10% → 4,000만 원×10% = 400만 원.
- 총 증여세: 0원+400만 원 = 400만 원.

Q3. 할아버지가 5,000만 원, 아버지가 5,000만 원 증여했다. 증여세는?

A3. 500만 원

풀이.
- 할아버지와 아버지는 직계존속 그룹으로 10년간 합산 공제 한도 5,000만 원 적용

- 총 증여액: 5,000만 원+5,000만 원 = 1억 원
- 증여재산공제: 5,000만 원
- 과세표준: 1억 원−5,000만 원 = 5,000만 원
- 세율 10% → 5,000만 원×10% = 500만 원.

Q4. 아버지가 5,000만 원, 할아버지가 5,000만 원 증여했다. 증여세는?

A4. 650만 원

풀이.
- 할아버지 → 손자 증여는 세대생략 증여로 산출세액의 30% 할증 적용.
- 아버지 증여:

  증여재산공제(성인 자녀): 5,000만 원

  과세표준: 5,000만 원−5,000만 원 = 0원
- 세대생략 할증 대상: 할아버지 증여분 5,000만 원

  할증세: 5,000만 원×10% × 30% 할증 = 650만 원
- 총 증여세: 0원+650만 원 = 650만 원

Q5. 시아버지가 5,000만 원, 시어머니가 5,000만 원 증여했다. 증여세는?

A5. 900만 원

풀이.
- 시아버지·시어머니는 직계존속이 아니며, 기타 친족 그룹으로 각각 10년간 공제한도 1,000만 원 적용
- 시아버지 증여: 5,000만 원−1,000만 원 = 4,000만 원
- 시어머니 증여: 5,000만 원−0 원 = 5,000만 원.
- 산출세액: 4,000만 원×10% + 5,000만 원×10%
- 총 증여세: 400만 원+500만 원 = 900만 원.

절세모음.zip 〈상속·증여편〉

(6) 손자녀에게 직접 물려주면 유리할까?

A. 손자녀에게 직접 재산을 증여하는 세대생략 증여는 증여세 산출세액의 30~ 40% 할증이 적용되지만, 조부모－부모－손자녀를 거치며 두 번의 상속·증여세를 내는 것과 비교하면 오히려 부담이 줄어들 수 있다. 특히 자녀가 이미 많은 증여를 받은 경우, 누진세율로 추가 부담이 커지므로 손자녀에게 직접 증여하는 것이 오히려 유리하다. 부동산을 직접 증여하면 취득세 중복 납부를 피할 수 있으며, 손자녀는 상속인이 아니기 때문에 증여 후 5년이 지나면 상속재산에 합산되지 않아 상속세 합산 기간이 단축된다.

이처럼 세대생략 증여는 할증과세 부담과 절세 효과를 신중히 고려해 활용해야 하는 전략적 절세 수단이다.

평생 모은 재산을 손자녀에게 직접 물려주려는 조부모가 늘고 있다. 자녀 세대를 건너뛰는 증여는 증여세 할증이 발생하지만, 두 번의 세금을 피할 수 있다는 장점이 있다. 2023년 기준 세대생략 증여 건수는 전년 대비 212% 증가했고, 1세 미만 영유아 대상 증여금액만 1,000억 원에 달한다. 할증과세를 감수하더라도 장기적으로는 절세 효과가 있는 경우가 많다. 하지만 언제, 어떻게 증여해야 할까?

① 세대생략 증여의 할증 규정

손자녀에게 직접 증여할 경우 증여세 산출세액의 30%를 추가 부담해야 한다. 증여재산가액이 20억 원을 초과하고 수증자가 미성년자라면 40% 할증 적용된다. 단, 자녀가 사망한 경우 등은 제외된다.

② 할증세를 감수해야 하는 경우

- 자녀에게 이미 많은 재산을 증여한 상황: 자녀가 과거 10년 내 5억 원 이상 증

여받았다면 추가 증여 시 누진세율이 높아져 오히려 손자녀에게 직접 증여하는 것이 유리할 수 있다.

- 부동산 증여 시 취득세 절감: 부동산을 두 번 증여하면 취득세도 두 번 내야 하지만, 세대생략 증여 시 한 번만 납부해 절약된다.
- 상속세 합산 기간 단축: 손자녀는 상속인이 아니므로 증여 후 5년이 지나면 상속재산에 합산되지 않는다. 자녀에게 증여 시 10년이 지나야 합산에서 제외된다.

직접 계산해 봅시다

사례 1 5억 원 증여 시 증여방법별 증여세 비교

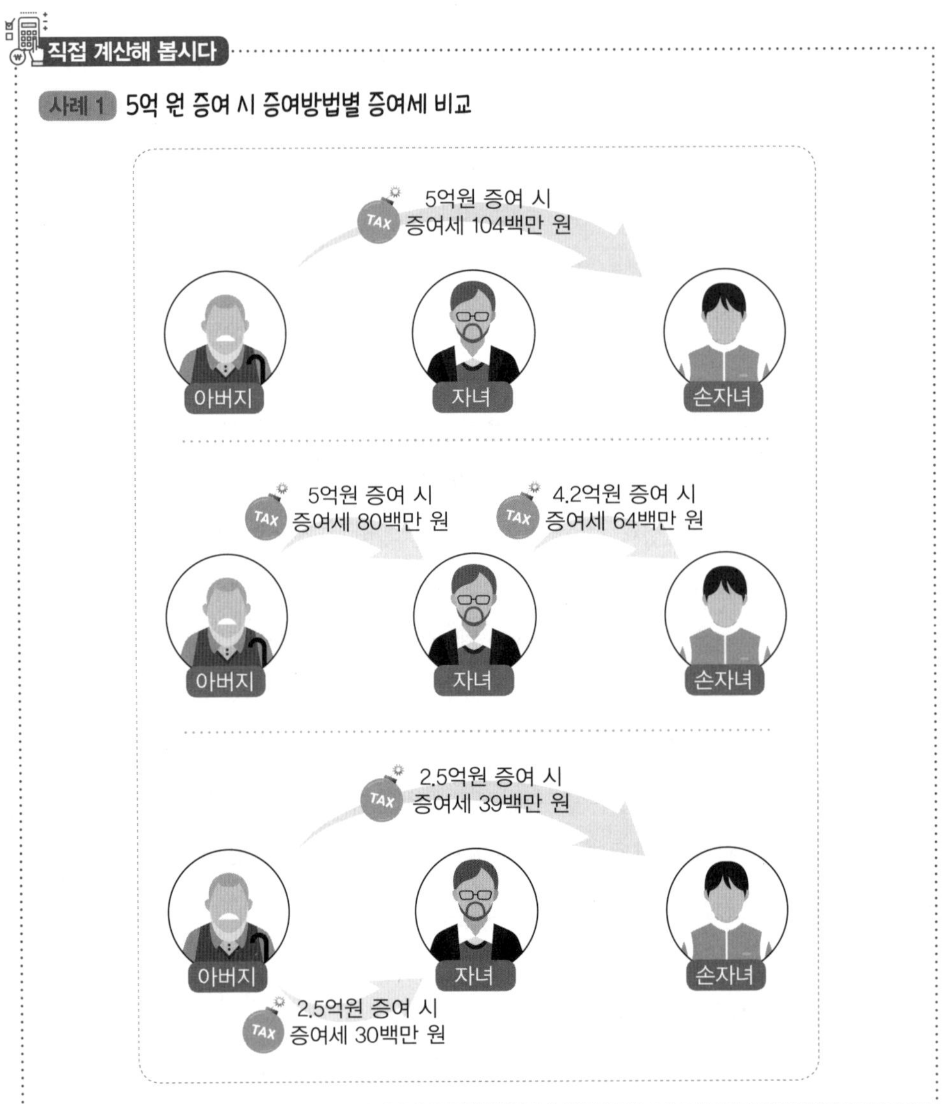

절세모음.zip (상속·증여편)

CASE	손자녀에게 직접 5억 원 증여		자녀에게 5억 원 증여 후 손 자녀에게 재증여		자녀에게 2.5억, 손자녀에 게 2.5억 나누어 증여	
구분	금액	비고	금액	비고	자녀	손자녀
1차 증여세	1억 400만 원	8,000만 원 × 1.3 (30% 할증)	8,000만 원	(5억 원 −5,000만 원) × 20% −1,000만 원	3,000만 원	3,900만 원
2차 증여세			6,400만 원	1차 증여세 납부후 증여 재산가액 = 4.2억 원		
총 증여세			1억 4,400만 원			
절세효과	4,000만 원		0 원		7,500만 원 단, 자녀 ➡ 손자녀로 재 차증여 또는 상속 시 세 금 추가 부담 발생	

※ 단, 신고세액공제(3%) 적용하지 않음

사례 2 20억 원 초과 미성년 손자녀 증여

구분	금액	비고
증여재산	25억 원	
공제금액	2,000만 원	미성년자 공제
과세표준	24억 8,000만 원	
증여세율	40%	
산출세액	8억 3,200만 원	
할증과세	3억 3,280만 원	20억 원 초과 시 미성년자 40% 할증
납부할세액	11억 6,480만 원	

세대생략증여 활용 꿀팁 5가지

상속 및 증여 과정에서 세금 부담을 줄이기 위해서는 사전 증여 시기, 공제 한도 분할, 혼인·출산 공제 등 다양한 전략적 활용이 중요하다. 5년 규칙을 잘 활용하면 조부모가 손자녀에게 직접 증여한 재산이 5년 후 상속세 합산 대상에서 제외되어 상속세 부담을 줄일 수 있다. 손자녀에게 조부모(직계존속)와 고모(기타 친족)가 나누어 증여하면 최대 6,000만 원까지 세금 없이 증여할 수 있다.

※ 증여재산공제 직계존비속 5,000만 원. 기타 친족 1,000만 원

또한 2024년부터는 결혼 또는 출산 시 1억 원까지 추가 공제가 가능해져, 손자녀 결혼 자금 등 실질적인 자산 이전에 큰 도움이 된다.

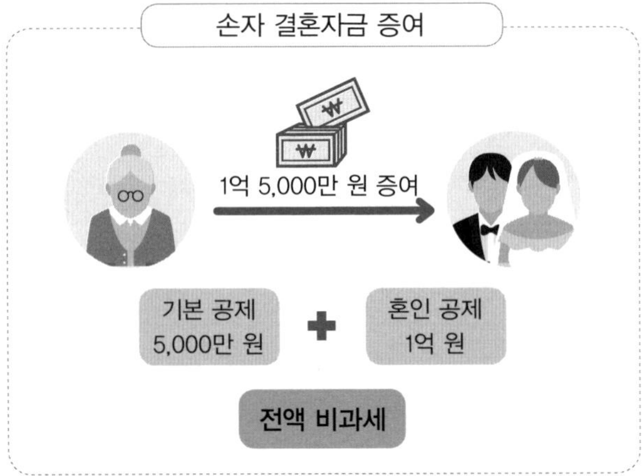

1. 5년 규칙을 활용한다

상속재산에 합산되는 증여기간이 짧다. 증여 후 5년이 지나면 상속세 합산 대상에서 제외된다. 특히 조부모가 고령이라면 손자녀에게 직접 증여해 상속세 부담을 줄일 수 있다.

예시 70세 조부모가 손자에게 10억 원 증여 ⋯⟶ 5년 후 사망 시 해당 금액은 상속재산에 포함되지 않음

2. 공제 한도 별로 나누어 증여한다

직계존비속, 기타 친족은 각 5,000만 원, 1,000만 원까지 증여재산 공제 가능하다. 이를 다음과 같이 활용할 수 있다.

예시 할아버지 5,000만 원 + 고모 1,000만 원 = 6,000만 원 무상 증여

3. 혼인 · 출산 공제를 함께 사용한다

2024년부터 결혼 또는 출산 시 1억 원까지 추가 공제 가능하다. 증여계획이 있다면 이를 적극 활용한다.

예시 손자 결혼 자금 1억 5,000만 원 증여 → 5,000만 원(기본 공제) + 1억 원(혼인 공제) = 전액 비과세

4. 조부모와 부모의 증여 순서가 중요하다 (증여공제의 활용방법)

손자녀한테 증여 계획이 있는 할아버지나 할머니(외조부모 포함)가 있다면, 조부모한테 증여 받을 때 증여공제를 활용하는 것이 절세에는 더 효과적이다. 손자녀 증여는 할증되기 때문이다. 할머니, 할아버지가 손자녀에게 증여하면 (자녀)세대를 생략하고 곧바로 손자녀에게 증여했다고 해서 세율이 30% 할증되어 증여세가 많아진다. 하지만 증여공제 이내 금액이면 증여세가 없기 때문에 할증분만큼 더 절세하는 셈이다.

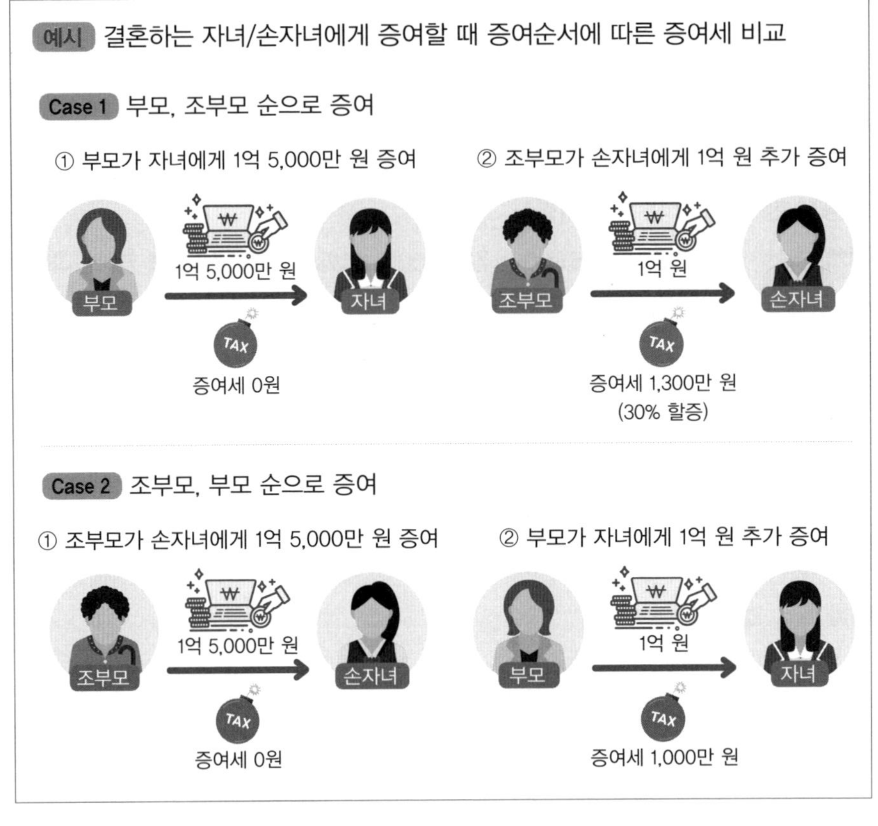

따라서, 조부모가 증여공제를 활용하면 증여세 300만 원을 절약할 수 있다.

5. 주의! 손자녀에게 상속할 때 상속공제한도도 따져봐야 한다. 하면 상속세가 달라진다

손자녀는 상속인이 아니다. 손자녀에게 상속하려면 유언 등의 절차가 필요하다. 또한 상속인이 아닌 사람에게 상속을 하면 상속세도 달라진다. 상속공제 한도금액에 영향을 미치기 때문이다.

대표적인 상속공제는 일괄공제 5억 원과 배우자가 살아 있으면 받을 수 있는 배우자

상속공제 5억 원(최소 금액)이다. 하지만 손자녀에게 상속할 경우 이러한 공제들을 적용받지 못하게 된다. 상속공제에는 한도 금액이 있어서, 한도 내에서만 상속공제를 받을 수 있기 때문이다. 상속공제 한도는 상속세 과세가액에서 선순위 상속인이 아닌 사람이 유언으로 상속을 받거나 선순위 상속인이 상속 포기로 다음 순위 상속인이 상속받은 가액을 차감해서 계산한다.

예를 들어, 상속세 과세가액이 5억 원인데 유언으로 자녀가 아닌 손자녀에게 5억 원을 상속했다면 상속공제 한도액은 상속세 과세가액 5억 원에서 손자에게 유증한 재산가액 5억 원을 차감한 후의 가액인 0원이 되어, 배우자 상속공제 및 일괄공제 등 상속공제를 전혀 받을 수 없게 된다. 게다가 손자녀가 상속을 받았기 때문에 상속세가 할증된다. 유언 등을 통해 손자녀에게 상속할 때는 상속공제 한도에 걸려 상속세가 늘어날 수도 있으니 사전에 세무전문가와 컨설팅을 통해 적정한 상속재산금액 등을 결정하는 것이 바람직하다.

 **핵심요약**

손자녀에게 상속, 증여할 때 주의 사항

1. 조부모와 부모의 증여 순서를 고려하라 – 증여세가 달라진다
2. 손자녀의 증여세 납부능력을 고려하라 – 증여세 대납[*]으로 추가증여 문제 발생 주의
3. 상속 발생 시 상속공제 한도를 점검하라 – 손자녀 증여 후 5년 내 사망 시 상속공제 축소로 상속세 증가

[*] 증여세 대납: 증여세 납부의무는 수증자에게 있다. 만약 증여세를 증여자 등 다른 사람이 대신 납부하는 경우, 세금 대납 금액에 대해 다시 증여세가 과세될 수 있다.

 **관련 법령**

상속세 및 증여세법 제57조: 세대생략 증여 할증과세 규정
동법 제53조의2: 혼인·출산 증여재산 공제

(7) 어떤 자산부터 증여하는 게 좋을까?

Q1. 여러 가지 자산(예: 현금, 주식, 부동산 등)을 자녀나 가족에게 증여할 때, 어떤 자산부터 먼저 주는 게 세금상 더 유리할까?

A1. 증여할 자산의 종류에 따라 세금 효과와 절세 전략이 달라진다. 증여세는 자산의 시가 기준으로 과세되며, 자산의 미래 가치 상승 여부, 유동성, 세금 부담 등 여러 요인을 고려해 증여 순서를 정하는 것이 중요하다.

Q2. 증여할 자산 선정 기준은?

A2. ① 미래 가치 상승 가능성이 높은 자산부터 증여

주식, 비상장주식, 부동산, 사업지분 등 미래에 크게 오를 가능성이 있는 자산을 먼저 증여하면, 증여 이후 발생한 가치 상승분이 증여자(본인)의 재산에서 배제된다. 즉, 미래 가치 상승분에 대해 증여세나 상속세가 추가로 부과되지 않는다.

> 예시 1억 원짜리 주식을 증여했는데 10년 뒤 5억 원이 되면, 5억 원 모두 자녀의 재산이 되고, 자녀는 1억 원에 대해서만 증여세를 납부하면 된다.

② 유동성이 높은 자산은 나중에 증여

현금, 예금 등 유동성이 높은 자산은 필요할 때 언제든 활용할 수 있으므로, 증여 후에도 본인에게 여유가 있다면 미래 가치 상승 가능성이 높은 자산부터 먼저 증여하는 것이 유리하다.

③ 저평가된 자산, 비상장주식 등은 증여세 절감 효과

비상장주식, 사업지분 등은 공정시장가액이 아닌 보충적 평가방법으로 평가하여 실제 시가보다 낮게 평가될 수 있다. 이런 자산을 증여하면 증여세 부담이 줄어든다.

④ **부담부증여(담보하고 있는 채무가 있는 자산)는 주의**

담보하고 있는 채무(임대보증금 등)가 있는 자산을 증여하면서 수증자가 채무를 인수하면 증여자에게 양도소득세가 발생할 수 있으니 주의해야 한다.

가치가 하락할 가능성이 높은 자산은 증여하지 않는 것이 좋음

가치가 하락할 가능성이 높은 자산을 증여하면, 증여세 부담은 그대로인데 실제 전달되는 자산가치는 줄어들 수 있다.

Q3. 증여 자산별 장단점 비교하면?

A3.

자산 종류	증여 우선순위	이유 및 특징
비상장주식/사업지분	높음	미래 가치 상승 가능성 높음, 증여가액 저평가 가능, 증여세 절감 효과
주식/펀드	높음	미래 가치 상승 가능성 높음, 증여세 이후 가치 상승분은 과세대상 아님
부동산	중간~높음	미래 가치 상승 가능성 높음, 증여가액 저평가 가능(특정 경우), 유동성 낮음
예금/현금	낮음	유동성 높음, 미래 가치 상승 없음, 필요시 언제든 증여 가능
채권	낮음	수익률 낮음, 미래 가치 상승 가능성 낮음

Q4. 증여 자산 선정 시 주의사항은?

A4. ① **증여 후에도 본인 생활에 지장이 없는 자산부터 증여**

▷ 본인 생활에 꼭 필요한 자산(예: 주거용 부동산, 생활비 등)은 증여하지 않는 것이 좋다.

② **증여할 자산의 시가 산정이 중요**

▷ 비상장주식, 사업지분 등은 전문가를 통해 평가하는 것이 좋다.

③ **증여 후 자산 가치 하락 가능성이 높은 자산은 증여하지 않는다**

▷ 가치가 하락할 가능성이 높은 자산을 증여하면, 증여세 부담은 그대로인

데 실제 전달되는 자산가치는 줄어들 수 있다.

A5. ① 미래 가치 상승 가능성이 높은 자산(비상장주식, 사업지분, 주식, 부동산 등)부터 먼저 증여하는 것이 세금상 유리하다.

② 유동성이 높은 자산(예금, 현금 등)은 필요할 때 증여해도 늦지 않다.

③ 증여할 자산의 시가 산정, 본인 생활 여유, 자산의 미래 가치 변동 가능성 등을 꼼꼼히 따져 증여 순서를 정해야 한다.

관련 법령

상속세 및 증여세법 제53조(증여재산 공제)

상속세 및 증여세법 시행령 제49조(평가의 원칙 등)

주의! 증여할 때 자녀 소득도 체크!

요약

자녀에게 증여할 때 자녀의 소득 여부가 증여세 과세 여부를 결정합니다. 소득이 없는 자녀에게 생활비 명목으로 지급한 금액은 증여로 보지 않지만, 자녀가 소득이 있거나 생활비를 재산 형성에 사용하면 증여세 과세 대상이 됩니다. 증여세 비과세 한도(성인 5,000만 원, 미성년 2,000만 원)를 초과하거나 용도와 다른 방식으로 사용될 경우 세금이 발생합니다.

내용

1. 소득 유무에 따른 증여세 판단 기준

- 소득 없는 자녀: 생활비·교육비 등 필수 지출은 증여세 비과세.

- 소득 있는 자녀: 생활비로 받은 금액을 저축·투자해 재산을 형성하면 증여세 과세.

- **예외** 사회통념상 합리적인 금액은 증여로 보지 않음.

2. 증여세 발생 조건

- 비과세 한도 초과: 성인 자녀 5,000만 원, 미성년 2,000만 원(10년간 합산).

- 재산 형성 사용: 증여자금으로 부동산·주식 취득, 예금 가입 등.

- 의도적 분산 증여: 가족 간 계좌이체로 자금을 나눠 증여해도 용도 불일치 시 과세.

3. 국세청 조사 포인트

- 자녀 명의 계좌에서 고액 자산 매입 기록 확인.

- 의심스러운 자금 흐름: 부모 계좌 → 자녀 계좌 → 부동산 계약금 입금 등.

부모에게 받은 생활비, 이렇게 사용하면 증여일까?

Q1. "대학생 A씨(22세)는 아르바이트로 어느 정도 소득이 있습니다. 부모가 월 300만 원씩 2년간 계좌이체(총 7,200만 원)로 준 생활비를 모아 아파트 전세금으로 사용했다면 증여일까요?"

A1. 소득 있는 자녀의 재산 형성

해석. 증여재산공제 한도(5,000만 원) 초과 + 재산 형성 용도 → 초과분 2,200만 원에 증여세 10%(220만 원).

Q2. "중학생 B군(14세)이 부모에게서 받은 용돈 월 50만 원을 5년간 저축해 3,000만 원 적립했습니다. 증여로 볼까요?"

A2. 미성년 자녀의 저축 통장

해석. 미성년 자녀 증여공제(2,000만 원) 초과 → 초과분 1,000만 원에 증여세 10%(100만 원).

Q3. "직장인 C씨(28세)는 부모에게 월 70만 원씩 꾸준히 생활비를 지원받았습니다. 그동안 전액 생활비로 사용해 왔는데, 이것도 증여로 볼까요?"

A3. 사회통념 내 생활비 지원

해석. 사회통념상 합리적 금액으로 인정될 경우 증여세 미과세

자녀의 소득과 증여자금 용도를 명확히 기록해야 합니다. 비과세한도 내에서는 증여세가 없지만, 재산 형성 용도로 사용되면 세금이 발생합니다.

관련 법령

상속세 및 증여세법 제46조(증여세 비과세대상)

상속세 및 증여세법 시행령 제35조: 생활비·교육비 증여 판단 기준.

04

남들은 다 아는 상속세 절세법

(1) 재산이 10억 이내면 상속세가 없을까?

Q1. 재산이 10억 원 이내면 상속세가 아예 없나?

A1. 상속세가 발생하는지 여부는 단순히 상속재산이 10억 원 이내인지에만 달려 있지 않다. 상속세는 상속인 구성, 공제 항목, 상속재산의 실제 규모 등 다양한 요소에 따라 달라진다. 즉, "재산이 10억 원 이내이면 무조건 상속세가 없다"고 단정할 수 없다.

Q2. 상속세 공제 및 면제 기준?

A2. ① 기초공제: 상속인이 거주자, 비거주자 상관없이 2억 원까지 공제된다.

② 인적공제: 자녀 1인당 5,000만 원, 미성년자·장애인 등도 일정 금액이 추가 공제된다.

③ 일괄공제: 기초공제와 인적공제를 합한 금액이 5억 원 미만이면 5억 원까지 일괄공제가 적용된다.

단, 상속인이 배우자 1명만 있으면 일괄공제를 받을 수 없다.

④ 배우자공제: 배우자는 최소 5억 원, 법정상속분 한도 내에서 30억 원까지

절세모음.zip (상속·증여편)

공제된다.

⑤ 금융재산공제: 금융재산에 대해서는 최대 2억 원까지 추가 공제가 가능하다.

상속공제	
배우자공제	최소 5억 원, MIN [실제상속, 법정상속분(30억 원 한도)]
일괄공제	Max [5억 원, (기초공제＋기타인적공제)]
가업상속공제	가업상속분×100%, 600억 원 한도(사후관리 5년)
영농상속공제	30억 원 한도
금융재산상속공제	순금융재산×20%, 2억 원 한도
동거주택상속공제	상속주택가액×100%, 6억원 한도

Q3. 실제로 10억 원 이내 재산 상속 시 상속세가 없을까?

A3. ① 배우자와 자녀가 함께 상속받는 경우

▷ 배우자공제(최대 30억 원, 실제로는 법정상속분 한도 적용), 일괄공제(5억 원), 인적공제(자녀 1인당 5,000만 원 등)가 적용되어 상속재산이 10억 원 이내라면 상속세가 없다.

② 배우자만 상속받는 경우:

▷ 배우자공제(최대 30억 원, 법정상속분 한도)가 적용되어 상속재산이 10억 원 이내라면 상속세가 없다.

③ 자녀만 상속받는 경우:

▷ 일괄공제(5억 원), 인적공제(자녀 1인당 5,000만 원 등), 금융재산공제, 동거주택상속공제 등이 적용된다.

▷ 일괄공제만 적용된다면 상속세 대상이 될 수 있지만, 그 외 인적공제 등 공제액이 늘어나면 상속재산이 10억 원 이내라도 상속세가 없을 수 있다.

▷ 상속재산이 금융재산이면 일괄공제 5억 원, 순금융재산의 20% 최대 2억 원까지 공제가 가능하여 상속세가 없을 수 있다.

▷ 상속재산이 주택이면서 10년 이상 동거 봉양한 자녀가 상속한다면 상속주택가액의 100%, 최대 6억 원까지 추가 공제가 가능하여 상속세가 없을 수 있다.

A4. • 상속세가 면제되는 경우라도 신고를 해야 추후 양도소득세 등에서 불이익
을 받지 않는다.

• 상속세 신고를 하지 않으면, 부동산 등 자산을 처분할 때 취득가액이 기준
시가로 인정되어 양도소득세가 늘어날 수 있다.

Q5. 결론적으로, 상속재산이 10억 원 이내면 상속세는?

A5. • 상속재산이 10억 원 이내라도 상속인 구성, 공제 적용 여부에 따라 상속세
가 발생할 수 있다.

• 배우자와 자녀가 함께 상속받는 경우, 10억 원 이내 재산은 상속세가 없다.

• 배우자만 상속받는 경우, 10억 원 이내 재산은 상속세가 없다.

• 자녀만 상속받는 경우, 상속인 수와 공제 적용 여부에 따라 상속세가 발생
할 수 있다.

🔍 **관련 법령**

상속세 및 증여세법(상속공제, 배우자공제, 인적공제 등)

국세기본법(상속세 신고 및 불이익 등)

(2) 배우자가 있으면 30억까지는 세금이 없을까?

Q1. 배우자가 있으면 상속재산이 30억 원까지는 상속세가 아예 없나?

A1. 상속세법상 배우자가 있으면 상속재산에 대해 배우자공제가 적용된다.

하지만, 배우자가 있다고 해서 무조건 30억 원까지 상속세가 면제되는 것은

아니다.

상속공제와 배우자공제는 실제 상속인 구성, 상속받는 금액, 법정상속분 등 여러 조건에 따라 달라진다.

A2. ① 일괄공제:

▷ 기초공제, 그 밖의 인적공제를 합산해 5억 원 이하일 때는 일괄적으로 상속재산에서 5억 원까지 공제된다.

② 배우자공제:

▷ 배우자가 실제로 상속받은 금액(단, 법정상속분과 30억 원 중 작은 금액이 한도)이 공제된다.

▷ 최소 5억 원, 최대 30억 원까지 공제 가능하다.

▷ 예를 들어, 배우자가 상속받은 금액이 5억 원 이하이면 5억 원까지 공제받고, 5억 원 초과하면 실제 상속받은 금액(법정상속분과 30억 원 중 적은 금액)까지 공제된다.

③ 적용 예시:

> **예시 1** 상속재산이 10억 원이고, 배우자와 자녀 2명이 상속받는 경우:
> 일괄공제(5억 원)+배우자공제(최소 5억 원) = 10억 원 전액 공제
> 상속세는 0원이 된다.
>
> **예시 2** 상속재산이 30억 원 이상이고, 배우자가 법정상속분(예: 30억 원 이상)만큼 상속받는 경우:
> ✔ 배우자공제는 배우자의 법정상속지분과 실제로 상속받은 금액 중 적은 금액으로 공제되는데 최대 30억 원까지 만 가능하다.
> 예를 들어, 배우자 법정상속지분이 50억 원, 상속받은 금액이 40억 원이면 30억 원까지 만 공제된다.
> ✔ 일괄공제(5억 원)까지 합치면 35억 원까지 공제가 가능하다.

✓ 실제로는 상속인 구성, 상속분, 공제 적용 여부에 따라 다르다.

예시 3 상속재산이 30억 원 이상이고, 배우자가 법정상속분(예: 20억 원) 이상 상속받는 경우:

✓ 배우자공제는 20억 원까지 적용된다.

✓ 예를 들어, 배우자가 상속받은 금액이 30억 원이면 20억 원까지 공제받고, 일괄공제는 별도로 적용된다.

④ 배우자가 상속을 받지 않는 경우:

▷ 배우자공제는 5억 원 가능하다.

⑤ 상속재산 분할 및 신고 필요:

▷ 배우자공제를 적용받으려면, 상속재산 분할(등기·등록·명의개서 등)을 9개월 이내에 마치고, 세무서에 신고해야 한다.

Q3. 상속세 신고는 꼭 해야 하나?

A3. · 상속세가 면제되는 경우라도 신고를 해야 추후 양도소득세 등에서 불이익을 받지 않는다.

· 상속세 신고를 하지 않으면, 부동산 등 자산을 처분할 때 취득가액이 기준시가로 인정되어 양도소득세가 늘어날 수 있다.

Q4. 결론적으로, 배우자 있을 경우 30억 원까지 세금 없는지?

A4. · 배우자가 있으면 상속재산에서 최소 5억 원, 최대 30억 원까지 공제받을 수 있다.

하지만, 무조건 30억 원까지 상속세가 면제되는 것은 아니다.

· 실제로 배우자가 상속받은 금액(법정상속분과 30억 원 중 적은 금액)까지 공제된다.

절세모음.zip 〈상속·증여편〉

- 상속재산이 10억 원 이내이고, 배우자와 자녀가 상속받는 구조라면 전액 면제될 수 있다.
- 상속재산이 30억 원 이상이고, 배우자가 법정상속분(예: 30억 원 이상)만큼 상속받으면 30억 원까지 공제받을 수 있다.
- 상속재산 분할 및 신고를 9개월 이내에 마쳐야 배우자공제를 적용받을 수 있다.

 관련 법령

상속세 및 증여세법 제19조(배우자상속공제)
상속세 및 증여세법 시행령(상속공제, 배우자공제 등)

배우자공제금액은 얼마인가?

상황

재산 40억 원

배우자

자녀 2명

Q1. 배우자가 30억 원 상속 시 배우자공제금액은?

A1. 17억 1,428만 원

풀이.
- **법정상속분**: 배우자 1.5 / (1.5 + 1 + 1) = 42.86%
- **법정상속가액**: 40억 원 × 42.86% = 17억 1,428만 원
- **공제금액**: 실제 상속액(30억 원)과 법정상속가액(17억 1,428만 원) 중 작은 금액 적용.
  → 17억 1,428만 원

Q2. 배우자가 10억 원 상속 시 배우자공제금액은?

A2. 10억 원

풀이.
- **법정상속분**: 42.86% → 17억 1,428만 원
- **공제금액**: 실제 상속액(10억 원)과 법정상속가액(17억 1,428만 원) 중 적은 금액 적용.
  → 10억 원

Q3. 자녀, 부모가 없을 시, 최대 받을 수 있는 배우자공제금액은?

A3. 30억 원

풀이.
- **단독 상속인**: 배우자의 법정상속분 100%
- **공제금액**: 실제 상속액과 30억 원 중 적은 금액

Q4. 재산이 100억 원의 경우, 최대 받을 수 있는 배우자공제금액은?

A4. 30억 원

풀이.
- **최대 공제 한도**: 30억 원(법정상속가액이 30억 원을 초과하더라도 30억 원으로 제한)

Q5. 배우자가 상속 포기 시 배우자공제금액은?

A5. 5억 원

풀이.
- **최소 공제 규정**: 배우자가 상속을 포기하거나 5억 원 이하 상속 시 5억 원 공제

결론

배우자공제금액은 실제 상속액, 법정상속분, 30억 원 한도 중 가장 적은 값으로 결정됩니다.

(3) 배우자는 상속받지 않고 자녀에게 다 주는 게 나을까?

배우자공제는 상속세 절세 전략에서 중요한 요소 중 하나다.

많은 사람들이 "배우자가 상속받지 않으면 공제가 줄어들어 상속세가 더 늘어나지 않을까?", "배우자가 상속받지 않아도 자녀에게 줄 수 있다면 배우자공제를 굳이 신경 쓸 필요가 있나?" 등 궁금증을 가진다.

실제로 배우자가 상속받지 않고 자녀가 다 가져가는 상황에서 상속세가 어떻게 달라지는지, 배우자공제를 어떻게 활용해야 하는지 구체적으로 살펴본다.

Q1. 배우자공제란 무엇이고, 어떻게 적용되는가?

A1. 배우자공제는 피상속인의 배우자가 생존해 있을 때, 상속세 계산에서 일정 금액을 공제해 주는 제도다. 공제액은 최소 5억 원, 최대 30억 원까지 가능하다. 배우자가 실제로 상속받은 금액, 배우자의 법정상속분, 30억 원 중 가장 적은 금액이 공제된다. 배우자가 상속을 포기하거나, 5억 원 이하로 상속받는 경우에도 최소 5억 원은 공제된다.

Q2. 상속공제와 배우자공제, 어떻게 적용되나?

A2. ① **일괄공제**: 상속인이 배우자 외에 자녀가 있으면, 상속재산에서 5억 원을 공제한다.

② **배우자공제**: 배우자가 살아있기만 하면 최소 5억 원(실제 상속받은 금액이 5억 원 이하이거나 상속받지 않더라도), 최대 30억 원까지 공제된다(실제 상속받은 금액이 30억 원 이상이면 30억 원까지).

③ **공제 적용 방식**: 상속세 과세표준 = 상속재산 − 일괄공제(5억 원) − 배우자공제(최소 5억 원~최대 30억 원)

일괄공제와 배우자공제는 중복 적용이 아니라, 각각 별도로 공제된다.

절세모음.zip (상속·증여편)

A3. 상속재산이 30억 원이고, 상속인은 배우자와 자녀 1명이라고 가정한다.

배우자가 법정상속분만큼 상속받고, 자녀가 나머지를 상속받는 경우	vs	배우자가 상속받지 않고, 자녀가 재산 전부를 상속받는 경우
배우자 3/5(18억 원), 자녀 2/5(12억 원)	상속지분	배우자 0, 자녀 1(30억 원)
30억 원	상속재산	30억 원
5억 원	일괄공제	5억 원
18억 원 ① 배우자의 법정상속분은 3/5(18억 원) ② 실제 상속받은 금액도 18억 원이므로, 18억 원이 공제된다(30억 원 한도 이내)	배우자공제	5억 원 (배우자가 상속받지 않았으므로 최소공제만 적용)
7억 원	과세표준	20억 원
약 1억 5,000만 원	**상속세**	**약 6억 4,000만 원**
약 4억 9,000만 원 상속세 절감	절세액	

결론

배우자가 상속받는 게 절세에 유리

앞에서 살펴본 것처럼 배우자가 법정상속분(3/5)만큼 상속받으면 상속세가 약 1억 5,000만 원 발생하고, 배우자가 상속받지 않고 자녀가 다 가져가면 상속세가 약 6억 4,000만 원 발생한다. 따라서, "배우자가 상속받지 않고 자녀가 다 가져가는 게 낫다"는 생각은 상속세 절세 측면에서 오히려 불리하다.

배우자의 법정상속분 기준으로 30억 원까지는 배우자가 최대한 상속받아야 배우자공제가 커져 상속세가 크게 줄어든다.

A4. • 배우자가 상속받는 금액이 클수록 공제액이 커져 상속세가 크게 줄어든다.

  • 배우자가 상속을 포기하거나, 상속받지 않으면 공제액이 최소공제(5억 원)로 제한된다.

  • 상속재산 분할 시, 배우자가 법정상속분(자녀 1명이면 3/5)까지는 상속받도록 하는 것이 상속세 절세에 유리하다. 단, 배우자의 2차 상속세 측면까지 고려한다면, 배우자의 상속받는 금액이 클수록 오히려 총 상속세 부담이 커질 수 있으므로, 1차 상속뿐만 아니라 2차 상속까지 고려한 검토도 필요하다.

  • 일괄공제(5억 원)와 배우자공제(최소 5억 원~최대 30억 원)는 중복 적용이 아니라, 각각 별도로 공제된다.

  • 상속재산 분할(등기·등록·명의개서 등)을 상속세 과세표준 신고기한 다음 날부터 9개월 이내에 완료해야 배우자공제를 적용받을 수 있다.

관련 법령

상속세 및 증여세법 제19조(배우자상속공제)
상속세 및 증여세법 시행령(상속공제, 배우자공제 등)

(4) 병원비와 장례비, 누가 부담하는 게 좋을까?

Q1. 부모님 병원비와 장례비를 상속인이 부담하면 상속세가 줄어드나?

A1. 병원비와 장례비를 누가 부담하느냐에 따라 상속세 과세표준이 달라진다.
피상속인(고인)의 재산으로 결제하면 상속재산이 감소해 세금이 줄어들지만, 상속인이 부담하면 공제 혜택을 받기 어렵다.
절세를 위해선 피상속인의 자금 사용 여부와 증빙서류 관리가 핵심이다.

① 병원비: 피상속인이 부담해야 공제된다

- 피상속인 본인 계좌/카드로 결제한 경우:

  상속재산에서 채무로 공제된다.

  예 피상속인이 3,000만 원 병원비를 본인 계좌로 결제 → 상속재산 3,000만 원 감소

- 상속인이 대신 지출한 경우:

  피상속인의 채무로 인정받으려면 차용증 등 증빙서류가 필요하다.

  단, 부양의무 범위 내 금액(생활비 등)은 채무로 인정되지 않는다.

  예 상속인이 3,000만 원을 대신 지출했으나 차용증 없음 → 공제 불가

② 장례비: 최대 1,500만 원까지 공제 가능

- 기본 공제:

  ▷ 500만 원까지 증빙 없이 자동 공제

  ▷ 500만 원 초과 시 영수증 등 증빙서류 제출 필요(최대 1,000만 원)

- 추가 공제:

  ▷ 자연장 또는 봉안시설 사용 시 500만 원 추가 공제

  예 장례비 800만 원 + 봉안시설 500만 원 → 총 1,300만 원 공제

③ 계산 예시: 피상속인 부담 vs 상속인 부담

상속재산 과세표준 7억 원(단, 병원비 3,000만 원, 장례비 800만 원 공제 전)

구분	피상속인 부담	상속인 부담(차용증 없음)
병원비 공제	3,000만 원	0원
장례비 공제	800만 원	800만 원
과세표준	7억 원 − 3,800만 원 = 6억 6,200만 원	7억 원 − 800만 원 = 6억 9,200만 원
상속세	1억 9,860만 원*	2억 760만 원**
절세 효과	900만 원 절약	–

* 6억 6,200만 원×30%−6,000만 원 = 1억 9,860만 원
** 6억 9,200만 원×30%−6,000만 원 = 2억 760만 원

A2. ① **병원비는 피상속인 재산으로 결제:** 상속재산을 줄이면 상속세 절감 효과가 크며, 상속인이 비용을 부담할 경우 차용증을 반드시 작성해야 한다.

② **장례비는 증빙서류 꼼꼼히 관리:** 500만 원 초과분은 반드시 영수증을 보관한다.

③ **배우자 상속 여부도 영향:** 배우자가 상속받을 예정이면 배우자의 재산으로 결제하여 2차 상속세 부담을 경감시킨다.

> 🔍 관련 법령
>
> 상속세 및 증여세법 제14조(상속재산의 가액에서 빼는 공과금 등)

(5) 상속세, 누구 돈으로 납부하는 게 더 유리할까?

상속세는 상속인 각자가 받은 재산의 비율에 따라 납부할 의무가 있으며, 연대납세의무로 인해 누가 납부하든 총액은 같다.

하지만 납부 주체와 자산 종류에 따라 추후 세금 부담이 달라질 수 있으니 전략적 접근이 필요하다.

절세 전략 ①: 고령의 상속인이 납부할 재산을 먼저 사용

고령의 상속인(예: 배우자)이 금융재산 등 유동성 높은 자산을 상속받아 상속세를 납부하면,

추후 해당 상속인이 사망할 때 상속재산이 감소되어 2차 상속세 부담이 줄어든다.

> **예시** 아버지 상속재산: 부동산 70억 원
>
> 상속인: 어머니(70세), 자녀 2명
>
> 상속세 12.4억 원 발생 시, 어머니가 자녀 상속세 7억 원 대납하여 상속재산 7억 원

감소 → 자녀의 2차 상속세 감소

(단위: 천 원)

상속세 계산	합 계	배우자	자녀 2인
상속재산가액	7,000,000	3,000,000	4,000,000
일괄공제	500,000		
배우자공제	3,000,000		
과세표준	3,500,000		
세율	50%		
산출세액	1,290,000	552,857	737,143
실제납부세액	1,290,000	1,290,000	–
대납 후 상속재산	5,710,000	1,710,000	4,000,000

절세 전략 ②: 비상장주식·부동산 등 미래 가치 상승 자산은 상속세 납부에 사용하지 말 것

미래 가치가 오를 것으로 예상되는 자산은 상속세 납부보다 증여·재상속하는 것이 유리하다.

반면, 현금·예금 등 유동성 자산은 상속세 납부용으로 활용해 미래 가치 상승분을 과세에서 제외시킬 수 있다.

> **예시** 아버지 상속재산: 비상장주식 21억 원(미래 가치 50억 원 예상) + 예금 10억 원
> 만약 상속세 6억 원 발생 시, 예금으로 납부
> → 비상장주식 21억 원은 자녀에게 증여·재상속 시 미래 가치 상승분(30억 원) 증여세·상속세 추가 발생 없음

절세 전략 ③: 연대납세의무 한도 내에서 납부

상속인은 각자가 받은 재산 한도 내만 납부해야 증여세가 발생하지 않는다.

> **예시** 상속재산 10억 원, 상속인 A(1억 원), B(9억 원)
> 상속세 2억 원 발생 시, A가 전액 납부 → B에게 1억 원 증여세 과세
> A가 자신의 받은 재산(1억 원) 한도 내만 납부 → 증여세 없음

A1. ① 고령의 상속인이 "유동성 높은 자산(예금 등)"으로 납부하여 추후 상속세 감소

② "미래 가치 상승 자산(주식·부동산)"은 납부에 사용하지 말고 증여·재상속 활용

③ 연대납세의무 한도를 초과하지 않도록 주의하여 증여세 방지

관련 법령

상속세 및 증여세법 제3조의2(상속세 납세의무)

(6) 상속세, 현금이 없으면 재산 중 어떤 것이든 물납해도 될까?

상속세를 납부할 현금이 없을 때, 부동산이나 주식 같은 다른 재산으로 대신 납부하는 것을 '물납'이라고 한다. 대기업 총수의 사망 후 거액의 상속세를 낼 현금이 없어 후계자가 주식으로 물납했다는 기사를 한번쯤 본 적 있을 것이다. 그런데 이 물납에도 순서가 있다. 상속인 마음대로 원하는 재산을 골라서 납부할 수 없다. 세법은 물납할 재산의 충당 순서를 명확히 정하고 있다.

① 물납 충당 순서

세무서장이 정당한 사유를 인정하지 않는 한, 다음 순서로 물납이 이루어진다.

- 국채 및 공채
- 거래소에 상장된 유가증권
- 국내에 소재하는 부동산
- 그 밖의 유가증권(내국법인이 발행한 채권, 비상장주식 등)
- 기타 상속재산

예외적으로, 세무서장이 인정하는 정당한 사유가 있을 때는 순서를 달리할 수 있다.

② 물납 신청 및 허가 절차

- **신청**: 상속세 신고와 함께, 또는 고지서 납부기한 내에 관할 세무서에 물납 신청서를 제출한다.
- **허가**: 세무서장이 신청일로부터 9개월 이내에 허가 여부를 통지한다. 통지가 없으면 자동으로 허가된다.
- **수납**: 허가된 재산을 국가에 이전하고, 세금을 납부한 것으로 처리한다.

③ 물납 요건

- 상속세 납부세액이 2,000만 원을 초과해야 한다.
- 상속재산 중 부동산과 유가증권의 합계가 전체 상속재산가액의 50%를 초과해야 한다.
- 금융재산(현금, 예금 등)으로는 납부할 수 있는 금액이 상속세액보다 적어야 한다.

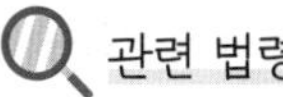
직접 계산해 봅시다

다음 사례에서 물납의 순서는 어떻게 될까요?

상속재산: 국채 2억 원, 부동산 5억 원, 비상장주식 4억 원
상속세 납부세액: 3억 원 (가정)

물납순서	상속재산	평가액	물납금액	물납 후 재산	비고
1	국채	2억 원	2억 원	–	전액 사용
2	상장주식	–	–	–	
3	부동산	5억 원	1억 원	현금 ?	공매 후 현금 1억 충당
4	비상장주식	4억 원		4억 원	
합계		11억 원	3억 원	8억 원 이하 ?	부동산 공매처분에 따른 저가 매매 가능성 있음

🔍 관련 법령

상속세 및 증여세법 제73조(물납)

상속세 및 증여세법 시행령 제70조(물납의 신청 및 허가)

(7) 상속세도 할부가 될까?

상속세는 상속 개시일 기준 6개월 이내에 신고하고 납부하는 것이 원칙이다.

하지만 상속재산이 부동산, 비상장주식처럼 현금화가 어려운 재산이 대부분이라면 어떻게 해야 할까? 일시에 세금을 납부하기 힘들 때 활용할 수 있는 제도가 바로 분납(분할납부)와 연부연납이다.

상속세 분납(분할납부) 제도

① 분납이란?

신고납부기한 내에 일부만 먼저 내고, 나머지는 일정 기간 내에 나눠서 납부하는 제도이다

② 분납 조건:

상속세 납부세액이 1,000만 원을 초과해야 한다.

신고서에 분납할 금액을 기재해 신고하면 별도 신청 없이 분납이 가능하다.

③ 분납 한도 및 기한:

납부세액이 2,000만 원 이하: 1,000만 원 초과 금액만 분납 가능

납부세액이 2,000만 원 초과: 전체 세액의 50% 이내까지 분납 가능

신고납부기한이 지난 후 2개월 이내에 나머지 세금을 납부해야 한다.

④ 이자(가산금):

분납에는 이자가 붙지 않는다.

상속세 연부연납(장기 할부) 제도

① 연부연납이란?

납부할 상속세가 2,000만 원을 초과하고, 담보(납세보증보험증권, 부동산 등)를 제공하면 최대 10년(가업상속공제 등 특례는 최대 20년)까지 나눠서 낼 수 있다.

② 연부연납 조건:

납부세액이 2,000만 원 초과

담보(납세보증보험증권, 부동산 등) 제공

신고기한 내 또는 고지서 납부기한 내에 신청서 제출

③ **연부연납 방식:**

매년 1회 이상 분할 납부(각 회차 1,000만 원 초과)

남은 세금에 대해 정부가 정한 이자(가산금) 부과(2025년 3월 기준 연 3.1%)

④ **특례:**

가업상속공제 등 특례 적용 시 최대 20년까지 분할 납부 가능

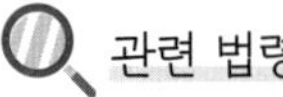
직접 계산해 봅시다

'상속재산: 20억 원, 상속세: 3.3억 원'일 때 분납과 연부연납, 어떻게 할 수 있을까?

분납:
• 신고기한 내에 1.65억 원 납부
• 신고기한 지난 후 2개월 이내에 1.65억 원 추가 납부(이자 없음)

연부연납:
• 담보를 제공하고 연부연납 신청 (3.3억 원 / 11 = 3,000만 원 신고납부)
• 남은 금액 최대 10년간 매년 3,000만 원씩 10회 가능 (이자 별도)

분납과 연부연납 비교

구분	분납(분할납부)	연부연납(장기 할부)
신청조건	1,000만 원 초과	2,000만 원 초과, 담보 필요
기간	2개월 이내	최대 10년(특례 20년)
이자	없음	있음(연 3.1%)
신청서	별도 없음(신고서 기재)	별도 신청서 필요

관련 법령

상속세 및 증여세법 제70조(자진납부): 분납 규정

상속세 및 증여세법 제71~72조(연부연납 및 가산금)

모든 시작은
재산의 평가로부터

01

평가의 원칙

상속세 또는 증여세를 계산할 때 가장 먼저 해야 할 일은 재산평가다. 세금을 계산하려면 '물려받은 재산이 얼마인지'부터 알아야 한다. 흔히 내가 가진 주식가치는 오를수록 좋지만, 증여나 상속을 할 때는 가치가 떨어질수록 유리하다.

재산평가는 절세의 출발점이기도 하다. 같은 재산이라도 가치를 낮추어 산정할 수 있다면 세금을 줄이는 데 도움이 된다.

Q. "아버지가 돌아가셨어요. 아버지가 보유하고 있는 재산들을 얼마에 상속받나요?"

아버지의 사망으로 상속이 개시되었다. 아버지는 주식, 상가 건물 한 채, 자동차를 보유하고 있었는데, 상속재산은 얼마의 금액으로 평가될까? 주식은 최근 급격히 떨어져서 금액이 낮고, 상가 건물은 공시가격으로 평가해도 된다는데 이렇게 하는 게 맞는지 고민이다.

이 경우, 상속 및 증여 재산 평가의 원칙을 정확히 이해하고 있어야 한다. 상속과 증여에서 재산은 '시가'로 평가하는 것이 원칙이다. 만약 시가 산정이 어려운 경우 '보충적 평가방법'을 사용한다.

상속 및 증여재산 평가의 원칙

① 시가의 산정

② 유사매매사례가액

③ 보충적 평가

(1) 시가의 산정

시가란 불특정 다수인 사이에 자유롭게 거래가 이루어지는 경우 통상적으로 성립된다고 인정되는 가격을 말한다. 법률적으로는 수용가격, 공매가격, 감정가격 등을 시가에 포함하고 있다.

부동산을 예로 든다면, 가장 1순위 시가는 매매가격이다. 예를 들어, 대상 부동산을 10억 원 주고 매수했는데 상속 또는 증여가 발생했다면, 대상 부동산의 실제 거래가격 10억 원이 시가가 된다. 다만, 특수관계자와의 거래 등 그 거래가액이 시가로 보기에 객관적으로 부당하다고 인정되는 경우 등에는 그 가액을 시가로 보지 않는다.

만약, 너무 오래전에 매수한 부동산이라 실제 거래가격이 현재 가격과 동떨어져 있다면 대상 부동산에 감정평가를 받을 수 있다. 대상 부동산의 적정한 금액을 평가하여 감정받은 감정가격이 대상 부동산의 시가로 인정받는다. 한편, 주식 및 출자지분의 감정가액은 시가로 인정하지 않는다.

시가평가의 기간

시가의 금액을 특정한 기간의 정함도 없이 판단할 수는 없다. 상증세법에서는 시가를 평가하는 특정한 기간을 정하고 있다.

상속재산의 평가는 상속개시일을 기준으로 전후 6개월 이내 발생한 거래가격만을 인정한다. 증여의 경우에는 증여일을 기준으로 전 6개월, 후 3개월 이내 발생한 거래가격을 인정한다. 즉, 증여일과 상속일 전 6개월의 기간은 공통의 기간으로 두고, 증여세 신고기한과 상속세 신고기한에 맞춰 평가기간을 정해 놓고 있다. 다만, 원칙적인 평가기간 이내 시가로 산정될 수 있는 금액이 없더라도, 국세청 자체 평가심의위원회를 거쳐 심의를 받은 금액이 있다면 해당 금액을 시가로 사용할 수 있다.

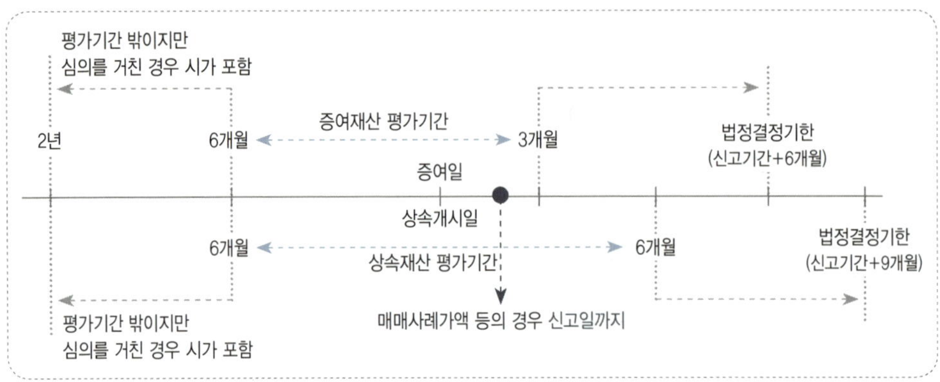

(2) 유사매매사례가액

시가로 정의하고 있는 매매가액, 수용, 공매가액, 감정가액 등은 증여일 또는 상속개시일 특정시점에 존재하지 않을 가능성이 높다. 이때 세법은 시가의 판단을 유연하게 하고자 유사매매사례가액이라는 평가금액을 별도로 산정하고 있다.

유사매매사례가액 판단 기준은 해당 재산과 면적·위치·용도·종목 및 기준시가가 동일하거나 유사한 다른 재산에 대한 매매가액, 감정가액의 평균액 등이 있는 경우이다.

아파트 등의 공동주택의 유사매매사례가액을 시가로 보기 위한 조건은 아래와 같다.

① 평가대상 주택과 동일한 공동주택단지 내 존재

② 주거전용면적의 차이가 5% 이내일 것

③ 공동주택가격 차이가 5% 이내일 것

절세모음.zip (상속·증여편)

위의 요건을 충족하는 아파트가 두 개 이상이면, 공동주택가격(공시가격) 차이가 가장 작은 아파트의 매매사례가액을 적용한다. 만약 공동주택가격 차이가 동일한 아파트가 두 개 이상이면, 증여일(또는 상속일) 전후 가장 가까운 날의 매매계약일 기준 가액을 적용하고, 그 가액도 둘 이상이면 평균가액을 적용한다.

기타 참고사항으로 질적 조망권, 층수 등의 질적 요소는 법령상 요건에 포함되어 있지 않으므로, 요건만 충족하면 모두 포함하여 판단한다. 그리고 단기간 내 급격한 시세 변동 등 가격 변동의 특별한 사정이 있는 경우에는 해당 매매사례가액의 적용이 제한될 수 있다.

(3) 보충적 평가방법

상속재산의 보충적 평가방법이란, 시가를 산정하기 어려운 경우에 법령에서 정한 공시가격, 기준시가, 감정가액 등 객관적 기준에 따라 재산을 평가하는 방식이다. 재산의 종류별로 구체적인 평가 기준이 정해져 있으며, 이는 상속세 및 증여세법에 근거한다.

재산의 종류에 따라 구체적인 보충적 평가방법이 다르다.
토지는 개별공시지가(표준지공시지가)를 기준으로 평가하고,
건물은 기준시가(국세청 고시가액 등)를 기준으로 평가한다.
공동주택(아파트 등)은 공동주택공시가격(국토교통부 공시가격)으로 평가한다.
비상장주식은 순자산가치와 순손익가치를 법령에서 정한 방식으로 평가한다.
기타 재산은 상속세 및 증여세법에 정한 별도의 평가기준에 따라 평가한다.

이러한 보충적 평가방법은 상속세 및 증여세법 제61조~제65조에 상세히 규정되어 있다. 즉, 재산평가방법은 법에서 규정한 절차에 맞게 정확한 평가가 이루어져야 한다.

02

부동산의 평가

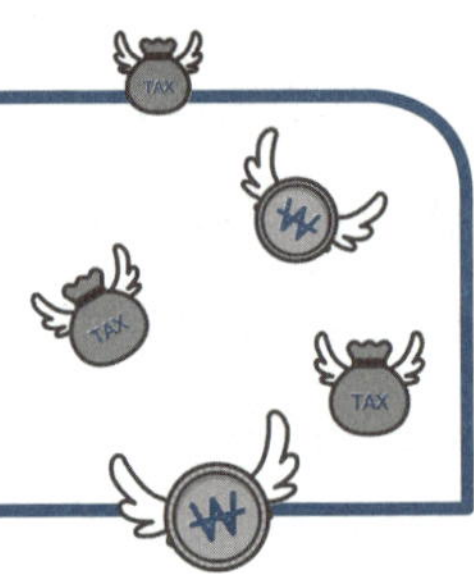

(1) 공동주택 – 상속받은 부동산, 얼마로 평가할까?

상속받는 아파트는 얼마로 평가할까? 상속이 개시된 상속재산, 이 중 공동주택인 아파트의 평가 시 주의할 사항을 알아보자.

Q. "어머니가 사시던 아파트를 상속받는데, 세금을 얼마나 내야 할까요?"

어머니의 사망으로 상속이 개시되었다. 금융재산이야 금액이 정해져 있다 하더라도 아파트는 얼마로 신고해야 할지 고민이다. 부동산 경기가 좋지 않아 아파트 실거래가격이 거의 없으니 공시가격으로 신고해도 괜찮을까?

공동주택은 유사매매사례가액을 정확히 판단해야만 한다.

상속재산 및 증여재산을 평가할 때 시가에 해당하는 매매가액, 수용, 공매가액, 감정가액 등이 존재하지 않을 가능성이 높다. 이때를 대비하여 세법은 유사매매사례가액이라는 평가방법을 지정해 놓고 있다. 특히 대상 재산이 아파트라면 유사매매사례가액을 반드시 정확히 판단해야 한다.

절세모음.zip (상속·증여편)

예를 들어, 상속대상 아파트(상속개시일 9월 30일)는 113동 2201호이고 전용면적은 99.6220㎡이다. 해당 아파트의 유사매매사례가액을 판단하기 위해서는 상속재산 평가기간에 해당하는 시기에 유사매매사례가액 요건을 모두 충족한 아파트의 실거래가격이 존재해야 한다.

구분	상속 아파트 A	유사 아파트 B	유사 아파트 C	유사 아파트 D
전용 면적	99.6220	99.6048	99.6220	99.2146
공동주택가격	449,000,000	415,000,000	411,000,000	439,000,000
실거래 가격	–	658,000,000	625,000,000	670,000,000
층수	22층	4층	1층	19층
거래일	9.30	10.17	8.15	7.14

※ 유사매매사례가액 참고: 국토교통부 실거래가 공개시스템 홈페이지

우선, 공동주택가격이 있는 공동주택이라면 유사매매사례가액에 해당하는 금액의 유무가 가장 우선적인 판단사항이다. 그리고 유사매매사례가액이 그 중 공동주택가격의 차이가 가장 작은 주택을 택해야 한다.

위 사례에서 상속 아파트 A의 공동주택가격은 449,000,000원이다. 상속개시일 9월 30일로부터 가장 가까운 거래일에 해당하는 유사 아파트 중 전용면적의 차이 범위가 5% 이내인 아파트만 모은 결과 유사아파트 B, C, D 3개의 케이스가 나온다. 전용면적의 차이 범위가 모두 5% 범위 내라고 한다면, 그 다음은 공동주택가격 차이의 범위를 살펴봐야 한다. 먼저 유사 아파트 B는 공동주택가격이 415,000,000원이고 이는 상속 아파트 A 공동주택가격의 5% 범위(426,550,000원)를 벗어나는 금액이다. 따라서 유사매매사례가액을 사용할 수 없다. 유사 아파트 C의 공동주택가격은 411,000,000원으로 역시 상속 아파트 A 공동주택가격의 5% 범위를 벗어나 사용할 수 없는 금액이다. 유사 아파트 D의 공동주택가격은 439,000,000원으로 상속 아파트 A의 공동주택가격과 5% 차이 범위 내에 있는 금액으로 유사매매사례가액에 해당한다.

실제 거래가격을 비교해 보면, 유사 아파트 B는 658,000,000원, 유사 아파트 C는 625,000,000원, 유사 아파트 D는 670,000,000원으로 유사매매사례가액에 해당하는 유사 아파트 D의 실거래가격이 가장 높다.

상속세 세율이 최고세율 50%에 해당한다면, 아파트로 인한 상속세 부담세액은 다음과 같다.

구분	유사 아파트 B	유사 아파트 C	유사 아파트 D
실거래 가격	658,000,000	625,000,000	670,000,000
세율	50%		
상속세 부담세	329,000,000	312,500,000	335,000,000

즉, 최저가 대비 약 22,500,000원의 상속세를 더 부담해야 한다.

절세모음.zip (상속·증여편)

유사매매사례가액이 높아 상속세가 많이 나온다면?

유사매매사례가액이 너무 높아 재산평가 금액이 고가로 평가된다면, 감정평가 등을 통해 상속 또는 증여재산의 적정한 평가금액을 정확히 평가하는 것이 유리할 수 있다.

(2) 공동주택 이외의 부동산

토지, 상가, 단독주택 등에 대한 평가는 공동주택과 마찬가지로 평가기준일(상속은 상속개시일, 증여는 증여일) 현재의 시가로 평가하는 것이 원칙이다. 시가는 불특정 다수인 사이에 자유롭게 거래가 이루어질 때 통상적으로 성립되는 가격이다.

아파트 등 공동주택이 아닌 부동산의 평가 시에 시가 인정 범위와 적용 순서는 다음과 같다.

1순위는 매매사례가액이다. 평가기준일 전 6개월~후 6개월(상속) 또는 전 6개월~후 3개월(증여) 이내에 실제 매매된 사례가 있으면 그 거래가액을 시가로 인정한다. 다만, 특수관계자와의 거래 등 그 거래가액이 객관적으로 부당하다고 인정되는 경우 등에는 제외된다.

2순위는 감정가액이다. 위 평가기간 내에 2개 이상의 공신력 있는 감정기관이 평가한 감정가액이 있으면 그 감정가액의 평균액을 시가로 본다. 단, 해당 재산이 기준시가 10억 원 이하인 경우에는 1개 감정기관의 감정가액도 가능하다. 그리고 감정가액 평가서의 작성에 따른 가격산정 기준일과 감정가액 평가서 작성일이 모두 평가기간 이내이어야 한다.

3순위는 수용·경매·공매가액이다. 평가기간 내 수용, 경매, 공매가 있었다면 그 보상가액, 경매가액 또는 공매가액을 시가로 인정한다. 다만, 물납한 재산을 증여자, 수증자 또는 그와 특수관계가 있는 자가 경매 또는 공매받은 경우 등에는 그 경매가액 또는 공매가액을 시가로 보지 않는다. 시가로 보는 가액이 2 이상인 경우에는 평가기준일로부터 가장 가까운 날에 해당하는 가액을 시가로 한다.

4순위는 유사재산의 매매가액이다. 평가기간 내 유사한 부동산(면적, 위치, 용도, 종목, 기준시가가 동일 또는 유사)의 매매가액이 있으면 이를 시가로 인정할 수 있다.

5순위로 정해지는 경우도 있다. 평가기간에 해당하지 아니하는 기간으로써 평가기준일 2년 이내의 기간과 상속 또는 증여 신고기한 후 증여는 6개월, 상속은 9개월까지의 기간 중에 유사한 부동산(면적, 위치, 용도, 종목, 기준시가가 동일 또는 유사)의 매매가액, 감정가액 등이 있는 경우로서 납세자, 세무서장 등이 재산평가심의위원회에 해당 매매 등의 가액에 대한 시가 심의를 신청하고 위원회에서 시가로 인정한 경우에 해당될 수 있다.

위와 같은 시가가 없는 경우에는 다음과 같은 보충적 평가방법을 사용한다.

- 토지: 개별공시지가(국토교통부 고시)
- 주택: 개별주택가격(단독주택 등), 공동주택가격(아파트 등 공동주택)
- 건물: 국세청장이 고시하는 기준시가(일반건물, 상업용 건물, 오피스텔 등)

추가적으로, 만약 저당권이 설정된 재산이나 임대보증금을 받은 임대용 부동산의 경우에 해당 채권액 등이 시가보다 크면 해당 금액으로 평가한다. 또한 법정결정기한(상속세는 신고기한부터 9개월, 증여세는 6개월) 내에 새로운 시가가 확인되면 그 금액으로 세액이 결정될 수 있다.

03

금융상품의 평가

(1) 보험 - 보험상품에 따라 평가방법이 다르다

Q. "어머니가 납입한 종신보험의 계약자를 자녀인 제가 되도록 바꾸려고 합니다. 종신보험 계약을 증여받으면 증여세는 얼마나 될까요?"

어머니가 납입을 완료한 종신보험의 계약자를 자녀로 변경하려고 한다. 재산을 무상으로 이전하는 경우 수증자는 무상으로 얻은 이익. 즉 증여재산가액에 대해 증여세를 내야 하는데 아직 보험금을 수령하지 않은 상태에서 얼마로 세금을 내야 할지 궁금하다.

보험은 상품에 따라 재산평가방법이 다르다.

상증세법에서는 보험금의 증여를 별도로 규정해 놓고 있다.

우선 증여시기를 알아봐야 한다.

생명보험이나 손해보험에서 보험사고(만기보험금 지급의 경우를 포함)가 발생한 경우 해당 보험사고가 발생한 날을 증여일로 하여 보험금 수령인에게 증여한 것으로 본다.

증여시기를 보험사고가 발생한 날로 보는 취지를 살펴보면 크게 3가지가 있다.

우선, 보험료 납입시기를 증여시기로 보면 부과제척기간 만료로 증여세를 과세할 수 없는 경우가 발생할 수 있다.

두 번째, 매번 보험료 불입시마다 증여세를 과세하는 절차상 번거로운 점이 있다.

세 번째, 실제 보험에 있어 수증자가 받는 경제적 이익은 보험료 납입액보다 보험금 수령액으로 보는 것이 타당하다고 본다.

즉, 보험계약자 및 수익자의 변경이 있다고 하더라도 해당 시점은 증여시기에 해당하지 않는다. 현실적으로 증여재산의 취득이 이루어지지 아니한 경우에는 과세대상이 발생되지 아니한 상태이므로 증여세의 과세대상이 된다고 할 수 없다. 따라서 실제 보험금을 수취하거나 해약환급금을 수취하였을 때 실제 보험료 불입자로부터 증여받은 것으로 본다.

따라서, 실제 보험금 또는 해약환급금을 수취하는 금액이 수증자의 증여재산가액이 된다.

핵심요약

보험의 증여재산 평가
1. 보험사고(만기보험금 지급 포함)가 발생한 날을 증여일로 본다.
2. 보험계약자, 수익자를 변경하는 시점은 증여에 해당하지 않는다.
3. 보험사고 후 수취하는 보험금 또는 해약환급금이 증여재산가액이다.

만약, 보험의 계약자 및 납입자는 어머니이고 피보험자가 자녀, 수익자가 손자녀인 경우에는 어떻게 평가할까?

계약자인 엄마 사망　　　　　　　　　　　피보험자 생존(보험사고 미발생)
　▷ 보험계약에 대해 상속 발생　　　　　　▷ 보험금 지급 없음
➡ 상속재산 = 보험료 납입자가 실제 납입한 보험료상당액 + 이자수입상당액

　우선, 증여의 경우, 계약자를 변경하는 시점에는 증여시기가 성립하지 않으므로 증여세 과세대상이 아니다.

　상속의 경우는 어떨까? 보험료를 납입한 어머니가 사망한 시점에 상속이 일어나지만, 피보험자가 생존해 있으므로 보험사고는 발생하지 않는다. 따라서 보험금을 평가금액으로 할 수 없다. 이때는 보험료 납입자가 실제 납입한 보험료상당액에 가산되는 이자수입상당액을 합계하여 평가한다.

보험평가방법을 활용한 상속세 절세

종신보험의 계약자가 조부모이며 피보험자가 부모일 때 수익자를 손자녀로 한다면, 조부모의 상속개시일 당시 상속재산에 포함되는 보험의 평가액은 '보험료상당액에 가산되는 이자수입상당액의 합계액'으로 평가되어 평가금액을 낮출 수 있다.

정기금을 받을 권리

보험금은 일시금을 받을 수도 있지만, 연금처럼 여러 번 정기적으로 나누어 받는 경우도 많다. 예를 들어 고액의 치료비를 연간 얼마씩 10년간 지급하는 보장이거나, 연금으로 매년 죽을 때까지 일정 금액을 지급하는 식이다. 이렇게 오랜 기간에 걸쳐 나눠 받는 보험금을 세법에서는 '정기금'이라 부른다.

'정기금을 받을 권리'는 일정 기간 정기적으로 정액의 금전이나 기타 물품의 급부를 받는 권리를 말한다. 정기금은 유기정기금, 무기정기금, 종신정기금에 따라 평가 방법이 다르다.

유기정기금	MAX(①, ②) ① Min(각 연도에 받을 정기금액의 합계액/$(1+3.0\%)^n$, 1년분 정기금액×20) ② 계약 철회, 해지, 취소 등에 따른 일시금 n : 정기금을 받는 기간
무기정기금	MAX(①, ②) ① 1년분 정기금액 x 20 ② 계약 철회, 해지, 취소 등에 따른 일시금
종신정기금	MAX(①, ②) ① 각 연도에 받을 정기금액의 합계액/$(1+3.0\%)^n$ ② 계약 철회, 해지, 취소 등에 따른 일시금 n : MAX(최저보증기간, 기대여명)

종신정기금은 종신토록 정기적으로 주어지는 일정액이므로, '사망시점'을 정하는 것이 중요하다. 이때 통계청이 고시한 통계표에 따라 수령인의 기대여명[*]을 계산한다. 이 기대여명까지 매년 받을 정기금액을 기준으로 계산한다. 다만, 종신연금의 최저 지급보증기간이 수령인의 기대여명 연수가 된 이후에 만료되는 경우에는 유기정기금을 기준으로 평가한다.

---

[*] (통계법) 제18조에 따라 통계청장이 승인하여 고시하는 통계표에 따른 성별, 연령별 기대여명

Q. "아버지가 갖고 계신 즉시연금보험 계약자와 수익자를 자녀인 제가 되도록 변경하려고 합니다. 증여세는 어떻게 계산하나요?"

아버지는 갖고 계신 목돈으로 즉시연금보험에 가입하고, 일시에 불입을 완료했다. 이 즉시연금보험의 계약자 및 수익자를 자녀의 노후를 위해 증여하려고 한다. 이때 발생하는 증여세는 어떻게 계산되는지 궁금하다.

즉시연금보험이란 일시에 보험료를 전부 납부하고 바로 연금을 수령하는 보험을 말한다. 매월 정기적으로 정해진 금액을 받는다면, 정기금을 받을 권리의 평가방법에 의해 즉시연금보험의 평가가 가능하다. 즉, 납입한 보험료 전액이 아닌 할인율로 낮춰진 평가금액이 증여재산가액이 된다. 다만, 증여로 얻는 이익이 같지만, 평가되는 증여재산가액이 줄어들어 국세청은 유권해석 등을 통해 평가방법을 세부적으로 구분했다. 따라서 현재 즉시연금의 평가는 증여시점이 언제냐에 따라 달라진다.

연금개시 후 계약자 등을 변경하는 경우

즉시연금보험의 연금 지급이 개시된 후 보험계약의 계약자와 수익자를 변경하는 경우에는 그 변경일자를 증여시기로 하여 변경 후 수익자에게 증여세가 과세된다. 이 경우, 즉시연금의 증여재산평가는 정기금을 받을 권리의 평가방법에 따라 평가된 금액과 해약환급금 상당액 중 큰 금액으로 평가한다.

(상속증여 152. 2014.5.22)

연금개시 전 계약자 등을 변경하는 경우

즉시연금보험의 연금개시가 시작되기 전 계약자 등을 변경하는 경우에는 평가금액이 하나 더 늘어난다.

증여시점에 보험계약을 해지하거나 청약을 철회하여 지급받을 수 있는 환급금을 산정할 수 있다. 또 보험계약을 그대로 유지하였을 때 받을 수 있는 매월 또는 매년의 정기금액을 기준으로 평가할 수도 있다. 또, 해지에 따른 해지환급금도 존재한다. 따라서 각종 보험금 등 그 보험계약상의 지위에서 인정되는 여러 권리의 금전적 가치를 산정할 수 있다면, 그 권리들의 가액 중 가장 큰 금액이 증여재산가액에 해당하고 이 금액을 기준으로 증여세를 산정해야 한다.

(대법원 2015두 53046, 2016.9.28)

① 청약철회기간 내에 변경하는 경우

   – 즉시연금보험의 계약자 및 수익자가 됨으로써 즉시연금보험의 청약을 철회하고 보험료를 환급받을 수 있는 권리를 취득하였다면, 청약을 철회하여 반환받을 수 있는 납입보험료 전액 증여재산가액이 된다.

    (대법원 2015두51613. 2016.10.13)

② 청약철회기간 후에 변경하는 경우

   – 즉시연금보험의 계약자, 연금수익자 및 만기수익자가 됨으로써 즉시연금보험을 해지하고 보험료를 환급받을 수 있는 권리를 취득하였다면, 해지환급금 상당액이 증여재산가액이 된다.

    (대법원 2015두 53046. 2016.9.28)

즉시연금의 증여재산평가금액 낮추기

즉시연금의 증여재산평가금액을 낮추기 위해서는 청약철회기간이 지난 후 계약자 등을 변경하는 것이 유리하다.

(3) 펀드 등 집합투자재산

펀드 등의 집합투자재산은 원칙적으로 시가로 평가한다.

시가는 증권시장(해외 증권시장 포함)에서 거래된 최종시가(해외 증권의 경우 전날의 최종시가) 또는 장내파생상품이 거래되는 파생상품시장(해외 파생상품시장을 포함)에서 공표하는 가격(해외 파생상품의 경우 전날의 가격)을 의미한다. 평가일 현재 신뢰할 만한 시가가 없는 경우에는 집합투자재산에 속한 자산의 종류별로 투자대상자산의 취득가격, 거래가격 등을 공정가액으로 평가한다. 단기금융집합투자기구의 경우, 투자자의 이익을 해할 우려가 적은 경우에는 장부가격으로 평가할 수 있다.

집합투자재산은 기준가격을 산정해야 한다. 투자신탁이나 투자익명조합의 집합투자업자 또는 투자회사 등은 위의 집합투자재산의 평가방법에 따라 평가한 결과에 위의 기준가격의 공시의무에 따른 기준가격의 공고·게시일(사모집합투자기구의 집합투자증권의 경우에는 기준가격의 산정일로 함) 전날의 재무상태표상에 계상된 자산총액(시가평가액)에서 부채총액을 뺀 금액을 집합투자증권 총수로 나누어 산정한다. 산정된 기준가격은 매일 공고·게시해야 하며, 예외적으로 15일 이내 범위에서 별도 정할 수 있다. 쉽게 말해서 ETF의 경우에는 보통 운용사 홈페이지에서 확인할 수 있고, 펀드, ELS 등 금융상품의 경우에는 증권사에 기준가격을 문의하면 확인할 수 있다.

해외펀드, 해외증권시장에 상장된 외화표시 주식 등은 평가기준일 해당 시장의 최종시가로 평가한다. 만약, 복수국가 상장 시, 취득국가 거래소의 최종시가 기준. 거래정지 등으로 시가 산정이 곤란하면 평가위원회가 정하는 가격으로 평가해야 한다. 외화표시 집합투자증권은 평가기준일 최근일에 공고된 기준가격 또는 시장의 최종시가로 평가를 한다. 적정하지 않은 경우 평가위원회가 정한 가격을 사용한다.

마지막으로 집합투자재산에 대한 평가의 공정성과 일관성을 위해 평가위원회와 신탁업자의 확인 절차가 필수적이다.

 **핵심 노트**

펀드의 시가평가

증권시장(해외 증권시장 포함)에서 거래된 최종시가(해외 증권의 경우 전날의 최종시가)

절세모음.zip (상속·증여편)

(4) 가상자산

　가상자산이란, 지폐나 동전과 같은 실물은 없지만 가상공간에서 사용되는 전자회폐 자산으로, 대표적으로는 비트코인이 있다. 가상자산 역시 경제적 가치를 지니고 있는 재산이기 때문에 상속재산에 포함되고, 상속재산에 포함되는 재산은 반드시 상속재산 평가를 통해 상속세를 납부해야 한다.

　가상자산의 평가는 거래규모 및 거래방식 등을 고려하여 두 가지로 구분하여 평가한다.

① 국세청장 고시 가상자산사업자의 사업장에서 거래되는 가상자산

　「특정 금융거래정보의 보고 및 이용 등에 관한 법률」 7조에 따라 신고가 수리된 가상자산사업자 중 국세청장이 고시하는 가상자산사업자의 사업장에서 거래되는 가상자산의 가액은 평가기준일 전후 각 1개월 동안 해당 가상자산사업자가 공시하는 일평균가액의 평균액으로 한다.

국세청장 고시 가상자산사업자

상 호	서비스명
두나무 주식회사	업비트
주식회사 빗썸코리아	빗썸
주식회사 코빗	코빗
주식회사 코인원	코인원

② 그 밖의 가상자산

　그 외 가상자산사업자 및 이에 준하는 사업자의 사업장에서 공시하는 거래일의 일평균가액 또는 종료시각에 공시된 시세가액 등 합리적으로 인정되는 가액으로 평가한다.

핵심 노트

가상자산의 시가평가

평가기준일 전후 각 1개월 동안, 총 2개월간 가상자산의 평균액

04

주식의 평가

(1) 상장주식 - 주가가 떨어지는 시기가 증여 타이밍

주식은 주가가 떨어질 때 증여하는 것을 추천한다. 주식의 평가방법과 증여시기의 적정한 타이밍에 대해 알아보자.

Q. "어머니가 갖고 계신 주식을 증여해 주신다는데, 지금 받아도 될까요?"

주식 시장이 불황이라 현재 어머니가 보유 중인 주식의 가치가 많이 떨어졌다. 가치가 떨어진 주식을 증여받아봐야 큰 이익이 될 것 같지 않은데, 지금 증여받아도 괜찮을까?

주식의 재산 평가 방법을 정확히 이해하면 적정한 증여 타이밍을 잡을 수 있다.

증권시장에서 유통되는 주식을 상장주식이라 한다. 크게 3가지로 구분할 수 있는데 코스피시장, 코스닥시장, 코넥스시장이다.

이 유가증권시장에서 거래가 되고 있는 상장주식은 어떻게 평가해야 할까? 증여하는 날 또는 상속이 개시된 날의 거래소 가격일까? 그렇지 않다. 증권시장에서 거래가 되는 주식의 가치는 매일매일 변동성이 큰 재산이기 때문에 당일 해당 재산의 금액으

절세모음.zip 〈상속·증여편〉

로만 평가하기에는 적정하지 않다. 따라서 증권시장에서 거래되고 있는 주식의 평가는 일정기간의 평균금액을 사용한다.

상장주식의 평가는 평가기준일(증여일 또는 상속개시일) 이전·이후 각 2개월 동안 공표된 거래소의 최종시세가액의 평균액을 사용한다. 만약, 평가기준일이 공휴일에 해당한다면, 그 공휴일의 전일을 기준으로 이전·이후 각 2개월의 기간을 산정하여 평가한다.

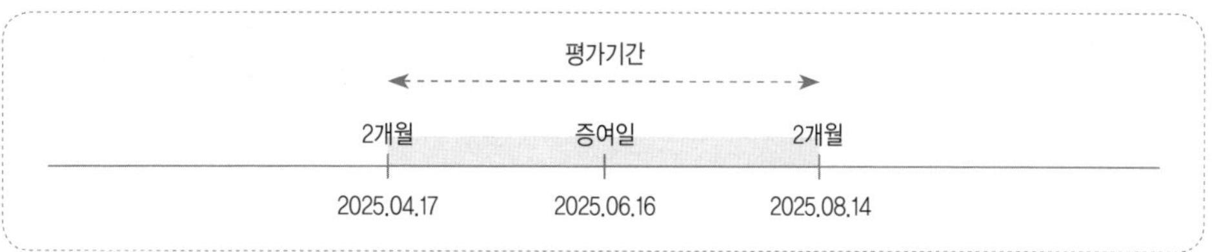

다음의 그림과 같이 상승기의 주식이라면, 증여시점을 빨리 잡아 증여해야 증여재산의 금액 상방을 막을 수 있다. 이 경우 증여시기가 뒤로 미뤄질수록 재산의 평가금액은 더 높아지고 높아진 평가금액에 따라 증여세가 크게 발생한다.

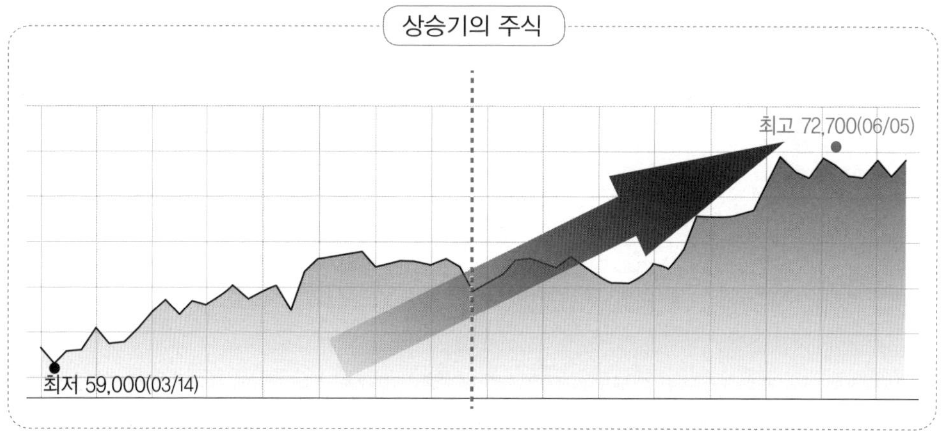

그리고 다음의 그림과 같이 하락기의 주식이라면, 증여시점을 조금 더 지켜본 후 가치가 최점까지 내려갔다가 판단했을 때 증여하는 것이 유리하다. 가치 하락기가 지속될수록 증여시기의 평가기간인 전후 2개월의 평균액은 더 낮춰질 수 있고, 그에

따라 증여세는 크게 줄어들 수 있다.

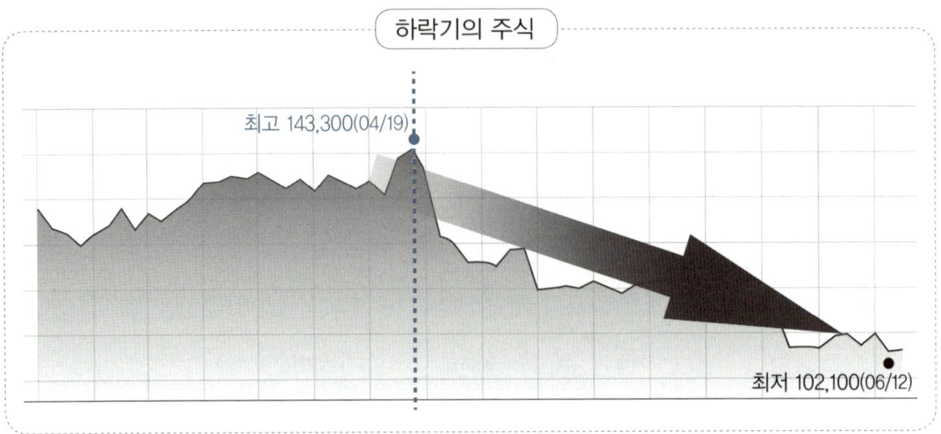

절세모음.zip 〈상속·증여편〉

상장주식의 세금 줄이는 증여법

상장주식은 증여일 전후 2개월 평균으로 평가한다.

증여 시 적절한 타이밍을 잡고 가치가 하락한 시점에 증여를 해야 세금 면에서 유리하다.

✔ 증여 후 주가가 떨어지면 증여 취소를 하고 재증여하여 평가액을 낮출 수 있다.

✔ 증여 후 주가가 큰 폭으로 상승하면 평가액이 높아져 세 부담이 커질 수 있다. 이럴 때는 현금을 증여한 후 자녀가 직접 주식을 매수하는 것이 증여세를 줄이는 방법이다.

(2) 비상장주식 - 상속증여는 3년을 준비하라

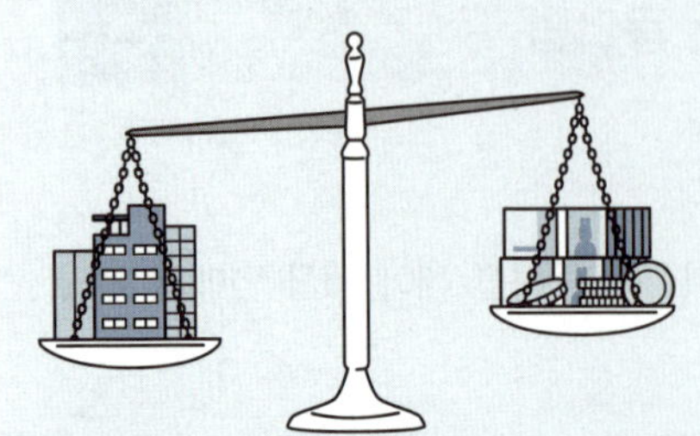

비상장법인의 주식가치의 재산평가방법도 대원칙은 세법이 정하고 있는 평가의 원칙 순서를 따라간다. 시가를 우선적으로 평가하고 시가가 없는 경우 보충적평가방법의 순으로 간다. 이때, 참고할 사항은 주식에는 감정평가방법을 적용하지 않는다. 비상장법인의 시가도 해당 재산에 대한 매매사실이 있는 경우 그 거래가액을 시가로 인정한다. 다만, 비상장법인의 주식을 특수관계자끼리 사고팔아 시가를 인위적으로 조작할 수 있어 소액 비상장주식의 거래로 인한 금액은 시가에서 제외하고 있다.

[상증세법 시행령 49조] ①항 1호

1. 해당 재산에 대한 매매사실이 있는 경우에는 그 거래가액. 다만, 다음 각 목의 어느 하나에 해당하는 경우는 제외한다.

가. 특수관계인과의 거래 등으로 그 거래가액이 객관적으로 부당하다고 인정되는 경우

나. 거래된 비상장주식의 가액(액면가액의 합계액을 말한다)이 다음의 금액 중 적은 금액 미만인 경우(제49조의2제1항에 따른 평가심의위원회의 심의를 거쳐 그 거래가액이 거래의 관행상 정당한 사유가 있다고 인정되는 경우는 제외한다)

1) 액면가액의 합계액으로 계산한 해당 법인의 발행주식총액 또는 출자총액의 100분의 1에 해당하는 금액

절세모음.zip〈상속·증여편〉

2) 3억원

비상장주식은 일반적으로 거래가 빈번하지 않아 시가가 존재하지 않는 경우가 많
다. 보충적평가방법을 사용하는 이유다.

비상장 주식의 보충적 평가방법은 평가기준일을 기점으로 직전 3년간의 1주당 순
손익액과 평가기준일 당시 순자산가치를 가중평균하여 산출한다. 회사가 수익성은
얼마나 좋은지, 자산은 얼마나 있는지를 종합평가해 가치를 매긴다는 의미다.

비상장주식의 보충적평가방법

구분			계산방법
1주당 평가액	일반법인	Max	① (순손익가치 × 3+순자산가치 × 2) ÷ 5
			② 순자산가치 × 80%
	부동산과다 보유법인[*]	Max	① (순손익가치 × 2+순자산가치 × 3) ÷ 5
			② 순자산가치 × 80%
	폐업법인 등[**]	1주당 순자산가치	
순손익가치	1주당 최근 3년간의 순손익액 가중평균액 ÷ 3년만기 회사채의 수익률을 감안하여 기획재정부령으로 정하는 이자율(10%, 순손익가치환원율)		
순자산가치	평가기준일 현재 법인의 순자산가액 ÷ 발행주식총수		

[*] 자산총액 중 부동산 등 보유비율이 50% 이상 80% 미만인 법인(소득법 §94①4호다목 해당법인)

[**] 순자산가치로만 평가하는 경우
사업이 계속 곤란하다고 인정되는 법인
사업개시 전 법인, 사업개시 후 3년 미만의 법인, 휴·폐업 중인 법인
부동산 등 비율이 80% 이상인 법인
주식 등의 가액이 80% 이상인 법인
잔여 존속기한이 3년 이내인 법인

[***] 1주당 순손익가치와 순자산가치의 계산

상속세와 증여세를 줄이려면 재산의 가치가 낮아질수록 좋다. 즉, 평가기준일 당시 순자산가치가 얼마나 낮은지, 그리고 직전 3년간의 순손익액이 얼마나 낮은지에 따라 비상장주식가치는 낮아질 것이다. 기업경영 특성상 투자가 많이 필요해 비용이 많이

발생했거나, 신규채용 등으로 인건비 부담이 증가할 때가 있다. 법인의 순손익액이 일시적으로 낮아지는 이때가 적정한 증여시기다. 또한, 순손익액의 가중평균은 직전 3년 전 순손익액 대비 직전 1년 전의 순손익액에 높은 가중치를 부여하기 때문에 순손익액이 급격히 하락한 시점이 적정한 증여타이밍이 될 수 있다.

일시적으로 손실이 나거나 이익이 줄었는가? 이때야말로 증여를 위한 절호의 기회임을 기억하자!

비상장주식의 가치를 낮추는 방법

1. 기업경영을 위한 투자 등 큰 지출을 통한 비용 증가

2. 신규 직원 채용 등 인건비의 상승

3. 광고 마케팅 비용의 증가

4. 경영인정기보험을 통한 판매 및 관리비의 보험료의 증가로 순이익과 순자산 감소

05

기타

(1) 국세청이 감정평가를 하면 세금을 추징당한다는데?

Q. "부동산을 증여하는데 시가도 없고, 유사매매사례가액으로 삼을만한 금액도 없어 공시가격으로 신고했습니다. 그런데 국세청이 자체적으로 감정평가를 통해 세금을 추징하면 어떡하죠?"

아버지 명의의 상가를 증여받으면서 공시가격으로 신고했다. 시가도, 유사매매사례가액도 없어서 괜찮을 거라 생각했기 때문이다. 그런데 요즘 국세청에서 '꼬마빌딩 감정평가'를 한다는 얘기에 혹시 증여세를 추징당할까 걱정이 앞선다.

상증세법에서는 상속 및 증여재산의 평가방법을 규정하고 있다. 당해자산의 시가, 유사매매사례가액, 보충적평가방법의 순으로 재산을 평가하는 것이 원칙이다. 다만, 보충적평가방법을 통한 평가금액이 해당 재산이 지니고 있는 가치에 크게 미치지 못하다 보니 국세청은 2020년부터 자체감정평가 사업을 시행하고 있다.

2020.1.31 국세청은 보도자료를 통해 "상속·증여세 재산평가에서 시가 평가가 원칙이지만, 비주거용 부동산은 시가 대비 저평가되어 형평성의 논란이 크니 국세청이 자체적으로 감정평가를 진행하겠다"는 내용을 발표했다. 시행은 2019.2.12 이후 상

속 또는 증여받은 재산이 대상이다.

건물은 고가의 부동산이지만 보충적평가방법인 공시지가 등(세법상 기준시가)으로 평가하면 시세의 약 50~60% 정도로 평가돼 세금의 부담이 크게 줄어든다. 국세청은 이를 세수의 손실로 보아 형평성을 갖추기 위해 자체적인 감정평가 사업을 진행하고 있다.

그리고 2024.12.3. 국세청은 또 한 번 보도참고자료를 발표한다. 국세청 감정평가 사업의 성공적인 세수 확보와 그간 논란이 있었던 평가 대상의 근거를 마련한 규정을 명시했다. 또한, 여기 비주거용 부동산 외 고가의 주거용 부동산도 대상에 포함시켰다.

📎 국세청 감정평가 사업 대상

[상속세 및 증여세법 사무처리규정]

② 지방국세청장 또는 세무서장은 다음 각 호의 사항을 고려하여 부동산 감정평가 대상을 선정할 수 있으며, 이 경우 대상 선정을 위해 5개 이상의 감정평가법인에 의뢰하여 추정시가(최곳값과 최솟값을 제외한 가액의 평균값)를 산정할 수 있다.

1. 추정시가와 법 제61조부터 제66조까지 방법에 의해 평가한 가액(이하 "보충적 평가액"이라 한다)의 차이가 5억 원 이상인 경우
2. 추정시가와 보충적 평가액 차이의 비율이 10% 이상[(추정시가 – 보충적평가액)/추정시가]인 경우

2025년 이전까지는 추정시가와 보충적평가 가액의 차이가 10억 원 이상과 비율 10% 이상 차이를 고려하여 감정평가 대상을 선정했다. 하지만, 2025년 이후부터는 추정시가와 보충적평가 가액의 차이가 5억 원 이상으로 대상의 폭을 더 확대하여 시행하고 있다.

실제 추정시가(적정 시세 등) 대비 보충적평가 가액이 약 50% 또는 60% 정도라고 가정해 본다면, 적정 시세 금액 약 8억~10억 원 이상의 부동산은 감정평가 사업 대상인 셈이다.

공시가격 비율에 따른 '국세청 감정평가사업' 대상 부동산 (추정)

(단위: 원)

구분	부동산	
추정시가와의 차이	500,000,000	500,000,000
공시가액 비율	60%	50%
대상 부동산	833,333,333	1,000,000,000

국세청 감정평가사업에 대한 대처법

국세청의 자체 감정평가 사업을 통해 감정을 받기보다는 선제적으로 상속 또는 증여 대상 부동산의 감정평가를 통해 납세자에게 유리한 평가금액을 확정 짓는 것이 세 부담 측면에서 유리하다.

(2) 영업권도 상속세를 납부해야 한다

병원 개인사업을 운영하신 아버지가 사망했다. 아버지 병원에서 일을 배우고 있던 자녀가 오랜 기간 아버지가 운영하시던 병원을 승계받기로 했는데, 이 경우 병원의 영업권도 상속재산에 포함되는지 궁금하다.

상속세는 상속개시일 현재 상속재산에 부과하는 세금이다. 상속재산은 피상속인에게 귀속되는 모든 재산을 말한다. 금전으로 환산할 수 있는 경제적 가치가 있는 모든 물건 및 재산적 가치가 있는 법률상 또는 사실상의 모든 권리를 포함한다. 따라서 상속재산에는 물권, 채권 및 무체재산권, 신탁수익권 그리고 법류상 근거와 관계없이 경제적 가치가 있는 영업권도 전부 포함한다.

상속재산에 포함되는 영업권은 상속인이 피상속인의 사업체를 승계받아 운영하는 경우 포함되는 재산이다. 법인을 승계하는 경우에는 법인의 주식가치에 영업권의 가액이 포함되어 평가되기 때문에 놓치는 일이 없지만, 개인사업을 승계받는 경우에는 쉽게 놓칠 수 있는 상속재산 중 하나이다.

영업권이란 그 기업의 전통, 사회적 신용, 입지조건, 특수한 제조기술 또는 거래관계의 존재 등 영업상의 기능 내지 특성으로 인하여 동종의 사업을 영위하는 다른 기업의 통상수익보다 높은 수익을 올릴 수 있는 초과수익력이라는 무형의 재산적 가치를 말한다.

(대법원 200두7766. 2002.4.12)

영업권의 평가방법

영업권의 평가는 초과이익금액을 평가기준일 이후의 영업권 지속연수인 5년으로 환산한 가액으로 평가한다.

$$영업권 = \sum_{n=1}^{5} \frac{(자기자본이익률\ 초과\ 순손익액)}{(1 + 0.1)^n} \quad (n: 평가기준일부터\ 경과연수)$$

즉, 영업권의 평가란 순수한 자기자본대비 수익을 마련해주는 다양한 영업상의 기능을 종합적으로 판단하여 수치화한 금액이다. 특히 의사 부모와 의사 자녀의 병원 승계 과정 시 오랜 기간 운영해 오던 병원이라면, 영업권의 가액이 무시 못 할 금액으로 산정될 수 있어 상속재산을 키우는 상황이 종종 발생하곤 한다.

특허권, 저작권 등 그 외 무체재산권의 평가

경제적 가치가 있는 무형의 권리는 비단 영업권만을 의미하지 않는다. 특허권, 실용신안권, 상표권 디자인권 및 저작권 등도 무체재산권이며 모두 상속재산에 포함되는 재산들이다. 이러한 무체재산권은 그 권리에 의하여 장래에 받을 각 연도의 수입금액을 기준으로 평가한다.

$$특허권\ 등 = \sum 각\ 연도의\ 수입금액\ /\ (1+0.1)^n \quad (n: 평가기준일부터\ 경과연수)$$

평가기준일부터의 경과연수는 당해 권리의 존속기간에서 평가기준일 전일까지 경과된 연수를 차감하여 앞으로 유지될 수 있는 권리의 기간을 기준으로 하며, 최대 20년을 초과할 수는 없다.

구 분	관계법령에 의한 권리의 존속기간
특허권	특허 출원일 후 20년이 되는 날까지
실용신안권	실용신안등록 출원일 후 10년이 되는 날까지
상표권	상표권 설정등록이 있는 날부터 10년, 존속기간 갱신등록신청에 의하여 10년씩 갱신 가능
디자인권	디자인권의 설정등록한 날부터 발생하여 디자인등록 출원일 후 20년이 되는 날까지
저작권	저작자의 생존하는 동안과 사망 후 70년(2013.7.1. 이전 50년)

개인사업자가 놓치기 쉬운 상속재산

개인사업을 상속으로 승계하는 경우에는 영업권 등 무체재산권에 대한 상속재산을 놓치지 않아야 추후 가산세 등 부담을 줄일 수 있다.

(3) 흔히 놓치는 상속재산, 꼼꼼하게 챙기자

Q. "아버지께서 생전에 다양한 재산을 많이 투자하셨다는 것은 알고 있었습니다. 아버지께서 사망하신 후 상속재산을 조회해 보니 은행 예금, 부동산 말고도 다양한 재산들이 많이 있던데 이 재산들은 얼마의 가치를 지니고 있고, 얼마의 상속세가 부과될까요?"

피상속인의 재산 중 흔하게 볼 수 있는 금융기관의 예금, 적금, 부동산 이외에도 다양한 경제적 가치가 있는 모든 재산들은 상속세가 과세된다. 이러한 상속재산들을 상속세가 과세되지 않는다고 생각할 수 있으나, 모든 경제적 가치가 있는 재산들은 상속세 과세대상이며 적절한 평가를 진행해 상속세를 납부해야 한다.

국채

상장주식 또는 비상장주식 외에도 금융투자 상품 중 국채를 투자하고 있는 경우는 많다. 이 국채 역시 금융재산에 속하며, 상속재산에 해당하는 자산으로 적절한 평가를 통해 상속세를 납부해야 한다.

구 분	평가 방법
상장된 국채	MAX(① 평가기준일 이전 2개월 동안 공표된 매일의 거래소 최종시세가액의 평균액, ② 평가기준일 이전 최근일의 최종시세가액)
타인으로 매입한 국채	매입가액 + 평가기준일까지의 미수이자 상당액

차량 등

피상속인이 보유하고 있는 차량 역시 상속재산에 포함되고 상속재산에 포함되는 것은 적절한 상속재산의 평가가 뒷받침되어야 한다는 뜻이다. 차량, 선박, 항공기, 기계장비 등을 동일한 평가방법을 적용하여 평가하고 있는데, 판매할 때 예상되는

절세모음.zip 〈상속·증여편〉

가액이 아닌 다시 취득할 때 예상되는 취득가액을 기준으로 평가한다.

차량 등의 보충적 평가가액 적용순서
① 재취득가액 → ② 장부가액(취득가액－감가상각액) → ③ 지방세 시가표준액

서화, 골동품 등

재산적 가치를 평가하기 가장 어려운 재산이 서화, 골동품 등 예술적 가치가 있는 유형재산이다. 이러한 유형자산은 세법에서 별도로 규정하고 있을 수 없기 때문에 전문가의 평가가 중요하다.

따라서 전문분야별로 2인 이상의 전문가가 감정한 가액의 평균액을 기준으로 한다. 다만, 그 가액이 국세청장이 위촉한 3인 이상의 전문가로 구성된 감정평가심의회에서 감정한 가액에 미달하는 경우에는 그 금액을 인정하지 않고 국세청 감정평가액으로 한다.

경제적 가치를 지닌 모든 재산은 상속재산에 포함

경제적 가치를 지닌 모든 재산은 상속재산에 포함되며, 적절한 상속재산의 평가와 성실납세를 통해 가산세 부담을 줄여야 한다.

(4) 해외자산

　해외에 소재한 금융상품, 부동산, 주식 등 국외재산의 평가방법은 「상속세 및 증여세법」 및 그 시행령에 따라 정해진다. 원칙적으로 국내재산과 동일하게 「상속세 및 증여세법」 제60조~제65조에 따라 평가한다. 그러나 이 규정의 적용이 부적당한 경우(예: 현지 사정상 시가 산정이 곤란한 경우 등)에는 예외적으로 해당 재산이 소재한 국가에서 양도소득세, 상속세, 증여세 등 과세 목적의 평가액이 있으면 그 평가액을 사용한다. 또한 위 평가액이 없는 경우에는 세무서장 등이 2개 이상의 국내외 감정기관에 의뢰하여 감정한 가액을 참작하여 평가한다.

　구체적으로 자산별 평가방법을 살펴보자.

　해외주식의 평가는 크게 상장주식과 비상장주식으로 구분하여 적용한다. 각각의 평가방법은 국내 주식과 유사하지만, 해외 자산 특성에 따라 일부 예외와 보완 규정이 있다.

　해외 상장주식은 국내 상장주식과 동일하게 평가한다. 평가기준일 전후 각 2개월(총 4개월)간 공표된 매일의 거래소 최종 시세가액(종가)의 평균액을 외화 기준으로 산출한 뒤, 평가기준일의 기준환율을 적용해 원화로 환산한다. 평가기준일이 공휴일일 경우, 그 전일을 기준으로 한다.

　해외 비상장주식의 평가방법은 원칙적으로 국내 비상장주식과 동일하게 순자산가치와 순손익가치를 2:3 비율로 가중평균하여 평가(상속세 및 증여세법상 보충적 평가방법)한다. 그러나, 해외 비상장주식은 사업환경, 수익 위험도, 할인율 등에서 국내와 차이가 있어 국내 평가방법 적용이 부적당한 경우가 많다. 이 경우, 해당 국가의 세법(양도소득세, 상속세, 증여세 등)상 평가액이 있으면 그 금액을 시가로 본다. 만약 해당 국가의 평가액도 없을 경우, 국내 또는 해외 감정기관 2곳 이상에 의뢰해 감정한 가액을 참작하여 평가한다.

　실제로는 해외 소재 국가의 평가방법을 우선 적용하고, 적용이 어려운 경우에만 국내 보충적 평가방법을 보조적으로 사용한다. 대법원 판례(2020.12.30. 선고 2017두

62716 등)에서 해외 비상장주식의 경우 국내 보충적 평가방법 적용이 부적당하지 않은 경우에만 이를 적용할 수 있고, 부적당하다면 해당 국가의 평가액이나 감정가액을 우선 적용해야 함을 명확히 했다.

해외 부동산은 당해 재산의 소재지국에 관계없이 「상속세 및 증여세법」 제60조 내지 제65조의 규정에 의하여 평가하는 것이나 이에 따라 평가하는 것이 부적당한 경우에는 당해 재산이 소재하는 국가에서 양도소득세·상속세 또는 증여세 등의 부과 목적으로 평가한 가액을 평가액으로 한다. 같은 법 시행령 제58조의 3 제1항의 규정에 의한 평가액이 없는 경우에는 세무서장 등이 2 이상의 국내 또는 외국의 감정기관에 의뢰하여 감정한 가액을 참작하여 평가한다.

해외 금융상품(펀드 등)은 현지 거래소 기준가격 또는 집합투자업자가 산정·공고한 기준가격, 없으면 환매가격 등

마지막으로 환율을 적용해야 한다. 외화자산 및 부채는 평가기준일 현재 「외국환거래법」에 따른 기준환율 또는 재정환율로 환산하여 적용한다.

PART 5

고객 유형별
절세 컨설팅

부동산 자산가

(1) 전세보증금이나 대출을 끼고 증여하자

Q. "자녀에게 주택을 증여할 때, 임차인과 전세보증금을 끼고 증여하는 게 나을까요? 건물을 증여할 때 대출이 없이 넘기는 게 나을까, 아니면 대출을 일부 끼고 증여하는 게 나을까요?"

부모가 자녀에게 주택을 증여하려고 한다. 해당 주택에 임차인이 전세로 거주하고 있어 전세보증금 반환 의무가 있는 상황이라면, 이 반환 의무를 자녀에게 함께 넘기는 방식으로 증여세 부담을 줄일 수 있다. 이를 '부담부증여'라고 한다.

부담부증여란?

증여자가 재산을 증여하면서, 그 재산에 담보된 채무까지 수증자가 함께 인수하는 증여 방식이다.

임차인이 거주 중인 주택을 자녀에게 증여하면서 전세보증금을 자녀가 함께 떠안는 경우에 해당한다. 자녀는 해당 전세보증금만큼의 채무를 인수하고, 그 금액은 증여재산에서 차감되므로 실질적으로 증여세를 줄일 수 있다.

다만 수증자의 증여세는 줄어들지만, 증여자에게는 양도소득세가 발생할 수 있다. 전세보증금과 같은 채무를 넘기는 행위는 세법상 대물변제, 즉 재산을 팔아서 채무를 갚은 것으로 보기 때문이다. 결국, 주택의 일부를 매도한 것으로 간주되어 그에 따른 양도소득세를 신고하고 납부해야 한다.

부담부증여의 개념

	부동산 증여	과세	납세자	비고
	채무 외	증여세	수증자	증여재산가액 − 채무
	채무	양도세	증여자	임대보증금, 대출 등

부담부증여에서 모든 채무가 증여세 계산에서 공제되는 것은 아니다. 공제대상이 되려면 다음 조건을 충족해야 한다.

- ✔ 해당 채무는 증여 재산에 직접적으로 담보되거나 연관된 채무여야 한다. 전세보증금, 주택에 설정된 근저당 등이 이에 해당한다.
- ✔ 채무는 증여자의 채무여야 한다. 제3자의 채무는 공제 대상이 아니다.
- ✔ 개인 신용대출은 증여 재산과 무관한 채무로 보아 공제되지 않는다. 오히려 수증자가 증여자에게 금전을 이전한 것으로 보아, 역으로 증여세가 증여자에게 과세될 수 있다.

어떤 경우에 부담부증여가 유리한가?

부담부증여로 세금 부담을 실질적으로 줄일 수 있는 대표적인 경우는 다음과 같다.

- 증여 대상 주택이 1세대 1주택 비과세 요건을 충족하는 경우
- 증여 대상 부동산에 양도차익이 거의 없거나 없는 경우

이런 경우 양도소득세가 없거나 아주 적게 발생하므로, 부담부증여가 증여세를 줄

이는 유리한 선택이 된다.

부담부증여 후 채무 인수에 대한 사후관리

부담부증여는 증여 재산에 담보된 채무를 수증자가 함께 인수하는 방식이지만, 직계존비속 간에 이루어진 경우에는 세법상 원칙적으로 채무가 인수되지 않은 것으로 추정한다. 부모 자식 간에 증여계약서에 '채무를 인수한다'는 문구만 적는다고 부담부증여로 인정받지 못할 수도 있다는 얘기다.

실제로 채무를 수증자가 인수했는지 여부는 사후관리 대상이 될 수 있다. 즉, 수증자가 해당 채무를 실제로 상환했는지, 상환 자금은 어디서 나왔는지, 해당 거래가 형식적인 것이 아닌지 등에 대해 세무당국이 추후 확인할 수 있다.

예를 들어 임차인이 있는 주택을 자녀에게 부담부증여 하며 전세보증금 반환 의무를 자녀가 인수했다면, 자녀가 실제로 임차인에게 전세보증금을 돌려준 내역, 즉 이체 기록이나 영수증, 자금출처 자료 등이 있어야 증여재산가액에서 공제받을 수 있다.

따라서 부담부증여를 활용하려면, 다음과 같은 준비가 필요하다.

- 수증자가 채무를 실제로 상환했다는 객관적인 자료 확보
- 상환에 사용한 자금의 출처가 자녀 본인이라는 점 입증
- 상환 내역에 대한 이체 기록, 영수증, 계약서 등 관련 서류 보관

핵심요약

임대보증금이나 대출 같은 채무와 함께 부동산을 증여하는 '부담부증여'는 절세효과가 있을 수 있다. 다만 효과를 인정받으려면 실제 채무인수 및 상환내역을 명확히 하는 등 사후관리가 필요하다. 형식만 갖춘 부담부증여는 오히려 세무조사의 대상이 될 수 있다.

절세모음.zip (상속·증여편)

(2) 건물부터라도 먼저 증여하자

부모가 임대 부동산을 보유하고 있고, 별다른 생활비 걱정 없이 임대료까지 그대로 통장에 쌓이는 상황이라면, 상속세 부담이 점점 커질 수밖에 없다. 임대 부동산의 가치가 계속 오르고 금융자산도 매년 늘어나는 상황에서는 사전증여를 고민하지 않을 수 없다. 문제는 증여받을 자녀의 소득과 재산이 충분하지 못해 증여세 납부재원이 부족한 것이다.

이런 경우에는 부동산 전체가 아닌, 건물만 먼저 자녀에게 증여하는 방식도 하나의 대안이 될 수 있다.

건물만 증여하는 방식이란?

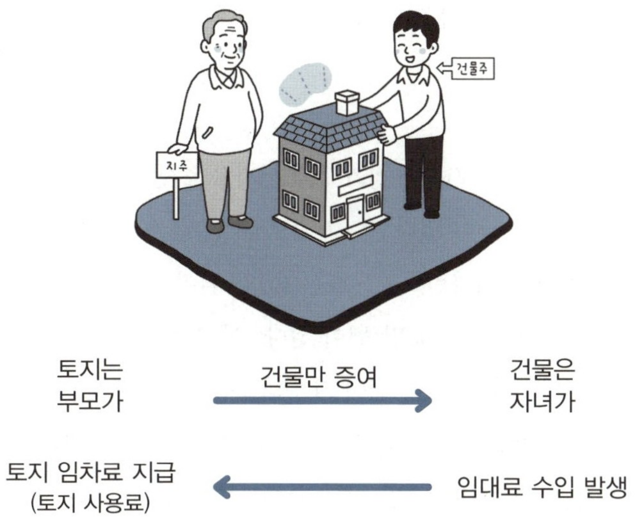

임대 부동산의 건물과 토지가 동일인 소유가 아닐 수 있다. 건물주와 지주가 다를 수 있는데, 이런 구조에서는 건물주는 임차인에게 임대료를 받고, 그중 일부를 지주에게 토지 임차료로 지급해야 한다. 만약, 건물주가 받는 임대료 대비 지주에게 지급하는 임차료가 작다면, 임대 부동산에서 발생하는 임대료 대부분을 자녀에게 귀속시킬 수 있다. 이런 구조를 잘 활용하면, 건물만 자녀에게 증여하고, 토지는 부모가 계속 보유하면서, 건물에서 발생하는 대부분의 임대료는 자녀가 가질 수 있게 설계할 수 있다.

토지 임차료는 적정하게 지급해야

문제는 자녀가 부모에게 지나치게 적은 토지 임차료를 지급할 경우에 발생한다. 만약 자녀가 부모에게 너무 적은 금액을 임차료로 지급하면, 자녀가 이익을 무상으로 얻은 것으로 간주될 수 있다. 이럴 경우 증여세가 부과될 수 있다.

과거 세무서는 건물 임차인으로부터 받는 전체 임대료를 건물의 기준시가와 토지 개별공시지가의 비율을 기준으로 나누어 토지 적정 임차료를 계산하고, 이보다 낮은 토지 임차료를 지급하는 경우 증여세를 부과한 사례가 있었다. 하지만 대법원은 이 방식에 대해 법인세법 시행령 제89조 제4항 제1호를 따르지 않고, 임의적으로 산정한 비율로 계산한 방식은 위법하다고 판시했다. 결국, 세법상 인정되는 토지 임차료 산정 방식을 따라야 하며, 이를 기반으로 세금 문제가 발생하지 않도록 해야 한다.

토지 임차료 산정 방법

세법에서는 토지 시가의 50%에 정기예금 이자율을 곱해 연간 임차료를 산정하도록 하고 있다. 만약 보증금이 있다면, 그 금액을 먼저 차감한 뒤 계산한다. 예를 들어, 토지 시가가 60억 원이라면, 그 50%는 30억 원이 되고, 여기에 3.5%의 이자율을 곱하면 연간 임차료는 1억 500만 원이 된다. 이 경우, 자녀는 임차인에게 받는 임대료가 연간 3억 원이라면, 약 2억 원이 자녀의 순소득이 된다.

만약 토지의 감정평가금액이나 최근 거래금액이 없다면, 토지의 시가는 공시지가가 된다. 공시지가가 36억 원이라면 이를 기준으로 계산할 경우 시가의 50%는 18억 원이고, 여기에 3.5% 이자율을 곱하면 연간 임차료는 약 6,300만 원이 된다. 이때 자녀는 약 2억 4,000만 원의 순소득을 얻게 된다.

세금 절감 효과

자녀가 건물주가 되면 대부분의 임대소득은 자녀에게 귀속된다. 이로 인한 아래와 같은 효과를 기대할 수 있다.

- 부모에게 귀속되는 임대소득이 줄어들어 부모의 소득세와 건강보험료 부담이 감소한다.
- 자녀에게 임대소득이 계속 쌓이면, 그 금액을 향후 추가 증여에 대한 증여세 납부 재원으로 활용할 수 있다.

적은 증여, 큰 효과

건물만 자녀에게 증여할 경우, 자녀에게 이전되는 재산의 규모는 작지만 그 건물에서 발생하는 임대소득은 매년 자녀에게 계속 쌓이게 된다. 이로 인해 자녀는 추후 부모의 다른 재산을 증여받을 때 발생할 수 있는 증여세를 납부할 수 있는 재원을 마련하게 된다. 지금 당장 증여세 납부재원이 부족한 상황에서 좋은 대안이 될 수 있을 것이다.

(3) 집은 부모님을 모시고 산 형제자매에게 상속하자 – 동거주택상속공제

Q. "얼마 전에 아버지가 돌아가시면서 주택을 상속받게 되었습니다. 막내가 10년 넘게 아버지를 모시고 살았던 만큼, 형제들은 막내에게 그 주택을 주려고 합니다. 오랫동안 부모를 부양한 자녀에게는 세법상 혜택이 있다고 들었습니다. 이 경우 상속세에서 혜택을 받을 수 있는 것이 있을까요?"

세법에는 부모와 자녀가 동일한 주택에서 일정 기간 함께 거주한 경우, 자녀가 해당 주택을 상속받을 때 상속세를 경감해 주는 제도가 존재한다. 이 제도를 동거주택상속공제라고 한다.

동거주택상속공제를 받기 위해서는 아래의 요건을 모두 충족해야 한다.

- 부모와 자녀의 공동 거주: 피상속인(부모)과 상속인이 상속개시일을 기준으로 소급하여 10년 이상 계속 같은 주택에서 거주해야 한다.
- 1세대 1주택: 부모와 자녀가 1세대를 구성하여 1세대 1주택을 보유해야 한다. 이때 무주택 기간이 있을 경우, 그 기간은 1세대 1주택 보유 기간에 포함된다.
- 상속인의 상태: 상속이 개시된 시점에서 무주택자였거나 부모와 공동으로 1세대 1주택을 보유했던 자녀가 상속받은 주택이어야 한다.

동거주택상속공제는 상속받은 주택의 가액에서 해당 주택이 담보한 채무를 차감한 금액에 대해 공제가 이루어진다. 공제 비율은 100%이며, 최대 6억 원까지 공제받을 수 있다. 즉, 주택 가액에서 해당 주택이 담보한 채무를 차감한 금액이 6억 원을 초과하는 경우, 공제받을 수 있는 금액은 6억 원이다.

위 사례와 같이, 상속개시일에 부모와 10년 이상 동거했으며, 무주택 상태였던 막내가 부모의 주택을 상속받는다면, 막내는 최대 6억 원까지 상속공제를 받을 수 있다. 하지만 주택을 여러 명이 지분으로 나누어 상속받는 경우, 그 지분율에 해당하는 금액만큼만 상속공제를 받을 수 있다. 즉, 상속주택의 분할 방식에 따라 상속세 부담이 달라질 수 있다.

유의사항으로 피상속인의 배우자가 상속받는 경우에는 동거주택상속공제를 받을 수 없다. 오직 직계비속(자녀 등)만 해당된다. 그리고 상속주택의 부수토지만 상속받는 경우에는 공제 적용이 불가하다.

동거주택상속공제를 받기 위해서는 공제 요건을 모두 충족하는 상속인이 해당 주택을 상속받아야 한다. 상속세 부담을 줄이기 위해선 모든 상속재산을 일정 비율로 상속받는 것보다는, 동거주택상속공제를 받을 수 있는 상속인에게 해당 주택을 상속하는 방향으로 상속재산을 분할하는 것이 필요하다. 이를 위해서는 공제 요건을 충족하는지 미리 검토하고, 상속재산의 분할을 신중하게 결정하는 것이 중요하다.

(4) 보유주택 수에 따라 주택상속 전략이 다르다 - 상속주택과세특례

'1세대 1주택 비과세 혜택'은 주택을 한 채만 소유한 경우 해당 주택을 양도하면 양도소득세를 면제해 주는 제도이다. 만약 상속이 일어나 주택을 추가로 취득했는데 1세대 2주택이 되어 이 혜택을 받을 수 없는 문제를 해결하기 위해 '상속주택과세특례' 규정이 존재한다.

상속주택과세특례는 상속을 통해 주택을 취득한 경우, 상속개시일을 기준으로 기존에 보유한 주택에 대해 1세대 1주택 비과세 혜택을 받을 수 있도록 하는 제도이다. 상속받은 주택이 있더라도 기존 주택에 대해서는 비과세 혜택을 적용받는다.

상속주택과세특례의 요건은 다음과 같다.
- 상속개시일 당시 보유한 1세대 1주택만 가능하다.

  상속주택과세특례의 취지는 상속으로 주택을 취득함으로 2주택이 되어 1세대 1주택 비과세 규정을 적용 받지 못하는 것을 구제하기 위함이다. 만약 상속개시일 현재 2주택 이상을 보유하고 있는 상속인인 경우 상속으로 취득하는 주택과 무관하게 1세대 1주택 비과세 규정을 적용받을 수 없었으므로 이 경우까지 혜택을 주진 않는다.

- 피상속인의 주택이 2채 이상인 경우 보유기간이 가장 긴 1주택만 가능하다. 만약, 보유기간이 동일하다면 거주한 기간이 가장 긴 주택, 피상속인이 상속개시 당시 거주한 주택, 기준시가가 가장 높은 주택 순으로 정한다.

상속주택과세특례 적용 사례

① 상속주택 1채를 공동으로 상속받는 경우

상속주택을 상속인들이 공동으로 상속받는 경우 해당 주택은 지분율이 가장 큰 상속인이 보유하는 것으로 본다.

예를 들어 3형제가 첫째부터 각각 34%, 33%, 33%의 지분율로 주택을 상속받았다면, 상속주택 수는 첫째만 보유한 것으로 계산하는 식이다. 소수 지분을 보유하고 있는 상속인은 1세대 1주택 비과세 여부 판단 시 상속주택 지분은 주택 수에서 제외한다.

상속개시일을 기준으로, 보유 중이던 1세대 1주택이 아니라 그 이후에 취득한 주택을 양도하는 경우에도 상속주택 지분과 관계없이 1세대 1주택 비과세를 받을 수 있다. 여럿이 나누어 받는다면, 이왕이면 무주택자나 1주택자에게 지분을 1%라도 높게 주면 세금 면에서 유리해진다.

② 피상속인의 주택 중 보유기간이 가장 긴 주택 외 다른 주택을 상속받는 경우

이 경우 상속주택과세특례 규정은 적용받을 수 없다. 다만, 상속받은 주택에 대해서 일시적 1세대 2주택 규정을 적용받을 수 있다. 이는 신규 주택을 취득한 날부터 3년 이내에 종전 주택을 양도할 경우 1세대 1주택 비과세 혜택을 받을 수 있는 규정이다. 상속으로 취득한 주택도 신규 주택에 해당한다. 상속으로 취득한 신규 주택의 취득일인 상속개시일부터 3년 이내에 종전 주택을 양도하면 일시적 1세대 2주택 규정을 적용받아 1세대 1주택 비과세 혜택을 받을 수 있다.

③ 상속개시일 전에 주택을 미리 정리하는 경우

상속주택과세특례는 피상속인이 보유한 주택 중 보유기간이 가장 긴 주택에 대해서만 적용된다. 보유기간이 가장 긴 주택 외 다른 주택의 미래가치가 훨씬 더 높다면 상속개시 전 나머지 주택을 매매하여 해당 주택을 상속주택과세특례가 적용되는 주택으로 만들어 놓는 것도 좋은 방법이다. 똑똑한 한 채를 '상속주택'으로 남기는 전략이다.

상속주택과세특례는 상속인이 주택을 상속받았을 때, 기존에 보유한 주택에 대해 1세대 1주택 비과세 혜택을 받을 수 있도록 해주는 중요한 규정이다. 피상속인이 여러 채의 주택을 보유하고 있었다면, 상속 시 보유기간이 가장 긴 주택에 대해서만 비과세 혜택을 적용받을 수 있다. 만약 이 혜택을 받기 어려운 상황이라면, 일시적 1세대 2주택 규정을 통해 세금 혜택을 받을 수 있으므로, 상속 재산을 분할하기 전에 이러한 세법 규정을 충분히 검토하는 것이 중요하다.

상속주택과세특례를 잘 활용하려면 상속인의 주택 보유 상황과 피상속인의 주택 보유 상황을 정확히 분석하여 세금 부담을 최소화할 수 있는 전략을 세워야 한다.

상속주택까지 주택 3채, 모두 양도세 비과세 받는 법

자산분할만 잘해도 3주택 모두 양도세 비과세 가능

형제인 [진]과 [선] 씨는 부모님이 돌아가시면서 주택 A와 B, 두 채를 상속받게 되었다. 현재 형 [진] 씨는 1주택 C를 갖고 있으며, 동생 [선] 씨는 무주택자다. 두 형제는 상속 재산 분할협의를 하면서 두 채의 주택 각각 50%씩 지분을 나눠 갖기로 합의하였다. 재산분쟁을 막을 가장 공평한 방법이라 생각했기 때문이다.

하지만 두 형제의 의도와 달리 이 방법은 세금 측면에서 결정적 문제가 있다. 형 [진] 씨는 3주택자, 동생 [선] 씨는 2주택자가 되어 다주택자 중과세를 피할 수 없다. 그럼 상속주택을 어떻게 나누어야 가장 유리할까?

상속주택 2채 중 피상속인의 보유기간이 긴 주택(A)은 주택(C)를 가진 형 [진] 씨가, 나머지 1채(B)는 무주택인 동생 [선] 씨가 상속받는 것입니다. 이 경우 주택 3채 모두 양도세 비과세가 가능하다.

이런 엄청난 절세가 가능한 이유는 다음과 같다.

먼저 [진] 씨는 상속주택 과세특례를 적용받아 본인의 기존 주택(C)부터 양도하면 비과세받을 수 있습니다. 이후에 1주택인 (A)만 남게 되므로 요건을 충족한다면 해당 주택도 비과세가 가능하다.

무주택자인 [선] 씨는 상속주택 1채(B)만 보유하고 있으므로 당연히 비과세 대상이다.

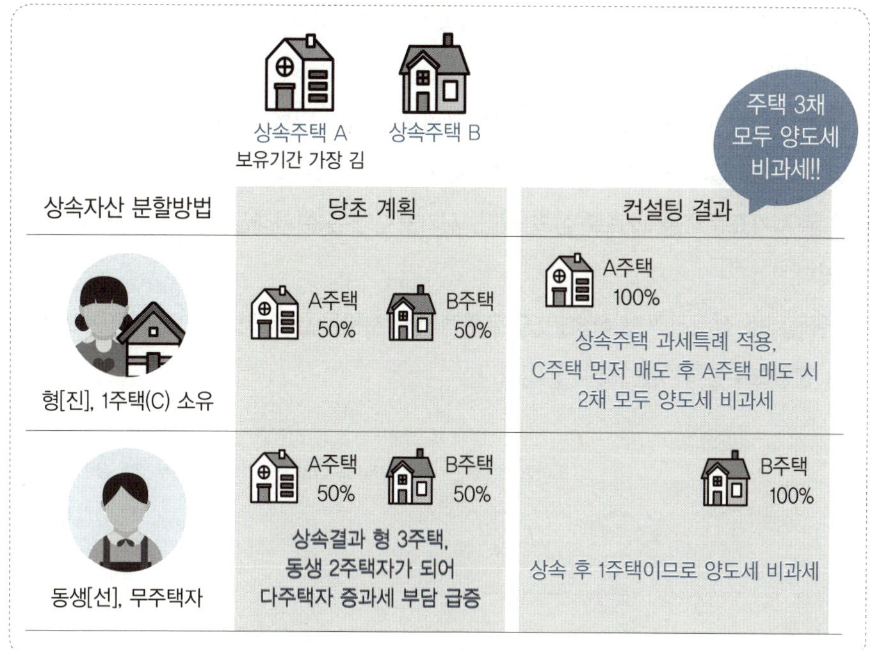

결국, 상담 후 피상속인과 상속인이 보유 중인 3주택 모두 비과세가 가능한 방향으로 상속재산 분할 계획을 수정했다. 재산분할 등기 전에 상담이 진행된 덕에 가능한 결과다. 상속과정에서 세무전문가의 도움을 꼭 받아야 하는 이유다.

취득, 보유, 양도. 단계별 상속주택의 세금혜택과 절세방법

조금 더 구체적으로 취득부터 양도까지 각 단계별 상속주택의 세금혜택과 절세방법을 살펴보자.

먼저 상속주택의 취득세 절세 포인트

상속주택의 취득세는 2.8%가 적용되며 매매, 증여와 달리 다주택자 중과는 적용되지 않는다.

만약, 상속주택을 취득하는 상속인이 무주택자라면 0.8%의 세율을 적용받을 수 있다.

공동상속인 경우는 지분율이 가장 큰 상속인이 무주택자라면 전체 주택의 취득세율은 0.8%다.

세금을 과세할 때 계산하는 주택가격인 과세표준 역시 다른 원인에 비해 상속이 유리하다. 매매는 실거래가를, 2023년 1월 1일 이후에는 증여도 시가를 기준으로 삼지만 상속은 시가표준액을 과표로 삼고 있다. 시가표준액은 실거래금액이나 시가보다 가격이 낮다.

즉, 취득세를 절세하려면 상속인 중 무주택자의 지분율을 1%라도 높이고 증여보다 상속을 원인으로 취득하는 것이 유리하다.

조하림 세무전문위원 메트라이프생명 노블리치센터 솔루션랩, 칼럼모음집 중

(5) 상속받은 부동산, 매도시기에 따라 세금이 다르다

상속개시일부터 6개월 이내 양도 시에는 양도소득세가 없다. 상속받은 부동산은 상속개시일을 기준으로 전후 6개월 이내의 시가로 평가하게 된다. 상속개시일로부터 6개월 이내에 부동산을 양도하면, 그 양도가액이 곧바로 시가로 인정된다. 즉, 양도가액과 취득가액이 같아져 양도차익이 없다. 당연히 납부할 양도소득세도 없다.

이 규정만 보면 6개월 이내에 파는 것이 무조건 유리해 보인다. 하지만, 양도차익에 대해 상속세로 낼지, 양도소득세로 낼지 비교해 보지 않으면 오히려 손해일 수도 있다. 상속세율이 높으면 양도소득세가 유리할 수도 있다.

직접 계산해 봅시다

C씨의 사망 후 가족들이 상속받은 부동산의 감정평가금액이 10억 원, 양도가액이 12억 원이었다. 이 경우 차액 2억 원에 대해 세금을 내야 한다.

상속세 계산 시 최고세율인 50%가 적용된다면, 추가로 1억 원을 상속세로 납부하게 된다. 반면, 10억 원 기준으로 상속세를 먼저 내고, 나중에 12억 원에 양도하면 차액 2억 원에 대해 양도소득세 약 6,000만 원을 납부하게 된다. 이 경우에는 차액 2억 원에 대해 양도소득세를 납부하는 것이 더 유리하다.

상속세율이 낮은 경우에는 6개월 이내 양도가 유리하다. 만약, 상속세 계산 시 적용되는 상속세율이 20%라면 어떨까? 같은 조건에서 2억 원에 대한 상속세는 4,000만 원이다. 이는 양도소득세 약 6,000만 원보다 더 적다. 이 경우엔 6개월 이내에 양도하여 양도소득세가 아닌 상속세를 납부하는 것이 더 유리하다.

	6개월 이내 상속 시가 평가 상속재산 추가 2억 원 상속세	평가기간 이후 양도 양도차익 2억 원 양도소득세
상속세율 50% 구간	1억 원	6,000만 원
상속세율 20% 구간	4,000만 원	6,000만 원

※ 양도차익 2억 원에 대한 양도소득세는 6,000만 원으로 가정

양도 시기의 판단 기준은 어떤 세금을 내는 게 유리한지 따져서 판단해야 한다. 결국 중요한 건, 부동산을 양도할 때 평가금액과 양도가액의 차이에 대해 상속세로 낼 것인지, 양도소득세로 낼 것인지 사전에 비교해 봐야 한다는 점이다. 상속세율이 낮거나, 상속공제 여유가 있다면, 6개월 이내 양도하는 것이 유리하고 상속세율이 높거나, 양도소득세 특례를 적용받을 수 있다면, 6개월 이후 양도가 더 유리하다.

그리고 국세청 감정평가사업도 고려해야 한다. 양도 시기를 미루어 차액에 대해 양도소득세를 납부하기 위해선 앞장에서 살펴본 국세청의 감정평가사업까지 감안해야 한다. 상속개시일이 속하는 달의 말일로부터 15개월 이내 해당 부동산을 양도하고, 평가심의위원회를 거쳐 그 양도가액을 시가로 인정받을 경우 양도가액으로 상속세를 재계산 할 수 있다. 양도가액과 평가금액의 차액에 대해 상속세가 아닌 양도소득세를 납부하는 것이 더 유리한 경우라면, 상속개시일이 속하는 달의 말일로부터 15개월 이후 매매계약을 체결하여야 한다.

절세모음.zip 〈상속·증여편〉

상속받은 부동산을 처분할 때 챙길 것

상속받은 부동산을 처분할 때는 단순히 "양도세가 없다"는 이유로 6개월 이내에 서둘러 팔기보다, 상속세와 양도소득세 중 어느 쪽이 유리한지 반드시 비교하고 판단해야 절세할 수 있다.

금융 자산가

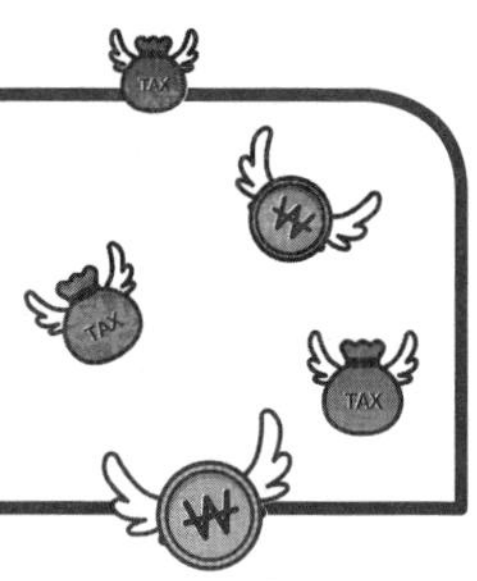

(1) 자녀에게 세금 없이 창업자금을 줄 수 있다

Q. 게임 개발회사에서 일하던 아들은 획기적 아이디어를 떠올리고 창업에 도전했지만 상당한 초기 자금이 필요한 등 현실의 벽에 부딪혔다.

한편, 수십 년간 제조업을 성공적으로 운영했던 아버지는 최근 건강 문제로 회사 지분 대부분을 매각하고 현금을 확보한 상태였다. 아들의 창업 소식에 지원하고 싶은 마음은 굴뚝같았지만, 거액의 증여세가 걱정이다.

"아들의 꿈을 응원하고 싶지만 5억 원을 그냥 주면 1억 원 가까이 세금을 내야 하는데, 좋은 방법이 없을까?"

고민 끝에 아버지는 '창업자금에 대한 증여세 과세특례' 제도에 대해 알게 되었다. 60세 이상의 부모가 18세 이상의 자녀에게 창업자금을 증여할 때 적용되는 이 제도는 다음과 같은 혜택이 있다:

- 5억 원까지 비과세
- 50억 원 한도 내에서 10% 저율과세 적용(10명 이상 신규 고용 시 100억 원까지 확대)
- 자녀 각각에 대해 적용 가능

아버지는 즉시 5억 원을 아들에게 증여할 수 있었고, 세금 부담 없이 창업의 씨앗을 뿌릴 수 있게 되었다. 젊은 개발자는 이 자금으로 꿈꾸던 플랫폼 개발에 전념할 수 있게 된 것이다.

이 제도를 활용할 때 주의해야 할 점들은 다음과 같다:

- 10년간 사업을 유지해야 한다.
- 창업 후 10년 이내에 사업을 폐업하거나 휴업하면 일반 증여세 과세 대상이 된다.
- 증여자 사망 시 상속재산과 합산하여 정산한다.

또한, 상속재산 합산이 불리할 경우를 대비해 일반 증여를 통해 1억 원은 10%, 5억 원까지는 20% 저율로 증여세를 납부하는 방법도 함께 고려할 수 있다.

이 제도의 활용으로 젊은 개발자는 창업의 첫발을 힘차게 내딛을 수 있었다.

"창업자금에 대한 증여세 과세특례"는 금융자산에 여유가 있는 부모가 자녀의 창업을 합법적으로 지원할 수 있는 유용한 제도다. 이는 세대 간 부의 이전을 촉진하고 청년 창업을 장려하는 긍정적인 효과를 가져올 수 있다.

상세한 제도는 '창업자금에 대한 증여세과세특례'에서 소개한다.

(2) 지금 쓸 돈 아니면 현금보다 금융자산 증여가 유리하다

현금이 아닌 금융자산(주식, 펀드 등)을 증여하는 것이 현금 증여보다 유리할 수 있는 이유는 자산의 가치 변동과 절세 효과에 있다.

금융자산(예: 주식, 펀드)은 증여 시점의 시가로 평가되어 증여세가 산정된다. 만약 금융자산의 가치가 향후 상승할 것으로 예상된다면, 증여 시점에 낮은 가치로 증여세를 내고, 이후 자산이 오르면 수증자(받는 사람)가 추가 세금 부담 없이 이익을 누릴 수 있다.

반면, 현금은 가치 변동이 없으므로, 증여 후 자산 운용에 따른 이익은 별도의 소득세 과세 대상이 될 수 있다.

금융자산을 증여받은 수증자는 자산을 장기적으로 운용해 추가 수익을 기대할 수 있다.

예를 들어, 1억 원 상당의 주식을 증여받고, 주가가 두 배로 오르면 수증자는 2억 원의 자산을 보유하게 되지만, 증여세는 증여 시점의 1억 원 기준으로 이미 납부했으므로 추가 세금이 없다.

현금은 증여 후 바로 소비하지 않는 한, 별도의 자산 증식 효과가 없다. 또한, 현금을 증여받은 후 주식 등에 재투자할 경우, 투자 성과에 따라 양도소득세 등 세금이 발생할 수 있다.

증여세는 증여받은 재산의 종류와 관계없이 동일한 세율이 적용되지만, 금융자산은 향후 가치 상승분에 대해 추가 과세가 없다는 점에서 장기적으로 유리하다. 특히 자녀 등에게 자산을 미리 분산 증여하면, 각 증여 건마다 증여재산공제를 적용받아 누진세율 부담을 줄일 수 있다.

금융자산, 오르기 전에 증여하자

고객 유형별 절세 컨설팅

지금 당장 사용할 돈이 아니라면, 현금보다 금융자산을 증여하는 것이 자산 증식과 절세 측면에서 더 유리하다. 특히 금융자산의 가치가 오를 가능성이 높을 때, 증여 시점의 낮은 평가액으로 증여세를 납부하고, 향후 수증자가 자산 증식의 혜택을 온전히 누릴 수 있기 때문이다. 증여 계획 시 자산의 종류와 증여 시점을 꼼꼼히 따져보는 것이 중요하다.

(3) 증여세가 부담이라고? 대여가 대안이 될 수 있다.

현금 증여는 증여세 부담이 크지만, 필요에 따라 '금전 대여' 방식이 대안이 될 수 있다. 단, 세법상 요건과 주의사항이 있다.

가족 간에 돈을 주고받을 때, 국세청은 일단 '증여'로 간주하고 증여세 과세 여부를 검토한다. 부모가 자녀에게 현금을 증여하면 증여세가 부과되어, 성인 자녀 기준 10년간 5,000만 원을 초과하면 초과분에 대해 10~50%의 누진세율로 증여세가 발생한다.

부모가 자녀에게 돈을 '빌려주는' 형식(금전소비대차계약)으로 자금을 이전하면, 증여가 아니라 대여로 간주되어 증여세 부담이 없다. 단, 실제 대여임을 입증할 수 있어야 하며, 차용증 작성, 공증, 이자 지급, 상환 내역 등 객관적 증빙이 필수가 된다.

세법상 가족 간 대여는 적정 이자율(2025년 기준 연 4.6%)을 적용해야 하며, 무이자 또는 저리로 빌려줄 경우, 적정 이자율과 실제 이자율 차이에 해당하는 이익이 연 1,000만 원 이상이면 그 이익에 대해서 증여로 간주되어 증여세가 과세된다. 즉, 계산하면 약 2억 1,700만 원까지는 무이자 대여 시에도 연 1,000만 원 미만의 이자상당액이므로 증여세가 부과되지 않는다.

여기에서 가장 주의해야 할 것은 단순히 가족 간에 돈을 송금하면, 세무서에서 증여로 추정할 수 있다는 것이다. 대여임을 명확히 입증해야 하며, 차용증, 이자 지급 내역, 상환 계획 등이 필요하다. 차용증은 공증 등으로 법적 효력을 강화하고, 실제 이자 지급과 상환은 계좌이체로 남기는 것이 바람직하다. 대여금액이 크거나 장기인 경우, 전문가 상담을 통해 세무 리스크를 점검하는 것이 좋다.

절세모음.zip 〈상속·증여편〉

자녀에게 이자 없이 돈 빌려주는 법 🔍

우선 '증여'와 '대여'의 차이를 짚어보자. '증여'는 무상(無償)으로 금전 등의 재산을 수증자에게 이전시키는 것으로, 원금에 대한 소유권까지 수증자인 자녀에게 완전히 넘기는 것이지만, '대여'는 적정한 이자를 정기적으로 수취할 뿐 아니라, 원금 상환의 의무가 차용자인 자녀에게 부과되는 것이다.

> 부모 – 자녀 간 대여의 적정 대여 이자율은 연 4.6%

가장 궁금한 사항은 '도대체 자녀에게 얼마의 이자를 받아야 하느냐'다.

상속세 및 증여세법 등에서는 정확한 이율을 제시하고 있다. 2025년 현재 특수관계인 간 대출에 대한 적정 이자율은 연 4.6%로 규정되어 있다.

부모는 얼마든지 자녀에게 자금을 대여해 줄 수 있지만, 실제로 대여임을 증빙하는 자료와 함께 연 4.6% 이자율로 계산된 이자를 꼬박꼬박 자녀로부터 수취해야 한다.

증여세 과세여부(서면4팀–903, 2007.03.16)

사실상 소비대차계약에 의하여 타인으로부터 자금을 차입하여 사용하고 추후 이를 변제한 경우, 그 사실이 채무부담계약서, 이자지급 사실, 담보제공 및 금융거래내용 등에 의하여 확인이 되는 경우에는 당해 차입금 및 그 변제한 금액에 대하여 증여세가 과세되지 아니하는 것이나, 이에 해당되는지 여부는 구체적인 사실을 확인하여 판단할 사항임.

부모가 자녀에게 해 준 자금대여를 인정받으려면

1. 차용증(확실하게 하고 싶다면 '공증을 받은 차용증')
2. 적정이자율 설정(4.6%)
3. 이자지급 및 원금상환에 대한 금융거래 자료(계좌이체 결과 등)

연 4.6%보다 더 낮은 이율로 자금을 대여해 주면 어떤 문제가 발생할까?

사례 1

이자율이 4.6%보다 낮아도 연간 1,000만 원 차익 미만인 경우

Q. 5억 원의 자금을 자녀에게 적정 이자율인 연 4.6%보다 낮은 연 3.0%로 빌려주면 부모로부터 자금을 싸게 빌린 자녀는 증여세를 납부할까?

A. NO

적정 이자율보다 낮은 이율로 자금을 대출받아 발생한 이자금액 차액이 연간 1,000만 원 이상일 때부터 증여세 과세대상이 되기 때문이다.

5억 원을 적정 이자율인 연 4.6%로 대여할 경우 자녀는 매년 2,300만 원의 이자를 지급해야 하는데, 연 3.0%로 빌릴 경우 매년 1,500만 원의 이자만을 지급하게 된다. 하지만, 그 차액은 연 800만 원으로 연 1,000만 원 미만이므로 증여세 과세대상에 포함되지는 않는다.

사례 2

10억 원을 연 3.6%로 대여한 경우

Q. 자금 여력이 충분한 부모가 10억 원의 현금을 자녀에게 대여해준다면 몇 %의 대출이율을 적용하면 좋을까?

A. 연 3.6% 초과

왜냐하면? 부모가 10억 원을 적정 대출이율인 4.6%로 자녀에게 대여해준다면, 자녀는 연 4,600만 원의 이자를 지급해야 한다. 하지만, 3.6% 초과의 대출이율을 적용하여 연 3,600만 원 초과의 이자를 지급하면 된다. 차액이 1,000만 원 미만이므로 증여세 과세대상이 아니다.

절세모음.zip 〈상속·증여편〉

대여금액	연 4.6%를 적용한 적정 연간 이자금액	증여에 포함되지 않을 최저 연간 이자금액	증여에 포함되지 않을 최저 연간 이자율
5억 원	2,300만 원	1,300만 원 초과	연 2.60% 초과
10억 원	4,600만 원	3,600만 원 초과	연 3.60% 초과
15억 원	6,900만 원	5,900만 원 초과	연 3.93% 초과
20억 원	9,200만 원	8,200만 원 초과	연 4.10% 초과

사례 3

217,391,304원을 무상 대여한 경우

Q. 부모가 아예 이자를 받지 않고 무상으로 자금을 대여해 줄 수는 없을까?

A. 위에서 살펴본 바와 같이 그 차액이 연간 1,000만 원 미만이면 가능하다.

즉, 실제로 금액을 계산해 보면, 1,000만 원 / 4.6% = 217,391,304원이다.

대략 2억 원까지는 자녀에게 무상으로 자금을 대여해 주어도 좋다는 결론이다. 다만, 금전대여임을 증빙하는 자료준비와 원금상환은 필수라는 점을 꼭 기억하자. 국세청에서는 원칙적으로 부모자식 간 금전 대여는 증여로 추정하며, 금전 증여가 아닌 금전 대여임을 입증해야 하는 책임은 납세자에게 있다. 부모자식 간에도 차용증서를 정확히 작성하고, 어떤 경우라도 원금은 반드시 상환해야 한다.

핵심요약

- 실질 대여임을 증빙할 자료를 준비하라[(공증받은)차용증, 이자 및 원금변제 거래내역 등]
- 적정이자율은 4.6%이다.
- 이자율을 더 낮게 대여하더라도 연간 차익이 1,000만 원 미만이면 증여로 보지 않는다.

최대 약 2억까지는 자녀에게 무상으로 대여 가능하다(4.6% 이자계산시 차익 1,000만 원 미만)

(4) 무상으로 빌려줄 수 있는 금액은 법인이 더 크다

자녀가 주주로 있는 법인(이하 '특정법인')이 부모로부터 무상으로 현금을 빌릴 수 있다면, 그 법인은 그 현금을 활용해 부동산을 사들이거나 다른 투자를 통해 수익을 창출할 수 있다. 높은 이자율로 받은 금융기관 대출이 있다면 무이자 자금으로 해당 대출을 상환해 법인의 자금 부담을 줄일 수도 있다. 이처럼 법인이 무상으로 현금을 빌릴 수 있다면, 간접적으로 자녀에게 경제적 이익이 돌아가는 셈이 되므로 세법에서는 이를 그냥 넘기지 않는다.

세법에서는 '특정법인'을 통한 우회적인 증여를 막기 위해, 특정법인에게 이익을 제공한 경우 특정법인의 주주에게 증여세를 부과할 수 있는 규정을 두고 있다. 다만, 이 경우에는 증여세가 무조건 부과되는 것이 아니라, 다음과 같은 행위에 해당할 때만 과세가 가능하다. 구체적으로는 다음 6가지다:

1. 재산이나 용역을 무상으로 제공받는 경우
2. 시가보다 낮은 가격으로 재산이나 용역을 제공받는 경우
3. 시가보다 높은 가격으로 재산이나 용역을 제공하는 경우
4. 불균등 감자 등 자본거래를 통해 이익을 나누는 경우
5. 해당 법인의 채무를 대신 갚거나 면제해 주는 경우
6. 시가보다 낮은 가격으로 현물출자 하는 경우

부모가 무상 또는 저리로 현금을 대여하는 행위는 위 1. 및 2. 규정에 해당하여, 이 경우 자녀가 이익을 본 금액에 대해 증여세가 부과될 수 있다.

개인과 법인에 적용되는 기준에는 차이가 있다. 개인이 자녀에게 직접 돈을 빌려주는 경우에는, 자녀가 연간 1,000만 원 이상 이익을 봤을 때만 증여세가 부과된다. 반면, 특정법인 통해 이익을 보는 경우에는 기준금액이 더 크다. 주주 개인이 연간 1억 원 이상의 이익을 본 경우에만 증여세가 과세된다.

법인을 통해 발생한 이익은 다음과 같이 계산한다: 먼저, 법인이 이익을 본 금액을 계산하고 거기에 주주의 지분율을 곱해서 주주의 이익금액을 계산한다.

직접 계산해 봅시다

Q. 자녀 두 명이 각각 50%의 지분을 가진 법인에 5억 원을 무상으로 빌려준 경우, 증여세는 얼마나 될까?

A. 증여세는 부과되지 않는다.

법인의 이익금액: 5억 원 × 4.6%(적정 이자율) = 2,300만 원

각 자녀가 본 이익: 2,300만 원 × 50% = 1,150만 원

자녀 1인이 본 이익 < 1억 원

그러면 얼마나 빌려줄 수 있을까?

자녀 한 명이 이익을 1억 원까지 보려면, 법인은 다음과 같은 금액을 무상으로 빌릴 수 있다.

주주 1인 당 무상으로 빌릴 수 있는 최대금액

1억 원 ÷ 4.6%(적정 이자율) ≒ 21억 7,000만 원

만약 주주가 2명이고 지분이 각각 50%라면, 최대 43억 4,000만 원까지 무이자 대여가 가능하다. 이는 개인에게 직접 빌려줄 수 있는 금액(2억 1,700만 원 내외)에 비해 약 10배 많은 금액이다.

소득세와 관련한 부분도 알아보자. 세법에는 '부당행위계산 부인'이라는 규정이 있다. 특수관계자 간 거래로 부당하게 세금이 줄어드는 경우 세금을 추징하는 규정이다.

예를 들어, 제3자에게 현금을 빌려줬다면 이자를 받았을 것이고, 그 이자에 대해 소득세를 납부했을 것이다. 그런데 특수관계자인 특정법인에게 무상으로 대여한 경우에는 이자소득이 발생하지 않아 소득세를 납부하지 않게 된다. 이럴 경우, 국세청은 '왜 이자 안 받았느냐'며 이자를 받은 것처럼 보고 과세할 수 있는 것이다. 그러나 다행히도, 이자소득에 대해서는 부당행위계산 부인 규정이 적용되지 않는다. 무상으로 현금을 대여한 부모에게 세법상 불이익은 발생하지 않는다.

자녀가 주주로 있는 법인에 현금을 무상 또는 저리로 대여하는 경우, 자녀 개인에게 직접 돈을 빌려주는 것보다 훨씬 더 많은 금액을 세금 부담 없이 대여할 수 있다. 세법상 특정법인을 통한 증여는 주주 1인이 연간 1억 원 이상의 이익을 얻는 경우에만 증여세가 과세되므로, 이 한도를 잘 활용하면 수십억 원 규모의 자금도 무이자로 빌려주는 것이 가능하다. 또한, 이자소득에 대한 소득세 과세 문제도 발생하지 않아, 무상대여를 하는 부모 입장에서도 별다른 세금상 불이익이 없다.

절세모음.zip 〈상속·증여편〉

이건 꼭 챙기자

고객 유형별 절세 컨설팅

자녀가 주주로 있는 특정법인에 부모가 현금을 무상으로 대여하는 경우, 실제로 법인에 대여한 현금이 확실한지, 그 자금이 어떻게 사용되었는지에 대한 입증이 가능해야 세무 리스크를 줄일 수 있다. 법인이 해당 자금을 어떤 방식으로 활용했는지 명확하게 기록하고, 이를 입증할 수 있는 자료를 확보하는 것이 중요하다.

(5) 법인에 증여할 때 법인세까지 무상으로 빌려줄 수 있다

법인에 무상으로 대여한 금액을 법인이 다시 주주인 자녀에게 무상 또는 저리로 대여하면 법인과 자녀 모두 세법상 불이익이 발생할 수 있다. 법인에 무상으로 대여한 금액을 증여세 납부재원으로 활용하려면 자녀가 아닌 법인에 자산을 증여하면 된다.

특정법인에 자산을 증여하는 경우 주주에게 추가로 증여세를 부과하는 것은 부당한 행위에 대해 세법상 불이익을 주는 것이 아니라, 우회증여로 인한 증여세 부담을 줄여주는 것을 방지하기 위해서다. 법인에 증여 시 법인세와 주주가 납부하는 증여세의 합계액은 자녀가 직접 증여를 받았을 때 납부하는 증여세보다 더 많아지지 않는다.

예를 들어, 자녀에게 직접 증여할 경우 증여세가 1억 5,000만 원이 발생하는 자산을 자녀가 주주인 법인에 증여했을 때, 법인세가 1억 원이라면 자녀는 5,000만 원의 증여세만 추가로 납부하면 된다.

즉, 특정법인을 통해 증여하면 증여세 납세 의무자는 법인과 자녀로 나뉘게 되지만, 추가적인 세 부담은 발생하지 않는다.

법인에 무상으로 대여할 수 있는 금액은 자녀 개인에게 직접 무상으로 대여할 수 있는 금액보다 약 10배 많다. 부모가 자녀가 주주인 특정법인에 자산을 증여할 때 이를 활용한다.

법인이 납부해야 할 법인세를 부모가 무상으로 대여한 금액으로 충당할 수 있다. 이 방식은 자녀가 납부해야 하는 증여세 부담을 상당히 낮추므로 증여세 납부 재원 마련에 대한 고민을 줄일 수 있다.

예를 들어, 시가 50억 원 상당의 부동산을 자녀 2인에게 증여할 때, 자녀 1인이 납부해야 하는 증여세는 약 8억 원이다. 이 금액을 연부연납을 통해 최대 6회로 나누어 납부할 경우, 1회 납부해야 할 증여세는 약 1억 4,000만 원이 된다. 만약 증여 받은 부동산의 임대수익률이 5%라면, 1년간 발생하는 임대소득은 세전 기준으로 약 2억 5,000만 원이다. 이 금액을 절반으로 나누면 자녀 1인이 납부해야 할 연부연납

절세모음.zip (상속·증여편)

세액보다 적다. 결국, 임대소득 외 다른 재원을 통해 증여세를 마련해야 하며, 그것이 여의치 않다면 증여세를 납부할 자금이 부족해 증여를 진행할 수 없는 상황이 발생한다.

법인에 증여 후 법인세 납부를 무상 대여하면 어떻게 될까?

시가 50억 원 상당의 부동산을 성년자녀 2인이 50%씩 보유한 주주인 특정법인에 증여하고, 부모가 법인세를 무상으로 대여하는 경우를 가정해 보자. 법인이 증여받은 시가 50억 원 부동 산에 대해 납부해야 할 법인세는 법인의 다른 영업이익을 고려하지 않으면 10억 7,800만 원이며 취득세는 2억 원이다. 주주 1인이 납부해야 할 증여세는 약 3억 2,000만 원이다.

부모가 법인세와 취득세 12억 7,800만 원을 무상으로 대여하는 경우, 주주 1인이 얻는 이익은 약 2,900만 원(12억 7,800만 원 × 4.6% × 50%)이 된다. 이는 1억 원 미만으로 추가적인 증여세가 부과되지 않는다. 또한, 주주 1인이 납부할 증여세를 연부연납을 통해 최대한 나누어 납부하는 경우, 1회차 증여세는 약 5,300만 원이 된다. 해당 부동산에서 발생하는 임대소득은 연간 2억 5,000만 원으로, 법인세 납부 후 금액을 배당으로 자녀에게 지급하는 방식으로 연부연납에 따른 증여세를 충당할 수 있다.

부담스러운 증여세 해결법　🔍

법인에 증여한 후 법인세를 부모가 무상으로 대여하면, 증여 부동산에서 발생하는 임대소득으로 자녀는 납부할 증여세 재원을 마련할 수 있게 된다. 자녀가 증여세를 납부할 준비가 되어 있지 않은 상황에서도 증여가 가능해진다.

03 기업가

(1) 600억 원까지 상속세 없다는 가업상속, 이것 안 챙기면 세금폭탄 맞는다

Q. IMF 이전부터 사업을 시작한 홍길동 대표는 이제 경영기간이 거의 30년이 다 되었다. 주변에서 들어보니 가업상속을 하면 법인에 대한 상속세는 없고, 다른 재산도 배우자공제 등을 받으면 거의 상속세가 없다고 하더라. 그래서 상속세 대한 준비는 거의 하지 않고 있는데 괜찮을까? 홍길동 대표의 법인 지분에 대한 가치는 250억 원이며, 거주하고 있는 아파트를 포함한 부동산 재산은 30억 원, 금융재산은 약 10억 원이 있다.

홍길동 대표가 알고 있는 것처럼 10년 이상 법인의 대표로 경영을 하였으면 300억 원(20년 이상 400억 원, 30년 이상 600억 원 한도)을 기본적으로 가업상속공제가 가능하다. 그리고 다른 재산에 대하여 배우자공제 최대 30억 원과 일괄공제 5억 원, 금융재산공제 최대 2억 원 등을 받으면 상속세는 큰 부담이 되지 않는다(아래 표 참조).

그런데 여기서 주의해야 할 점이 2가지 있다. 먼저 가업상속에 있어서 사업용자산 비율을 고려해야 한다. 사업용자산 비율이란, 법인의 총 자산가액에서 사업용 자산가액이 차지하는 비율이다. 즉, 사업무관자산에 대한 것은 가업상속공제 대상이 아니다. 상속세 및 증여세법에서는 상속개시일 현재 다음의 자산을 사업무관자산으로 보고 있다.

사업무관자산의 종류

① 법인세법 §55의2(비사업용토지 등)에 해당하는 자산

② 법인세법 시행령 §49(업무무관자산) 및 타인에게 임대하고 있는 부동산

③ 법인세법 시행령 §61①2호(대여금)에 해당하는 자산

④ 과다보유 현금 (상속개시일 직전 5개 사업연도말 평균 현금 보유액의 200% 초과)

⑤ 법인의 영업활동과 직접 관련이 없이 보유하고 있는 주식 등, 채권 및 금융상품
　 (과다보유현금 제외)

따라서, 법인이 보유하고 있는 임대부동산, 상장회사 주식 등의 투자자산은 사업무관자산이 되어서 사업용자산 비율은 60%가 된다. 즉, 40%는 사업무관자산이므로 가업상속공제 대상이 아니다.

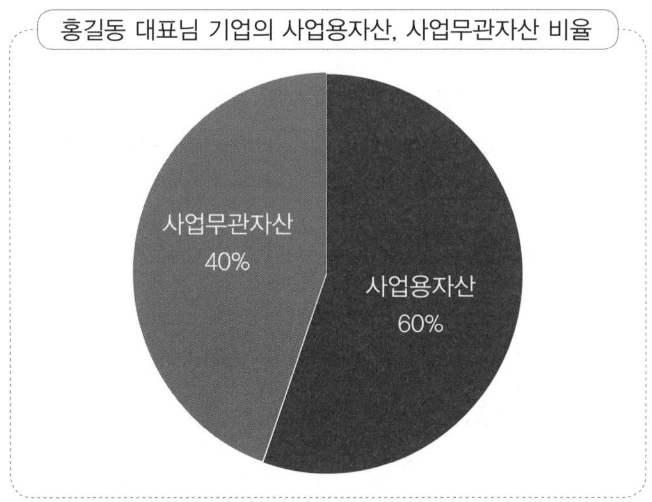

다시 말하면, 250억 원의 지분 가치 중에서 150억 원은 가업상속공제가 가능하지만, 100억 원은 일반상속으로 상속세과세표준에 합산이 된다.

절세모음.zip (상속·증여편)

아래의 표에서 계산한 상속세를 보면, 사업용자산 비율이 100%인 경우에 비하여 그 비율이 60%인 경우에 상속세는 약 45억 원이 증가하는 것을 알 수 있다. 큰 부담이 없는 상속세가 아니라 매우 부담이 되는 상속세인 것이다.

사업용자산 비율에 따른 상속세 비교

(단위: 천 원)

사업용자산 비율	100%	80%	60%
총 상속과세액	29,000,000	29,000,000	29,000,000
− 상속과세액(금융재산)	1,000,000	1,000,000	1,000,000
− 상속과세액(부동산재산)	3,000,000	3,000,000	3,000,000
− 상속과세액(법인주식)	25,000,000	25,000,000	25,000,000
상속세과세가액	28,985,000	28,985,000	28,985,000
− 장례비용	15,000	15,000	15,000
상속공제	28,700,000	23,700,000	18,700,000
− 일괄공제	500,000	500,000	500,000
− 가업상속공제	25,000,000	20,000,000	15,000,000
− 배우자공제	3,000,000	3,000,000	3,000,000
− 금융재산공제	200,000	200,000	200,000
상속세과세표준	285,000	5,285,000	10,285,000
산출세액	47,000	2,182,500	4,682,500
신고세액공제	1,410	65,475	140,475
납부할 세액	45,590	2,117,025	4,542,025

그리고 주의해야 할 점 두 번째는 유류분 문제이다.

홍길동 대표는 배우자와 슬하에 자녀 3을 두고 있다. 장남에게 가업을 승계하면 되고, 다른 자녀들은 남은 재산을 나누고 먹고 살 만하게 지원을 하면 된다고 생각했지만 그게 다가 아니다. 유류분은 상속인이 받을 수 있는 법정상속지분의 50%로 계산이 된다. 290억 원을 전체 재산으로 보면 배우자에게는 48억 원, 자녀에게는 각각 32억 원의 상속지분이 있는 것이다. 장남에게 가업상속재산 250억 원 전액을 승계할 경우 다른 상속인들의 유류분 미충족으로 분쟁의 가능성이 있다. 배우자에게는 최소

30억 원은 상속이 되어야 배우자공제를 받을 수 있으니, 장남이 아닌 다른 자녀에게 상속될 재산이 부족하고, 상속세 45억 원을 아마도 모두 부담해야 하는 장남은 가업상속이 큰 재앙이 될 수도 있는 것이다.

이에 대한 해결방안을 다음 절에서 알아보겠다.

상속인의 유류분 계산 결과

홍길동 님 상속재산	가업상속할 기업지분 250억 + 기타 재산 40억 = 290억			
상속인	배우자	자녀1	자녀2	자녀3
법정상속지분	3/9	2/9	2/9	2/9
유류분	1.5/9	1/9	1/9	1/9
	48.3억	32.2억	32.2억	32.2억

가업상속공제 제대로 활용하는 체크리스트

- 가업상속공제 요건에 해당되는지 자격 체크
- 사업무관자산이 얼마나 되는지 체크
- 사업의 후계자 외 상속인들의 유류분 체크

(2) 가업상속공제 제도의 리스크에 대비하는 3가지 방법

사업용자산 비율, 어떻게 높일까?

가업상속공제 제도를 활용하는 과정에서 예기치 못한 리스크가 발생하는 것을 막으려면 어떻게 해야 할까?

우선 사업용자산 비율을 증가시켜야 한다.

① 임대용 부동산: 임대소득이 발생하는 부동산은 사업무관자산이다. 단, 임직원의 임대주택은 제외한다. 매각해 현금화하거나 본 법인이 직접 사업용으로 사용할 수 있는지 알아보아야 한다.

② 금융상품: 만기가 3개월 초과하는 금융상품은 사업무관자산에 해당한다. 가업상속이 실행이 될 때에는 현금화하는 것이 필요하다. 만기가 3개월 이내인 금융상품은 현금에 포함하여 과다보유현금 해당 여부(상속개시일 직전 5개 사업연도말 평균 현금 보유액의 200% 초과)를 판단해야 한다.

③ 단기대여금: 특수관계인에게 해당 법인의 업무와 관련 없이 지급한 임직원대여금(가지급금)은 사업무관자산이다(상속세 및 증여세법 시행령 제15조제5항제2호). 단, 임직원의 학자금과 주택자금은 제외된다. 가업상속이 실행되기 이전에 가지급금을 줄일 방법을 찾아야 한다. 대표의 퇴직금과 상계하는 방법 등을 활용할 수 있다.

④ 자기주식: 법인이 일시 보유 후 처분할 목적인 자기주식은 사업무관자산에 해당한다. 이익소각, 주식매수선택권, 사내근로복지기금, 타인에게 매각 등의 방법으로 줄일 수 있다.

이러한 방법으로 사업용자산 비율을 60%에서 80%로 조정할 수 있다면, 위의 비교표에서 보듯이 상속세는 24억 원 이상 줄어든다.

가업승계증여특례로 미리 주는 것도 고려하자

리스크를 줄이기 위한 두 번째 방안은 상속세 재원 마련을 위해 가업승계증여특례를 활용하는 것이다. 가업상속에는 지분유지 조건과 가업유지 조건이 있다. 해당 상속인의 지분이 감소하지 않아야 하며, 상속 후 5년간 가업용 자산의 40% 이상 처분이 금지되며, 1년 이상 해당 가업을 휴업하거나 폐업하지 않고 주된 업종을 변경하지 않아야 한다. 즉, 5년간은 상속받은 법인의 주식을 처분하는 방법으로 상속세 재원을 준비할 수 없다는 것이다. 5년간 지분을 유지해야 하는 조건은 가업승계 증여특례에서도 동일하다.

이러한 점을 이용한다면 가업승계증여특례에 의해 증여받은 주식은 5년이 지나면 법인(자사주) 또는 타인에게 매도가 가능하므로 상속세를 납부할 자금을 확보할 수 있다. 가업승계증여특례의 이점은 양도소득의 차이에 따른 절세도 가능하다는 것이다. 가업상속으로 받은 주식의 취득가액은 증액된 금액의 유상증자가 없거나 타인의 주식을 대표가 매수한 경우가 아니라면 대부분 액면가액으로 될 것이다. 따라서 액면가액과 지금의 주식 가치와의 차액이 양도소득이 되고, 이에 대한 양도소득세를 납부하게 된다.(3억 원 이하 20%, 3억 원 초과 25%, 지방소득세 별도) 하지만, 가업승계 증여특례로 받는 주식은 기업이 어느 정도 성장한 후의 가치를 반영하기 때문에 취득가액과 상속이 발생하는 시점의 양도가액의 차액은 앞선 경우보다 작다.

유류분과 상속세 재원 마련을 위해 법인 종신보험을 준비하자

세 번째로 유류분에 관한 것이다. 가업이 아닌 다른 재산으로 유류분이 해결이 되지 않는다면 대표의 일부 지분을 가업상속이 아닌 방식으로 상속하는 것이다. 이 지분은 가업상속 대상이 아니므로 법인에서 상속 발생 후 바로 매수할 수 있으며, 취득가액과 매수가액이 같기 때문에 상속인들에게는 양도소득세는 발생하지 않는다. 물론 상속세는 납부해야 한다. 법인에서는 이 지분을 매수하기 위해 대표를 피보험자로 하는 종신보험과 같은 금융자산을 준비하는 것도 리스크 관리에 하나이다.

가업상속공제 제도 요건

가업상속공제 제도란, 거주자인 피상속인이 생전에 10년 이상 영위한 중소기업 등을 상속인에게 정상적으로 승계한 경우에 최대 600억 원까지 상속공제를 하여 가업승계에 따른 상속세 부담을 크게 경감시켜 주는 제도를 말한다.(상속세 및 증여세법 18의2) 공제되는 금액은 가업상속재산의 100%이다. 공제금액의 한도는 피상속인이 10년 이상, 20년 이상, 30년 이상 경영하였을 경우에 각각 300억 원, 400억 원, 600억 원까지이다.

가업상속공제 제도는 아래 요건을 모두 충족하여야 가능하다.

요건	기준	상세내역
가업	계속경영기업	피상속인이 10년 이상 계속하여 경영한 기업
	중소기업	상속개시일이 속하는 소득세 과세기간 또는 법인세 사업연도의 직전 과세기간 또는 사업연도 말 현재 아래 따른 요건을 모두 갖춘 기업 • 상증령 별표에 따른 가업상속공제 적용 업종을 주된 사업으로 영위 • 조특령 §2① 1, 3호 요건(중소기업기본법상 매출액, 독립성 기준)을 충족 • 자산총액 5천억 원 미만
	중견기업	상속개시일이 속하는 소득세 과세기간 또는 법인세 사업연도의 직전 과세기간 또는 사업연도 말 현재 비고에 따른 요건을 모두 갖춘 기업 • 상증령 별표에 따른 가업상속공제 적용 업종을 주된 사업으로 영위 • 조특령 §9④ 1, 3호 요건(중견기업 성장촉진 및 경쟁력 강화에 관한 특별법 시행령 §2②1호, 독립성 기준)을 충족 • 상속개시일의 직전 3개 소득세 과세기간 또는 법인세 사업연도의 매출액*의 평균금액이 5천억 원 미만 기업회계기준에 따라 작성한 손익계산서상의 매출액

피상속인	주식보유기준	피상속인을 포함한 최대주주 등 지분 40%(상장법인은 20%) 이상을 10년 이상 계속하여 보유
	대표이사 재직요건 (3가지 중 1가지 충족)	가업 영위기간의 50% 이상 재직
		10년 이상의 기간(상속인이 피상속인의 대표이사 등의 직을 승계하여 승계한 날부터 상속개시일까지 계속 재직한 경우)
		상속개시일부터 소급하여 10년 중 5년 이상의 기간
상속인	연령	18세 이상
	가업종사	상속개시일 전 2년 이상 가업에 종사 〈예외규정〉 • 피상속인이 65세 이전에 사망 • 피상속인 천재지변 및 인재 등으로 사망 상속개시일 2년 전부터 가업에 종사한 경우로서 병역·질병 등의 사유로 가업에 종사하지 못한 기간은 가업에 종사한 기간으로 봄
	취임기준	신고기한까지 임원 취임 및 신고기한부터 2년 이내 대표이사 취임
	납부능력	가업이 중견기업에 해당하는 경우, 가업상속재산 외에 상속재산의 가액이 해당 상속인이 상속세로 납부할 금액에 2배를 초과하지 않을 것
	배우자	상속인의 배우자가 요건 충족 시 상속인 요건 충족으로 봄

가업상속공제를 적용받았더라도 가업상속인이 상속개시 이후에 정당한 사유 없이 아래의 세법에서 정한 사후의무요건을 이행하지 아니한 경우에는 상속세가 부과된다. (상속세 및 증여세법 §18 ⑥)

사후관리기간은 5년이다.

(가업종사) 해당 상속인이 가업에 종사

(지분유지) 해당 상속인의 지분이 감소하지 않아야 함

(가업유지) 상속 후 5년간 가업용 자산의 40% 이상 처분금지, 1년 이상 해당 가업을 휴업하거나 폐업하지 않고 주된 업종을 변경하지 않아야 함(단, 대분류 내 업종변경 허용, 평가심의위원회의 심의를 거쳐 대분류 외 변경 허용)

(고용확대) 5년간 정규직 근로자 수 평균 또는 총급여액의 평균이 각각의 기준고용인원 및 기준총급여액(상속개시일 직전2개 사업연도의 평균)의 90% 이상 유지해야 함(둘

중에 한 개만 충족하면 됨).

가업상속재산에 대한 상속세는 거치기간 포함 최장 20년으로 일반상속재산의 연부연납기간보다 더 장기적으로 운영하여 가업승계를 지원하고 있다. (상속세 및 증여세법 § 71조)

세 목			연부연납기간	
			'08.1.1.~'22.12.31. 상속·증여분	'23.1.1. 이후 상속·증여분
상속세	가업상속재산	50% 미만	10년간 분할납부(3년 거치 가능)	20년간 분할납부 (10년 거치 가능) ※가업상속재산 비율 관계없이 적용
		50% 이상	20년간 분할납부(5년 거치 가능)	
	일반상속재산		10년간* 분할납부(거치기간 없음)	
증여세			5년간 분할납부(거치기간 없음) '24.1.1. 이후 증여세 과세표준 신고 기한 내 신청하는 분부터 적용 (이전, 5년 적용)	

* '22.1.1. 이후 상속분부터

가업상속공제를 신청하고자 하는 자는 상속세 과세표준신고서와 함께 아래 서류를 납세지 관할 세무서장에게 제출하여야 한다.

- 가업상속공제신고서(중소기업기준검토표 포함)
- 가업상속재산명세서
- 가업용자산 명세
- 가업상속재산이 주식 또는 출자지분인 경우에는 해당 주식 또는 출자지분을 발행한 법인의 상속개시일 현재와 직전 10년간의 사업연도의 주주현황
- 기타 상속인이 당해 가업에 직접 종사한 사실을 증명할 수 있는 서류

(3) 개인사업자도 가업상속하고 세금혜택 누리자

30년 이상 경영한 사업체는 가업상속 하면 600억 원까지 세금이 없다고 알고 있다. 30년이 넘게 음식점 사업을 했고, 음식점과 관련 부동산은 호가 300억 원 규모이니 상속세는 거의 없다고 생각하고 있다. 다만, 가업을 한 자녀에게만 상속을 하는 경우에는 유류분 문제가 있다고 해서 이를 해결할 방법이 궁금하다.

가업상속공제시 상속인의 요건 중 상속인의 배우자가 상속세 및 증여세법 시행령 제15조 제3항 제2호 가·나·라목의 요건을 모두 갖춘 경우 상속인이 그 요건을 갖춘 것으로 보는 것이라는 판례가 있다. 하지만 과세당국은 상속인의 배우자가 대표이사 등으로 취임하는 경우 상속인이 그 요건을 충족하도록 보는 특례규정을 법인사업자에 한해 적용되는 것으로 해석하고 있으므로 개인사업자의 경우 가업상속을 상속인의 배우자에게 할 수 없다. 즉, 아들이 상속개시일 전 2년 이상 가업에 직접 종사하지 않는다면 가업상속은 불가능하다.

개인사업을 딸에게 (단독) 가업상속 ◄ ► 법인전환 후 가업상속이때 선택할 수 있는 방법은 다음과 같다.

첫 번째는 개인사업자인 음식점을 어쩔 수 없지만 상속세를 줄이기 위해서는 딸에게만 가업상속 하는 것이다. 아들은 유류분 이상의 몫을 청구해 딸에게서 받을 수 있다. 사실상 딸에게 재산을 몰아주게 되어 가족 간 동의를 얻기 쉽지 않을 것으로 예측된다. 따라서 추가로 아들에게 줄 수 있는 재산을 고려하여 절세도 하면서 가족 간의 분쟁도 막는 방법을 강구해야 한다. 모친의 본래 소유하고 있는 재산과 모친이 배우자공제(5억~30억 원, 법정상속분)를 통해 상속받은 재산은 아들에게 상속하기로 한다든지, 모친을 피보험자로 하는 종신보험을 부친이 계약자와 수익자가 되어 가입하여 나중에 아들에게 상속하는 방법 등을 이용한다면 어느 정도의 합의가 가능할 수 있다.

두 번째 방법으로는 음식점을 법인으로 전환해 가업상속 하는 것이다. 딸은 이미 가업에 참여하고 있으므로 가업승계가 가능하다. 만약 아들의 배우자(며느리)가 가업에 참여할 수 있어 앞선 상속세 및 증여세법 시행령 제15조 제3항 제2호 가·나·라목의 요건을 충족시킨다면 아들 역시 가업승계가 가능하다. 그리고 법인이기 때문에 가업승계 증여세 과세특례와 가업상속공제 특례가 모두 가능하며, 경영권과 소유권(회사 지분)을 분리할 수 있어 적절한 준비가 더해진다면 가업상속공제 혜택을 누리면서 분쟁도 예방할 수 있다.

부친이 계약자/수익자, 모친이 피보험자인 종신보험으로 유류분 문제 해결

모친이 피보험자인 종신보험은 모친의 사망으로 사망보험금이 발생한다. 부친이 먼저 사망하는 경우에는 종신보험은 상속재산에 금융재산으로 포함된다. 가업승계를 받지 않는 자녀에게 종신보험을 상속하면, 모친의 유고 시에 사망보험금을 세금 한 푼 내지 않고 종신보험을 상속받은 상속인이 받게 된다. 물론 종신보험의 총 납입한 보험료에 대한 상속세는 납부해야 한다. 종신보험은 금융재산으로 금융재산공제(2억 원 이하)를 받을 수 있으며, 연대납세의무 제도를 활용하면 가업승계를 받는 상속인이 상속세를 부담할 수도 있다.

(4) 부동산 가업상속을 위한 베이커리 카페

  임대사업은 가업상속 대상이 아닌 것을 알고 있는 홍길동 씨는 얼마 전에 베이커리 카페를 하면 상속세가 없는 가업상속이 가능하다는 이야기를 들었다. 주변에 대형 베이커리 카페가 들어서는 것이 단순한 외식업의 트랜드인 줄 알았는데, 상속세 절감의 혜택을 활용하는 자산가들의 전략적인 판단이라는 생각이다. 베이커리 카페가 좋은 방법일까?

  가업상속 공제를 받을 수 있는 업종은 엄격히 한정되어 있기 때문에 그 기준에 맞추는 것이 매우 중요하다. 커피 전문점은 과세특례 업종이 아니지만, 빵집은 과세특례 대상 업종으로 분류된다. 따라서, 단순한 카페보다는 베이커리 카페로 사업을 운영할 경우 가업상속 공제를 받을 수 있는 가능성이 더 높아진다.

  임대하고 있던 부동산을 모두 베이커리 카페로 사용한다면 사업용자산에 해당되어 가업상속공제가 가능하다. 보유하고 있는 부동산의 가치 상승과 상속세 절감 혜택을 모두 누리기 위한 복합적인 전략의 일환으로 베이커리 카페는 훌륭하다.

  주의해야 할 점을 알아보자.

  우선 가업상속을 위해서는 가업영위기간이 최소 10년은 되어야 한다.

  단지, 가업상속공제를 위해서만 하는 사업이라면 수익성보다는 사업 자체를 하려는 목적일 가능성이 높다. 10년 이상을 직접 운영하지 않거나 못 할 사업을 하다가 가업상속공제를 받지 못하는 경우가 발생하면 이보다 난처한 경우가 없을 것이다.

  또한 가업상속이 되더라도 5년간 사업을 계속 유지해야 할 유지조건도 있다. 사업이 잘되지 않아도 사업은 계속 해야 하며, 5년 내 부동산은 매각할 수 없다. 초기에 사업을 하기 위해 큰 비용이 들어간다는 점도 꼭 염두에 두어야 한다. 현물출자에 의한 법인 전환과 비교했을 때에 초기 비용과 이월과세, 양도소득세 절감 등 비교를 할 필요가 있다.

  그리고 가업상속을 받는 경우에 부동산의 취득가액은 피상속인이 부동산을 취득할

절세모음.zip (상속·증여편)

때의 금액이 된다. 가업상속 시점의 시가가 취득가액이 될 수 없는 것이다. 양도소득세에 관련하여서 이월과세가 될 뿐 절세가 되지는 않는다.

베이커리 카페 등으로 가업상속공제를 받기 위해서는 절세 전략으로만 접근하기보다는 복합적인 고려가 필요하다.

(5) 세금혜택 받고 미리 주는 가업승계증여세 과세특례를 활용하자

중소·중견기업 경영자의 고령화에 따라 생전에 자녀에게 가업을 계획적으로 사전 상속할 수 있도록 지원하기 위하여 가업주식을 증여하는 경우 600억 원을 한도로 10억 원을 공제 후 10%(과세표준이 120억 원 초과 시 초과금액은 20%)의 저율로 증여세를 과세하고, 가업주식을 증여받은 후 증여자가 사망한 경우에는 증여시기에 관계없이 상속세 과세가액에 가산하나, 상속개시일 현재 가업상속 요건을 모두 갖춘 경우에는 가업상속공제도 적용받을 수 있다.(조세특례제한법 §30의6)

가업승계 증여세 과세특례 제도는 지금, 이 제도를 활용해 먼저 가업의 주식을 증여한 후 남은 주식은 가업상속공제 하거나, 아니면 나중에 한꺼번에 가업상속공제 하는 경우 중 어떤 것이 유리한지 비교해 의사결정 하는 경우가 많다.

비교 포인트는 첫째, 세금 등 절세 측면, 둘째, 수증자인 후계자가 요건을 갖추고 있는지(현재 가업 종사, 증여일로부터 3년 이내 대표이사 취임), 셋째, 기업가치 상승 여력 등이다.

가업승계 증여세 과세특례는 아래 요건을 모두 충족하여야 가능하다.

가업승계증여세 과세특례 요건

요건	기준	상세내역
	계속경영기업	증여자가 10년 이상 계속하여 경영한 기업
가업	중소기업	증여일이 속하는 소득세 과세기간 또는 법인세 사업연도의 직전 과세기간 또는 사업연도 말 현재 아래 따른 요건을 모두 갖춘 기업 • 상증령 별표에 따른 가업상속공제 적용 업종을 주된 사업으로 영위 • 조특령 §2① 1, 3호 요건(중소기업기본법상 매출액, 독립성 기준)을 충족 자산총액 5천억 원 미만
	중견기업	증여일이 속하는 소득세 과세기간 또는 법인세 사업연도의 직전 과세기간 또는 사업연도 말 현재 비고에 따른 요건을 모두 갖춘 기업 • 상증령 별표에 따른 가업상속공제 적용 업종을 주된 사업으로 영위 • 조특령 §9④ 1, 3호 요건(중견기업 성장촉진 및 경쟁력 강화에 관한 특별법 시행령§2②1호, 독립성 기준)을 충족 • 증여일의 직전 3개 소득세 과세기간 또는 법인세 사업연도의 매출액*의 평균금액이 5천억 원 미만 기업회계기준에 따라 작성한 손익계산서상의 매출액
수증자	연령	18세 이상 거주자인 자녀
	가업종사	신고기한까지 가업 종사, 증여일로부터 3년 이내 대표이사 취임
증여자	연령	60세 이상인 수증자의 부모
	주식보유기준	증여자 포함한 최대주주 등 지분 40%(상장법인은 20%) 이상을 10년 이상 계속하여 보유
증여물건	주식	가업법인의 주식 또는 출자지분 증여

가업승계 증여세 과세특례를 적용받았다 하더라도 수증자가 증여일 이후에 정당한 사유 없이 아래의 세법에서 정한 사후의무요건을 이행하지 아니한 경우에는 증여세가 부과된다.

사후관리기간은 5년이다.

(가업종사) 증여세 과세표준 신고기한까지 가업에 종사하고 증여일부터 3년 이내에 대표이사로 취임하고 5년까지 대표이사를 유지하여야 함

(가업유지) 1년 이상 해당 가업을 휴업하거나 폐업하지 않고 주된 업종을 변경하지 않아야 함

단, 대분류 내에서 업종을 변경하는 경우와 평가심의위원회 심의를 거쳐 대분류 외 변경 허용

(지분유지) 해당 수증자의 지분이 감소하지 않아야 함

증여세 신고기한까지 과세표준 신고서와 함께 가업승계 주식 등 특례신청서를 납세지 관할세무서장에게 제출하여야 하며, 신고기한까지 신청하지 아니하면 과세특례를 적용받을 수 없다.

- 증여세 신고서(창업자금 및 가업승계주식 등 특례세율 적용 증여재산 신고용)
- 가업승계 주식 등 증여재산평가 및 과세가액 계산명세서

가업승계도 사업용자산 비율을 늘려야 한다 🔍

Q. 홍길동 대표는 가업상속을 하면 되는 것을 굳이 가업승계 증여를 할 필요가 있을까 생각하였다가 상속세 재원 마련을 위해서는 증여도 필요하다는 것에는 동의하였다. 그러면 어느 정도의 지분을 가업승계로 증여하는 것이 좋을지 궁금하였다. 무작정 본인의 지분을 많이 넘겨주고 뒤로 물러나고 싶지는 않았다.

배우자공제와 다른 자녀의 유류분을 고려한다면 상속세는 장남이 모두 부담해야 할 것이다. 기업가치의 변동, 물가상승률까지 고려하지 않고, 지금 현재의 상속세를 납부할 수 있을 금액을 준비해야 하는데, 가업상속은 20년, 일반상속은 10년의 연부연납이 가능하므로 납부할 상속세의 50% 선이면 적절하다고 보인다.

여기서 한 가지. 가업승계 증여세 과세특례에 의해 증여하는 경우에도 사업용자산 비율이 중요하다. 가업상속과 마찬가지로 사업용자산에 대해서는 가업승계 증여특례가 적용되지만 사업무관자산에 대해서는 일반증여가 적용된다.

사업용자산 비율을 80%로 증가시켰을 때의 상속세가 약 20억 원이므로 20억 원의 지분을 증여하는 경우, 현재의 사업용자산 비율 60%일 때의 증여세와 80%로 하였을 때의 증여세를 아래 표 2에 비교하였다. 표 2에서 보듯이 증여세가 6,185만 원의 차이가 발생한다. 표 3은 지분 10억 원을 증여하는 경우의 증여세를 비교하였다. 일반증여로 인하여 3,880만 원의 차이가 발생한다.

【표2】 지분 20억 원을 증여하는 경우의 증여세 비교

구 분	사업용자산 비율 60%		사업용자산 비율 80%	
	가업승계분	일반증여분	가업승계분	일반증여분
증여세 과세가액	12억 원	8억 원	16억 원	4억 원
가업승계 증여 공제액	10억 원	0.5억 원	10억 원	0.5억 원
증여세 부담세액	2,000만 원	16,005만 원	6,000만 원	5,820만 원
증여세 합계	18,005만 원		11,820만 원	

【표3】 지분 10억 원을 증여하는 경우의 증여세 비교

구 분	사업용자산 비율 60%		사업용자산 비율 80%	
	가업승계분	일반증여분	가업승계분	일반증여분
증여세 과세가액	6억 원	4억 원	8억 원	2억 원
가업승계 증여 공제액	6억 원	0.5억 원	8억 원	0.5억 원
증여세 부담세액	–	5,820만 원	–	1,940만 원
증여세 합계	5,820만 원		1,940만 원	

따라서 가업승계 증여세 과세특례를 적용하여 증여하는 시점도 사업용자산 비율을 증가시킨 후로 고려할 수 있다. 지분율을 증가시키기 위해서 기업가치를 감소하는 것도 생각해 볼 수 있다.

가업승계증여세 과세특례를 적용받은 수증자가 사망하면 가업상속공제를 받을 수 있을까?

Q. 5년 전 홍길동 씨는 20년 이상 가업을 경영한 아버지로부터 법인의 주식 일부(10%)를 가업승계 증여세 과세특례를 통하여 증여받고 대표이사에 취임하였다. 그런데 최근 교통사고로 홍길동 씨가 사망하게 되었다. 가업승계 증여세 과세특례를 적용받은 가업주식을 보유한 수증자인 홍길동 씨가 대표이사 재직 요건을 충족하지 못하고 사망한 경우에 홍길동 씨의 주식은 가업상속공제를 받을 수 있을까?

일단 배우자가 상속세 및 증여세법 시행령 제15조제3항제2호의 요건을 충족하더라도 사망한 수증자가 제15조제3항제1호의 요건을 충족하지 못했기 때문에 해당 주식은 가업상속공제 적용 대상에 해당하지 않는다.

안타깝게도 홍길동 씨의 사망에 의한 주식(10%)은 가업상속은 되지 않지만, 배우자에게 배우자공제를 통해 상속이 될 수 있을 것이다. 배우자는 대습상속에 의해 상속인의 지위가 되므로 며느리가 시아버지의 상속개시일 전 2년 이상 가업에 종사하게 된다면 가업상속이 가능하다. 그리고 홍길동 씨의 배우자가 다시 10년 이상 가업을 경영하여 손자녀에게 가업을 상속할 수 있다는 점도 생각해 볼 수 있다.

제15조(가업상속)

③ 법 제18조의2 제1항 각 호 외의 부분 전단에 따른 가업상속(이하 "가업상속"이라 한다)은 피상속인 및 상속인이 다음 각 호의 요건을 모두 갖춘 경우에만 적용한다. 이

경우 가업상속이 이루어진 후에 가업상속 당시 최대주주 또는 최대출자자(제19조제2
항에 따른 최대주주 또는 최대출자자를 말한다. 이하 "최대주주 등"이라 한다)에 해당하는
자(가업상속을 받은 상속인은 제외한다)의 사망으로 상속이 개시되는 경우는 적용하지
아니한다.

1. 피상속인이 다음 각 목의 요건을 모두 갖춘 경우

가. 중소기업 또는 중견기업의 최대주주 등인 경우로서 피상속인과 그의 특수관계인
의 주식 등을 합하여 해당 기업의 발행주식총수 등의 100분의 40[자본시장과 금융투
자업에 관한 법률 제8조의2 제2항에 따른 거래소(이하 "거래소"라 한다)에 상장되어 있
는 법인이면 100분의 20] 이상을 10년 이상 계속하여 보유할 것

나. 법 제18조의2 제1항 각 호 외의 부분 전단에 따른 가업(이하 "가업"이라 한다)의 영
위기간[별표에 따른 업종으로서 통계법 제22조에 따라 통계청장이 작성·고시하는
표준분류(이하 "한국표준산업분류"라 한다)상 동일한 대분류 내의 다른 업종으로 주된
사업을 변경하여 영위한 기간은 합산한다] 중 다음의 어느 하나에 해당하는 기간을
대표이사(개인사업자인 경우 대표자를 말한다. 이하 이조, 제16조, 제68조 및 제69조의3
에서 "대표이사 등"이라 한다)로 재직할 것

1) 100분의 50 이상의 기간

2) 10년 이상의 기간(상속인이 피상속인의 대표이사 등의 직을 승계하여 승계한 날부터
상속개시일까지 계속 재직한 경우로 한정한다)

3) 상속개시일부터 소급하여 10년 중 5년 이상의 기간

2. 상속인이 다음 각 목의 요건을 모두 갖춘 경우. 이 경우 상속인의 배우자가 다음 각
목의 요건을 모두 갖춘 경우에는 상속인이 그 요건을 갖춘 것으로 본다.

가. 상속개시일 현재 18세 이상일 것

나. 상속개시일 전에 제1호 나목에 따른 영위기간 중 2년 이상 직접 가업에 종사(상속
개시일 2년 전부터 가업에 종사한 경우로서 상속개시일부터 소급하여 2년에 해당하는 날
부터 상속개시일까지의 기간 중 제8항 제2호 다목에 따른 사유로 가업에 종사하지 못한
기간이 있는 경우에는 그 기간은 가업에 종사한 기간으로 본다)하였을 것. 다만, 피상속

인이 65세 이전에 사망하거나 천재지변 및 인재 등 부득이한 사유로 사망한 경우에는
그러하지 아니하다.

다. 상속세과세표준 신고기한까지 임원으로 취임할 것

라. 상속세과세표준 신고기한부터 2년 이내에 대표이사 등으로 취임할 것

(6) 창업자금은 5억까지 세금 없이 줄 수 있다

　창업 활성화를 통해 투자와 고용을 창출하고 경제활력을 도모하기 위해 중소기업 창업자금에 대해서는 50억 원(10명 이상 신규 고용하는 경우 100억 원)을 한도로 5억 원을 공제하고 10%의 저율로 증여세를 과세하고, 증여자가 사망한 경우에는 증여시기에 관계없이 상속세 과세가액에 가산하여 상속세로 정산하는 제도이다.(조세특례제한법 §30조의5)

　창업자금은 일찍부터 자녀의 독립을 도울 수 있을 뿐 아니라 상당히 큰 금액을 적은 세 부담으로 증여할 수 있어 최근 이 제도를 활용하는 경우가 크게 늘었다.

창업자금증여세 과세특례 요건

창업자금 증여세 과세특례는 아래 요건을 모두 충족하여야 가능하다.

요건	상세내역
수증자	18세 이상 거주자인 자녀
증여자	60세 이상인 수증자의 부모
증여물건	양도소득세 과세대상이 아닌 재산(현금과 예금, 소액주주 상장주식, 국공채나 회사채와 같은 채권 등) 양도소득세 과세대상(소득세법 제94조 제1항) 토지 또는 건물, 부동산에 관한 권리(부동산을 취득할 수 있는 권리, 지상권, 전세권과 등기된 부동산 임차권), 주식 또는 출자지분(주권상장법인 소액주주 제외), 기타자산(사업용 고정자산과 함께 양도하는 영업권, 시설물 이용권 등)
증여물건	양도소득세 과세대상이 아닌 재산(현금과 예금, 소액주주 상장주식, 국공채나 회사채와 같은 채권 등) 양도소득세 과세대상(소득세법 제94조 제1항) 토지 또는 건물, 부동산에 관한 권리(부동산을 취득할 수 있는 권리, 지상권, 전세권과 등기된 부동산 임차권), 주식 또는 출자지분(주권상장법인 소액주주 제외), 기타자산(사업용 고정자산과 함께 양도하는 영업권, 시설물 이용권 등)

창업자금 증여세 과세특례를 적용받았다 하더라도 수증자가 증여일 이후에 정당한 사유 없이 아래의 세법에서 정한 사후의무요건을 이행하지 아니한 경우에는 증여세가 부과된다.

– 2년 이내 창업하지 아니한 경우

– 창업자금을 증여받은 후 4년 이내 해당 목적에 미사용하는 경우

– 증여받은 후 10년 이내 창업자금을 해당 사업용도 외 사용하는 경우

증여세 신고기한까지 과세표준 신고서와 함께 창업자금 특례신청 및 사용내역서를 납세지 관할세무서장에게 제출하여야 하며, 신고기한까지 신청하지 아니하면 과세특례를 적용받을 수 없다.

– 증여세 신고서(창업자금 및 가업승계주식 등 특례세율 적용 증여재산 신고용)

– 창업자금 증여재산평가 및 과세가액 계산명세서

– 신규 고용명세서(10명 이상 신규고용 한 경우)

(7) 창업자금증여세 과세특례되는 업종은 따로 있다

하지만, 커피전문점은 대상 업종에 해당하지 않기 때문에 창업자금 증여세 과세특례와 청년창업 중소기업 세액감면을 모두 받을 수 없다. 자녀의 창업자금을 지원하기 위해서는 다음의 18개의 업종에 해당되는지를 먼저 확인해야 한다. 청년창업 중소기업 세액감면도 마찬가지다.

창업중소기업 등에 해당하는 업종(조특법 제6조 제3항)

1. 광업
2. 제조업(제조업과 유사한 사업으로서 대통령령으로 정하는 사업을 포함)
3. 수도, 하수 및 폐기물 처리, 원료 재생업
4. 건설업
5. 통신판매업
6. 대통령령으로 정하는 물류산업
7. 음식점업
8. 정보통신업. 다만, 다음 각 목의 어느 하나에 해당하는 업종은 제외한다.

    가. 비디오물 감상실 운영업

    나. 뉴스제공업

절세모음.zip (상속·증여편)

다. 블록체인 기반 암호화자산 매매 및 중개업

9. 금융 및 보험업 중 대통령령으로 정하는 정보통신을 활용하여 금융서비스를 제
   공하는 업종

10. 전문, 과학 및 기술 서비스업[대통령령으로 정하는 엔지니어링사업(이하 '엔지니
    어링사업'이라 한다)을 포함한다. 다만, 다음 각 목의 어느 하나에 해당하는 업종
    은 제외한다.
    가. 변호사업
    나. 변리사업
    다. 법무사업
    라. 공인회계사업
    마. 세무사업
    바. 수의업
    사. 행정사법 제14조에 따라 설치된 사무소를 운영하는 사업
    아. 건축사법 제23조에 따라 신고된 건축사사무소를 운영하는 사업

11. 사업시설 관리, 사업 지원 및 임대 서비스업 중 다음 각 목의 어느 하나에 해당
    하는 업종
    가. 사업시설 관리 및 조경 서비스업
    나. 사업 지원 서비스업(고용 알선업 및 인력 공급업은 농업노동자 공급업을 포함한다)

12. 사회복지 서비스업

13. 예술, 스포츠 및 여가관련 서비스업. 다만, 다음 각 목의 어느 하나에 해당하는
    업종은 제외한다.
    가. 자영예술가
    나. 오락장 운영업
    다. 수상오락 서비스업
    라. 사행시설 관리 및 운영업
    마. 그 외 기타 오락관련 서비스업

14. 협회 및 단체, 수리 및 기타 개인 서비스업 중 다음 각 목의 어느 하나에 해당

하는 업종

　　가. 개인 및 소비용품 수리업

　　나. 이용 및 미용업

15. 학원의 설립·운영 및 과외교습에 관한 법률에 따른 직업기술 분야를 교습하는 학원을 운영하는 사업 또는 근로자직업능력 개발법에 따른 직업능력개발훈련 시설을 운영하는 사업(직업능력개발훈련을 주된 사업으로 하는 경우로 한정한다)

16. 관광진흥법에 따른 관광숙박업, 국제회의업, 유원시설업 및 대통령령으로 정하는 관광객 이용시설업

17. 노인복지법에 따른 노인복지시설을 운영하는 사업

18. 전시산업발전법에 따른 전시산업

여기에 열거되어 있지 않은 업종은 과세특례 효과를 볼 수 없는 것이다. 커피전문점은 음식점업에 속하지 않는다. 그리고 프랜차이즈 음식점은 새로 가맹하여 창업하는 경우(7번)에는 해당이 되지만, 기존 가맹점으로 매장을 운영하고 있던 곳을 이어받아 임차하여 가맹점 사업자로서 계약을 하고 기존 업종과 동일한 업을 영위하는 경우에는 창업자금 증여세 과세특례 대상 창업이 아니다.

스크린골프장은 13번 예술, 스포츠 및 여가관련 서비스업에 해당되며 제외 업종에는 없다. 병의원은 10번에 관련된 것이 아니라 보건업으로 분류되는데 위에 열거되어 있지 않다.

영어·수학 등 학원은 15번 중 직업기술 분야를 교습하는 학원 또는 직업능력훈련 시설을 운영하는 사업만 특례대상에 해당하므로 적용되지 않는다. 예식장도 14번에 해당하지만 개인 및 소비용품 수리업, 이용 및 미용업이 아니므로 특례대상 업종이 아니다. 펜션 등 숙박업은 16번에 해당되는지 확인해야 한다.

창업자금증여세 과세특례 대상에서 제외되는 업종들   🔍

- 일반 커피전문점
- 프렌차이즈 음식점의 기존 가맹점을 이어받아 계약한 경우
- 병의원
- 영어학원 등

(8) 이런 경우도 창업자금 증여세 과세특례가 적용될까? - 알쏭달쏭, 창업자금에 대한 7가지 질문

Q. 홍길동 씨는 커피전문점이 창업자금 증여세 과세특례가 적용되지 않는 업종인 것을 알고 나서 본인이 하고 있는 음식점의 2호점을 자녀 둘이 동업으로 하는 것이 어떨지 알아보았다. 마침 홍길동 씨가 보유하고 있는 건물의 임대 기간이 끝나서 이곳을 이용하는 것도 고려해 보고 있다. 동업을 하더라도 자녀 각각 5억 원씩 창업자금으로 증여하면 10억 원 중에서 3억 원은 임대보증금으로 받아서 대출을 상환하고, 7억 원은 시설 투자 비용으로 하면 될 것으로 생각하였다.

Q1. 자녀 2인이 각각 증여받아 공동창업하면?

A1. 우선 자녀 2인이 각각 증여받아 공동창업을 한 경우에도 수증자별로 창업자금에 대한 증여세 과세특례를 적용받을 수 있다.

Q2. 부모가 하던 사업과 같은 업종으로 창업하면?

A2. 부모가 영위하던 사업과 동종사업을 개시하여도 창업에 해당한다.

Q3. 본인 소유의 건물에서 부모에게 증여받은 자금으로 창업하면?

A3. 그런데 부동산 임대사업자가 자기의 임대건물에서 부로부터 증여받은 자금으로 본인이 직접 음식점업을 영위하는 경우 해당 음식점은 창업자금 증여세 과세특례가 적용되지 않는다.

Q4. 부모 소유의 건물에서 창업하면?

A4. 또한 부모가 소유하고 있는 임대건물에 창업을 하는 경우에도 증여세 과세특례가 적용되지 않는다.

Q5. 먼저 창업한 후 자금을 증여받아 기계 등 장치를 사면?

A5. 주의해야 할 점이 몇 가지 있다. 우선 반드시 창업자금 증여특례 후 사업자등록을 신청해야 한다. 중소기업을 창업한 후에 증여받은 자금에 대하여는 그 자금을 사업에 필요한 기계장치의 취득자금으로 사용하였다 하더라도 창업자금 과세특례 적용이 불가능하다. 홍길동 씨가 본인 건물은 다른 사람에게 임대하고, 자녀들과 함께 다른 곳에서 개업하는데 자금이 부족하여 공동사업자를 하는 경우에는 창업자금 과세특례를 적용하지 않는다.

Q6. 증여받은 자금으로 부모님의 토지를 매입해 창업하면?

A6. 토지, 건물, 부동산에 관한 권리, 주식 등의 자산은 특례 적용이 불가능하지만, 창업자금을 증여받아 증여자의 토지를 매입하고 그 위에 건물을 지어 사업을 영위하는 경우에는 과세특례 적용을 받을 수 있다.

Q7. 창업자금을 증여받아 창업한 후 추가로 증여받아 사업에 사용하면?

A7. 창업자금을 증여받아 1년 이내에 창업을 한 자가 새로 창업자금을 증여받아 그 자금으로 증자하여 당초 창업자금 중소기업의 사업과 관련하여 사용하는 경우에는 창업자금 과세특례 적용이 가능하다. 그렇지만 추가로 받은 자금을 다른 장소에서 동종사업을 하거나, 다른 업종을 추가하는 것은 적용받지 못한다.

　창업 후 10년 내 폐업, 휴업, 수증자 사망 시에는 창업자금 전체가 과세되는데, 창업자금에 대한 증여세 과세특례 적용 후 매출액 증가로 개인사업자 폐업 후 포괄양수도 방식으로 법인 전환하는 경우에는 사후관리 위반 사유에 해당되지 않는다.

　추가로 창업 당시 나이가 만 15세 이상, 만 34세 이하인 경우에는 청년 창업에 해당되므로 창업중소기업 세액감면 혜택을 함께 알아보아서 소득세 또는 법인세 감면 효과를 받도록 해야 한다.

병의원

(1) 병의원도 가업상속하고 세금혜택 누리자

병의원은 개인사업자이므로 가업승계 증여세 과세특례는 적용할 수 없다. 하지만 개인사업자도 가업상속은 가능하다. 그런데 병의원은 의료법 제33조 제2항에 의해 의사 면허가 있지 않다면 개설할 수 없으므로 가업상속을 할 수 없는 것이다.

예규 판례를 살펴보자. 가업상속공제 적용 시 상속인의 배우자가 가업에 종사한 경우에 대한 것이다. 상속증여세과–46 (2015.01.27.)

개인병원을 20년 이상 운영해 온 아버지(의사)로부터 아들(의사 아님)이 병원을 가업승계 받고자 하는 경우이다. 현재 병원의 직원은 약 170여 명이며, 연간 매출액은

150억 원가량으로 상속이 개시되는 시점에도 유사한 규모가 유지될 것으로 예상된다. 질의 내용은 며느리(아들의 배우자)가 의사로 근무하는 경우로서 상증법에서 정하는 요건(상속인의 배우자가 가업종사, 임원 등 취임요건 충족)과 기타 사후관리 요건을 모두 충족하는 경우에 의사가 아닌 아들에게 가업상속공제 혜택이 가능한지이다. 회신의 요지는 가업상속공제시 상속인의 요건 중 상속인의 배우자가 상속세 및 증여세법 시행령 제15조 제3항 제2호 가·나·라목의 요건을 모두 갖춘 경우 상속인이 그 요건을 갖춘 것으로 보는 것임으로 되어 있다. 즉, 자녀의 배우자가 의사이므로 가업상속공제의 혜택을 볼 수 있는 것으로 해석할 수 있지만, 앞선 1~3절에서 다루었듯이 과세당국은 상속인의 배우자가 대표이사 등으로 취임하는 경우 상속인이 그 요건을 충족하도록 보는 특례 규정을 법인사업자에 한해 적용되는 것으로 해석하고 있으므로 개인사업자의 경우 가업상속을 상속인의 배우자에게 할 수 없다.

의료법 제33조(개설 등) 제2항 다음 각 호의 어느 하나에 해당하는 자가 아니면 의료기관을 개설할 수 없다. 이 경우 의사는 종합병원·병원·요양병원·정신병원 또는 의원을, 치과의사는 치과병원 또는 치과의원을, 한의사는 한방병원·요양병원 또는 한의원을, 조산사는 조산원만을 개설할 수 있다.

1. 의사, 치과의사, 한의사 또는 조산사
2. 국가나 지방자치단체
3. 의료업을 목적으로 설립된 법인(이하 "의료법인"이라 한다)
4. 민법이나 특별법에 따라 설립된 비영리법인
5. 공공기관의 운영에 관한 법률에 따른 준정부기관, 지방의료원의 설립 및 운영에 관한 법률에 따른 지방의료원, 한국보훈복지의료공단법에 따른 한국보훈복지의료공단

(2) 의사가 아닌 자녀에게 병의원 승계하는 법

병의원은 의사 아닌 자녀에게 가업승계도 되지 않지만, 법인전환도 되지 않는다. 그렇다고 의료행위를 하는 병원과 사업용 자산인 부동산을 분리할 수도 없다(구분등기를 하여 병원이 사용하는 4, 5층과 임대를 하고 있는 1~3층을 나눈 후에 임대업을 하는 1~3층을 법인전환할 수 있지만 별 의미 없는 것이다). 참 난감한 일이다.

병원 관리와 임대 관리를 하는 법인을 설립하는 방법이 대안이 될 수 있다. 일종의 MSO로 임대 관리까지 하는 법인을 운영하는 것이다.

MSO(병원경영지원회사)는 의료법인·의료인을 포함한 다수의 투자자에 의해 설립되어 의료기관에 의료장비 대여 및 구매 대행, 경영컨설팅 제공, 인력 관리, 진료비 청구, 마케팅 대행 등의 서비스를 제공하고 그 대가로 의료기관의 매출액, 또는 이익의 일정 비율을 수입으로 얻는 기업을 말한다. 병원은 법인이 될 수 없지만 병원의 경영을 지원하는 사업을 하는 법인은 가능하다.

법인을 설립하여(주주구성은 가족으로 할 수 있다.) 병원의 경영을 지원하고 임대 관리를 해서 매출을 발생시킬 수 있다. 어느 정도의 이익잉여금이 쌓이면 현재의 병원 건물을 인수할 수도 있고, 새로 건물을 매입 또는 신축하여 병원을 이전할 수도 있다. 이렇게 되면 개인의 임대소득이 법인의 임대소득으로 되어 과도한 개인 소득세가 법인의 법인세로 전환된다.

물론 부동산을 취득할 수 있는 자금이 부족하면 홍길동 원장의 개인자금을 법인에 빌려줘야 하는 것과 개인의 부동산을 처분하면서 발생하는 양도소득세, 법인의 부동산 취득세 등도 함께 고려해야 한다. 건물을 신축한다면 역시나 자금 대여 부분과 은행 대출 등의 금융비용도 고려해야 한다.

그러나 긴 안목으로 보았을 때, 법인이 부동산을 소유하므로 병원과 분리가 되는 장점이 매우 크다. 부동산을 거래하는 경우에 개인의 양도소득세가 아닌 법인세로 과세가 되고, 원장님의 상속재산에는 법인의 지분에 해당하는 부분이 포함되어 상속세 과세가액이 감소한다. 그리고 병원을 매각하는 것도 부동산을 포함하는 경우보다는 부담이 덜 할 것이고, 원장님이 은퇴하면서 병원의 유능한 페이닥터(들)에게 양도하면 MSO를 통한 병원 관리업무도 지속될 가능성이 크다.

자녀가 의사가 아니라서 병의원은 승계되지 않지만, 병원이 소유하고 있던 부동산을 법인에 이전하고 병원을 관리하는 MSO를 통해서 일부라도 사업은 승계될 수 있다.

일반인

(1) 6,000만 원 세금 내고 9억 2,000만 원 신혼 아파트 장만하기

결혼을 앞둔 예비부부들의 고민 중 하나는 바로 내 집 마련이다. 특히 최근 부동산 가격 상승으로 인해 신혼부부들의 주택 구입 부담이 더욱 커지고 있다. 하지만 현행 세법을 잘 활용하면 상대적으로 적은 세금으로 상당한 금액의 주택 자금을 마련할 수 있다. 세법의 증여 관련 규정을 활용하여 어떻게 6,000만 원의 세금으로 9억 2,000만 원의 신혼 아파트를 장만할 수 있는지 알아보자.

현행 세법에 따르면, 부모는 자녀에게 기본적으로 5,000만 원까지 세금 없이 증여할 수 있다. 이는 10년을 주기로 적용되는 공제이다. 2024년 1월 1일부터는 혼인·출산 증여재산공제가 신설되어, 결혼 시 추가로 1억 원까지 증여세 없이 받을 수 있게 되었다.

중요한 점은 부모가 직계존비속이 아닌 사위나 며느리에게 증여할 때는 동일인에 해당하지 않아 합산하지 않고 각각 증여할 수 있다는 것이다. 이는 상당한 절세 효과를 가져올 수 있는 중요한 포인트이다.

이러한 세법 규정을 활용하여 다음과 같은 시나리오로 9억 2,000만 원의 신혼 아파트 자금을 마련할 수 있다.

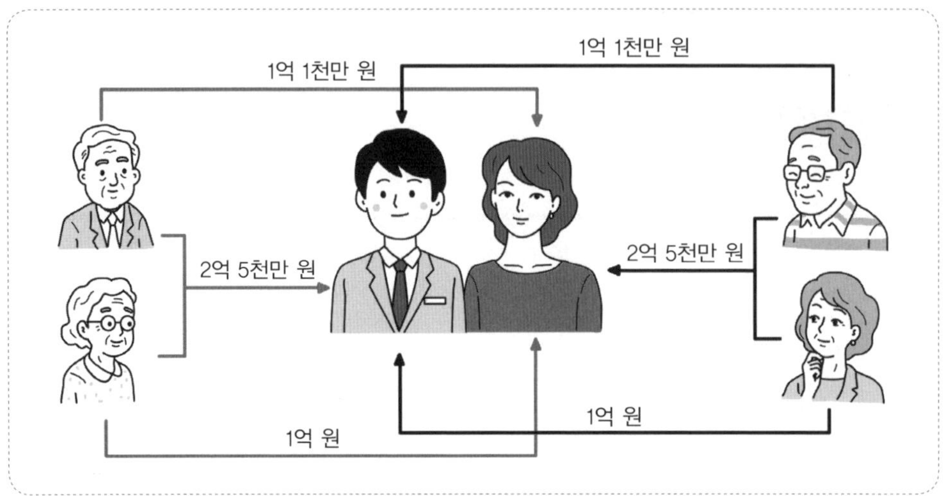

① 남자 부모의 증여: 4억 6,000만 원

- 아들에게 2억 5,000만 원 (기본공제 5,000만 원＋혼인 공제 1억 원＋1억 원 10% 세율 적용)

- 시부가 며느리에게 1억 1,000만 원 (기본공제 1,000만 원＋1억 원은 10% 세율 적용)

- 시모가 며느리에게 1억 원 (기본공제 없음, 1억 원은 10% 세율 적용)

② 여자 부모의 증여: 4억 6,000만 원

- 딸에게 2억 5,000만 원 (기본공제 5,000만 원＋혼인 공제 1억 원＋1억 원 10% 세율 적용)

- 장인이 사위에게 1억 1,000만 원 (기본공제 1,000만 원＋1억 원은 10% 세율 적용)

- 장모가 사위에게 1억 원 (기본공제 없음, 1억 원은 10% 세율 적용)

이 시나리오에 따른 증여세 계산은 다음과 같다.

① 직계존비속 간 증여: 각각 1억 5,000만 원, 총 3억 원은 증여세 없음, 추가 1억 원(총 2억 원)에 대해 10% 세율 적용 각각 1,000만 원의 증여세 발생, 합계 2,000만 원

② 인척 간 증여: 각각 1,000만 원에 대해 기본공제, 추가 1억 원(총 4억 원)에 대해 10% 세율 적용 각각 1,000만 원의 증여세 발생, 합계 4,000만 원

절세모음.zip (상속·증여편)

따라서 총 9억 2,000만 원의 증여에 대해 6,000만 원의 증여세만 납부하면 됩니다.

이러한 증여 전략을 실행할 때 주의해야 할 점들이 있다.
① 시기의 중요성으로 혼인·출산 증여재산공제는 혼인신고일 전후 2년 이내에 이
루어져야 한다.
② 혼인·출산 증여재산공제는 현금이나 부동산 등으로 받아야 하며, 채무 탕감 등
은 해당되지 않는다. 3) 일회성으로 한하는 것으로 혼인·출산 증여재산공제는
평생 한 번만 적용된다.

이 전략을 실제로 적용할 때는 다음 사항들을 고려해야 한다.
- 부동산 시장 상황: 9억 2,000만 원으로 구입 가능한 아파트의 위치와 조건을
신중히 검토해야 한다.
- 추가 자금이 필요한 경우, 신생아 특례대출 등의 저금리 대출 상품을 활용할 수
있다.
- 6,000만 원의 증여세를 납부할 수 있는 자금 계획을 세워야 한다.
- 복잡한 증여 과정에서 발생할 수 있는 법적 문제를 피하기 위해 전문가의 조언
을 구하는 것이 좋다.

세법의 증여 관련 규정을 잘 활용하면, 신혼부부가 상대적으로 적은 세금으로 상
당한 금액의 주택 자금을 마련할 수 있다. 6,000만 원의 증여세로 9억 2,000만 원의
신혼 아파트를 장만할 수 있는 이 전략은 많은 예비부부들에게 희망적인 선택지가 될
수 있다. 다만, 이는 양가 부모님의 재정 상황과 의지, 그리고 신혼부부의 구체적인
상황에 따라 달라질 수 있으므로, 개별 상황에 맞는 신중한 접근이 필요하다.

결혼을 앞둔 예비부부들은 이러한 세금 전략과 함께 자신들의 재정 상황, 미래 계
획, 그리고 부모님과의 관계 등을 종합적으로 고려하여 주택 구입을 결정해야 한다.
9억 원의 아파트가 모든 신혼부부에게 필요하거나 적합한 것은 아닐 수도 있고, 증여
세 부담이 커질 수도 있으니 각자의 상황에 맞는 현실적이고 지속 가능한 선택을 하
는 것이 중요하다.

증여세 납부 팁

- 친인척간 증여재산공제를 활용하여 증여세 납부재원 준비하라(부부 각각 1,000만 원 증여재산공제 가능)
- 증여세를 한 번에 내기 힘들면 연부연납을 활용하라(최대 5년)

(2) 거주 아파트 1채도 상속세 대상이 될 수 있다

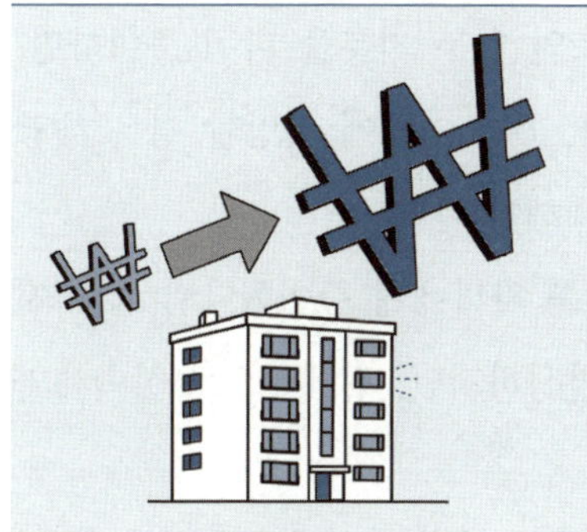

Q. 서울 강남구의 한 아파트에 거주하던 박씨는 20년 전 5억 원에 구입한 아파트를 보유하고 있다. 최근 아파트 시세가 25억 원까지 상승하면서, 자녀들에게 이 아파트를 상속할 경우 상속세가 얼마나 나올지 걱정이 커졌다. "집 한 채뿐인데도 세금이 이렇게 많이 나오다니…"라며 한숨을 내쉰다.

실제로 상속세는 단순히 부자들만의 문제가 아니다. 집값 상승으로 인해 중산층 가정도 상속세 부담을 느끼는 사례가 늘고 있다. 국세청 통계에 따르면, 2023년 상속세 신고 건수는 약 1만 9,506건으로 전년 대비 30% 이상 증가했다. 특히 상속재산가액이 10억 원에서 20억 원 사이인 경우가 전체 신고 건수의 약 43%를 차지했다.

박씨의 아파트(시가 25억 원)를 기준으로 상속세를 계산해 보면 배우자가 없는 경우 대략 7억 원 정도가 나온다. 정말 집 한 채로 높은 세 부담을 안아야 한다.

아파트에 대해서는 평가기준도 엄격하다. 2022년 서초구 소재 아파트를 포함한 부동산과 금융재산을 상속받은 A씨는 시가 기준으로 과세된 상속세에 대해 불복했다. 그러나 조세심판원은 비교대상 아파트의 매매사례가액을 기준으로 한 과세가 적법하다고 판단했다(조심2024중1893). 이는 시가 평가 기준이 엄격히 적용됨을 보여주는 사례다.

비슷한 사례로 15억 원짜리 아파트를 보유한 B씨 가족은 배우자 공제를 받지 못하는 상황에서 약 2억 3,000만 원의 세금을 납부해야 했다. 이는 집값 상승으로 인해 중산층도 더 이상 상속세에서 자유롭지 않음을 보여준다.

상속세를 줄일 수 있는 절세 전략은 없을까?

먼저, 동거주택 상속공제를 활용할 수 있다. 박씨와 자녀가 해당 아파트에서 함께 거주했다면, 동거주택 상속공제를 통해 최대 6억 원까지 추가 공제를 받을 수 있다.

이 경우 과세표준이 줄어들어 세금 부담이 크게 감소한다.

두 번째로는 사전 증여이다. 사전 증여는 상속세 부담을 줄이는 가장 효과적인 방법이다. 예를 들어, 부모가 생전에 자녀에게 아파트의 일부 지분을 나눠 증여하면, 증여된 부분은 상속재산에서 제외된다. 단, 증여 후 10년 이내에 사망할 경우 해당 재산은 다시 상속재산에 포함되므로 계획적으로 진행해야 한다.

예를 들어, 박씨가 생전에 아파트의 일부(10억 원)를 자녀에게 증여했다면, 나머지 절반만 상속재산으로 간주된다. 증여 시 증여세는 발생하지만, 전체적으로 상속세와 증여세를 합친 금액이 더 적게 나올 수 있다.

증여는 한 번에 큰 금액을 이전하기보다, 여러 번 나눠 진행하는 것이 유리하다. 예를 들어, 부모가 자녀에게 10년마다 5,000만 원씩 증여하면 장기적으로 세금을 크게 줄일 수 있다.

부부 공동명의로 주택을 소유하면 배우자 공제를 최대한 활용할 수 있다. 예를 들어, 박씨와 배우자가 각각 아파트 지분의 절반씩 보유하고 있었다면, 배우자가 사망했을 때 자녀가 상속받아야 할 재산이 절반으로 줄어들어 상속세 부담도 감소한다.

집 한 채만 보유하고 있어도 상속세 대상이 될 수 있는 현실에서, 미리 준비하지 않으면 큰 세금 부담을 안게 된다. 동거주택 공제나 사전 증여와 같은 절세 전략을 활용하면 이러한 부담을 줄일 수 있다. 가족 간 협의를 통해 체계적인 계획을 세우는 것이 무엇보다 중요하다.

절세모음.zip 〈상속·증여편〉

(3) 서민층도 상속분쟁에 대비해야 한다

최근 들어 일반 가정에서도 상속 관련 분쟁이 급증하고 있다. 2022년 상속재산 분할에 관한 처분 접수 건수는 2,776건으로, 2014년 771건에서 8년 만에 4배 가까이 늘었다. 유류분 반환 청구 소송도 2014년 813건에서 2022년 1,872건으로 2배 이상 증가했다.

상속 분쟁 증가의 주요 원인은 다음과 같다.
1. 부동산 가격 상승: 집값이 크게 오르면서 중산층에서도 쉽게 포기하기 어려운 금액으로 상속재산이 불어났다.
2. 가족 구조의 변화: 핵가족화와 1인 가구 증가로 가족 간 유대감이 약해졌다.
3. 평등 의식 확산: 과거 장남 우대 관행에서 벗어나 공평한 분배를 요구하는 경향이 강해졌다.

상속 분쟁의 사례를 보자. 60대 여성 A씨는 2021년 1월, 아버지 사망 후 남동생이 연세가 많으신 어머니의 병간호를 이유로 아파트 소유권을 더 가져가겠다고 소송을 제기하였다. 긴 다툼 끝에 법원은 A씨의 손을 들어주었지만, 가족 관계는 돌이킬 수 없이 악화되었다.

이러한 상속 분쟁을 예방하기 위해서는 우선 유언장을 작성하는 것이 좋다. 법적으로 인정받을 수 있는 유언장을 미리 작성하는 것이 상속 분쟁을 막는 가장 확실한 방법이다. 그리고, 상속에 대해 가족들과 미리 논의하고 합의를 하는 것도 필요하다. 추가로 세무사나 변호사와 같은 전문가와 상담하여 합법적이고 공정한 상속 방안을 모색하는 것도 좋다.

상속세 계산 예시

상속재산 12억 원 (주택 10억 원, 기타재산 2억 원)의 경우:

- 일괄 공제: 5억 원
- 배우자 공제: 5억 원 (최대 30억 원까지 가능)
- 과세표준: 2억 원
- 산출세액: 3,000만 원 (세율 20% 적용, 누직공제 1,000만 원)

저녁 식사를 마친 후, 가족들은 진지한 대화를 나누기 시작했다.
"우리도 상속 문제에 대해 미리 준비해야 할 것 같아."
더 이상 남의 이야기가 아닌, 우리 모두의 이야기가 된 상속. 미리 준비하고 대비하는 것이 가족의 평화를 지키는 지름길이다.

(4) 성년자녀 목적자금 증여 플랜 – 학자금, 독립자금 등

국세청의 2023년 국세통계연보에 따르면, 증여세 신고 건수는 전년 대비 12.7% 증가한 46만 7천 건으로 나타났다. 이는 부모 세대의 자산 이전이 활발히 이루어지고 있음을 보여준다. (출처: 국세청)

학자금 지원은 부모의 마음이지만, 무턱대고 지원했다가 증여세 폭탄을 맞을 수 있다. 증여가 되지 않으려면 자녀가 직업이나 소득이 없을 때와 대출금을 갚을 만한 재산이 없는 경우이다. 이미 지불한 학자금 대출을 부모가 대신 상환하면 증여세 대상이 되고, 자녀가 취업한 후 학자금을 지원하면 증여세 부과 가능성이 높다. 따라서, 학업 중에 필요할 때마다 직접 비용을 지불하는 것이 좋고, 예금이나 재산을 매입하는 용도로 사용되지 않도록 주의해야 한다.

성년 자녀의 독립을 돕고 싶다면 증여재산공제를 활용하자. 성년 자녀에게는 10년간 5,000만 원까지 증여세를 공제해 준다.

증여재산공제를 활용해 적은 세금으로 독립자금 지원 예

예를 들어 1억 원을 증여하면

과세표준 1억 원 − 5,000만 원(증여재산공제) = 5,000만 원(과세표준)에 대해서만 과세한다.

산출세액은 10%인 500만 원이며

신고세액공제 3%를 계산하면 납부해야 하는 세금은 485만 원이 된다.

금액이 증가하면 과세구간에 따라 세율이 늘어나 증여세 부담이 커지게 된다. 이러한 경우 증여를 받는 수증자를 여러 명으로 해서 분산 증여를 하면 절세를 할 수 있다.

수증자 분산해 절세하는 증여 예

예를 들어, 3억 원을 한 번에 증여하면 납부할 세금은 3,880만 원인데,

자녀에게 1억 5,000만 원, 자녀의 배우자에게 1억 원, 그리고 손자녀(만 19세 이상)에게 5,000만 원을 증여하면 납부할 세금은 1,843만 원으로 2,037만 원의 절세효과를 볼 수 있다.

그리고 증여재산공제는 10년간 합산 적용되므로 이를 활용해 장기적인 증여 계획을 세우는 것이 좋다. 10년마다 5,000만 원씩 증여하면 20년 동안 총 1억 원을 증여세 없이 이전이 가능하다.

한편, 성인 자녀에게 지속적으로 생활비를 지원하면 증여세 대상이 될 수 있다. 취업 후 결혼한 자녀에게 계속해서 생활비를 지원하면 증여세가 과세될 가능성이 높다. 특히, 생활비로 받은 자금을 예금이나 재산 취득에 사용하면 증여세가 부과된다. 사회통념상 인정되는 범위 내에서 일시적인 지원 정도가 되어야 증여로 보지 않는다.

💬 딸의 졸업식 날, 부모는 안도의 한숨을 내쉬었다. 학자금은 적절한 시기에 지원했고, 독립자금은 증여재산공제를 활용해 준비했다. 앞으로의 10년을 계획하며, 딸의 미래를 위해 현명하게 지원할 수 있다는 확신이 들었다.

(5) 세금 없이 자녀에게 2억 원 빌려주기

처음에 단순히 2억 원을 무이자로 빌려주면 된다고 생각했는데, 이는 위험한 발상일 수도 있었다. 상속세 및 증여세법에 따르면, 무상 또는 저리로 대출받은 경우 이자 차액이 증여로 간주될 수 있기 때문이다.

적정 이자율(현재 4.6%)과의 차이가 연간 1,000만 원 이상이면 증여세 과세 대상이 된다. 2억 원을 무이자로 빌려주면 연간 이자 차액이 2억 원의 4.6%인 920만 원은 1,000만 원 미만이므로 증여세 과세 대상이 아니라고 하지만 좀 더 안전한 방법이 필요할 것 같다.

전문가와 상담을 통해 더 안전한 방법을 알게 되었는데, 바로 적정 이자율을 적용하여 대출해 주는 것이다. 정 이자율(4.6%)보다 약간 낮은 이자율 예를 들어 2%로 하면, 적정 이자와의 차액은 2억 원 × (4.6% - 2%)는 520만 원이므로 증여세 과세 대상이 아니다.

단순히 이자율만 신경 쓰는 것이 아니라 원금 상환 계획도 중요하다. 실제 대출로 인정받기 위해서는 정기적인 원금 상환이 필요하다. 예를 들면, 매월 50만 원씩 원금을 상환한다면 국세청에서도 실제 대출로 인정할 가능성이 높아진다.

자녀가 결혼을 앞두고 있다면 추가로 혼인 증여재산공제를 활용할 수 있다. 혼인 증여재산공제는 혼인 시에 기존 증여재산공제(5,000만 원)와는 별도로 자녀에게 1억 원까지 추가로 증여세를 면제해 주는 것이다. 그래서 혼인 증여재산공제로 1억 원을 증여하고 나머지 1억 원은 적정 이자를 적용하여 빌려주면 총 2억 원을 세금 없이 지원할 수 있다.(단, 5,000만 원은 5년 전에 이미 증여했음)

몇 가지 주의할 점이 있다. 먼저 차용증을 작성해야 한다. 차용증에는 대출 조건, 이자율, 상환 계획을 명확히 기재해야 한다. 그리고 실제 이자가 지급되고 원금 상환도 실행해야 한다. 은행 거래 내역과 같은 증빙 자료도 보관하는 것도 필요하다.

💬 이제 안심하고 아들에게 2억 원을 지원할 수 있게 되었다. 적정 이자를 적용한 1억 원 대출과 혼인 증여재산공제를 활용한 1억 원 증여로 세금 부담 없이 아들의

새출발을 도울 수 있게 된 것이다. 세금도 아끼고 자녀도 돕는 일석이조의 해결책이다.

(6) 증여세 없이 자녀 생활비 지원하기

Q. L 씨는 대학생 딸에게 매달 150만 원씩 생활비를 보내고 있다. 어느 날 친구와의 대화 중 "자녀에게 주는 돈도 증여세 대상이 될 수 있다"는 말을 듣고 불안해졌다. 그날 밤부터 그는 인터넷을 뒤지며 관련 정보를 찾아보기 시작했다.

사회통념상 인정되는 생활비는 안전한가?

상속세 및 증여세법에 따르면, 직계존비속이 지급하는 일상생활에 필요한 생활비와 교육비는 증여세 비과세 대상이다. 하지만 여기에도 조건이 있다. 사회통념상 인정되는 범위 내에서 생활비를 지원해야 한다. 예를 들어, 대학생 자녀에게 월세 70만 원과 식비 50만 원 그리고 교통비 30만 원으로 사용하는 월 150만 원 정도로 해서 지원한다면 큰 문제가 없다.

그는 안도의 한숨을 내쉬었다. 자신이 보내는 금액이 바로 이 범위에 해당했기 때문이다.

하지만 그의 안도감은 오래가지 않았다. 몇 가지 주의해야 할 상황들이 있었기 때문이다.

- 만약 경제활동을 하는 성인 자녀에게 지속적으로 생활비를 지원하면 증여세 대상이 될 수 있다.
- 사회통념상 인정되는 범위를 넘어서는 과도한 금액은 증여세 과세 대상이 된다.
- 그리고 생활비로 받은 돈으로 예금, 펀드, 주식 등을 하면 증여세가 부과될 수

절세모음.zip (상속·증여편)

있다.

병원비와 교육비는 어떨까? 그는 딸의 갑작스러운 병원비나 추가 교육비 지출에
대해서도 걱정이 되었다.

당연히 치료 목적의 수술비, 입원비, 약값 등은 비과세이며, 학비, 등록금 등 정규
교육과정 비용도 비과세에 해당된다. 그러나 성형수술비나 어학연수비 등은 과세대
상이 될 수 있다.

명절 때 용돈과 축하금은 어떨까? 그는 명절마다 딸에게 용돈을 주고, 졸업 시즌에
는 축하금도 주곤 했다. 이것도 증여세 대상일까? 역시 기준은 사회통념상 인정되는
범위 내의 금액이라면 과세되지 않는다. 예를 들어, 1년에 500만 원 이내의 명절 용
돈이나 축하금은 과세하지 않겠지만 10년간 5,000만 원을 초과하는 경우 초과분에
대해 증여세를 부과할 가능성이 있다.

그는 더 나아가 앞으로의 재산 증여 계획에 대해서도 고민하기 시작했다. 직계존비
속 간에는 10년에 5,000만 원까지 증여세가 면제되므로 5,000만 원씩 10년 간격으
로 2회 증여하면 총 1억 원을 비과세로 줄 수 있다. 그리고 혼인 또는 출산을 한다면
특례 활용하여 1억 원을 추가 공제할 수 있다. 즉 일반증여와 합하여 총 1억 5,000만
원을 세금 없이 줄 수 있다.

💬 *L 씨는 이제 안심하고 딸에게 생활비를 보낼 수 있게 되었다. 하지만 앞으로의
재산 증여에 대해서는 더욱 신중하게 계획을 세워야 한다는 것을 알게 되었다.
그는 통장을 열어 이번 달 생활비 150만 원을 보내며 미소 지었다.*

(7) 치매환자와 고령자에게 필요한 상속·증여 준비

Q. K 씨는 요양병원 입원 예정일을 앞두고 서류 더미 속에서 증여계약서 한 장이 눈에 띄었다. 치매 초기 단계 진단을 받은 지 1년, 아들의 사업 자금을 마련해주려고 아파트를 증여하려 했다. 하지만 증여세 8억 원이라는 숫자가 발목을 잡았다. '의사소통이 가능한 지금이라도 자산을 안전하게 넘겨줄 방법은 없을까?' 변호사의 조언을 들으며 복잡한 세법과 법적 요건을 파헤쳐야 했다. 인지 능력 저하 전에 서둘러야 한다는 압박감이 커져만 갔다.

치매 진단을 받은 부모님의 자산을 어떻게 관리해야 할지 고민하는 경우가 많다. 혹시 부모님이 요양시설에 입소하신 후, 자녀에게 미리 증여나 유언을 남기고 싶지만, 인지 능력 저하로 법적 효력이 없어질까 걱정이 된다면 어떻게 준비해야 할까? 또, 상속세와 증여세 중 어느 쪽이 더 유리한지, 그리고 실제로 절세를 위해 어떤 절차를 밟아야 하는지 궁금할 수 있다.

치매 환자의 자산 이전은 사전 준비가 핵심이다. 치매가 의심되거나 초기 진단을 받았다면, 인지 능력이 남아 있을 때 반드시 필요한 서류와 증빙을 준비해야 한다. 우선, 신경과 전문의의 진단서와 인지 기능 검사 결과를 확보해 두는 것이 중요하다. 이 자료들은 이후 증여나 유언 등 법적 행위의 유효성을 뒷받침하는 근거가 된다. 또한, 증여계약서나 유언장은 공증인 앞에서 작성하는 것이 좋다. 이렇게 하면 향후 법적 분쟁이 발생하더라도 효력을 인정받기 쉽다.

실무적으로 준비해야 할 체크리스트는 다음과 같다.

- 의료 기록 확보: 치매 진단서와 인지 기능 검사 결과를 체계적으로 보관한다.
- 공증 절차 완료: 유언장이나 증여계약서를 반드시 공증받아 법적 효력을 강화

절세모음.zip (상속·증여편)

한다.

- 유류분 사전 협의: 법정 상속인들과 미리 협의해 유류분 분쟁을 예방한다.
- 신탁 설립 검토: 자산 규모가 크다면 불가역적 신탁 설립도 고려할 수 있다. 신탁은 자산 관리와 분배를 명확하게 할 수 있는 장점이 있다.

증여세와 상속세 절감 전략을 살펴보면, 조기 증여가 핵심이다.

예를 들어, 30억 원 상당의 아파트를 자녀에게 증여할 경우, 전세 임대보증금 10억 원을 남겨 요양시설 입주와 요양비 등 필요한 자금을 마련하고, 나머지 20억 원을 자녀 두 명에게 각각 10억 원씩 증여한다고 가정해 보자.

증여세 계산은 다음과 같다.

구분	금액	세율	누진공제	산출세액
자녀 1	10억 원	30%	6,000만 원	(10억 원×30%)−6,000만 원 = 2억 4,000만 원
자녀 2	10억 원	30%	6,000만 원	(10억 원×30%)−6,000만 원 = 2억 4,000만 원
합계	20억 원			4억 8,000만 원

또한, 증여 후 5년 이상 생존하면 상속인 외의 자에게 증여한 재산은 상속재산에서 제외되어 추가적인 절세 효과를 기대할 수 있으므로 고려할 필요도 있다.

상속세와 증여세를 비교하면, 상속세는 미래에 아파트 가격이 오를 경우 최고 세율 50%가 적용될 수 있고, 일괄공제 5억 원이 적용된다. 반면, 증여세는 현재 시점의 가격으로 과세되며, 공제금액은 적지만 수증자를 분산하거나 증여 후 10년(상속인), 5년(상속인 외) 이상이 지나면 상속세 계산에서 제외된다.

치매 환자의 자산 관리는 무엇보다 조기 계획과 법적 절차 준수가 중요하다. 증여나 상속 전략을 세울 때는 반드시 전문가와 상담해 법적 리스크와 세금 부담을 최소화하는 것이 바람직하다. 자산 이전을 미루지 말고, 인지 기능이 유지되는 시점에 필요한 준비를 해두는 것이 가족 모두의 재산을 지키는 최선의 방법이다.

해외거주자

(1) 해외거주 자녀는 상속세를 어떻게 낼까?

> **Q.** 김씨는 10년 전, 글로벌 기업의 해외 파견 근무를 시작하면서 가족과 함께 미국으로 이주했다. 그동안 미국에서 영주권을 취득하고, 자녀들은 현지 학교를 다니며 안정된 생활을 이어갔다. 하지만 김씨는 최근 은퇴를 앞두고 한국으로 돌아오기로 결정했다.
> 김씨는 서울에 있는 아파트를 포함해 국내외에 다양한 자산을 보유하고 있었다. 은퇴 후 재산을 자녀들에게 증여하려는 계획을 세우면서, 한국과 미국의 세법을 검토하기 시작했다. "내가 한국에 돌아오면 거주자로 분류될까? 자녀들은 미국에 계속 살고 있으니 비거주자로 간주될 텐데, 증여세는 어떻게 될까?"

이처럼 거주자와 비거주자의 구분은 상속·증여세, 소득세, 양도소득세 등 다양한 세금 문제에서 중요한 기준이 된다. 김씨 사례를 통해 거주자와 비거주자의 판정 기준과 과세 범위에 대해 알아보자.

한국 세법에서는 개인의 납세 의무를 결정하기 위해 거주자와 비거주자를 구분한다. 이 구분은 소득세법 및 상속·증여세법에 따라 적용되며, 과세 범위와 공제 혜택이 달라진다.

거주자의 판단 기준을 알아보자.

① 주소를 둔 경우

주소란 생활의 근거가 되는 장소를 의미하며, 다음 조건을 충족해야 한다.

- 국내에 생계를 같이하는 가족이 있는 경우
- 국내에 소재하는 주요 자산(부동산 등)이 있는 경우
- 직업 및 자산 상태에 비추어 계속하여 국내에 거주할 것으로 인정되는 경우

② 183일 이상 거소를 둔 경우

거소란 상당 기간 계속하여 거주하는 장소로, 주소와는 달리 밀접한 생활관계가 없는 장소를 말한다. 입국 후 국내에서 183일 이상 체류한 경우에 해당된다. 출국 후 다시 입국했을 때, 생계를 같이하는 가족이나 자산 소재지 등을 고려해 일시적 출국으로 인정되면 해당 기간도 포함된다.

③ 직업과 생계 요건

- 국내에서 계속하여 183일 이상 체류가 필요한 직업을 가진 경우(예: 국내 근무)
- 생계를 같이하는 가족이 국내에 있고, 직업 및 자산 상태에 따라 계속하여 국내 체류가 예상되는 경우

비거주자의 판단 기준은 다음과 같다.

① 주소가 없는 경우

- 외국 국적 또는 영주권을 취득한 경우
- 국내에 생계를 같이하는 가족이 없고, 직업 및 자산 상태에 따라 다시 입국해 주로 국내에 거주할 가능성이 낮은 경우

② 183일 이상 국외 체류

비거주자는 183일 이상 국외에서 체류하며, 다음 조건을 충족해야 한다.

- 국외에서 계속하여 체류가 필요한 직업을 가진 경우(예: 해외 파견 근무)
- 국외에 주요 자산이 있고, 국내와 밀접한 생활관계가 없는 경우

③ 특별 규정

특정 직업군이나 상황에서는 예외적으로 비거주자로 분류된다. 예를 들어, 주한 미군 및 외교관은 국내 주소 및 거소 여부와 관계없이 항상 비거주자로 간주한다.

거주자와 비거주자의 과세 범위는 다음의 표와 같은 차이를 보인다.

구분	과세 범위	공제 혜택	신고 의무
거주자	전 세계 소득 및 재산	상속·증여 기본공제 적용	종합소득 신고
비거주자	국내 원천 소득 및 재산	공제 혜택 제한	원천징수 및 분리과세

예를 들어 증여세의 경우, 비거주자는 기본공제(5,000만 원)를 받을 수 없으며, 증여재산 전체 금액이 과세 대상이다. 간단한 사례를 살펴보자.

김씨는 해외 파견 근무 중이지만 가족과 주요 자산이 모두 한국에 있다. 김씨는 직업 및 자산 상태를 고려할 때 한국에서 계속 체류할 가능성이 높아 거주자로 분류된다. 한편, 박씨는 미국 영주권을 취득하고 가족과 함께 미국으로 이사했다. 박씨는 주요 자산도 미국에 있으며, 한국으로 다시 입국해 장기간 체류할 가능성이 낮아 비거주자로 분류된다.

(2) 외국에 사는 자녀가 국내 재산을 받으면 세금 폭탄?

Q. 2024년, 미국에 거주 중인 아들이 부모로부터 서울 명동의 아파트(시가 12억 원)를 증여받았다. 증여를 진행하며 한국과 미국에서 각각 세금 문제가 발생하였다.

우선 한국에서는 수증자가 비거주자인 경우, 기본공제 5,000만 원이 적용되지 않

절세모음.zip (상속·증여편)

는다.

과세표준은 12억 원 전체에 대해 적용된다. 누진세율(10%~50%)에 따라 약 3.2억 원의 증여세가 발생하였다. 미국에서는 연간 10만 달러(약 1억 3,800만 원) 초과하여 증여하면 Form 3520를 제출할 의무가 있다. 신고를 누락하면 최대 증여액의 25%의 벌금이 부과된다. 다만 추가로 낼 세금은 없다.

아들은 한국에서 약 3.2억 원의 세금을 납부했지만, Form 3520 제출 기한을 놓칠 경우 벌금 위험이 있었다. 이중 과세는 피했으나, 신고 절차와 비용 부담이 만만치 않았다.

2025년, 부산에서 별세한 박모 씨는 미국 시민권자인 아들에게 부산 항구 인근 토지(시가 60억 원)를 상속으로 남겼다. 상속 과정에서 한국과 미국 양국에서 세금 문제가 발생하였다.

피상속인이 한국 거주자인 경우, 전 세계 재산 과세 대상이다. 기본공제 5억 원을 제외한 나머지 금액에 대해 최고세율(50%)을 적용하여 약 23억 원의 상속세가 발생하였다. 미국에서는 추가 세금이 없다. 만약 한국에서 납부한 상속세가 있다면 외국 납부세액 공제로 처리가 가능하다. 아들은 한국에서 약 23억 원을 납부했지만, 미국에서는 추가 세금을 내지 않았다. 다만, 한국 세율이 높아 환급이나 공제 잔액 이월은 불가능했다는 점이 아쉬운 부분이었다.

📖 **핵심 노트**

1. 주요 문제점 요약
- 이중과세 위험: 한미 양국 모두 전 세계 재산 과세를 규정하고 있어 중복 과세 가능성 존재.
- 공제혜택 제한: 비거주자는 기본공제를 받을 수 없어 세 부담 증가.
- 신고 절차 복잡성: Form 3520 및 기타 보고 의무로 인해 행정적 부담 가중.
- 환율 리스크: 달러 환율 변동으로 인해 예상치 못한 추가 비용 발생 가능.

2. 절세 전략 요약
① 단계적 증여 활용

▷ 연간 5,000만 원씩 나누어 증여하면 한국에서는 비과세 처리 가능.

▷ 미국에서는 연간 10만 달러 이하로 나누어 신고하면 벌금 위험 감소.

② 법인 지분 활용

▷ 가족법인을 설립해 부동산을 직접 증여 대신 가족법인에 증여하면 낮은 법인세율 적용 가능.

③ 조세조약 활용

▷ 한·미 조세조약에 따라 외국납부세액 공제를 적극 활용해 중복 과세 방지.

3. 계산 예시 요약

구분	증여(12억 원)	상속(60억 원)
한국 세액	약 3.2억 원	약 23억 원
미국 세액	없음	없음

※ 생전 증여를 활용하면 상속 대비 낮은 세율 적용으로 세금 절감 효과

(3) 해외 취업한 자녀에게 언제 증여하는 게 유리할까?

Q. 2025년, 서울에 거주하는 김모 씨의 아들은 실리콘밸리 IT 기업에 입사했다. 아들은 6개월 후 미국으로 출국할 예정이다. 김모 씨는 아들에게 국내 아파트(시가 3억 원)를 증여하려고 했지만, 세무사는 "출국 전과 후에 따라 세금이 1,000만 원 정도 차이 난다"고 경고했다. 이는 거주자와 비거주자가 서로 다르게 적용되어 나타나는 것이다.

거주자 자녀에게 증여할 경우 기본공제 5,000만 원 적용하여 과세표준이 2억 5,000만 원이 되어 세액이 약 4,000만 원이 된다. 하지만 비거주자 자녀에게 증여하면 기본공제가 적용되지 않아 과세표준이 3억 원으로 세액은 약 5,000만 원이다.

통계청에 따르면, 2024년 해외 취업자 중 68%가 출국 후 1년 내 비거주자로 분류

된다고 한다. 증여 계획이 있다면 출국 전에 신고를 해서 거주자로 분류되어 증여 기본공제 5,000만 원을 받을 수 있다. 그리고 2025년 신규 도입된 혼인·출산 증여재산공제는 거주자에 한하여 적용되므로 역시 비거주자로 분류되기 전에 실행해야 한다.

상속세 및 증여세법에 수증자가 비거주자인 경우, 증여자는 수증자의 증여세에 대해 연대납세의무를 진다. 수증자가 거주자일 경우, 증여세 대납액은 증여로 보지만, 비거주자인 경우에는 증여자가 대신 납부한 세금은 추가 증여로 간주되지 않는다.

출국 후에 비거주자로 분류된 자녀에게 증여할 때는 기본공제가 적용되지 않는 점도 있지만 더 주의해야 할 것은 미국 IRS에 Form 3520을 제출해야 한다는 것이다. 만약 Form 3520을 제출하지 않으면 벌금이 부과된다.

비거주자로 분류되지 않으려면 해외 출장·휴가 기간 등을 계산해서 182일 이내가 되도록 하고, 세금이 없다 하더라도 국세청에 증여 사실을 신고하여 향후 자금출처의 증빙자료가 될 수 있도록 해야 한다.

추가로 전문가 상담을 통해서 법인을 활용하는 방법도 고려할 수 있다. 가족법인을 설립하여 법인에 부동산 등을 증여하거나 자금을 대여하여 부동산을 취득하는 방법도 있다. 특정법인과의 거래를 통한 이익의 증여에 관련해서는 다소 복잡한 세법(상속세 및 증여세법 제45조의 5)이 적용되므로 전문가와의 상담을 추천한다.

(4) 해외 이주할 때 개인자산을 마음대로 가져가도 될까?

해외로 이주할 경우, 개인 자산을 자유롭게 반출할 수 있는지에 대해 많은 사람들이 궁금해한다. 원칙적으로 해외 이주자는 자신의 자산을 반출할 수 있지만, 이를 위해 몇 가지 법적 절차와 세금 문제를 해결해야 한다. 특히 고액 자산가의 경우, 상속세와 증여세 부담을 피하기 위해 해외 이주를 선택하는 사례가 증가하고 있다.

해외로 송금하는 금액이 세대별로 미화 10만 달러를 초과하면 관할 세무서에서 발급하는 자금출처확인서를 은행에 제출해야 한다. 이를 통해 자금의 합법성을 입증해야 하며, 외국환거래법 및 외국환거래규정에 따라 신고 절차를 준수해야 한다.

해외이주신고확인서를 발급받은 날로부터 3년 이내에 자금을 반출해야 하며, 1년 이내에 외국의 투자비자 등을 취득했음을 입증해야 국내회수의무가 면제된다. 국내 주식을 보유한 상태에서 비거주자로 전환될 경우, 국외전출세가 부과될 수 있다. 이는 주식 평가이익을 양도소득으로 간주하여 과세하는 제도로, 대주주의 경우 과세표준 3억 원 이하에는 20%, 3억 원을 초과하는 금액에는 25%의 세율이 적용된다.

해외 이주를 고려하는 고액 자산가는 상속·증여세 부담을 줄이기 위한 전략을 세워야 한다. 한국은 상속·증여세 최고 세율이 50%(최대 주주의 주식은 할증 평가 시 60%)로, OECD 평균(26.5%)보다 훨씬 높다. 이에 따라 일부 자산가는 상속·증여세가 없는 국가(싱가포르, 캐나다 등)로 이주하거나 사전 증여를 통해 절세를 시도한다.

비거주자로 전환되면 국내 소득에 대한 납세 의무만 발생하며, 해외 소득은 해외에서 과세되고 국내에서는 과세 대상에서 제외된다. 국내에서 30억 원을 증여할 경우 증여세는 10억 4,000만 원이다. 해외로 이주하여 비거주자로 전환되면 증여자가 증여세를 대신 납부할 수도 있으며, 이는 납부액만큼 절세 효과를 가져올 수 있다.

해외 이주는 단순히 자산을 반출하는 것만이 아니라 법적 절차와 세금 문제를 포함한 복잡한 과정이다. 외국환거래법을 위반하는 경우에는 처벌될 수 있고, 국외전출세 납부 의무를 확인해야 하고, 국외전출세 납부 의무가 발생하는 경우, 납부 유예를 신청할 수 있으며, 이 경우 통상 담보를 제공해야 한다.

(5) 해외 이주 후 국내자산을 증여하면 어떻게 될까?

해외 이주를 앞두고 국내에 남은 주식과 부동산을 자녀에게 어떻게 물려줘야 할지 고민이 많다. '비거주자가 되면 국내 자산을 세금 없이 이전할 수 있을까?'라는 의문이 생긴다. 실제로 해외 이민을 준비하다 보면, 상속·증여세와 국외전출세 등 복잡한 세법 규정에 부딪히게 된다. 해외 이주 후 국내 자산을 자녀에게 증여하거나 상속할 때 세금이 발생하는지, 그리고 절세를 위해 어떤 점을 주의해야 하는지 구체적으로 살펴본다.

국내 자산 상속·증여의 세금 기준은 '거주자'와 '비거주자' 구분에서 출발한다. 거주자는 국내에 주소를 두거나 183일 이상 체류한 사람을 말하며, 이 경우 전 세계 자산에 대해 상속·증여세가 부과된다. 반면, 비거주자는 국내에 주소가 없고 183일 미만 체류한 경우로, 국내에 있는 자산에만 상속·증여세가 적용된다. 즉, 피상속인이 비거주자라면 국내 자산에 한해 과세된다. 만약 증여자와 수증자 모두 비거주자라면, 국외 자산의 증여에는 한국 세법이 적용되지 않지만, 국내 자산은 여전히 과세 대상이다.

예를 들어, 피상속인이 비거주자이고 국내 주식 50억 원을 보유한 상황을 가정해 보자. 이 경우 국내 주식에 대해서만 상속세가 부과된다. 과세표준은 50억 원, 세율은 50%(최대주주인 경우에는 60%)가 적용된다. 누진공제 4억 6,000만 원을 빼면 실제 납부해야 할 상속세는 다음과 같다.

구분	과세표준	세율	누진공제	납부세액
상속세	50억 원	50%	4억 6,000만 원	(50억 원 × 50%)−4억 6,000만 원 = 20억 4,000만 원

마찬가지로 비거주자인 부모가 국내 아파트 30억 원을 비거주자인 자녀에게 증여하는 경우도 국내 자산이므로 증여세가 과세된다. 이때 과세표준은 30억 원, 세율 50%, 누진공제 4억 6,000만 원을 적용하면 다음과 같이 계산된다.

구분	과세표준	세율	누진공제	납부세액
상속세	30억 원	50%	4억 6,000만 원	(30억 원 × 50%)−4억 6,000만 원 = 10억 4,000만 원

이처럼 비거주자가 된 이후에도 국내 자산을 자녀에게 상속하거나 증여하면 한국 세법에 따라 세금이 부과된다.

절세를 위한 전략으로는 먼저 국내 자산을 완전히 정리하는 방법이 있다. 해외 이주 전에 모든 국내 자산을 처분하면, 비거주자 전환 후에는 한국 세법상 과세 대상 자산이 없어져 상속·증여세에 대한 부과기준이 달라진다. 또, 비거주자 지위가 확정된 다음에 증여를 실행하는 것이 중요하다. 만약 미국이나 캐나다 등과 같이 한국과 조세조약이 체결된 국가로 이주한다면, 이중과세를 방지할 수 있는 조세조약 규정도 활용할 수 있다.

하지만 주의해야 할 리스크도 있다. 대주주(지분 1% 이상)가 해외로 이주할 경우, 국외전출세가 부과된다. 이는 출국 시점의 주식 평가이익에 대해 20~25%의 세금을 미리 납부해야 하는 제도다. 예를 들어, 평가이익이 100억 원이라면 최대 25억 원의 세금을 내야 한다(지방소득세 별도).

구분	평가이익	세율	납부세액
국외전출세	100억 원	최대 25%	약 25억 원

결국, 해외 이주 후 국내 자산을 자녀에게 이전할 때는 거주자·비거주자 구분, 국내 자산의 과세 여부, 국외전출세 등 다양한 요인을 종합적으로 고려해야 한다. 이주 전 자산 정리, 증여 시기 조절, 조세조약 활용 등 절세 전략을 세우되, 예상치 못한 세금 리스크가 발생하지 않도록 꼼꼼히 준비하는 것이 필요하다.

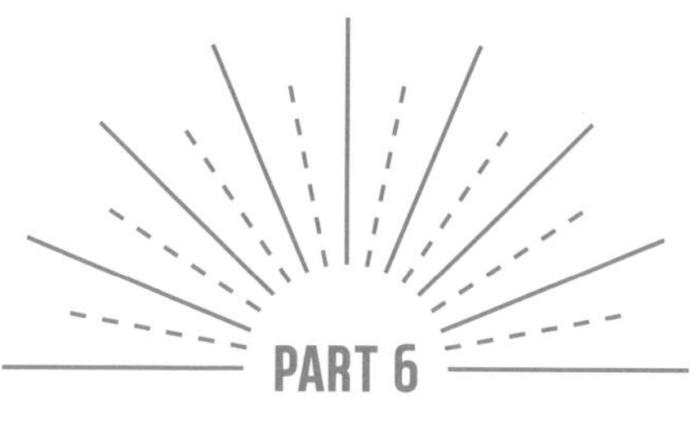

PART 6

상속·증여세를 줄이는 실전 컨설팅

01

절세는 계획으로부터

상속과 증여 절세 전략의 핵심은 바로 체계적인 플래닝이다. 상속증여 플래닝을 진행한 경우와 그렇지 않은 경우의 차이를 실제 사례를 통해 명확히 살펴보면, 플래닝의 중요성을 더욱 쉽게 이해할 수 있다.

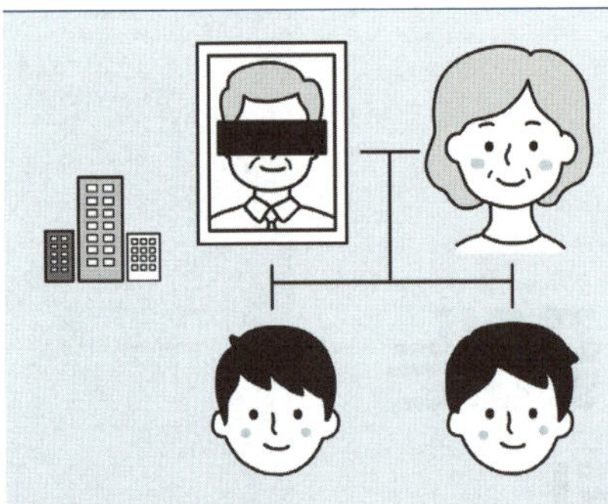

Q. 서울에 거주하는 65세 김씨는 서울 요지에 시가 100억 원 상당의 꼬마빌딩과 상가 두 채를 가지고 있다. 평소에 건강을 자신하던 김씨는 상속에 대한 생각은 전혀 하지 않고 있었다. 하지만 비 오는 날 빗길에 교통사고로 운명을 달리했다. 가족은 아내와 성년 아들 2명이 있다.

사례 1

상속증여 플래닝을 진행하지 않은 경우

첫 번째 상속이 개시되었으므로 상속세가 발생한다. 대략 상속세를 계산하면 상속재산가액 100억 원에서 상속공제액 35억 원 (일괄공제 5억 원, 배우자공제 최대 30억 원 반영)이라면 과세표준이 65억 원이다. 여기에 세율 50%를 적용하면 27억 9,000만 원의 상속세가 예상된다. 부동산 자산이 대부분인 경우 상속 개시 후 6개월 내 약 28억 원의 상속

절세모음.zip 〈상속·증여편〉

세를 현금으로 납부하기에는 어려움이 많다.

두 번째, 상속재산분배를 해야 한다. 엄마와 자식 간의 사이가 좋지 않아 재산분배에 분쟁이 예상된다. 욕심 많은 큰 아들은 벌써 아버지에게 사업자금으로 많은 돈을 가져다 쓴 상태다. 이로 인해 공정한 재산 분할에 대한 심각한 갈등이 발생했다. 이 과정에서 가족 간 소송까지 이어져 변호사 비용 및 소송 진행비용으로 추가적인 지출이 생겼다. 결국 소송이 장기화되면서 가족 관계가 악화됐고, 신뢰 관계도 회복하기 어려운 상태로 치달았다.

세 번째, 상속세 재원 마련이다. 재원 마련을 위해 부득이하게 부동산을 급히 매각해야 했고, 급매로 인해 시세보다 훨씬 낮은 가격에 처분하게 되어 큰 재정적 손실이 발생했다.

사례 요약

- 재산 100억에 대한 상속세 약 27억 9,000만 원
- 상속재산 분배로 가족 간 갈등 발생
- 거액의 상속세 재원 부족으로 부동산 급매, 손실 발생

사례 2

상속증여 플래닝을 진행한 경우

김씨 가족은 일찍부터 상속증여 플래닝을 통해 자산을 구조적으로 관리했다. 12년 전에 자녀 2명에게 당시 시세로 40억 원 (현재 시세 60억 원) 상당의 꼬마빌딩을 사전증여 하여 상속자산을 단계적으로 이전하였다. 이로 인해 갑작스러운 상속이 발생해도 남은 상가 2채 현재 시세 약 40억 원에 대한 상속세 9,000만 원으로 세금 부담이 현저히 줄어들었다.(일괄공제 5억 원과 배우자공제 17억 원 적용)

꼬마빌딩은 두 자녀가 12년 전 증여받았고 상가 2채는 아내가 임대료를 받아 생활하기로 명확한 자산 분배 계획을 수립해 가족 간의 갈등도 예방했다. 또한, 가족 간의 대화와 상의를 통해 각자의 의견을 존중하며 결정했기 때문에, 상속 과정에서 심리적 부담과 갈등 요소도 최소화했다. 여기에 아내를 계약자와 수익자로 한 사망보험금 3억 원의 종신보험이 가입되어 있어 아내가 납부해야 할 상속세도 사망보험금으로 해결했다.

상속플래닝의 절세효과

[단위: 억 원]

		상속플래닝 없을 때	상속플래닝 결과		
		상속	사전증여		상속
			자녀1	자녀2	
과세가액		100	20	20	40
공제	일괄공제	5			5
	배우자공제	30			17
	증여재산공제		0.5	0.5	
과세표준		65	19.5	19.5	18
세율		50%	40%	40%	40%
산출세액		27.9	6.2	6.2	5.6
합계					18

※ 12년 전 두 자녀에게 증여 당시 꼬마빌딩은 시가 40억 원이었음.
　자녀 인당 20억 원 증여 시 증여세 각각 6억 2,000만 원, 연부연납으로 납부

※ 상속 발생 시 배우자공제는 17억 원으로 가정

사례 요약

- 자녀에게 가치상승이 예상되는 꼬마빌딩 사전증여
- 배우자에게 상가 2채 상속, 임대소득으로 배우자 생활비 확보
- 증여세 + 상속세 18.0억 원으로 플래닝 전 29.7억 원보다 11.7억 원 절세 가능
- 상속세 재원확보를 위해 배우자를 계약자, 수익자로 한 종신보험 가입

이러한 사례를 통해 상속증여 플래닝이 필요한 이유를 요약하면 아래와 같다.

첫 번째, 가족 간 분쟁 예방이다. 상속은 누구에게나 발생할 수 있으며, 사전 준비 없이 맞닥뜨리면 재산 분할과 상속인 간 갈등, 소송으로 이어질 수 있다. 유언장 작성 등 법적 절차를 미리 준비하면 이러한 갈등을 예방하거나 최소화할 수 있다.

두 번째, 과도한 세금 부담을 최소화할 수 있다. 상속세와 증여세는 큰 부담이 될 수 있다. 사전증여 및 절세 전략으로 세금을 합법적으로 줄일 수 있다. 특히, 주기적 증여 설계를 통해 세금을 줄이는 것이 효과적이다.

세 번째, 상속세 납부 재원을 미리 마련할 수 있다. 부동산 등 현금화가 어려운 자산의 경우 상속세 납부 재원을 미리 마련하지 않으면 급매 등 불리한 상황에 처할 수 있다. 종신보험 등을 활용해 미리 재원을 준비하는 것이 필요하다.

네 번째, 재산 이전 방식의 유불리를 판단할 수 있다. 상속과 증여의 선택은 세법상 공제, 세율, 재산 규모, 증여자의 건강 등을 신중히 고려해야 한다. 전문가의 도움으로 최적의 방법을 설계하는 것이 중요하다.

다섯 번째, 가업승계 및 복잡한 자산 관리를 할 수 있다. 가업승계나 가족법인 설립 등 복잡한 자산 이전은 세무·법률적 검토와 맞춤형 설계가 필수적이다. 이를 통해 안정적인 자산 승계와 효율적 관리가 가능하다.

마지막으로 은퇴 후 생활자금 및 자녀 지원 계획을 수립해야 한다. 은퇴 이후의 예상치 못한 비용과 자녀 지원을 균형 있게 계획하기 위해 상속·증여 설계가 필요하다. 플래닝을 통해 본인의 노후자금과 자녀에게 남길 재산을 합리적으로 배분할 수 있다.

상속·증여 플래닝은 단순한 세금 절약을 넘어, 가족 화합, 재산의 안전한 이전, 미래 세대의 안정적 생활을 위한 필수 과정이다. 전문가와의 상담을 통해 개인의 상황에 맞는 맞춤형 설계를 하는 것이 바람직하다.

02

사전증여,
먼저 따져본 후 실행하자

(1) 사전증여, 오히려 상속세가 늘어나는 경우

Q. 부산에 사는 박씨는 아내와 성인 아들 2명을 두었다. 나름 열심히 생활해 5억 원짜리 아파트 3채와 기타 재산 2억 원을 모아 총재산이 17억 원이다. 그중 아파트 2채는 본인 명의로, 1채는 배우자 명의로 되어 있다. 부자들은 상속세를 줄이기 위해 사전증여를 한다는 말을 듣고 현재 거주하고 있는 아내 명의 아파트는 두고, 본인 소유 아파트 2채를 아들에게 각각 1채씩 증여하였다. 증여 후 1년이 지난 어느 날 교통사고로 박씨는 운명을 달리하였다. 박씨의 사전증여는 잘한 것일까?

사전증여를 하는 것이 꼭 상속세를 줄이는 길은 아니다. 어쩌면 세금이 더 나올 수도 있다. 그 이유는 상속개시일로부터 10년 이내에 상속인들에게 증여한 재산은 상속재산에 가산하여 상속세를 계산하기 때문이다. 이때 상속재산에 합산된 사전증여 재산은 상속공제를 받을 수 없다는 사실을 명심해야 한다. 오히려 상속세 과세표준이 늘어나 세금이 더 많아질 수도 있다. 박씨의 경우를 보자.

절세모음.zip (상속·증여편)

사전증여 후 10년 이내에 상속 발생

2명의 아들에게 각각 5억 원 아파트 1채씩 증여를 하였다. 이 때 발생하는 증여세는 인당 8,000만 원씩 2명 합하여 총 증여세 1억 6,000만 원이다.(5억 원－5,000만 원＝ 4억 5,000만 원 × 20%－1,000만 원)

증여 후 10년 내 상속이 발생하여 증여재산에 대해 상속세가 과세된다. 상속세를 단순 계산해 보자. 상속재산은 기타재산 2억 원과 사전증여한 재산 아파트 두 채 10억 원 합하여 총 12억 원이 상속세과세가액이다. 여기에 공제금액을 빼 보자. 그런데 사전증여 후 10년 이내에 발생한 상속은 사전증여재산이 상속재산에는 합산되고, 상속공제한도 계산에서 제외되어 공제금액을 낮추게 된다. 그러므로 공제금액이 일괄공제 5억 원 배우자공제 5억 원 합하여 10억 원이 적용되지 않고 상속공제한도 *3억 원만 적용되게 된다. 그러므로 과세표준은 9억 원이다(본래 상속재산 2억 원＋사전증여재산 10억 원－*상속공제한도 3억 원). 9억 원에 대한 상속세는 2억 1천만 원 (9억 원 × 30%－6,000만 원)이다. 여기에 기 납부한 증여세 1억 6,000만 원을 빼주면 납부할 상속세는 5,000만 원이다.

사전증여를 했지만 10년 이내에 상속이 발생하면, 총 납부할 세액은 증여세 1억 6,000만 원과 상속세 5,000만 원을 합해 2억 1,000만 원이 된다.

사전증여 없이 모두 상속으로 받을 때

1년 후 상속이 발생되었지만 아파트 가격의 변화가 없다고 가정한다.

상속재산은 아파트 2채 10억 원과 기타 재산 2억 원으로 총 12억 원이다. 여기에 상속공제로 일괄공제 5억 원과 배우자 공제 5억 원을 적용하면 과세표준은 2억 원이다. 산출세액은 3천만 원이 된다.(2억 원 × 20%－1,000만 원)

사전증여를 하지 않았을 때 상속세 과세표준은 2억 원으로 사전증여를 한 경우인 9억 원과 비교해 7억 원이 적다. 다시 말해, 사전증여를 했을 때 오히려 과세표준이 더 큰 이유는 사전증여한 재산이 10년 내 사망으로 상속 재산에 합산되었고, 또한 합산된 사전증여 재산은 상속공제한도 계산할 때 빠지기 때문이다.

사전증여를 하지 않았을 때 상속세는 3,000만 원으로, 사전증여를 한 경우 증여세와 상속세를 합한 2억 1,000만 원보다 무려 1억 8,000만 원이 줄어들게 된다. 박씨는 사전증여를 하기보다 상속을 하는 것이 더 유리했다.

[단위: 억 원]

<table>
<tr><th colspan="3">사전증여 후 10년 내 상속 발생하는 경우</th><th colspan="2">사전증여 없이 상속 발생</th></tr>
<tr><td colspan="3" align="center">사전증여 실행</td><td colspan="2" align="center">사전증여 미실행</td></tr>
<tr><td>증여금액</td><td>5</td><td>자녀 1인당 아파트 증여금액</td><td>증여금액</td><td>0</td></tr>
<tr><td>증여공제</td><td>0.5</td><td></td><td>증여공제</td><td></td></tr>
<tr><td>과세표준</td><td>4.5</td><td></td><td>과세표준</td><td></td></tr>
<tr><td>세율</td><td>20%</td><td></td><td>세율</td><td></td></tr>
<tr><td>산출세액</td><td>0.8</td><td>자녀 1인당</td><td>산출세액</td><td>0</td></tr>
<tr><td>총증여세</td><td>1.6</td><td>자녀 2명</td><td>총증여세</td><td>0</td></tr>
<tr><td colspan="3" align="center">상속발생</td><td colspan="2" align="center">상속발생</td></tr>
<tr><td>상속과세가액</td><td>12</td><td>기타 2억 + 사전증여 10억</td><td>상속과세가액</td><td>12</td></tr>
<tr><td>일괄공제</td><td>5</td><td></td><td>일괄공제</td><td>5</td></tr>
<tr><td>배우자공제</td><td>5</td><td></td><td>배우자공제</td><td>5</td></tr>
<tr><td>상속공제한도</td><td>3</td><td></td><td>상속공제한도</td><td>10</td></tr>
<tr><td>과세표준</td><td>9</td><td></td><td>과세표준</td><td>2</td></tr>
<tr><td>세율</td><td>30%</td><td>누진공제 0.6억</td><td>세율</td><td>20%</td></tr>
<tr><td>산출세액</td><td>0.5</td><td>증여세 산출세액 1.6억 공제</td><td>산출세액</td><td>0.3</td></tr>
<tr><td>총 납부세액</td><td>2.1</td><td></td><td>총 납부세액</td><td>0.3</td></tr>
</table>

사전증여는 증여 후 10년(상속인 외 5년) 이후 사망하여야 상속재산에 합산되지 않고 상속공제한도에서 빠지지 않는다. 그래서 증여는 건강할 때 미리 하는 것이 유리하다.

상속공제한도

상속세과세가액 − 상속인이 아닌 자에게 유증 등을 한 재산의 가액

　　　　　　 − 상속인의 상속포기로 그다음 순위의 상속인이 상속받은 재산의 가액

　　　　　　 − (상속세 과세가액에 가산한 증여재산가액 − 증여공제금액)[**]

근거: 상속세 및 증여세법 제24조 (공제 적용의 한도)

---

* 　상속공제한도= 상속세 과세가액 12억(2억 + 5억 + 5억) − (상속세 과세가액에 가산한 증여재산가액 10억 − 증여공제금액 1억) = 3억 원

** 　상속세 과세가액이 5억 원을 초과하는 경우에만 적용

절세모음.zip 〈상속·증여편〉

사전증여 주의사항

1. 건강할 때 증여하라.

   – 증여 후 10년(5년) 내 사망 시 증여재산은 상속자산에 포함된다.

2. 상속공제한도 축소를 고려하라.

   – 유증이나 사전증여 재산은 공제한도를 축소시킨다

3. 자산가치 하락이 예상되는 자산은 증여하지 말라.

(2) 사전증여가 효과적인 경우

Q. 55세 김부동 씨는 부동산 자산이 많다. 현 시세 50억 원 상당의 5층 상가 1채, 6억 원 상당의 거주 아파트 1채, 그리고 금융자산이 5억 원 정도다. 최근 부동산 자산이 많았던 ○○대표가 갑작스러운 뇌출혈로 사망했다는 소식과 그 자녀들이 상속세 납부 때문에 아버지 건물을 헐값에 팔았다는 이야기를 전해 들었다. 부산 요지에 있는 상가 건물은 향후 가격이 계속해서 상승할 것으로 예상된다. 그러면 본인도 상속이 개시되면 자녀들이 이 건물을 지키지 못할 것 같아 센터에 상담을 의뢰했다.

부동산 자산이 많은 55세 김부동 씨의 자산이 예상 물가상승률 3%만큼 매년 상승한다는 가정하에 향후 30년간의 자산가치 상승에 따른 상속세를 단순계산해 봤다. 가족은 배우자와 성인자녀 2명이다.

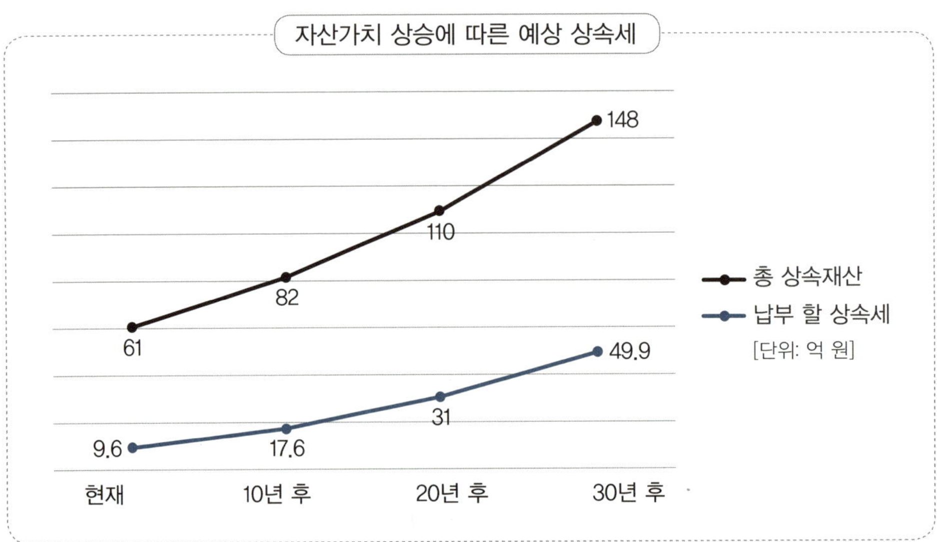

절세모음.zip 〈상속·증여편〉

[단위: 천 원]

상속세 계산 절차	현재 시점 55세	10년 후 65세	20년 후 75세	30년 후 85세
총 상속재산가액	6,100,000	8,197,890	11,017,279	14,806,301
－ 상속과세액(금융재산)	500,000	671,958	903,056	1,213,631
－ 상속과세액(부동산재산)	5,600,000	7,525,932	10,114,223	13,592,670
상속세 과세가액	6,085,000	8,182,890	11,002,279	14,791,031
－ 장례비용	15,000	15,000	15,000	15,000
공제금액	3,207,857	3,634,392	3,680,611	3,700,000
－ 일괄공제	500,000	500,000	500,000	500,000
－ 배우자공제	2,607,857	3,000,000	3,000,000	3,000,000
－ 금융재산공제	100,000	134,392	180,611	200,000
상속세 과세표준	2,877,143	4,548,498	7,321,677	11,091,301
산출세액	990,857	1,814,249	3,200,834	5,085,651
세액공제	29,726	54,427	96,025	152,570,
－ 신고세액공제(3%)	29,726	54,427	96,025	152,570,
납부할 세액	961,131	1,759,822	3,104,809	4,993,081

위 표와 같이 상속세는 자산가치가 상승하는 만큼 증가한다. 자산가치 상승률이 클수록 납부할 상속세의 상승률은 더 높아진다.

갑작스러운 상속이 발생하게 되면 유동성이 떨어지는 부동산 자산이 많은 분들은 뜻하지 않은 어려움에 봉착하게 된다. 상속세 납부를 위해 부동산을 담보로 대출을 받아 상속세 재원을 만들기도 한다. 이때 자산가치 평가를 통한 상속재산의 평가 금액이 높아져 상속세를 추가 납부할 수 있고, 매달 납입하는 대출이자가 부담스러울 수 있다. 또한 급하게 부동산을 매물로 내놓으면 가치하락으로 헐값에 매도할 수 있는 위험도 있다.

이렇게 부담스러운 상속세를 절세하기 위해 사전증여를 활용할 수 있다. 사전증여를 통해 상속세를 절세하는 방법을 알아보자.

첫 번째, 가치상승이 예상되는 부동산을 먼저 증여한다.

부동산을 여러 개 보유하고 있는 경우에는 가치가 상승되고 있거나 향후에 가장 많이 상승될 것으로 예상되는 부동산을 우선적으로 증여를 하는 것이 바람직하다. 증여세는 증여시점의 금액을 기준으로 부과한다. 나중에 가치가 많이 오를수록 증여받은 사람의 자산 가치는 늘어나고 그동안의 부동산에서 발생하는 수익도 증여받은 사람의 자산이 된다. 증여자가 증여 후 10년 내 사망하게 되면 증여한 자산이 상속자산에 포함된다. 그러나 상속시점의 가치 상승된 금액으로 포함되는 것이 아니라 증여시점의 금액으로 상속자산에 포함된다. 특히 증여받은 사람이 상속인 외의 자일 경우(며느리, 사위, 손자 등)는 증여 후 5년 후 상속이 발생되면 상속자산에 포함되지 않는다.

두 번째, 임대수익이 발생하는 부동산을 증여한다.

임대소득이 발생하는 자산을 사전증여하는 경우 증여받는 사람에게 합법적인 자금출처를 마련해 줄 수 있으며 증여받은 사람의 자산은 계속 늘어나게 된다. 또한 증여자는 소득이 감소하게 되어 종합소득세 및 건강보험료 절세 효과가 있다.

세 번째, 채무와 함께 증여한다.

부동산을 증여할 때 채무까지 함께 증여하는 것을 부담부증여라고 한다. 직계 가족에게 전세보증금이나 주택담보 대출 등과 같은 부채를 함께 증여하는 것을 말한다. 증여를 받는 사람 입장에서는 증여 재산 총액에서 부채를 뺀 금액을 증여금액으로 평가하기 때문에 증여세가 감소하는 효과가 있다. 대신 증여자는 부채 부분에 대해 양도소득세를 납부해야 한다. 또한 수증자는 넘겨받은 부채를 본인의 자산으로 상환하여야 한다. 증여자의 도움을 받을 때는 재차 증여가 발생하므로 주의해야 한다.

네 번째, 증여받는 사람을 늘린다.

증여세는 증여받는 사람이 내는 것이므로 증여받는 사람이 많으면 증여재산금액이 나뉘어 금액이 감소하고 증여받는 사람 각자가 증여재산공제를 받아 적용되는 증여세율이 낮아진다.

이와 같은 사전증여의 장점을 들은 김부동 씨는 다음과 같이 계획하였다.

1. 가격 상승이 예상되는 50억 상당의 상가를 자녀에게 증여하기로 결정하였다.
    증여 후 재산은 거주하는 아파트 1채와 금융자산뿐이다. 5억 원 금융자산은 노후자금으로 사용하면서 줄어들 것이고 거주 아파트는 가격 상승이 크지 않을 것으로 본다. 지금은 건강에 자신 있으니 10년간은 상속발생이 염려되지 않아 사전증여한 자산이 향후 상속세에 포함되지 않을 것이다.

2. 10년 이후 상속이 발생한다면 상속자산은 6억 원 상당의 아파트와 약간의 금융자산이 남을 것이다. 10억 원 이하의 상속자산이 예상되어 상속공제 10억 원을 적용하면 상속세 걱정도 덜게 된다.

3. 그러나 증여받는 자녀들이 증여세를 낼 형편이 안 될 것 같아 고민에 빠졌다. 그래서 증여세를 연부연납으로 나눠서 내고, 건물 임대료로 연부연납 금액에 부족함이 없는지 검토해보기로 했다. 또 다른 방법으로 배우자와 자녀가 주주로 된 가족법인을 설립하여 법인에 건물을 증여하는 방법에 대해서도 검토할 필요가 있다고 안내했다.

사전증여를 통한 상속·증여세 절세 원칙

1. 가치상승이 예상되는 자산 먼저 증여하라.

2. 수익이 창출되는 자산을 증여하라.

3. 채무와 함께 증여하라.

4. 증여자를 늘려라.

(3) 세대생략증여 절세효과 극대화하는 법

부모가 자녀에게 증여하지 않고 손자녀에게 증여하는 것을 세대생략증여라 한다.
아버지가 자녀에게 증여할 때 증여세가 과세되고 증여받은 자녀가 그 자녀(아버지 입장에서는 손자녀)에게 증여할 때 또 한 번 증여세가 과세된다. 이렇게 두 세대를 거쳐 증여할 경우 증여세를 두 번 과세할 수 있는데 아버지에서 손자녀로 한 세대를 건너뛰어 한 번만 증여가 발생하면 증여세도 한 번만 과세하게 된다.

이로 인한 과세 형평의 문제를 해결하기 위해 세대를 생략한 증여에는 할증과세가 적용된다. 상속세산출세액의 30%, 단, 수증자가 미성년자이면서 20억 원을 초과하는 경우에는 40%를 할증과세 한다(상속세 및 증여세법 제57조 직계비속에 대한 증여의 할증과세: 상속인이나 수유자가 피상속인의 자녀를 제외한 직계비속인 경우에는 상속세산출세액에 상속재산 중 그 상속인 또는 수유자가 받았거나 받을 재산이 차지하는 비율을 곱하여 계산한 금액의 30%에 상당하는 금액을 가산한다).

일반증여 세율보다 30%, 40% 할증과세를 함에도 불구하고 세대생략증여를 하는 이유는 무엇일까?

첫 번째, 자녀에게 증여를 충분히 해서 추가 증여를 할 경우 최고 50%의 증여세율이 적용되기 때문에 증여를 받는 사람을 분산해서 증여세율을 낮추기 위함이다. 이는 상속세 과표를 줄여 상속세를 낮추는 효과도 있다. 또한 자녀에게 증여한 자산을 손자녀에게 다시 증여하여 증여세를 두 번 내는 것에 비해 증여세 절세 면에서도 유리하다.

두 번째, 손자녀는 상속인이 아니다. 상속인 외의 자에게 증여된 재산은 증여 후 5년이 경과되면 상속재산에 포함되지 않는다. 그러므로 고령의 할아버지가 10년 이상 생존하기 어려우나 5년 이상은 건강할 경우에는 자녀에게 증여하는 것보다 손자녀에게 증여하는 것이 유리하다. 향후 상속발생 시 상속재산에 증여한 자산이 포함되지 않기 때문이다.

마지막으로 눈에 넣어도 아프지 않을 것 같은 손자녀에게 재산을 물려주고 싶은 할아버지, 할머니의 마음 때문이다.

세대생략증여를 할 때 주의해야 할 점도 있다.

첫 번째, 손자녀가 비거주자인 경우, 거주자인 할아버지가 증여세를 연대 납세할 수 있으므로 증여세를 조부모가 대신 납부하면 비과세가 가능하다. 다만, 증여 재산 공제가 적용되지 않으므로 신중한 계산이 필요하다.

두 번째, 증여재산 공제할 때 미성년자 기준 10년간 2,000만 원, 성인 기준 5,000만 원의 증여 공제가 적용되며, 할아버지 할머니 각각 증여할 경우 두 사람은 동일인으로 보아 합산 누진 과세된다. 할아버지와 아버지의 증여시점에 따라 증여공제를 누구에게 적용 하느냐에 따라 증여세가 달라진다. 할아버지, 아버지 각각 5,000만 원을 성인 자녀에게 증여한다고 가정하자.

할아버지가 먼저 증여하고 아버지가 그다음에 증여한 경우는 할아버지 증여할 때 증여공제 5,000만 원을 사용하여 증여세 과세가액이 없으므로 할증과세도 적용되지 않는다. 이후 아버지가 5,000만 원 증여하면 5,000만 원에 대한 증여세 500만 원이 과세된다(증여공제는 10년 내 할아버지 증여 때 이미 사용함). 반대로 아버지가 먼저 증여하면 5,000만 원 증여공제를 사용하면 증여세 비과세이다. 이후 할아버지가 증여하면 5,000만 원 증여공제를 이미 사용하였으므로 5,000만 원에 대한 증여세 500만 원과 세대생략할증과세 30%가 적용되어 650만 원이 과세된다. 증여 순서에 따라 증여세가 150만 원 차이가 난다.

※ 10년 이내 증여 없으며 신고세액공제는 적용하지 않음

절세모음.zip (상속·증여편)

세 번째, 가족 간 형평성 문제를 고려해야 한다. 특정 손자녀에게만 증여할 경우, 가족 간 갈등이 발생할 수 있어 사전 논의가 필수적이다.

네 번째, 증여 자금의 관리 문제다. 손자녀 명의로 증여된 자금을 부모나 조부모가 다시 사용하거나 주식 투자로 불릴 경우, 추가 증여로 간주될 수 있어 철저한 관리가 요구된다.

세대생략증여는 적절한 전략을 수립하면 증여세와 상속세를 절감하는 데 유용할 수 있다. 하지만 다양한 법적 요건과 가족 간의 합의가 필요하므로 전문가의 상담을 받는 것이 바람직하다.

(4) 먼저 증여해야 하는 재산은 따로 있다

자산은 현금, 금융상품, 주식, 부동산 등 다양한 형태로 존재한다. 이러한 자산을 증여할 때 증여자 마음 가는 대로 아무 자산이나 증여하면 될까?

답은 '아니다'이다.

미래가치가 상승할 자산부터 먼저 증여하라

현금은 물가상승률을 감안한다면 가치상승이 매우 낮은 자산이다. 오히려 인플레이션 때문에 화폐가치가 하락하는 위험요소를 가지고 있다. 달러나 엔화 등 외화 자산을 증여할 경우는 향후 경기 예측에 따라 변동이 심할 것이다. 결국 현금증여는 현금 자체의 가치 상승이 없기 때문에 증여 고려 대상 자산 중 마지막 대상 자산으로 봐야 할 것이다.

금융상품이나 주식은 저평가 상태라면 증여를 하는 것이 유리할 것이다

금융상품이나 투자주식을 저평가 상태에서 낮은 증여세를 내고 증여를 하였으나 만기나 매도 시 증여시점보다 고평가되지 않고 더 떨어졌다면 오히려 세금 측면에서 손실이 발생하므로 증여자는 신중히 결정해야 한다.

비상장법인의 지분주식도 저평가되었을 때 가족들에게 사전증여하는 것이 향후 법인이 성장하여 미처분이익잉여금이 쌓일 경우 배당소득세, 증여세, 상속세 절세 측면에서 유리하다.

부동산의 경우도 미래가치가 상승할 부동산부터 먼저 증여하는 것이 유리하다. 예를 들어 지방에 있는 60평형 아파트와 서울 중심가에 있는 20평형 아파트의 가격이 동일하다면 어느 아파트를 먼저 증여하는 것이 좋을까? 현 부동산 시장을 반영한다면 지방의 대형 아파트보다는 서울 중심가의 소형 아파트의 가치가 더 상승할 것으로 예상된다. 그렇다면 서울 중심가의 아파트를 먼저 증여하는 것이 현명한 선택이다. 따라서 현금보다는 상승 가능성이 높은 부동산을 증여하고 토지와 건물이 있는 부동산이라면 전체를 증여하는 것보다 감가 되는 건물은 제외하고 토지만 증여하는 것도 검토해 볼 필요가 있다. 부동산 증여 시 부채를 끼고 증여하는 부담부증여도 자녀에게 부담을 덜 수 있으므로 각자의 상황에 맞춰 증여 방법을 결정하면 된다.

결국 모든 자산 중 미래 가치가 상승할 것으로 예상되는 자산부터 증여하는 것이 답이다.

절세모음.zip (상속·증여편)

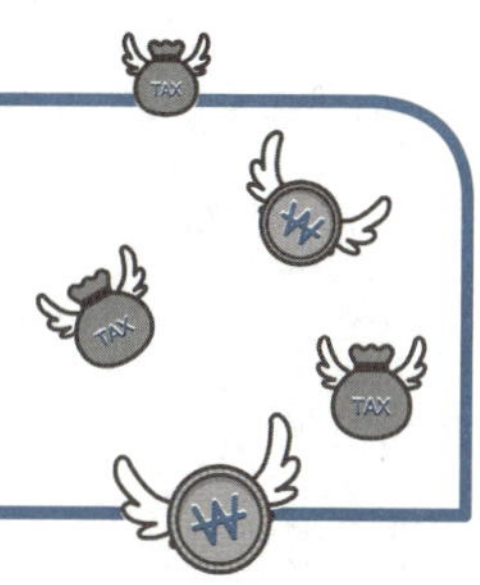

03 증여도 타이밍
… 언제 증여할까?

증여시기는 증여재산의 취득 시기이며, 곧 증여 시점이 되는 것이다. 이는 곧 납세의무의 성립 시기이고 신고기한 계산, 부과제척기간 계산 등을 결정하는 데 중요한 의미를 가진다.

증여 재산별로 증여시기를 알아보자.

먼저 부동산이다. 부동산은 증여등기접수일이 증여시기이다.

두 번째, 현금의 증여시기는 현금을 수증자에게 인도한 날(수증자 계좌에 입금한 날)이다(상증세법 시행령 제24조 제1항 제4호).

세 번째, 부동산을 취득할 수 있는 권리의 증여시기는 권리의무승계일이다.

네 번째, 주식의 증여시기다. 주식 및 출자지분 증여시기는 수증자가 배당금의 지급이나 주주권의 행사 등에 의하여 해당 주식을 인도받은 사실이 객관적으로 확인되는 날이다. 다만, 해당 주식 등을 인도받은 날이 불분명하거나 해당 주식을 인도받기 전에 취득자의 주소와 성명 등을 주주명부 또는 사원명부에 기재한 경우에는 그 명의개서일 또는 그 기재일이다(상증세법 시행령 제24조 제2항).

다섯 번째, 보험금 증여시기는 보험사고(만기보험금 지급)가 발생한 날이다(상증세법 시행령 제24조 제1항 제3호 바목).

여섯 번째, 기타 재산의 증여시기는 다음과 같다.

등기, 등록을 요하는 재산은 소유권의 이전 등기, 등록 신청서 접수일이 증여시기다.

증여 목적으로 수증인 명의로 완성한 건물이나 취득한 분양권은 사용승인서 교부일, 사실상 사용일, 임시사용 승인일 중 빠른 날이 증여시기다.

타인의 기여에 의하여 재산 가치가 증가한 경우에는 재산가치 증가 사유 발생일이 증여시기다.

무기명채권은 이자지급 등으로 취득사실이 객관적으로 확인된 날이 증여시기며 그 날이 불분명할 때는 이자지급, 채권상환을 청구한 날을 증여시기로 본다.

위 외의 재산은 인도한 날 또는 사실상의 사용일이 증여시기다.

위 증여시기를 고려하여 증여 시점의 자산가치가 최대한 하락했을 때가 최적의 증여시점이다.

04

자녀 창업지원이 절세의 지름길

Q. 박씨 아들은 대학을 졸업하고 대기업 취업문을 두드렸지만, 매번 실패하였다. 그래서 아쉽지만 중소기업에 취업하여 회사생활을 하던 중 3년 차에 본인 적성에 맞지 않음을 깨닫고 무작정 사표를 냈다. 3개월간 집에서 쉬면서 뭘 할까 고민하던 아들은 평소 좋아하던 커피와 관련된 사업을 하기로 결심하고 카페를 시작해 보려 한다. 필요 자금을 알아보니 약 2억 5,000만 원이 필요하다. 그러나 직장생활 3년 동안 모아 둔 돈은 겨우 3,000만 원이다. 부모님께 손을 벌릴 수밖에 없다. 아들의 이야기를 들은 박씨는 아들의 카페 창업자금을 지원해 주려 한다. 아들에게 2억 원을 세금 없이 지원해 줄 방법이 있는지 문의한다.

개인사업을 하려고 하는 자녀에게 2억 원의 자금을 지원해 주는 방법에 어떤 것이 있을까?

첫 번째, 증여를 해주는 것이다. 그런데 성년자녀에게는 10년간 세금 없이 무상으로 줄 수 있는 금액은 5,000만 원이 한도이다. 초과하는 1억 5,000만 원에 대해서는 증여세를 납부해야 한다.

두 번째, 방법은 2억 원을 빌려주는 것이다. 무직의 자녀가 은행에서 2억 원을 대출하기 쉽지 않고 대출한다 하더라도 대출이자에 대한 부담감이 있다. 그래서 박씨가 금전소비대차약정서(차용증)를 작성하고 무이자로 2억 원을 빌려주는 것이다. 그러나 국세청은 단순히 차용증만 작성했다고 증여세를 부과하지 않는 게 아니다. 그 자금거래가 금전소비대차 또는 증여에 해당되는지 여부는 당사자 간 계약, 이자지급 사실, 차입 및 상환 내역, 자금출처 및 사용처 등 당해 자금거래의 구체적인 사실을 종합하여 판단한다.[서면상속증여 2019-38859(2020.6.29)]

즉 사례별로 종합적으로 판단하여 증여 여부를 결정한다는 것이다. 그러므로 실제 원금과 이자를 상환하는 증빙이 있어야 향후 충분한 소명이 가능할 것이다. 여기서 금전소비대차계약으로 인정되면 일정 금액의 원금까지는 무이자나 저리로 빌려도 증여세가 과세되지 않는다. 금전을 무이자 또는 적정 이자율(현행 연 4.6%)보다 저리로 빌려 증여재산가액이 1천만 원 이상(1년 기준)이면 증여세 과세되고, 1천만 원 미만(1년 기준)이면 증여세가 과세되지 않는다.

증여재산가액 계산은 무이자로 빌린 경우는 빌린 원금 × 4.6%를 적용하고, 적정 이자율보다 낮은 이자율로 빌린 경우는 빌린 원금 × 4.6% - 실제 지급한 이자 상당액을 적용한다.

세 번째, 방법은 창업자금증여세 과세특례 제도를 활용하는 것이다. 이러한 창업자금증여특례 제도를 활용하려면 몇 가지 요건을 충족해야만 한다.

① 증여자와 수증자의 요건이다.

　60세 이상인 부모가 거주자인 18세 이상인 자녀에게 창업을 목적으로 증여하였을 경우 5억 원을 공제하고 50억 원까지는 10%를 과세한다. 창업을 통하여 10명 이상을 신규로 고용한 경우에는 100억 원을 공제 한도로 한다. 증여해 주는 부모가 사망했다면 조부모가 증여해도 된다. 받는 수증자도 2인 이상인 경우 각각 창업자금에 대한 증여세 특례를 적용받는다. 예를 들어 장남과 차남에게 각각 50억 원의 범위 내에서 창업자금을 증여할 수 있다.

② 물려주는 재산의 범위에도 제한이 있다. 토지, 건물, 부동산상의 권리(분양권, 지상권, 전세권 등), 주식 등 양도소득세 과세 대상 자산은 제외된다. 그래서 자산

을 매각하거나 담보로 대출을 받아 현금화해서 주는 것이 손쉬운 방법이다.

③ 창업자금의 사용요건이다. 이 창업 자금은 증여받은 날로부터 2년 이내에 창업에 사용하여야 하고, 증여받은 날부터 4년이 되는 날까지 창업자금을 모두 해당 목적에 사용해야 한다. 이러한 자금은 사업용자산을 취득하거나 사업장 임차보증금 및 임차료 지급액으로 사용해야 한다.

④ 창업자금 증여특례 지원 업종이다. 창업자금특례를 활용할 때 특히 주의해야 할 부분이 창업 업종이다. 조세특례제한법 제6조의3에 따른 업종이 아닌 경우 특례적용을 받을 수 없다. 박씨의 아들이 창업하고자 하는 카페(커피전문점)는 한국표준사업분류표상 주점 및 비알콜음료점에 해당하여 특례 대상이 아니다.(상속증여 0204, 17.02.14.) 스크린골프장의 경우 2019년 세법 개정을 통해 창업중소기업의 범위에 '스포츠 및 여가관련 서비스업'을 추가하였고 스크린골프연습장은 한국표준사업분류상 '예술, 스포츠 및 여가관련 서비스업(90~91)에 해당한다.

⑤ 창업으로 보지 않는 경우다. 합병·분할·현물출자 또는 사업의 양수로 같은 종류의 사업을 하는 경우다. 종전 사업에 사용되던 자산을 인수, 매입하여 같은 종류의 사업을 하는 경우로서 매입한 사업용자산 비율이 30%를 초과하는 경우다. 본인 사업을 법인으로 전환하여 새로운 법인을 설립하는 경우다. 마지막으로 폐업후 종전 사업과 같은 종류의 사업을 다시 개업하는 경우는 창업으로 보지 않는다.

⑥ 사후의무 요건이다. 수증자는 증여일 이후 정당한 사유 없이 사후의무 요건을 이행하지 아니한 경우에는 증여세가 부과된다.

마지막으로 주의해야 할 점도 있다. 창업자금 증여세과세특례를 통해 증여세를 감면해 준다고 해서 그 증여세를 완전히 면제해 주는 것은 아니다. 증여한 사람이 사망해서 상속이 개시되면 증여해 준 기간과는 상관없이 상속재산에 포함되어 상속세가 과세됨에 주의해야 한다. 기존에 납부했던 증여세는 공제해 준다.

박씨 아들의 경우 커피전문점인 카페를 창업할 경우에는 창업자금증여특례를 적용할 수 없으므로 증여특례 대상 업종으로 변경하거나 카페 내에 원두 로스팅을 추가하는 방법도 검토해 볼 만하다.

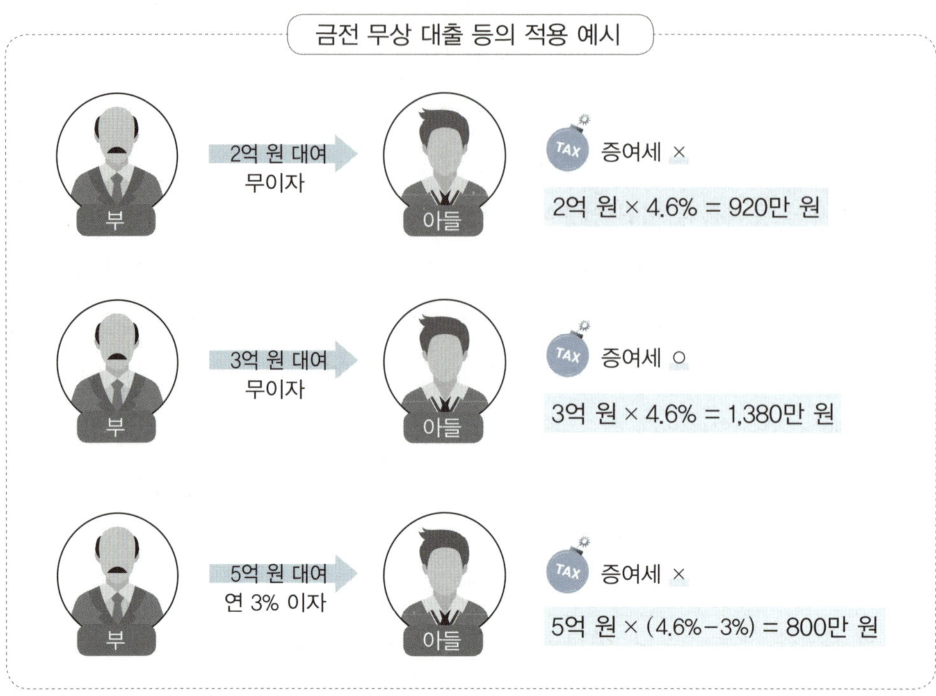

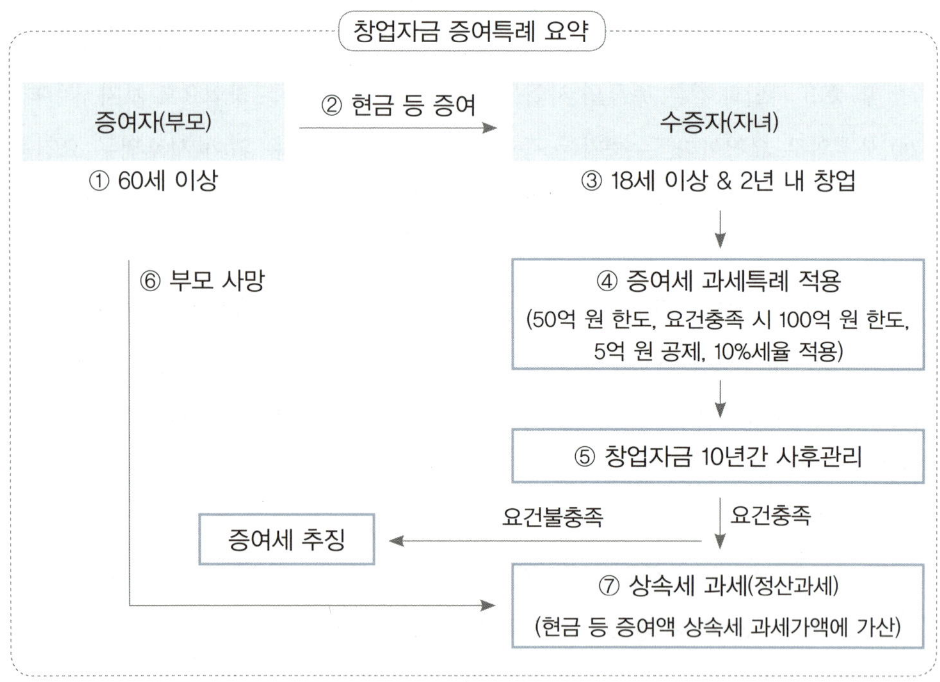

절세모음.zip (상속·증여편)

05

배우자증여로 양도세 줄이기

(1) 배우자에게 주식 증여 후 주가 상승하여 양도할 때

상장주식을 증여하면 주식가액은 얼마로 볼까?

상장주식은 증여일 전후 2개월의 종가를 평균해서 계산한 후에 증여한 주식 수를 곱하여 계산한다. '증여일'이란 증여를 하는 사람이 증여를 받는 사람(수증자)에게 주식을 대체(다른 사람의 증권 계좌로 주식을 보내는 것)해 주는 날을 의미한다. 주식을 증여한다는 것은 A가 B에게 A가 보유하고 있던 주식을 무상으로 넘겨주는 것이다. 증여하려면, 일단 수증자 B의 명의로 주식계좌를 개설한 후에 A의 주식계좌에 있던 주식을 B의 주식계좌로 대체해 주면 된다. 가령, A가 B에게 2024년 8월 11일에 주식을 대체해 주었다면 8월 11일이 증여일이 되고, 전 2개월인 2024년 6월 12일부터 후 2개월인 10월 10일까지의 해당 종목의 종가를 합해서 영업일수로 나눈 평균 금액이 1주당 '증여재산가액'이 된다. 따라서 오늘 증여를 한다고 해도 오늘은 증여재산가액을 알 수 없다. 앞으로 2개월의 종가가 나와야 확정이 되는 것이다.

국내 상장주식의 상속 또는 증여 시 평가금액은 국세청 홈택스 사이트에서 조회할 수 있다. 홈택스 초기화면에서 「세금신고 → 증여세 신고 → 신고도움자료조회 → 상속·증여재산 평가하기」에 들어가서 평가재산 종류를 상장주식으로 선택하고 증여한 종목코드와 증여일을 넣으면 전후 2개월 종가평균액이 산출된다. 이때도 증여일로부터 2개월이 지나야 주가가 확정되기 때문에 증여일로부터 최소 2개월이 경과해서 조회해야 확인이 가능하다. 최근에는 해외 상장주식의 증여도 늘고 있다. 해외 상장주식의 평가도 마찬가지다. 증여일 전후 2개월 종가평균으로 평가되는데, 여기에 환율이 반영된다는 것이 차이점이다. 4개월의 종가를 해당 국가의 통화로 평균을 낸 후에 증여일의 환율을 적용하여 원화로 환산하여 계산한다.

주가가 폭락했을 때 주식을 증여하는 것이 좋다. 그 이유는 주가가 떨어졌기 때문에 그만큼 증여재산가액이 줄어들어서 증여세가 작아지기 때문이다. 가령, 한 주당 8만 원이던 종목 1,000주를 배우자에게 증여할 계획이었는데, 주가가 떨어져 5만 원이 되었다고 가정해 보자. 그렇다면 증여재산가액이 8,000만 원에서 5,000만 원으로 줄어들기 때문에 증여세가 줄어들게 된다. 이때 평가금액 역시 증여일 현재로만 판단하는 것은 아니고 증여일 전후로 2개월씩 종가를 평균한 가액이기 때문에 증여일에는 확실히 알 수 없다는 점은 주의해야 한다. 잠깐 폭락했다가 주가가 금방 다시 회복된다면 증여재산가액은 기대한 것보다 높을 수 있다. 증여세를 낮추기 위한 목적으로는 저가일 때 증여하는 것이 유리하다. 하지만 양도소득세가 과세되는 주식을 증여하는 경우에는 수증자의 양도차익을 줄이기 위해서는 주가가 높을 때 증여하는 것이 유리할 수도 있다.

국내 상장주식의 대주주가 아닌 소액주주는 장내거래 시 매매차익에 대해서 양도세가 과세되지 않는다. 즉, 상장주식의 소액주주는 주식을 팔아서 돈을 많이 벌었더라도 증권거래세와 증권사 수수료만 내면 되고, 양도세는 없다. 하지만 상장주식이라도 대주주에 해당되거나, 장내에서 판 것이 아니라 장외거래를 했다거나, 해외주식의 경우에는 양도차익에 대해 양도세가 과세된다. 또한 국내의 비상장주식의 양도차익에도 양도세가 과세된다. 양도세는 매도가액에서 취득가액과 증권사 수수료와 같은 필요경비를 뺀 금액에 연 1회 250만 원 기본공제를 차감한 과세표준에 세율을 곱해서 계산한다.

이때 증여를 통해 양도소득세를 절세할 수 있다. 가족에게 증여 시 배우자는 6억 원, 성인자녀는 5,000만 원, 미성년인 자녀는 2,000만 원을 공제받을 수 있기 때문이다. 단, 10년 이내 증여한 재산이 있다면 합산되어 증여공제가 적용된다는 점은 주의해야 한다. 증여를 통해 양도세를 절세하고자 할 때, 증여공제금액이 큰 배우자에게 증여하는 것이 가장 유리하다.

6억 원까지 증여해도 증여세가 없기 때문이다. 가령, 남편이 해외주식 ○○○을 1억 원 매수했는데 4억 원 수익이 나서 현재 적립금 5억 원이 되었다. 남편은 이를 배우자에게 전량 증여하였다. 증여할 때 배우자 증여공제 6억 원을 활용하여 증여세는 납부하지 않았다. 해외주식을 증여받은 배우자는 곧바로 해외주식 ○○○을 매도하였다. 양도차익이 거의 없어 양도세를 거의 납부하지 않아도 되었다. 증여한 날짜 전후 2개월의 평균가액을 취득가액으로 산정했기 때문이다. 절세 효과가 커 국세청도 절세 방안으로 추천한 전략이다.

그러나 2025년 1월부터는 해외주식을 증여받은 후 양도할 때 주의해야 한다.

2025년 1월부터 부부간 주식을 증여한 후 1년 내 주식을 매도하면 증여한 사람(증여자)의 취득가액을 기준으로 양도세가 부과되기 때문이다. 따라서 올해부터는 증여받은 뒤 최소 1년 이후 주식을 매도해야 절세 효과를 누릴 수 있다. 1년 후에 매도할 경우 남편이 증여해 준 시점의 주가를 취득가액으로 산정해 양도세를 내게 된다.

비상장주식의 경우에도 해외주식과 마찬가지다. 아내가 소유한 비상장 주식을 대표이사인 남편에게 증여하고 대표이사가 증여받은 주식을 1년 내 회사에 양도할 경우 아내에게 증여받은 시점의 주식가치가 아닌 아내가 최초 취득한 주식가격인 액면가와 대표이사가 양도하는 시점의 주식가치의 차이를 양도차익으로 봐서 양도소득세를 계산하게 된다.

비상장주식을 배우자에게 증여하고 배우자가 이를 회사에 양도할 경우 이월과세 적용을 배제하기 위해 최소 1년 이상 보유했다가 양도할 것을 권유한다.

증여받은 주식 양도 시 주의사항

배우자 증여로 양도세를 줄이고 싶다면 증여 후 1년 이상 지난 다음 양도할 것!

2025년 1월 1일 이후 특수관계자인 배우자나 직계존비속에게 증여받은 주식을 1년 이내 양도하면 취득가를 증여자가 최초에 취득한 가격으로 한다. (소득세법 제97조의 2 【양도소득의 필요경비 계산 특례】)

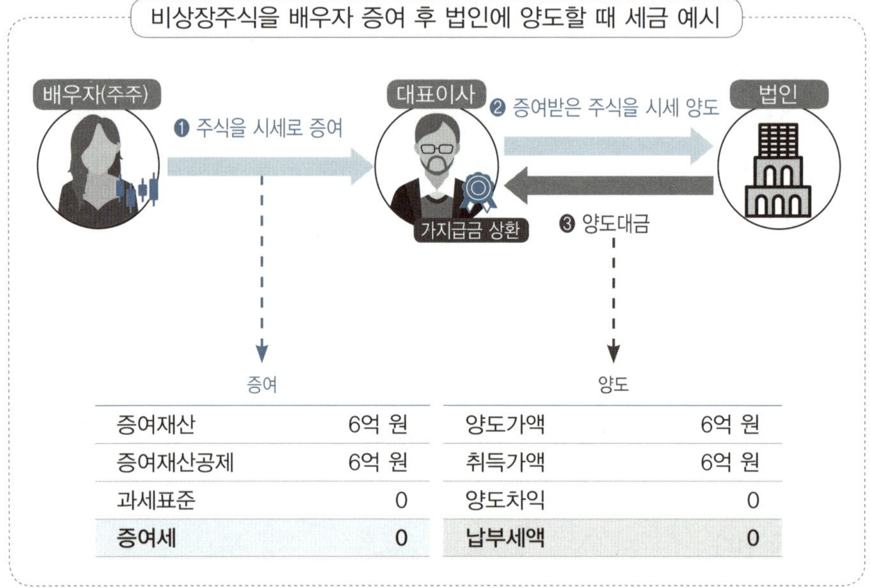

증여			양도		
증여재산	6억 원		양도가액	6억 원	
증여재산공제	6억 원		취득가액	6억 원	
과세표준	0		양도차익	0	
증여세	0		납부세액	0	

※ 배우자에게 증여한 주식은 1년 이상 보유 후 법인에 양도

※ 증여시점의 주식가치와 1년이상 보유 후 양도시점의 주식가치가 같다고 가정

(2) 배우자에게 부동산 증여 후 가격 상승하여 양도할 때

Q. 남편 김씨가 2억 원에 취득한 아파트의 시세가 현재 10억 원에 이르고 매각해야 할 상황이 되었다. 김씨가 2억 원에 사서 10억 원에 판다면 양도 차익은 8억 원으로 1세대 1주택 비과세 요건을 충족시키지 못한 김씨는 양도 소득세를 납부해야 한다. 하지만 이 아파트를 아내에게 시세 6억 원일 때 사전에 증여한 뒤 이를 제3자에게 10억 원에 판다면 양도세는 얼마나 나올까?

김씨가 2억 원에 취득한 아파트를 시세 6억 원이 되었을 때 아내에게 증여하였으므로 배우자 증여공제 6억 원을 적용하면 증여세는 없다. 이후 아내가 아파트를 10억 원에 양도하면 취득가가 증여가인 6억 원으로 계산돼 양도차익 4억에 대해 양도세를 납부하게 된다. 배우자 증여 없이 남편이 직접 10억 원에 매도하면 양도차익은 8억 원인 것에 비해 양도세가 대폭 줄어든다.

하지만 세금 정책을 총괄하는 기획재정부 세제실과 징세 행정을 담당하는 국세청은 호락호락하지 않다. 증여를 거친 양도세 편법 절세에 제동을 거는 장치(이월과세)를 적용한다. 다시 말해 A가 B에게 증여하고, 증여받은 B가 C에게 양도하였을 때 이 거래를 A가 직접 C에게 양도한 거래로 간주하고 양도 차익의 기산일을 앞당기는 이월과세 제도를 만들었다. 통상 증여받은 주택의 취득 시점은 증여일이 원칙이지만 수증자(아내B)가 증여받은 날보다 앞선 증여자(남편 A)의 취득일로 전환하는 방식이다. 이를 '이월과세'라고 부른다. 이는 과세를 뒤로 넘긴다는 의미로 남편 A가 냈어야 할 양도세를 아내 B에게 몰아서 내도록 한다는 개념이다. 증여자의 취득 시점부터 누적된 자본 이득을 온전히 과세함으로써 공평 과세를 실현한다는 취지다. 취득 시점을 앞당기는 이월과세는 증여받은 날로부터 10년 이내에 해당 부동산을 매각하면 적용된다. 원래는 5년 이내였다가 2023부터 10년 이내로 늘어났다.

헷갈리지 말아야 할 것은 적용 시기다. 시행 기준 날짜는 양도일이 아닌 증여일 기준이다. 예컨대 개정 소득세법이 시행되기 이전인 2022년 12월 초 배우자에게 아파트를 증여했다면 2027년 12월 이후(5년 이후)에 제3자에게 양도하면 이월과세를 적용하지 않는다. 제도가 시행된 2023년 1월 증여했다면 2033년 1월까지 10년 기다렸다 그 이후에 양도해야 이월과세 적용이 안 되는 것이다.

이월과세는 모든 증여자에 일괄 적용되지 않고 배우자와 직계존비속의 거래에만 국한된다. 이월과세는 부동산을 증여받은 지 10년 이내에 처분하면 사전증여 없이 직접 양도하는 것과 양도 차익이 같도록 설계한 것이다. 결국 10년 이후에 매각해야 절세 효과를 챙길 수 있다는 것이다. 그러나 10년 이후에 매각한다면 매도 타이밍과 자금운용 측면에서 불리할 수도 있다.

증여받은 부동산 양도 시 주의사항

특수관계자인 배우자나 직계존비속에게 증여받은 부동산을 10년 이내 양도하면 취득가를 증여자가 최초에 취득한 가격으로 한다.(소득세법 제97조 2)

(3) 배우자에게 증여할 때 유의할 점

상속대책의 하나인 증여는 대부분 상속인인 배우자와 자녀를 대상으로 한다. 자녀의 증여공제는 성년 5,000만 원, 미성년 2,000만 원에 불과해 증여금액이 이를 넘어가면 증여세를 내야 한다. 이에 비해 배우자 증여공제는 6억 원이나 된다. 자녀에 비해 증여세 부담 없이 상당 규모의 재산이전이 가능하다. 그러나 배우자에 대한 증여는 매우 신중하게 접근해야 한다. 잘못하면 오히려 더 많은 세금을 낼 수도 있다.

피상속인의 나이가 많아 증여 후 10년 이내에 상속이 개시될 것으로 예상되는 경우를 살펴보자.

배우자와 성년 자녀 2명을 둔 현재 70억 원의 자산을 가진 75세의 최 사장은 올해 배우자에게 30억 원을 증여하였다. 그리고 7년 뒤인 82세에 사망하였다.(자산 가격 상승은 없으며 상속공제는 일괄공제와 배우자상속공제만 적용) 상속개시 10년 이내에 증여한 자산은 상속자산에 합산되므로, 상속자산은 70억 원으로 평가된다. 증여 없이 70억 원이 전체 자산이 상속되었다면 일괄공제 5억 원과 배우자공제 최대 30억 원을 적용하여 35억 원이 상속공제되어 상속세 과세표준은 35억 원이 된다. 그러나 10년 내 사전증여 30억 원 있는 경우에는 배우자공제한도를 적용받아 상속공제금액은 6억 원이 된다(70억 원 × 3/7 − 사전증여재산 과표 24억 원). 그러면 상속세 과세표준은 59억 원이 된다(일괄공제 5억 원＋배우자공제 6억 원).

결국 사전증여로 인해 현 상태에서 상속하는 것보다 상속세가 약 2배 증가한 셈이다. 그러므로 배우자에 대한 자산증여는 상속설계 차원에서 별로 바람직하지 않을 수 있다. 남편이 아내에게 사전증여를 하려면 증여 후 10년 이상은 더 살 수 있어야 절세 효과를 볼 수 있다. 만약 고령이거나 건강이 좋지 않아 충분한 시간적 여유가 없을 경우에는 배우자 증여재산공제액 한도인 6억 원까지만 증여하는 게 좋다. 이렇게 되면 증여 후 10년 이내에 상속이 개시되더라도 사전증여 자산에 대한 증여세 과세표준이 없기 때문에 상속공제한도에서 차감이 발생하지 않는다. 더불어 사전증여한 자산의 가치가 상승되는 부동산이라면 상속개시 시점까지의 임대소득과 가격 상승분에 대한 절세도 가능하다.

배우자상속공제의 한도액 = MIN(①, ②)

① 기준금액 × 배우자법정상속분 – 합산된 배우자 증여세 과세표준

② 30억 원

　　기준금액 = 총상속재산가액

　　　　　　　 – 비과세 상속재산가액

　　　　　　　 – 상속세 과세가액불산입 재산가액

　　　　　　　 – 공과금 및 채무

　　　　　　　 – 상속인이 아닌 자에게 유증 등을 받은 재산가액

　　　　　　　 + 합산기간 이내에 상속인이 증여받은 재산가액

※ 근거: 상속세 및 증여세법 제19조(배우자상속공제)

배우자증여, 이것만은 챙기자

1. 배우자에게 사전증여할 때 증여자가 증여 후 10년 이상 건강하게 지낼 수 있는지 확인하라.

2. 피상속인의 건강이 좋지 않다면 사전증여 시 상속공제한도 축소를 예방하기 위해 배우자 증여공제 한도인 6억 원 내에서 증여하는 것이 좋다.

06

부담부증여를 활용하라

(1) 부담부증여란

> **Q.** 자녀에게 주택을 증여하려고 한다. 그 주택은 임차인이 전세로 거주 중이다. 전세보증금을 자녀에게 같이 넘기면 증여세가 줄어든다고 하는데 얼마나 줄어들까?

부모가 자녀에게 주택을 증여하는 경우, 해당 주택에 임차인이 전세로 거주하고 있어 전세보증금 반환 의무가 있는 상황이라면, 이 반환 의무를 자녀에게 함께 넘기는 방식으로 증여세 부담을 줄일 수 있다. 이를 '부담부증여'라고 한다.

부담부증여는 증여자가 재산을 증여하면서, 그 재산에 담보된 채무까지 수증자가 함께 인수하는 증여 방식이다. 예를 들어, 임차인이 거주 중인 주택을 자녀에게 증여하면서, 전세보증금을 자녀가 함께 떠안는 경우가 이에 해당한다. 이때 자녀는 해당 전세보증금만큼의 채무를 인수하게 되고, 그 금액은 증여재산에서 차감되므로 실질적으로 증여세를 줄일 수 있다.

모든 채무가 증여세 계산에서 공제되는 것은 아니다. 다음과 같은 조건을 충족해야 한다.

첫째, 해당 채무는 증여 재산에 직접적으로 담보된 채무여야 한다. 전세보증금, 주택에 설정된 근저당 등이 이에 해당한다.

둘째, 채무는 증여자의 채무여야 한다. 제3자의 채무는 공제 대상이 아니다.

셋째, 개인 신용대출은 증여 재산과 무관한 채무로 보아 공제되지 않는다.

부담부증여를 하면 수증자의 증여세는 줄어들지만, 증여자에게는 양도소득세가 발생할 수 있다. 전세보증금과 같은 채무를 넘기는 행위는 주택의 일부를 매도한 것으로 간주되어 그에 따른 양도소득세를 신고하고 납부해야 한다.

(2) 어떤 경우 부담부증여가 유리한가?

부담부증여가 유리한 경우

다음과 같은 경우에는 부담부증여를 통해 세금 부담을 실질적으로 줄일 수 있다.

첫째, 증여 대상 주택이 1세대 1주택 비과세 요건을 충족하는 경우

둘째, 증여 대상 부동산에 양도차익이 적거나 없는 경우

이런 경우에는 양도소득세가 없거나 아주 적게 발생하므로, 부담부증여를 통해 증여세를 줄이는 것이 유리한 선택이 된다.

그러나 부담부증여 시 주의해야 할 사항도 있다.

직계존비속 간에 부담부증여가 이루어진 경우에는 세법상 원칙적으로 채무가 실제로 인수되지 않은 것으로 추정한다. 따라서 단순히 증여계약서에 "채무를 인수한다"는 문구만 적혀 있다고 해서 부담부증여로 인정받을 수 있는 것은 아니다.

실제로 채무를 수증자가 인수했는지 여부는 사후관리 대상이 된다. 수증자가 해당 채무를 실제로 상환했는지, 상환 자금은 어디서 나왔는지, 해당 거래가 형식적인 것이 아닌지 등에 대해 세무 당국이 추후 확인할 수 있다.

예를 들어, 임차인이 있는 주택을 자녀에게 부담부증여 하면서 전세보증금 반환 의무를 자녀가 인수한 경우, 자녀가 실제로 임차인에게 전세보증금을 돌려준 내역, 즉 이체 기록이나 영수증, 자금출처 자료 등이 있어야 해당 금액만큼 증여재산 가액에서 공제받을 수 있다.

이처럼 부담부증여는 절세 효과가 있을 수 있지만, 그 효과를 인정받기 위해서는

절세모음.zip 〈상속·증여편〉

사후에 문제가 되지 않도록 실제 채무인수 및 상환내역을 명확히 해두는 것이 중요하다. 형식만 갖춘 부담부증여는 오히려 세무조사의 대상이 될 수 있다.

부담부증여가 불리한 경우

다음과 같은 경우에는 오히려 부담부증여가 부담이 되는 경우이다.

첫째, 부담부증여는 증여자가 인수채무액만큼 재산을 '유상양도'한 것으로 간주되어 양도소득세가 부과된다. 양도차익이 클 경우 양도세 부담이 늘어날 수 있다.

둘째, 취득세에 대한 면밀한 검토가 필요하다.

부담부증여로 부동산을 이전 시 채무를 차감한 부분에 대해서는 증여 취득세율(3.5% 또는 12%)을 적용하며, 채무에 대해서는 유상 취득에 따른 취득세율(1~3%, 8% 또는 12%)을 적용한다. 특히, 조정대상지역 내 기준시가 3억 원 이상의 주택을 증여받는 경우(1세대 1주택자가 소유한 주택을 배우자 또는 직계존비속이 무상 취득 시는 제외)에는 12%의 고율의 취득세율이 적용되기 때문에 증여의 절세 효과가 떨어진다. 더불어 부담부증여로 인한 취득세는 수증자가 부담해야 하며, 증여자가 대납할 경우 추가적인 증여세가 부과될 수 있음을 유의해야 한다.

셋째, 증여 후 10년 이내 양도 시 이월과세가 적용된다.

배우자 또는 직계존비속 간에 부담부증여로 부동산을 증여받은 날로부터 10년 이내(2022년 12월 31일 이전 증여분은 5년) 양도하는 경우 당초 증여자의 취득가액으로 계산해 양도세 이월과세가 적용된다.

넷째, 증여 후 건강보험료 부담 증가 가능성도 미리 고려해야 한다.

건강보험은 직장가입자와 지역가입자로 구분되는데, 소득으로만 건강보험료가 결정되는 직장가입자와 달리 지역가입자의 경우 소득과 재산의 크기에 따라 건강보험료가 결정된다. 배우자 또는 직계존비속이 부담부증여로 부동산을 증여받는 경우 직장가입자의 피부양자인 경우 해당 부동산의 재산세 과세표준과 소득(IRP, 연금저축 등 사적연금소득과 양도소득 등은 제외)에 따라 피부양자에서 탈락할 수도 있고, 지역가입자의 경우에는 증가하는 재산세 과세표준에 따라 추가적인 건강보험료 부담이 존재한다. 따라서, 부동산을 부담부증여(일반 증여도 동일)로 이전할 경우 수증자의 건강보험료 추가 부담 가능성 등을 면밀하게 검토해야 한다.

마지막으로 부담부증여일 이후 10년 이내에 증여인이 되는 경우 사전증여로 인해 상속세 과세가액에 증여재산이 합산된다. 취득세 부분에서도 상속으로 인한 취득 시에는 시가표준액(즉, 공시가격)에 취득세율을 적용하기 때문에 시가인정액(즉, 시가)로 산출되는 부담부증여의 취득세보다 세금적으로 유리할 수 있다.

결론적으로 부담부증여는 부채를 함께 넘기는 방식으로 증여세 부담을 줄일 수 있지만, 그만큼 증여자에게 양도소득세가 부과되고, 최근 제도 변화로 양도세 부담이 커질 수 있다. 특히 가족 간 채무인수 인정, 비과세 요건 충족 여부, 기준시가와 시세 차이 등 여러 요소를 꼼꼼히 따져야 하며, 무작정 절세 수단으로 활용하면 오히려 세 부담이 커질 수 있으니 반드시 전문가 상담을 거치는 것이 좋다.

부담부증여 시 주의사항

상속·증여세를 줄이는 실전

1. 취득세를 미리 계산하라.

2. 증여 후 10년 내 증여받은 부동산 양도하면 이월과세 적용된다.

3. 증여 후 피부양자와 지역가입자는 건강보험료 인상 가능성을 반영하라.

4. 조건에 따라 증여와 상속 중 유리한 쪽을 선택하라.

(3) 부담부증여 실전사례

Q. 70대 김씨는 시세 20억 원의 부산 소재 아파트를 아들에게 증여할 계획이다. 대출 2억 원이 있는 데다 전세 6억 원을 주고 있어, 어떻게 증여해야 할지 고민하던 중 '부담부증여'가 절세 효과를 톡톡히 볼 수 있다는 얘기를 들었다. 부담부증여를 하게 되면 세금을 얼마 아낄 수 있을까?

부담부증여(負擔附贈與)란 '부담'을 지는 '증여'라는 뜻으로, 재산을 증여할 때 채무까지 함께 넘기는 것을 말한다. 일반 증여에 비해 내야 할 세금은 증여세, 양도소득세, 취득세로 많지만, 세목이 쪼개지기 때문에 절세 효과를 누릴 수 있다. 증여세는 금액이 커질수록 세율이 높아지는데, 부담부증여를 하게 되면 채무에는 증여세가 매겨지지 않는다. 김씨의 경우 대출금, 전세보증금 등 채무 8억 원을 제외한 12억 원에만 증여세가 적용된다. 김씨가 남은 빚을 모두 갚고 세입자를 내보낸 후 아파트를 온전히 일반 증여하는 것과 비교해 보자.

먼저, 김씨가 만약 채무 관계 해소 후 아파트를 증여할 경우 김씨의 아들은 증여세로 6억 2,000만 원을 내야 한다. 10년 내 사전증여 없고 증여세 신고세액공제 미적용하여 계산하면 증여재산 20억 원에 증여공제 5,000만 원 하면 과세표준 19억 5,000만 원에 증여세율 40% 적용 후 누진공제 1억 6,000만 원을 제외하면 증여세는 6억 2,000만 원이 나온다.

반면 김씨가 부담부증여 방식으로 아파트를 줄 경우 김씨의 아들은 증여세로 3억 원만 내면 된다. 채무를 제외한 12억 원에 대해서만 증여세를 부과하기 때문이다. 나머지 8억 원의 채무에 대해선 증여자인 김씨가 양도소득세를 내야 한다. 김씨가 내야 하는 양도세는 약 8,400만 원으로(취득가 12억 원, 10년 보유, 1주택 비과세 아님), 김씨와 김씨의 아들이 내야 할 세금은 총 3억 8,400만 원이 된다. 일반증여 대비 약 2억 4,000만 원가량 아낄 수 있는 셈이다.

절세모음.zip (상속·증여편)

부담부증여 시 주의해야 할 점이 있다. 만약 김씨의 아들이 아파트를 증여받은 후 10년 이내에 팔면 채무를 제외한 증여받은 부분은 양도세 이월과세가 적용된다. 이월과세는 배우자나 직계존·비속으로부터 증여받은 토지나 건물 등을 제3자에게 매도하는 경우 양도가액에서 차감하는 취득가액을 증여받은 가액이 아니라 증여자의 취득 당시 실제 취득 금액으로 적용하는 것을 말한다. 또한 부담부증여를 받은 날로부터 10년 내 증여자가 사망하는 경우 사전 증여한 재산이 상속재산에 포함되고 상속공제한도도 감소하기 때문에 이 부분도 염두에 두고 증여 계획을 짜야 한다.

부모가 넘긴 집과 함께 채무는 자녀 스스로 갚아야 한다. 대출금을 갚을 여력이 안 되는 자녀에게 섣불리 증여해 줬다가 낭패를 볼 수 있다. '나중에 몰래 보증금을 갚아 줘야지' 생각할 수 있으나, 국세청의 검증 과정에서 적발될 경우 추가로 증여세를 납부해야 한다.

직접 계산해 봅시다

일반증여 vs 부담부증여

단위:천원

일반증여	
증여금액	2,000,000
증여공제	50,000
과세표준	1,950,000
세율	40%
산출세액	620,000

증여자 양도세	
양도가액	
취득가액	
양도차익	
장기보유특별공제	
양도소득금액	
기본공제	
과세표준	
양도, 지방세율	
산출세액	–

총납부세액	620,000

단위:천원

부담부증여		
증여금액	1,200,000	채무 8억 원 공제
증여공제	50,000	
과세표준	1,150,000	
세율	40%	
산출세액	300,000	

증여자 양도세		
양도가액	800,000	
취득가액	480,000	
양도차익	320,000	
장기보유특별공제	64,000	10년 공제율 20%적용
양도소득금액	256,000	
기본공제	2,500	
과세표준	253,500	
양도세율	38%	
산출세액	84,029	지방소득세 10%포함

총납부세액	384,029

07

장애인 자녀를 위한 평생 비과세 플래닝

Q. 장애인 자녀를 둔 사업가 김 대표는 보험설계사에게 장애인 자녀를 피보험자와 수익자로 하는 장애인 전용 보험에 가입하였다. 납입하는 연간 보험료 총액에 대해서 15%(지방소득세 별도) 세액공제 혜택을 받을 수 있다고 안내받았다. 김 대표는 장애인인 자녀에게 평생 생활하는 데 도움이 될 수 있도록 생활비를 지원해 주고 싶은데 세금 때문에 걱정이라며 세금을 적게 내고 자녀에게 평생 생활비를 지원해 줄 수 있는 방법이 없는지 문의해 왔다.

장애인 전용 보장성보험에 가입하고 일반 보장성 보험도 가입하였을 경우 연간 납입하는 보험료 100만 원 한도로 15%와 12%의 세액공제액을 각각 받을 수 있다. 그러나 김 대표님이 원하는 것은 자녀에게 무상으로 금전을 이전해 주는 문제이니 증여세와 관련이 된다. 장애를 가진 사랑하는 딸에게 증여세를 절세하면서 평생 생활하는 데 도움이 되는 금전을 주는 방법으로 보험과 신탁이 있다.

(1) 장애인 자녀에게 연간 4,000만 원 이내에 지급되는 보험금은 비과세

① 보험금 비과세 규정

장애인이란 소득세법시행령 제107조에 의거 [장애인복지법]에 따른 장애인이나 [장애아동 복지지원법]에 따른 장애아동 중 기획재정부령으로 정하는 사람, [국가유공자 등 예우 및 지원에 관한법률]에 의한 상이자 및 이와 유사한 사람으로 근로능력이 없는 사람 그 외 항시 치료를 요하는 중증환자 등을 말한다.

상증세법 제46조 [비과세되는 증여재산]에 장애인을 보험금 수령인으로 하는 보험으로서 대통령령으로 정하는 보험의 보험금은 비과세 한다.

상증세법 시행령 제35조 [비과세되는 증여재산의 범위 등]에 소득세법시행령 제107조 제1항 각 호의 어느 하나에 해당하는 자를 수익자로 한 보험의 보험금을 말한다. 이 경우 비과세되는 보험금은 연간 4,000만 원을 한도로 한다.

② 장애인 자녀를 위한 보험 설계 방법

장애인 자녀를 위한 연간 4,000만 원은 보험료 납입액 기준이 아니라 만기 또는 수령하는 보험금 기준으로 보험의 계약자와 수익자가 달라야 한다. 수익자는 법에서 정하는 장애인 이어야 한다. 이러한 점을 고려할 때 효과적인 보험상품은 연금보험이다. 자녀가 매월 330만 원 내에서 수령하면 비과세로 증여가 가능하다. 목돈이 있으면 일시납 연금으로, 목돈이 없어 적립금을 쌓아 연금을 수령하려면 월 적립식으로 연금에 가입하면 된다. 연금을 수령하는 방법에는 대표적으로 종신형, 확정형, 상속형 3가지가 있는데 별도의 제한이 없으므로 상황에 맞게 선택하면 된다.

여기서 고려해야 할 점은 아버지가 계약자가 되고 자녀가 수익자가 되어 장애인 자녀가 보험금을 받으면 증여가 발생하는데 이때 장애인 자녀가 받는 연간 4,000만 원까지의 보험금에 대해 증여세 비과세이다. 그러나 보험차익에 대해 발생하는 이자소득세는 별개다.

저축성 보험 보험차익에 대한 비과세 요건을 갖추었을 때는 수령하는 보험금에 대해서도 비과세를 적용받을 수 있다. 종신형 연금보험으로 설계한다면 피보험자는 장애인 또는 장애인의 형제자매로 설정하면 효과적일 수 있다.

장애인이 수령하는 보험금은 연간 4,000만 원을 한도로 비과세 하는 것이며 보험금이 4,000만 원을 초과하는 경우 4,000만 원을 차감한 보험금(즉 4,000만 원을 초과하는 보험금)에 대해 증여세가 과세되는 것이다(재산21.2011.01.11).

(2) 장애인 자녀에게 건네준 5억 원을 신탁하였을 경우 비과세

상속세 및 증여세법상 장애인을 신탁수익의 귀속자로 하여 일정 요건을 충족한 경우, 최대 5억 원까지 해당 증여재산가액을 과세가액에 산입하지 않을 수 있다.(상속세 및 증여세법 제 52조의2) 다만, 증여재산 불산입 이후 중증장애인 본인의 의료비나 간병인 비용 및 생활비(월150만 원 이하) 지출을 위한 원금 인출 등 법으로 인정되는 사유 외의 사유로 신탁을 해지하거나 기간이 만료되는 경우 등에는 증여세가 추징될 수 있으므로 주의가 필요하다.

이렇게 증여세가 비과세된 자산(장애인이 수령한 보험금으로서 연간 4,000만 원 이내의 금액) 및 증여세 과세가액에서 불산입된 장애인 신탁재산은 상속세 과세가액에서 가산하는 증여재산가액에 포함되지 않는다. 따라서 증여 즉시 상속세를 바로 줄일 수 있는 방법이 된다. 보통 상속인에 대한 증여재산의 경우 피상속인이 10년 이내 사망하면 상속재산에 포함된다.

구분	장애인 신탁의 증여세 과세가액 불산입 요건
1	증여 및 신탁하는 재산은 금전, 유가증권, 부동산일 것
2	자본시장과 금융투자업에 관한 법률에 따른 신탁업자에게 신탁할 것
3	장애인이 신탁의 이익 전부를 받는 수익자일 것
4	신탁기간은 장애인이 사망할 때까지일 것 (장애인이 사망하기 전에 신탁기간이 끝나는 경우, 신탁기간을 사망 시까지 계속 연장해야 함)

절세모음.zip〈상속·증여편〉

(3) 장애인 자녀에게 안정적인 생활비를 지원해 준 사례

Q. 해운업으로 큰 자산을 모은 박씨에게는 아픈 손가락이 하나 있다. 막내딸이 장애를 안고 있는 것이다. 부모가 살아있는 동안은 생활에 불편함이 없겠지만 언니도 출가하고 부모도 세상을 떠나고 나면, 막내딸이 어떻게 살지 늘 걱정이다. 이 고민을 담당 설계사에게 얘기하니 보험을 활용하면 안정적인 자녀 생활자금을 만들 수 있다고 안내한다.

증여라고 하면 보통 부모가 자녀에게 땅이나 돈을 넘기는 걸 떠올리고, 보험은 흔히 가족을 위한 대비책으로만 생각한다. 그런데 이 보험이 자산 이전의 도구가 될 수 있다.

부모가 종신보험이나 연금보험에 가입하면서 자녀를 보험금 수익자로 지정한다. 그러면 나중에 부모가 사망하면 보험금이 자녀에게 지급된다. 특히, 그 수익자인 자녀가 만약 장애인일 경우 매년 지급되는 보험금이 세금 없이 안정적으로 자녀에게 지급될 수 있다.

자녀 입장에선 일시에 큰 금액을 받는 게 아니라 매년 생활비처럼 나눠서 받기 때문에 관리도 쉽고, 부모 입장에서도 사후 재산 이전이 아닌 생전 설계가 가능하다는 점에서 훨씬 안전한 증여 방식이다.

박씨(65세)가 계약자가 되고 피보험자는 장애인인 딸(35세)보다 2살 많은 언니가 되고 수익자는 장애인 딸로 하여 연금보험을 계약했다. 피보험자를 장애인 딸의 언니로 한 이유는 장애인 딸이 연금을 수령하다 사망하더라도 피보험자인 언니가 수익자를 이어받아 본인 사망 시까지 종신토록 연금을 수령하도록 하기 위함이다. 하나뿐인 동생을 살펴줄 수 있는 유일한 피붙이이기 때문에 언니에게도 혜택이 가면 좋겠다는 박씨의 마음이다. 납입 방법은 매월 일정 보험료를 납입하고 연금재원을 마련하는 방법과 일시금을 납입하고 연금재원으로 하는 방법이 있다. 박씨는 금융자산이 있는 상태라 일시금을 납입하는 연금으로 선택했다. 일시금을 납입해 놓고 75세가 되는 10년간은 본인이 생활비를 줄 수 있으니 일시금 그대로 예치해 두기로 했다. 10년 후 종신토록 매월 330만 원 정도 연간 4,000만 원가량 연금이 나오도록 설계했다.

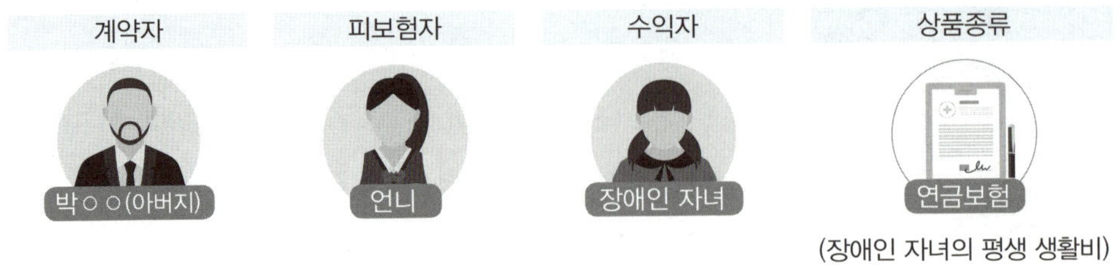

(장애인 자녀의 평생 생활비)

※ 10년 후부터 연간 약 4,000만 원의 연금을 장애인 자녀가 수령하도록 설계[비과세]
※ 수익자 선 사망 시 피보험자(언니)가 계속하여 연금수령

계약자인 아버지가 납입한 보험료로 수익자인 딸이 연간 4,000만 원의 보험금을 받으면 이는 증여에 해당한다. 그러나 상속·증여세법에 따라 장애인 자녀에게 연간 4,000만 원까지 지급되는 보험금에 대해서는 비과세가 적용된다.

1인이 생활하기엔 부족하지 않은 수준이고, 무엇보다 일시금처럼 목돈을 받는 구조가 아니라 꾸준히 지급된다는 점에서 자녀의 생활 안정에도 도움이 된다. 즉, 단순히 돈을 남기는 게 아니라 '경제력을 만들어 주는 방식'으로 증여 구조를 설계했다는 게 특징이다. 연간 4,000만 원을 초과하더라도 초과된 금액에 대해서만 증여세가 부과된다.

여기서 주의해야 할 사항은 자녀가 세법상 장애인 요건을 갖춰야 하는 것이다.

장애인을 위한 증여세 절세 플랜에서 특히 주목해야 할 부분은 세법상의 장애인 조건이다. 흔히 장애인이라고 하면 선천적 장애나 복지카드가 있는 경우만 떠올리기 쉬운데, 세법에서는 이보다 넓은 범위의 항시 치료가 필요한 중증환자도 장애인에 포함하고 있다. 예를 들어 암, 만성신부전증, 백혈병처럼 지속적인 치료가 필요한 질환을 앓는 사람이라면 병원에서 '장애인 증명서'를 발급받아 세법상 장애인으로 인정받을 수 있다.

실제로 만성신부전증으로 신장이식을 받은 딸을 둔 이씨는 본인이 노쇠해진 이후

절세모음.zip (상속·증여편)

를 대비해 딸에게 연금이 꾸준히 나오는 보험을 미리 준비했다. 또 다른 사례인 최씨도 교통사고로 장애판정을 받은 아들을 위해 연금보험에 목돈을 낸 뒤, 매년 4,000만 원씩 증여세 없이 생활비를 증여할 수 있도록 연금을 지급하는 보험을 청약했다.

장애인을 위한 보험금 지급을 위한 보험은 종신보험이든 연금보험이든 상관없다. 장애인 자녀에게 매년 4,000만 원 이내의 보험금이 지급되도록 설계하면 된다. 특히 연금보험은 매년 정기적으로 일정 금액이 지급되는 구조이기 때문에 생활비처럼 꾸준히 지급하고 싶을 때 매우 유용한 수단이 될 수 있다.

연금보험을 활용한다고 했을 때, 연금 수령 방식도 사정에 맞게 정할 수 있다. 종신형, 확정형, 상속형 등 연금 수령 방식을 어떻게 설정하는가에 따라 자녀의 생활 안정성과 자산 운용에 차이가 있다.

먼저 종신형은 자녀가 평생 매달 일정 금액을 받는 방식이다. 오래 살아도 연금이 끊기지 않기 때문에, 장애 자녀의 평생 생활비를 걱정하는 부모에게 가장 선호되는 방식이다. 다만, 중도 해지나 일시금 인출은 어렵고, 보증기간 이후 사망하면 남은 금액은 남기지 않고 종료되는 점은 유의해야 한다. 확정형은 10년, 20년처럼 정해진 기간만 지급되는 구조다. 만약 자녀가 지급 기간 내 사망하면, 남은 연금은 유가족에게 지급된다. 자산 활용 계획이 뚜렷하거나, 일정 시점 까지만 지원이 필요한 경우에 적합하다. 상속형은 연금 지급 중 사망 시 남은 원금이나 잔여 연금액을 상속인에게 지급하는 구조이다.

세법상 장애인이란?

제107조(장애인의 범위) ① 법 제51조제1항제2호에 따른 장애인은 다음 각 호의 어느 하나에 해당하는 자로 한다.

1. 「장애인복지법」에 따른 장애인 및 「장애아동 복지지원법」에 따른 장애아동 중 기획재정부령으로 정하는 사람

2. 「국가유공자 등 예우 및 지원에 관한 법률」에 의한 상이자 및 이와 유사한 사람으로서 근로능력이 없는 사람

3. 삭제 〈2001. 12. 31.〉

4. 제1호 및 제2호 외에 항시 치료를 요하는 중증환자

08

연금보험으로 노후보장과 증여세 절세, 둘 다 잡기

Q. 아파트 1채를 10억 원에 매각한 55세 장씨는 25살 딸에게 미리 증여를 할까 고민중이다. 그러나 아직은 자금관리가 염려되기도 하고 부부가 매월 생활비도 넉넉히 사용하고픈 마음도 있고 해서 증여를 미루고 싶기도 하다. 그러나 사전증여를 하면 향후 상속세 절세를 할 수 있다는 주변 얘기를 듣고 어떻게 할지 망설이고 있다.

딸에게 사전증여를 하여 장씨의 보유자산을 줄이고 아직은 자금관리가 미흡한 딸에게 증여하는 시점을 20년 뒤로 늦추고, 20년간은 장씨 부부가 생활비로 그 자금을 매월 받아 사용할 수 있는 방법이 있다. 바로 연금보험에 가입하는 것이다.

① 가입 시

② 딸 45세 이후, 연금 개시

계약자	피보험자	수익자 변경	상품종류
장○○(어머니)	딸	딸	딸이 수령하는 연금의 증여금액은 '종신정기금 평가'에 따라 평가

계약자를 장씨로 하고 피보험자를 장씨의 딸로 그리고 수익자를 장씨로 하여 일시납 쿠폰형 연금보험에 가입한다. 아파트를 매각한 10억 원을 일시납 연금보험에 가입하고 이에 대한 이자를 20년간 받아 생활비로 사용한 후, 20년 뒤 딸이 45세가 되는 시점에 종신형연금을 개시하여 장씨가 1회 수령한 후 연금 수익자를 장씨에서 딸로 변경한다. 그러면 장씨가 연금을 개시하기 전에 적립된 적립금이 증여금액이 아니고 종신토록 수령할 연금액을 종신정기금으로 평가한 금액이 증여금액이 된다.

M사 쿠폰형 연금상품을 기준으로 설계할 때 10억 원을 예치하고 20년간 매월 130만 원가량 쿠폰 금액을 수령한다. 20년 차 시점의 적립금은 20년 동안 운영한 공시이율의 변동에 따라 다르겠지만 최저보증이율 기준으로 10억 2,000만 원가량 된다.

연금 개시 전에 계약자와 수익자를 장씨에서 딸로 변경한 후 종신형 연금을 수령하면 변경시점의 적립금 10억 2,000만 원이 증여금액이 된다. 그러나 장씨가 종신형 연금을 개시하고 1회 수령한 후 계약자와 수익자를 딸로 변경하게 되면 증여평가금액이 종신정기금 평가금액으로 산정된다.

장씨 입장에서는 20년간 10억 원에 대해 쿠폰금액으로 월 생활비를 사용하고 20년 시점에 딸에게 증여하는 금액이 납입금 10억 원보다 적은 금액으로 자녀에게 증여되니 증여세 절세 효과도 누리게 된다.

절세모음.zip (상속·증여편)

종신정기금 평가란?

피보험자의 사망시점까지 연금이 지급되는 종신형 연금의 평가에 대해 현행 상속증여세법은 피보험자가 사망할 때까지 매년 수령할 연금을 연 3%로 할인한 가액으로 하도록 하고 있다. 여기서 피보험자의 예상 사망 시기는 통계청이 매년 발표하는 기대여명이 사용된다.

장씨가 계약자와 수익자를 딸로 변경하여, 계약자 딸. 피보험자 딸. 수익자 딸로 된 계약은 피보험자인 딸이 사망할 때까지 매월 300만 원의 연금이 지급된다. 연금 개시 시점의 딸의 나이 45세인 경우 2023년 통계청 기준의 기대여명은 42년이다. 이러한 종신연금에 대해서 상속 증여세법은 종신정기금 평가를 하도록 규정하고 있다.

[상속 증여세법 시행령 제62조] 목적으로 된 자의 통계청장이 고시하는 통계표에 따른 성별 연령별 기대여명의 연수(소수점 이하는 버림)까지의 기간 중 각 연도에 받을 정기 금액을 연 이자율 3%로 할인한 금액의 합계액으로 한다.

장씨의 딸에게 지급되는 연금은 연 3,600만 원이다. 종신형이니 종신토록 지급되겠지만 기대여명인 42년까지 지급되는 금액을 계산하면 3,600만 원 × 42년 = 15억 1,200만 원이다. 그러나 증여금액을 평가할 때는 매년 수령하는 연금액을 매년 3%로 할인하여 현재 시점의 가치로 환산하게 된다. 그 가치는 8억 5,325만 원으로 줄어든다.

은행 정기예금 등의 경우는 미래 수령하는 금액을 할인하지 않고 평가하는 시점의 예치금액에 이자를 더해 평가하는 데 반해, 종신정기금 연금은 3%로 할인하기 때문에 그 평가액이 더 작아져 상속 증여 차원에서 유리한 것이다.

종신지급형 연금의 정기금 평가는 '최저보증기간'과 '피보험자의 잔여 기대수명'을 비교하여 결정한다. 만약 '최저보증기간'이 '피보험자의 잔여 기대수명'보다 길면 유기 정기금 평가 방식으로 계산한다. 반대로 '최저보증기간'이 '피보험자의 잔여 기대수명' 보다 짧으면 종신 정기금 평가 방식으로 계산한다.

현재 종신정기금평가는 종신연금에 한해서만 적용이 가능하다. 종신연금은 경험생명 표라는 보험사만의 고유한 통계를 적용하기 때문에, 보험상품에서만 만날 수 있다.

종신정기금 평가 시 주의사항(최근 국세청의 과세방향) 🔍

국세청은 최근 수십억 원이 넘는 고액 즉시연금을 활용한 정기금평가에 엄격한 잣대를 적용하기 시작했다.

해약이 가능한 즉시연금은 정기금평가적용이 불가하다(상속 증여세액과 – 291.2013. 6.28).

연금 개시 전 계약자 변경 시 정기금평가를 적용할 수 없다(상속 증여세과 – 291.2013. 6.17).

보험에 적용할 수 있는 정기금 평가방식은 유기정기금과 종신정기금 두 가지가 있다. 종신정기금은 기대여명까지의 연금액을 평가하지만, 유기정기금은 정해진 기간까지의 연금액을 평가(다만, 1년분 정기금액의 20배를 한도로 함)하기 때문에 서로 평가금액이 다를 수 있어 유의해야 한다.

실제로 이러한 이슈로 인해 보험가입자와 세무당국 간에 분쟁이 발생하여 법정 다툼이 있기도 하다. 아직까지 유권해석과 판례는 유기정기금을 인정하고 있지만 유기정기금과 종신정기금과의 차이로 향후 이러한 사례가 많이 나타날 경우 변화될 가능성도 염두해 둘 필요가 있다.

그래서 몇몇 보험회사에서는 향후에 고객과 세무당국 간의 분쟁을 미연에 방지하기 위해 종신정기금 방식을 권유하고 있다. 당장은 문제가 없더라도 평생 수령해야 하는 종신연금의 특성상 정기금 평가에 관한 이슈는 나중에라도 불거질 가능성이 있으므로 참고할 필요가 있다.

09

배우자공제만 잘해도 상속세 절세

Q. 직장에 임원으로 재직 중인 아버지가 위암 말기 판정을 받았다. 직장생활을 하는 아들 강씨는 아버지 상속에 대한 대비로 유튜브에 상속세 절세에 대한 영상을 찾아보다 배우자공제 부분의 이해가 어렵다 한다. 아버지의 자산은 부동산 25억 원 금융자산 5억 원이다. 가족은 어머니와 여동생이 있다. 유튜브 내용에 따르면 배우자공제 최대 30억 원이 된다고 하니 아버지 재산 30억 원이면 세금이 없는 걸까?

배우자공제는 상속세 절세 전략 중 가장 강력한 제도로, 배우자가 상속을 받는 경우 상속세 과세가액에서 일정 금액을 공제받을 수 있다. 배우자 상속공제는 최소 5억 원에서 최대 30억 원까지 공제가 가능하다. 피상속인의 배우자가 있는 경우 이를 활용하여 최적의 공제를 받을 방법을 계획하는 것이 중요한 절세 포인트다.

법적 배우자가 생존해 있다면 최소 5억 원의 공제가 가능하다. 민법상 법률혼만 인정하며 이혼 소송 중이더라도 판결 전이라면 당연히 공제 대상이다. 드문 경우지만 부부가 동일한 시각에 사망하면 각자 상속세 계산을 해야 한다. 그러나 시차를 두고 사망한 것이 확인된다면 법정 지분을 상속받은 것으로 보고 배우자공제가 가능하다.

절세모음.zip 〈상속·증여편〉

배우자가 받은 상속재산이 없더라도 최소 5억 원은 공제를 받을 수 있다. 배우자가 실제 상속받은 재산이 5억 원보다 크다면 최소 공제금액이 5억이 넘을 수 있다. 이때 배우자에게 사망 10년 이내에 증여했다면 증여세과세표준 금액은 배우자상속공제 대상에서 제외한다. 따라서 배우자공제를 생각하면 배우자에게 증여하는 것보다 상속이 유리하다.

배우자에게 많은 재산이 분배되더라도 배우자의 법정 상속지분과 30억 원 중 적은 금액이 배우자 공제한도다. 강씨가 궁금해하는 배우자 공제 금액이 얼마인지 알아보자.

배우자와 자녀가 법정상속분대로 상속자산을 분할하기로 협의했다면 배우자 법정 상속지분은 다음과 같다.

아버지의 상속세를 간략히 계산해 보면 상속과세가액 30억 원에서 일괄공제 5억 원, 배우자공제 12.9억 원 (배우자공제금액은 법정상속지분 12.9억 원과 최대 30억 원 중 적은 금액인 12.9억 원이다), 금융재산공제 1억 원 하면 과세표준이 11.1억 원이다. 상속세율 40%에 누진공제 1.6억 원을 하면 산출세액은 2.9억 원이다.

강씨 생각대로 상속세가 없어지려면 어머니의 상속지분을 법정상속분이 아닌 일괄공제 5억 원과 금융재산공제 1억 원을 합한 6억 원을 제외한 24억 원을 협의분할로 어머니가 받아야 총 상속공제금액이 30억 원이 되어 과세표준이 0원이 되어 산출세액이 0원이 되는 것이다. 그러나 배우자공제의 한도액은 법정지분과 실제 상속받은 금액(최대한도 30억 원) 중 적은 금액이기 때문에 실제 배우자 공제는 협의분할로 상속받은 24억 원이 아니고 법정지분 12.9억 원이다. 이렇게 되면 배우자 공제도 다 받지 못하고 자녀들에게 법정지분만큼 가지 못해 유류분 청구 소송이 발생하여 상속분쟁이 생길 수 있는 여지가 있다.

배우자공제를 위해서는 상속세 과세표준 신고 기한의 다음 날부터 9개월이 되는 날까지 배우자의 상속재산을 분할한 경우에 적용한다. 배우자공제만 받고 실제 상속재산은 다른 상속인들이 갖는 것을 막기 위해서이다. 배우자공제 금액을 크게 해주는 이유는 배우자에게 상속재산을 많이 분배할수록 배우자가 사망했을 때 다시 또 상속세 과세를 할 수 있기 때문이다(2차 상속의 문제). 어떻게 보면 세금 내는 걸 미뤄준 것으로 볼 수 있지만 당장의 자금 사정을 고려했을 때 배우자 상속은 매력적인 수단임이 틀림없다.

2차 상속이란 배우자가 사망했을 때 남은 재산이 자녀에게 마저 상속되는 것을 뜻한다. 이때는 배우자 상속공제를 받을 수 없기 때문에 일괄공제금액 5억 원을 제외한 나머지 금액에 대해 모두 상속세가 과세된다. 물론 세법에서는 이중과세를 조정하기 위해 '단기재상속공제' 제도를 두고 있지만 10년 이내에 사망해야만 공제혜택을 받을 수 있기 때문에 남자와 여자의 평균수명 차이와 부부의 나이 차이를 고려하면 사실상 실효성은 없을 수 있다.

상속세 납부에도 전략이 필요하다

Q. 100억 원의 자산을 가진 서씨가 사망했다. 가족은 배우자와 성년인 아들, 딸이 있다. 남은 가족은 법정 지분대로 상속자산을 나누기로 했다. 이렇게 되면 어머니의 2차 상속에 대한 상속세가 또 발생하게 된다. 이때 상속세를 줄일 수 있는 방법이 있을까?

상속이 개시되었을 때 상속세를 절세할 수 있는 방법은 극히 제한적이다. 그러나 상속세 납부방법을 잘 활용한다면 상속세를 크게 줄일 수 있다.

서씨의 사망으로 상속인들이 납부하게 되는 상속세는 아래와 같다.

상속재산 100억 원에서 일괄공제 5억 원 배우자공제 30억 원을 적용하여 상속세 과세표준이 65억 원일 경우 예상 상속세는 65억 원 × 50% − 4.6억 원 = 27.9억 원이다. 이 상속세는 상속받은 사람들이 자기 지분만큼 납부하여야 한다. 배우자는 27.9억 × 3/7 = 11.9억, 자녀 2인 각각 27.9 × 2/7 = 7.9억 원이다. 그런데 자녀들이 납부할 상속세 7.9억 × 2명 = 15.9억 원을 어머니가 대신 납부해 주면 자녀들은 상속세 없이 본인들의 상속지분 28.5억 원을 받게 된다. 어머니는 본인이 받은 42.9억 원 중 자녀들이 납부할 상속세와 본인의 상속세 합하여 총 27.9억 원의 상속세를 납부하면 실제 상속받은 자산은 42.9억 − 27.9억 = 15.0억 원으로 줄어들게 된다.

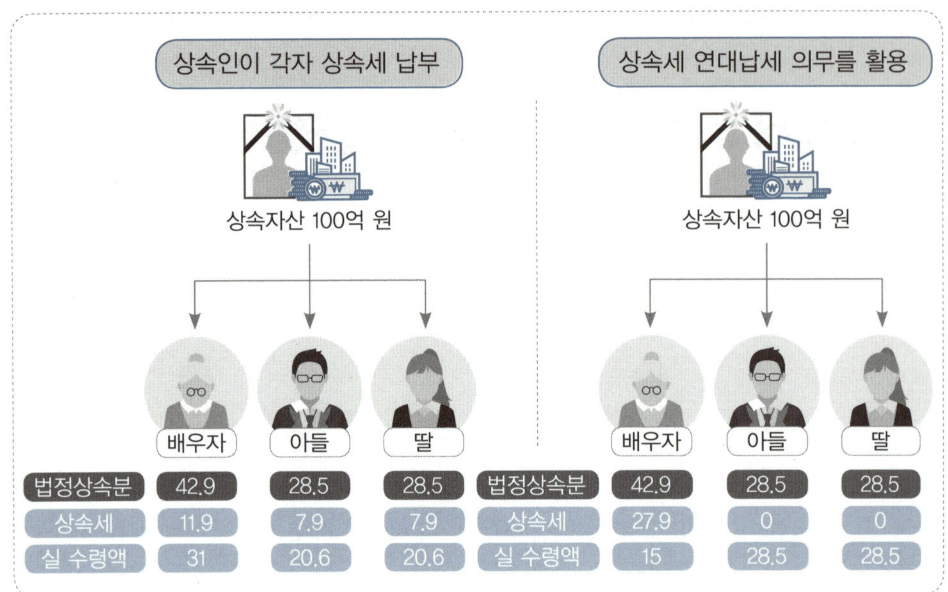

※ 근거: 상속세 및 증여세법 제3조2 상속세 납세의무

절세모음.zip 〈상속·증여편〉

11

가족에게 직접 증여 대신 가족법인에 증여

Q. 주식투자로 이익금을 많이 남겨 금융자산이 불어난 부씨는 최근 주변에서 가족법인 이야기를 종종 듣곤 한다. 연예인들이 연예기획사 법인이나 부동산 임대법인을 설립하였다는 뉴스나 유명 프로게이머, 유명 전업 주식투자자, 유튜버가 가족법인 형태로 사업을 한다는 기사를 접하기도 한다. 그래서 부씨도 본인이 가지고 있는 금융자산을 자녀들로 구성된 가족법인을 만들어 법인에게 넘겨주는 방법을 고민하고 있다.

가족법인이라는 용어는 세법 용어는 아니다. 법인의 주주가 가족으로 구성되어 있다고 해서 가족법인이라고 부르고 있다. 사실 대부분의 비상장법인은 지분의 대부분을 설립자와 그 가족이 보유한 형태가 많다.

Q. 부씨가 본인, 배우자, 아들, 딸로 각 25% 지분으로 자본금 1억 원의 가족법인을 설립한다. 그리고 이 가족법인이 50억 원 상당의 임대용 건물을 취득한다. 부씨는 본인의 금융자산 50억 원을 가족법인에 무상으로 빌려주어 이 자금으로 가족법인이 부동산을 임대한다. 이럴 경우 과세문제는 어떻게 될까?

먼저 가족법인의 입장에서는 부씨로부터 빌린 50억 원은 가수금으로 부채 처리한다. 세법에 따른 적정 이자율 4.6%를 적용하면 50억 × 4.6% = 2억 3,000만 원이다. 법인은 부씨로부터 무상으로 대여받았기 때문에 2억 3,000만 원의 이자를 지급하지 않은 만큼 법인의 소득이 증가하여 법인세를 더 납부하게 된다.

대여자인 부씨의 입장에서 살펴보자. 부씨가 법인으로부터 이자를 받지 않아도 과세문제는 없다. 이자소득은 부당행위계산 부인 대상이 아니다. 그래서 50억 원은 가수금(부채)처리 되므로 법인에 이익이 발생해 잉여금이 쌓이면 언제든지 회수할 수 있다.

주주 1인당 연간 증여의제이익이 1억 원 미만이면 증여세 없어

이제 법인의 주인인 주주들의 입장에서 보자. 연간 납입해야 하는 이자 2억 3,000만 원에 대한 혜택은 주주들이 받는 것이다. 이는 주주들이 간접적으로 이익을 보는 것이기에 상증법 제45조의 5에 따라 증여의제에 해당한다(재산 또는 용역을 무상으로 제공받는 것). 그러나 상증세법 제34조의 4 (특정법인과의 거래를 통한 이익의 증여 의제)에서 특정법인의 주주 등이 증여받은 것으로 보는 경우는 같은 항에 따른 증여의제이익이 1억 원 이상인 경우로 한정한다는 규정이 적용되어 증여세가 과세되지 않는다.

부씨네 가족법인에서 주주별 증여의제이익은 다음과 같다.

주주	부씨	배우자	자녀 1	자녀 2
법정상속지분	25%	25%	25%	25%
주주별 증여의제이익	5,750만 원[*]	5,750만 원	5,750만 원	5,750만 원
증여세	0	0	0	0

[*] 2억 3,000만 원×25% = 5,750만 원

가족법인의 지분이 각 25%로 균등하므로 증여의제 이익 2억 3,000만 원에 대해 4명의 주주가 받는 증여의제 이익은 2억 3,000만 원 × 25% = 5,750만 원이다. 그러

절세모음.zip 〈상속·증여편〉

므로 증여의제이익이 1억 원을 넘지 않아 과세 대상이 아니다. 증여의제이익은 1년 단위로 판단하므로 증여의제이익이 1억 원을 넘지 않으면 매년 가족법인에 과세되지 않고 누진과세도 적용되지 않는다.

가족법인을 활용할 경우 또 다른 이득은 없을까?

부씨의 입장에서 보면 보유한 50억 원의 금융자산은 매년 수익이 발생해 금융소득 종합과세 대상자가 되고 건강보험료 인상의 요인이 될 것이다. 그러나 50억 원이 채권으로 변경되어 있고 채권에 대한 이자를 받지 않기에 50억 원에 대해서는 자산 증식이 없어 상속자산이 증가하지 않아 상속세도 절세하는 측면이 있다.

주주인 자녀들의 입장에서 보면 법인에 쌓여 있는 잉여금을 시기를 조절하여 필요한 시점에 배당으로 수령할 수 있다. 이는 자녀들의 자금출처가 마련되어 자산 투자를 하는데 효율적이다. 그러나 자녀에게 소득이 없다면 괜찮지만, 만약 고소득 직업을 갖고 있다면 배당 시 소득세와 건강보험료 폭탄을 맞을 수도 있으니 주의해야 한다.

또 하나, 부씨가 사망할 경우, 부씨의 채권으로 보아 상속재산에 50억 원이 합산되어 상속세가 늘어나므로 주의가 필요하다.

더불어 법인세를 납부하고 남은 잉여금에 대해서는 배당을 통해 자녀들에게도 자금출처를 소명할 수 있는 재원을 만들어 줄 수 있다. 다만 법인의 실체 없이 형식적으로만 설립하고 세금만 줄인다면 자칫 탈세를 위한 페이퍼 컴퍼니로 의심을 살 수 있다.

가족법인을 고려한다면 세무전문가의 도움을 받아 전반적인 세금 검토를 해본 후 실행해야 안전할 것이다.

'가족법인에 무상 대여하여 임대부동산 구입'의 장점 

1. 자금출처 소명과 대출 한도 확대

2. 세금절감 효과

3. 자산관리 및 승계의 효율성

절세모음.zip (상속·증여편)

12

신탁을 활용한 상속

Q. 부산에서 시세 50억 원의 건물을 소유한 최 원장은 자녀들에게 건물을 미리 증여하고 싶다. 건물 입지가 좋아 가격이 계속 오를 것 같아서다.

주변에서는 증여 후 자녀가 이혼해 기껏 증여한 재산이 위자료로 다 나갔다, 자녀가 먼저 사망하면 재산이 사위나 며느리에게 넘어간다, 일찍 증여받은 자식이 직장을 그만두었느니 하는 우려 섞인 이야기가 들린다. 주식이니 코인이니 하는 것들로 재산을 날리는 것도 걱정이다.

신탁은 증여로 발생할 수 있는 부작용을 상당 부분 제거할 수 있다. 즉, 증여 후에도 부모가 간접적으로 소유권을 통제할 수 있도록 함으로써 자녀 소유의 부동산을 안전하게 지킬 수 있다. 또한, 자녀가 먼저 사망하더라도 그 재산이 직계가족에게 갈 수 있도록 신탁 계약을 설계할 수 있어, 증여로 인한 위험을 방지할 수 있다.

최 원장은 건물을 딸과 아들에게 증여한다. 증여와 동시에 자녀들이 신탁계약을 맺도록 한다. 조건부 증여와 비슷하다. 자녀 입장에서 이런 조건이 있다고 해서 재산증여를 사양하지는 않을 것이다. 이렇게 증여를 진행해 증여세를 납부하고 재산을 자녀 앞으로 귀속시키면서 다음과 같이 신탁계약을 체결한다.

위탁자는 자녀가 되고 증여받은 재산을 수탁자에게 맡기면 되는데 여기서 수탁자는 증여를 한 부모로 한다. 이와 같은 신탁을 '민사신탁'이라 한다. 수익자는 위탁자인 자녀로 한다. 건물 임대료는 수익자인 자녀가 증여세 납부 재원 등으로 사용한다.

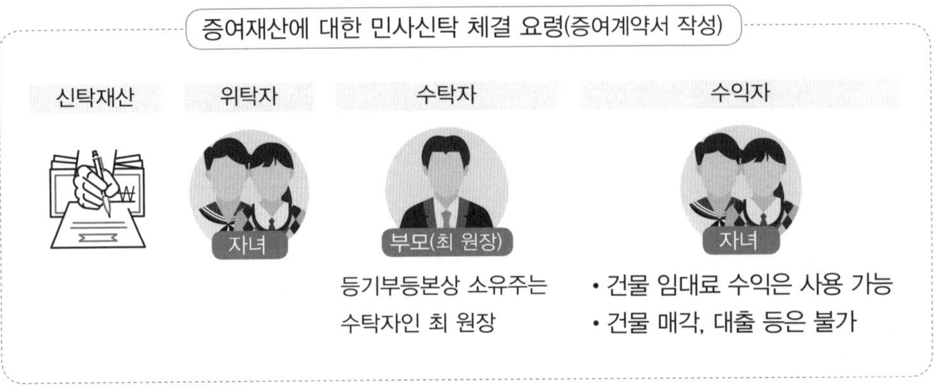

결국 건물은 자녀에게 이전되었지만, 해당 재산을 부모에게 신탁을 통해 다시 맡김으로써 해당 재산에 대한 통제권은 여전히 부모에게 있다. 최 원장은 염려를 해소할 수 있다.

이 재산에서 발생되는 임대료 등 수익은 수익자인 자녀가 사용할 수 있으나, 이 건물을 자녀 임의로 매각하거나 담보대출을 받거나 하는 등의 행위는 수탁자인 부모의 허락 없이는 법적으로 할 수 없다. 등기부등본상 이 건물의 소유주는 수탁자인 최 원장으로 등재될 것이므로 외부 관계자가 봤을 때 실질 소유자는 자녀가 아닌 부모가 된다. 신탁계약 체결로 위탁자(증여받은 자녀)가 수탁자에게 건물을 위탁하여도 즉, 자녀에서 최 원장으로 소유권 변경이 발생해도 증여나 양도 관련 세금과는 상관이 없다. 따라서 사전증여 행위를 통해 상속세를 절감할 수 있고 신탁을 통해 해당 재산을 여전히 부모가 관리함으로써 쌍방이 만족하는 효과적인 대안이 가능해지는 것이다.

건물 임대료로 각종 세금을 납부하고 남는 자금으로 계약자 자녀, 피보험자 부모, 수익자 자녀의 종신보험을 준비해 최 원장의 상속 발생 시 그 사망보험금으로 상속세

절세모음.zip (상속·증여편)

를 납부할 수 있는 재원을 마련할 수 있다. 단, 신탁계약의 설계와 세무 처리, 명의신탁 금지법 위반 여부 등에서 법적·세무적 검토가 반드시 필요하다. 신탁계약을 체결할 때는 전문가 상담을 권장한다.

13

현명한 상속에는 보험이 필요하다

(1) 만기 보험금을 수령한 자녀에게 자금출처 조사가?

Q. 3년 전 김똑똑 씨는 20년 전에 아버지가 가입해 준 보험이 만기가 되어 환급금 3억 원을 수령하였다. 수령 후 이 돈을 10억 원 아파트를 구입하는 데 사용했다. 그런데 최근 세무서에서 자금출처에 대한 소명요청서가 왔다. 그래서 본인의 소득자료와 보험금 수령 내역을 가지고 소명했다. 그런데 보험금에 대한 증여세가 나온다는 통지를 받았다. 20년 납입기간 중 10년은 계약자를 변경해 본인이 보험료를 납입했는데 증여세가 나오다니, 어떻게 된 일일까?

보험에 가입한다고 국세청에 즉시 보험가입 내역이 통보되는 것은 아니다. 보험가입내역이 통보되는 것은 보험사고가 발생하는 시점이다. 즉,

① 중도에 해약하여 해약환급금이 지급되거나,

② 만기가 되어 만기환급금이 지급되거나, 중도에 납입보험료를 인출하거나,

③ 질병이나 재해로 인한 진단, 수술, 입원, 또는 사망으로 인해 사망보험금이 지급될 경우

보험회사에서 지급명세서를 관할 세무서장에게 제출한다. (상속증여세법 82조, 시행

절세모음.zip 〈상속·증여편〉

령 84조). 단, 보험금 수령자와 보험료 불입자가 같은 경우로서 보험금 지급누계액이 1천만 원 미만인 경우에는 지급명세를 제출하지 않는다.

상속증여세법 82조에는 "보험의 명의변경을 취급하는 자는 그 명의 변경일이 속하는 분기종료일의 다음 달 말일까지 명의변경명세를 관할 세무서장에게 제출하여야 한다고" 명시되어 있다. 보험의 계약자를 변경한 경우에 세무서에 통보가 되는 것이다.

장기저축성보험의 경우 비과세요건을 갖춘 경우에도 보험차익을 지급하는 자는 지급일이 속하는 과세기간의 다음연도 2월 말 일까지 그 지급명세를 관할 세무서장에게 제출하여야 한다.(소득세법 164조, 시행령 213조)

그러면 국세청 컴퓨터에서는 '보험금 수령자료'로 데이터가 구축된다. 국세청에 보험금 수령자료가 구축되면 이를 단순화한다. 보험계약자와 수익자를 확인하여 서로 다른 경우에는 상속세나 증여세의 대상이 된다고 판단한다. 다시 말해 보험료를 내는 사람과 보험금을 받는 사람이 다를 경우 세금이 과세된다는 뜻이다.

김똑똑 씨의 경우 20년 전 최초 아버지가 저축성 보험에 가입하여 보험료를 납입하다 10년이 경과되면서 수입이 생긴 김똑똑 씨로 계약자를 변경하여 이후 10년을 김똑똑씨가 보험료를 납입하였다. 이후 20년 만기가 되어 김똑똑 씨가 보험금을 찾을 때 보험차익 1억 원(만기환급금 2억 원 – 총 납입보험료 1억 원)에 대해서는 저축성 보험 비과세 요건을 갖추어 비과세로 지급이 되었다. 김똑똑 씨는 "상속세와 증여세는 15년이 경과하면 세금을 못 매기는 것 아니냐?"고 묻는다. 보험에 관한 상속세와 증여세의 과세 시점은 보험에 가입하는 시점이 아니라 보험사고가 발생한 시점이다. 이 시점으로부터 15년을 부과제척기간으로 보는 것이다.

그렇게 설명하자 이번에는 "그러면 아버지가 내준 5,000만 원 보험료에 대해서만 증여세를 내면 되지 않냐?"고 묻는다. 안타깝게도 증여금액은 보험료가 아니라 보험금을 기준으로 산정한다. 전체 보험금 중 아버지가 납입한 비율만큼 증여금액으로 본다. 김똑똑 씨의 증여금액은 1억 원이다.

만약 김똑똑 씨가 보험료를 전액 납입하였음에도 세금문제가 생겼다면 이는 본인이 불입한 보험료 1억 원에 대한 자금출처 조사 문제일 것이다. 과세당국은 보험금의 편법증여를 방지하기 위하여 지급명세와 명의변경명세서 제도를 두고 있다. 보험계약 시 계약자와 수익자 지정을 신중히 해야 하는 이유다.

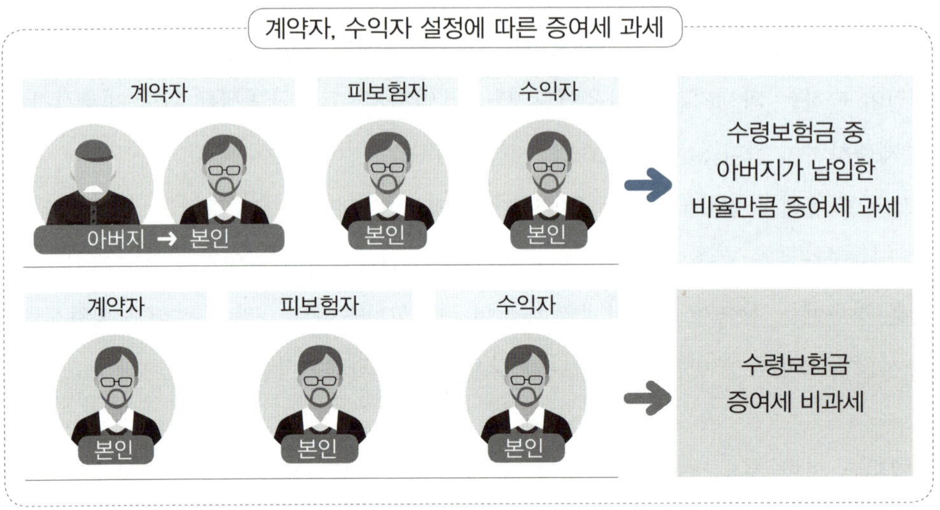

※ 계약자가 실제 보험료 납입자와 동일하다고 가정

(2) 보험금 지급명세서가 알려주는 것과 알려주지 않는 것

지급명세서란 일정한 소득금액 또는 수입금액을 지급받는 자의 인적사항, 소득금액 또는 수입금액의 종류와 금액, 소득금액 또는 수입금액의 지급시기와 귀속연도 등을 기재한 과세자료이다. 이와 같은 지급조서는 당해 소득금액 또는 수입금액을 지급하는 자가 제출할 의미를 진다. 따라서 지급명세서 제출의무는 과세관청이 소득자(소득을 지급받는 자)의 소득금액 또는 수입금액에 관한 과세자료를 수집하기 위하여 당해 소득금액 또는 수입금액을 지급하는 자에게 지운 협력의무이다.

과세관청에서는 지급 명세서를 통해서 소득자가 소득을 제대로 신고했는지에 대한 검증이 가능한 것이다. 내가 세금 신고를 하지 않더라도 지급 명세서를 통해서 세무서에서는 이미 내가 언제 어디서 얼마를 어떻게 벌었는지를 알 수 있는 것이다.

소득을 탈루해서 세금을 조금이라도 덜 내고 싶어 하는 사람들의 탈세 시도를 원천적으로 차단해 줄 수 있는 수단이 될 수도 있는데 그럼 이러한 지급 명세서는 누가 제출하는가?

국내에서 다음에 해당하는 자는 지급자별로 지급명세서를 그 지급일이 속하는 분기 종료일의 다음 달 말일까지 관할 세무서장에게 제출하여야 한다. 구체적으로는 4월 말, 7월 말, 10월 말, 2월 말에 제출하게 된다.

① 상속재산 또는 증여재산에 해당하는 생명보험 손해보험의 보험금(해약환급금 및 중도인출금을 포함)을 지급하는 자. 다만, 보험금 수취인과 보험료 불입자가 같은 경우로서 보험금 지급 누계액이 일천만 원 미만인 경우에는 그러하지 아니 한다(상증령 제84조 1항).

동 규정을 적용함에 있어 보험금을 지급하는 자 중 전산처리시설을 갖춘 자는 보험의 종류, 지급보험금액, 보험금 지급사유, 보험계약일, 보험사고 발생일(중도해지일), 보험금 수취인, 보험계약자 및 명의변경일자 등 보험금(해약환급금 및 중도인출 금액을 포함한다) 지급 내용을 확인할 수 있는 사항을 포함한 내용의 지급 명세서를 전산처리된 테이프 또는 디스켓 등으로 제출하여야 한다(상증법 제82조 2항, 상증령 제84조 2, 상증칙 제22조 1).

② 상속재산에 해당하는 퇴직금, 퇴직수당, 공로금 또는 그밖에 이와 유사한 금액(연금을 제외한다)을 지급하는 자. 상기 유형을 적용함에 있어 소득세법 또는 법인세법 규정에 의하여 제출하는 지급명세서 또는 주식등변동상황명세서에 지급 명세서 등의 해당 사항이 있는 경우에는 당해 지급명세서 등을 제출한 것으로 본다(상증법 제82조 제5항).

지급 명세서에 노출되지 않고 보험금을 지급받을 수 있을까?

상속세 및 증여세를 탈루하려는 시도는 항상 이뤄지고 있으며 이러한 노력의 결과
는 세법 개정으로 항상 이어지고 있다. 2004년부터 보험금에 대한 지급명세서 제출
의무와 관련한 세법 내용이 꾸준히 개정되고 있다. 그만큼 보험금 수령 내역을 감추
어 상속세와 증여세를 회피하려는 시도가 많이 이루어졌다는 것이다. 2004년 이후
보험금의 지급조서 제출 의무에 대한 개정 내용을 살펴보면 다음과 같다.

2005년 1월 1일 이후에는 지급자에 대한 협력의무부담을 완화해 주고자 보험료 불
입자와 보험금 수취인이 동일한 보험의 경우에는 보험금 지급액이 1,000만 원 미만
인 경우 그 보험금 지급액은 지급조서 제출 대상에서 제외했다. 하지만 일 회당 보험
금 지급액이 1,000만 원 미만이기만 하면 지급조서를 제출하지 않아도 되었다. 이러
한 허점을 이용하여 1,000만 원 미만으로 보험금을 중도 인출하는 방법으로 세금을
탈루하려는 시도가 있었다. 이에 2008년 이후부터는 보험의 중도인출금도 지급명세
서 제출 대상에 포함시키면서 일 회당 보험금 지급액을 기준으로 1,000만 원을 판정
하던 종전 규정을 보험금지급 누계액을 기준으로 판정하도록 개정하였다.

보험금 지급 명세서에는 어떤 내용들이 기재되어 세무서에 보고되는지 실제 보험
금 지급 명세서를 살펴보자.

보험금 지급명세서로 세무서에서 보고되는 내용은 다음과 같다.

보험의 종류, 지급유형(연금, 정기금, 일시금), 보험금 지급 사유(사망, 만기지급, 중도
해약, 기타), 지급보험금액, 보험계약일, 보험사고 발생일(중도해지일), 보험금 수취인
과 보험계약자의 인적사항, 최종 명의변경 일자가 기록된다. 즉 보험계약 내용과 지
급에 관련된 거의 모든 내용이 세무서에 보고된다.

보험금 지급 명세서에 기록되지 않는 내용은 무엇일까?

지급 유형에 있는 연금, 정기금, 일시금이 아닌 형태로 보험회사에서 지급되는 것
은 세무서에 보고되지 않는다. 예를 들면 보험회사에서 지급되는 급부 중 보험계약
대출(약관대출)에 의한 대출금은 보고되지 않는다.

■ 상속세 및 증여세법 시행규칙 [별지 제19호식] 〈개정 2015.3.13〉

보험(해약환급)금 지급명세서

(년 월 ~ 월 지급분)

① 일련 번호	② 보험의 종류	③ 보험 증서번호	④ 지급 보험금액	⑤ 지급 유형	⑥ 보험금 지급사유	⑦ 보험 계약일	⑧ 보험사고발생일 (중도해지일)	⑨ 보험금수취인			⑩ 보험계약자(보험료 납입자)		⑯ 명의 변경일자
								⑩ 성명	⑪ 주민등록번호	⑫ 관계	⑭ 성명	⑮ 주민등록번호	

「상속세 및 증여세법」 제82조제1항 및 같은 법 시행령 제84조제1항에 따라 보험(해약환급)금 지급명세서를 위와 같이 확인하여 제출합니다.

년   월   일

제출자   상호(법인명)
사업자등록번호
소재지
성명(대표)   (서명 또는 인)

세 무 서 장 귀하

작성방법

1. 이 보험(해약환급)금 지급명세서에는 모든 생명보험금 또는 손해보험금 지급내용을 적습니다. 다만, 보험금 수취인과 보험료 납입자가 같은 경우로서 보험(해약환급)금 지급 누계액이 1,000만 원 미만인 경우에는 적지 아니합니다.
2. ⑤란에는 연금 · 정기금 · 일시금으로 구분하여 적습니다.
3. ⑥란에는 사망, 만기지급, 중도해약, 기타로 적습니다.
4. ⑨란에는 중도해약으로 인한 해약환급금 지급인 경우에는 해약환급금 수령인을 적습니다.
5. ⑬란에는 사망으로 인한 보험금 지급의 경우에는 보험계약자, 기타 보험사고로 인한 보험금 지급의 경우에는 보험료납입자의 인적사항을 적습니다.
6. ⑯란에는 보험(해약환급)금 지급 시 명의변경된 경우 최종 명의변경일자를 적습니다.

■ 상속세 및 증여세법 시행규칙 [별지 제19호의2서식] 〈신설 2014.3.14〉

보험계약자 등 명의변경 명세서

보험 내용				명 의 변 경 내 용								
					구 분		변경 전 명의자		변경 후 명의자			
① 일련 번호	② 보험의 종류	③ 보험 증서번호	④ 납입 보험료	⑤ 명의변경 일자	⑥ 명의변경 사유	⑦ 명의변경 유형	⑧ 성명	⑨ 주민 등록번호	⑩ 성명	⑪ 주민등 록번호	⑫ 명의 전 명의자와의 관계

「상속세 및 증여세법」 제82조제1항 및 같은 법 시행령 제84조제1항에 따라 생명보험 또는 손해보험에 대한 보험 계약자 등 명의변경 내용을 위와 같이 확인하여 제출합니다.

년   월   일

제출자   상호(법인명)
사업자등록번호
소재지
성명(대표)   (서명 또는 인)

세 무 서 장 귀하

작성방법

1. 보험계약자 등 명의변경 명세서는 지급자 별로 그 명의변경일이 속하는 분기 종료일의 다음 달 말일까지 본점 또는 주된 사무소의 소재지를 관할하는 세무서장에게 제출해야 합니다.
2. 이 보험계약자 등 명의변경 명세서에는 모든 생명보험 및 손해보험의 계약자 또는 수익자 명의변경 내용을 적습니다.
3. ④란에는 명의변경일 현재까지 납입된 보험료를 적습니다.
4. ⑥란에는 계약자의 신청, 계약자 또는 수익자의 사망, 기타로 적습니다.
5. ⑦란에는 계약자 변경 도는 수익자 변경으로 구분하여 적습니다.

(3) 상속세 준비에는 종신보험이 제격

Q. 아내와 함께 만둣가게를 운영하는 60세 김씨는 70억 원 상당의 부동산 자산을 보유하고 있다. 그동안의 고생을 뒤로 하고 이제는 만둣가게를 접으려 한다. 부동산 자산 70억 원을 자녀에게 물려주려고 하니 상속세 걱정이 앞선다. 김씨가 상속세를 준비하는 효율적인 방법은 없을까?

노벨 문학상 수상자였던 장 폴 사르트르는 "인생은 B와 D 사이에 있는 C이다"라는 말을 남겼다. 곧 인생이란 Birth(탄생)와 Death(죽음) 사이의 Choice(선택)라는 것이다. 탄생도 죽음도 우리가 스스로 선택하지 못하지만, 그 삶 속에서 우리는 모든 것을 선택할 수 있다.

남은 가족에게 재산을 분쟁 없이 잘 지킬 수 있도록 준비하는 것도 우리의 선택이다. 자산을 남겨주는 사람들은 늘 상속세 때문에 걱정이다. 상속세는 상속이 발생한 마지막 날로부터 6개월 이내에 현금으로 납입하는 것이 원칙이므로 부담스럽다. 물론 납부할 상속세가 2,000만 원을 초과하면 주소지 세무서장의 허가를 받아 10년 이내에 나눠서 납부할 수 있다. 이때 상속세만큼의 담보를 제공해야 한다. 연부연납을 하게 되면 정부에서 고시하는 이자율 연 3.1%(2025.3.21자 기준)의 가산금도 부담해야 한다. 현금자산이 적을 경우에는 재산을 물려받은 상속인들이 상속세 납부로 어려움을 겪게 된다.

"상속세 절세와 납부재원 마련을 위해 생명보험의 종신보험을 활용하라"는 전략을 국세청에서 발간하는 《세금절약가이드 2》라는 책자 189페이지에서도 권하고 있다.

배우자와 자녀 2명을 둔 김씨의 재산이 부동산만 70억 원이라고 가정할 경우 예상 상속세는 아래와 같다. (상속재산은 매년 3%씩 증가한다고 가정)

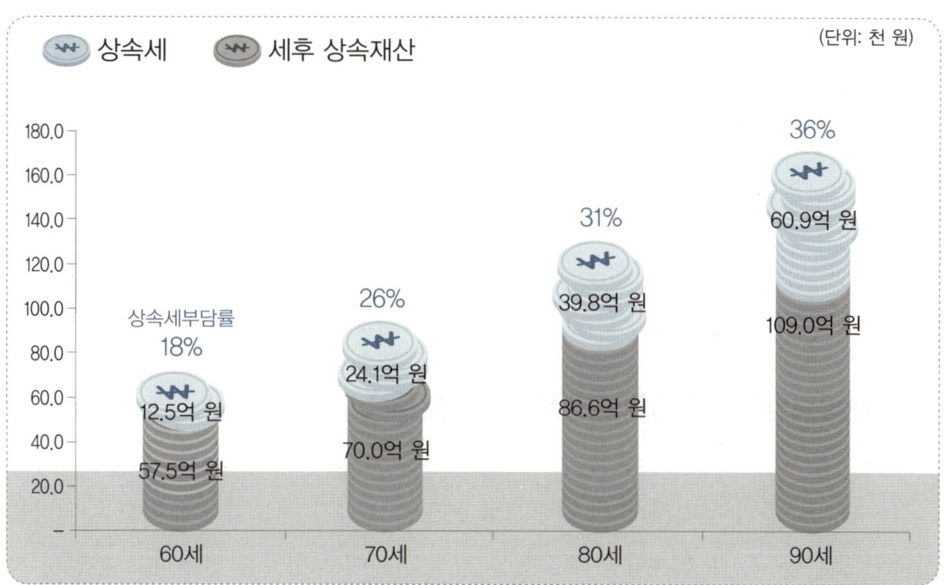

상속세 계산 절차	현재 시점 60세	10년 후 70세	20년 후 80세	30년 후 90세
총 상속재산가액	7,000,000	9,407,415	12,642,779	16,990,837
− 상속과세액(금융재산)	0	0	0	0
− 상속과세액(부동산재산)	7,000,000	9,407,415	12,642,779	16,990,837
상속세 과세가액	6,985,000	9,392,415	12,627,779	16,975,837
− 장례비용	15,000	15,000	15,000	15,000
공제금액	3,493,571	3,500,000	3,500,000	3,500,000
− 일괄공제	500,000	500,000	500,000	500,000
− 배우자공제	2,993,571	3,000,000	3,000,000	3,000,000
상속세 과세표준	3,491,249	5,892,415	9,127,779	13,475,837
산출세액	1,285,714	2,486,207	4,103,889	6,277,919
세액공제	38,571	74,586	123,117	188,338
− 신고세액공제(3%)	38,571	74,586	123,117	188,338
납부할 세액	1,247,143	2,411,621	3,980,773	6,089,581

현시점의 상속세 납부를 위해 사망의 원인을 따지지 않는 종신보험에 가입하게 되면 상속 발생시 납부할 현금이 확보되어 상속인들에게는 상속세 납부 부담이 훨씬 줄어들게 된다.

종신보험을 가입할 때 계약자와 피보험자 그리고 수익자를 누구로 하느냐에 따라 사망 시 지급되는 보험금이 상속자산에 포함되기도 하고 포함되지 않기도 한다. 만약 사망보험금이 상속자산에 포함이 된다면 상속재산이 늘어나 상속세도 늘어나고 상속세 재원으로 준비된 사망보험금이 줄어들게 된다. 보험가입 시 계약자 피보험자 수익자 지정을 어떻게 해야 사망보험금이 상속재산에 포함되지 않는지 다음 장에서 알아보자.

(4) 사망보험금이 상속재산에 포함되지 않도록 하는 법

김씨가 자녀들의 상속세 재원 마련으로 본인을 계약자 피보험자로 하고 수익자를 상속인으로 한 종신보험계약을 체결했을 경우 본인이 보험료를 납부하고 본인의 사망이라는 보험사고로 사망보험금이 상속인들에게 지급된다. 결국 본인이 낸 보험료가 보험금으로 변경되어 상속인에게 전달되었으니 사망보험금도 상속자산에 포함된다. 김씨의 사망보험금이 상속재산에 포함되면 상속세는 다음과 같다.

본래의 상속재산

(단위: 천 원)

상속세 계산 절차	현재 시점 60세	10년 후 70세	20년 후 80세	30년 후 90세
총 상속재산가액	7,000,000	9,407,415	12,642,779	16,990,837
− 상속과세액(금융재산)	0	0	0	0
− 상속과세액(부동산재산)	7,000,000	9,407,415	12,642,779	16,990,837
상속세 과세가액	6,985,000	9,392,415	12,627,779	16,975,837
− 장례비용	15,000	15,000	15,000	15,000
공제금액	3,493,571	3,500,000	3,500,000	3,500,000
− 일괄공제	500,000	500,000	500,000	500,000
− 배우자공제	2,993,571	3,000,000	3,000,000	3,000,000
상속세 과세표준	3,491,249	5,892,415	9,127,779	13,475,837
산출세액	1,285,714	2,486,207	4,103,889	6,277,919
세액공제	38,571	74,586	123,117	188,338
− 신고세액공제(3%)	38,571	74,586	123,117	188,338
납부할 세액	1,247,143	2,411,621	3,980,773	6,089,581

절세모음.zip (상속·증여편)

본래의 상속재산 + 사망보험금

상속세 계산 절차	현재 시점 60세	10년 후 70세	20년 후 80세	30년 후 90세
총 상속재산가액	9,000,000	11,407,415	14,642,779	18,990,837
– 상속과세액(금융재산)	2,000,000	2,000,000	2,000,000	2,000,000
– 상속과세액(부동산재산)	7,011000	9,407,415	12,642,779	16,990,837
상속세 과세가액	8,985,000	11,392,415	14,627,779	18,975,837
– 장례비용	15,000	15,000	15,000	15,000
공제금액	3,700,000	3,700,000	3,700,000	3,700,000
– 일괄공제	500,000	500,000	500,000	500,000
– 배우자공제	3,000,000	3,000,000	3,000,000	3,000,000
– 금융재산공제	200,000	200,000	200,000	200,000
상속세 과세표준	5,285,000	7,692,415	10,927,779	15,275,837
산출세액	2,182,500	3,386,207	5,003,889	7,177,919
세액공제	65,475	101,586	150,117	215,338
– 신고세액공제(3%)	65,475	101,586	150,117	215,338
납부할 세액	2,117,025	3,284,621	4,853,773	6,962,581

　김씨의 사망으로 지급되는 보험금이 상속재산에 포함되지 않으려면 상속인 중에 누군가가 종신보험의 계약자와 수익자가 되어야 본인이 보험료를 납부하고 김씨(아버지 또는 남편)의 사망으로 사망보험금이 본인에게 지급되는 설계가 되어 보험료 납부자와 보험금 수익자가 동일하여 사망보험금이 상속재산에 포함되지 않는다.

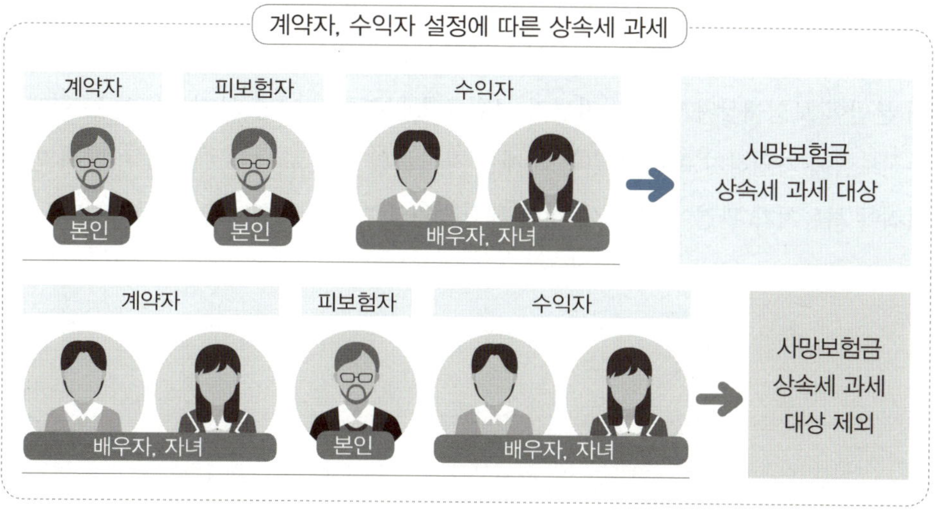

※ 계약자가 실제 보험료 납입자와 동일하다고 가정

그런데 문제가 있다. 32세인 직장인 큰아들과 30세 학교 교사인 작은 아들이 각각 아버지 사망으로 인한 사망보험금 10억 원을 보장받기 위해 10년간 매월 납입하는 보험료를 납부할 경제적 여건이 안 된다는 것이다. 보험사별 상품에 따라 보험료가 달라지겠지만, M사의 무해약환급형 종신보험 10년납 기준으로 두 아들이 매월 약 483만 원의 보험료를 납입해야 한다. 그러나 30대 초반의 직장인과 교사인 두 아들은 납입할 여력이 안 된다. 김씨의 사망보험금의 크기를 줄이거나 보험료 납입기간을 늘려서 보험료를 조정해야 한다. 만약 이렇게 하지 않고 계약자는 자녀나 배우자로 하고 실제 보험료를 김씨 본인의 통장에서 출금되도록 하거나 자녀나 배우자의 통장으로 이체하여 출금되게 하더라도 보험사고 발생시 이는 김씨가 보험료를 납입한 걸로 간주하여 사망보험금은 상속재산에 포함되게 된다.

자녀나 배우자가 계약자와 수익자가 되고 본인이 피보험자가 되는 형태의 종신보험을 가입할 때 중요한 핵심은 계약자가 보험료를 납입할 능력이 되어야 한다는 것이다. 그래서 자녀나 배우자에게 미리 수익형 부동산을 증여하고 부동산에서 발생되는 임대소득으로 보험료를 납부하는 것이다. 부모가 법인을 운영한다면 미리 법인의 주식을 자녀에게 증여하여 매년 배당을 실행하여 자녀가 받은 배당금으로 보험료를 납부하여 보험료의 자금출처를 만들어 주어야 한다.

김씨는 땀 흘려 일군 70억 원 상당의 부동산을 자녀들에게 고스란히 물려주기 위해 본인이 보험대상자가 되고 자녀가 보험료를 납부하고 나중 보험금을 받는 형태의 종신보험에 가입하기로 결정했다. 문제는 자녀들의 보험료 납부 여력을 어떻게 만들어줘야 하는지가 관건이다. 이에 대한 해결책을 찾기 위한 2차 상담에 돌입했다.

(5) 보험으로 유류분을 준비하면 좋다

Q. 중소기업을 운영하는 법인대표 박씨에게는 아들 1명과 딸 1명의 자녀가 있다. 딸은 의사로 자기 직업에 만족하며 병원을 운영하고 있기에 회사는 아들에게 온전히 물려주고 싶어 한다.

박 대표가 염려하는 것은 딸이 욕심이 많다는 것이다. 의사가 되기까지 뒷바라지하면서 많은 학자금을 사용했고, 의사가 되고 나서도 병원을 개원할 때 지원을 많이 했다. 반면 아들은 공부하는 게 안 맞아 고등학교부터 공고로 진학에 기술을 익혀 지금 박 대표 회사에서 함께 근무 중이다. 만약 아들에게만 회사 지분 100%를 넘겨주면 유류분 문제가 발생할 것 같다. 딸이 아들을 상대로 유류분 청구를 할까 걱정이다.

딸에게도 적정한 상속재산을 남겨주어 유류분 문제가 발생하지 않도록 하는 방법은 무엇일까?

바로 종신보험의 보장금액을 유류분만큼 설계해 주는 것이다.

박대표의 상속재산은 현재 법인 주식 100%로 주식가치 50억 원, 거주하는 아파트 10억 원, 금융자산 1억 원이 있다. 부채는 없으며 사전증여한 재산은 3년 전 아들에게 시가 5억 원 아파트 증여한 것과, 5년 전 딸이 병원 개원할 때 5억 원이 있다.

박 대표는 상속이 발생하면 아들에게는 법인 주식 100%를 아내에게는 거주하는 아파트 10억 원과 금융재산 1억 원을 주려고 한다. 딸은 의사이고 사위도 의사라 따로 재산을 챙겨주지 않을 생각이다.

	배우자	딸	아들
상속인	배우자	딸	아들
사전증여한 재산	없음	5억 원 병원 개업자금(5년 전)	5억 원 아파트(3년 전)
상속예정인 재산	10억 원 거주 중인 아파트	없음	50억 원 법인주식 100%
법정상속지분	3/7	2/7	2/7
유류분	1.5/7	1/7	1/7
	15억 원	10억 원	10억 원
청구가능금액		5억 원 (사전증여 5억 원 반영)	

※ 금융재산은 상속시점에 다 사용되어 없다고 가정

이 상태에서 딸의 유류분을 계산해 보자.

총상속과세가액은 주식 50억 원, 아파트 10억 원+10년 내 증여재산 10억 원, 모두 70억 원이다.(금융재산은 상속시점에 다 사용되어 없다고 가정한다.) 상속인은 배우자와 자녀 2명이니 자녀 1명당 상속지분은 2/7이고 직계비속의 유류분은 상속지분의 50%이니 1/7이다. 70억 원의 1/7은 10억 원이다. 딸의 유류분은 10억 원이다. 그러나 이미 딸에게 증여된 5억 원의 증여재산이 있기에 청구할 수 있는 금액은 5억 원이다.

절세모음.zip 〈상속·증여편〉

박 대표는 사망보험금 10억 원의 종신보험에 가입한다. 계약자와 피보험자는 박 대표로 하고 수익자는 딸로 지정한다. 이렇게 하면 상속이 발생하는 시점에서 회사 자산은 가업을 승계하는 아들에게 물려주고 아내에게는 거주하는 아파트를 주고 사망보험금은 딸에게 지급되게 하면 딸의 유류분 문제는 해결되게 된다. 지급되는 사망보험금은 상속자산에 포함되나 금융재산상속공제 20%를 적용받을 수 있다. 또한 수익자가 딸이라 딸의 유류분 청구 금액을 줄이는 효과가 있다.

딸이 아빠의 이러한 마음을 이해한다면 유류분 반환청구 소송까지 진행하지는 않을 것으로 본다. 더불어 박씨의 회사를 아들에게 가업승계하기 위해서는 가업승계에 대한 증여특례나 가업상속공제에 대한 세밀한 검토가 필요하다.

 관련 근거

민법 제1112조(유류분의 권리자와 유류분)　　　민법 제1112조(유류분의 산정)

민법 제1114조(산입될 증여)　　　민법 제1115조(유류분의 보전)

(6) 퇴직금으로 받은 법인보험으로 상속세 절세하기

Q. 직장생활을 하던 신씨는 30세가 되는 해에 직장을 그만두고 아내와 함께 조그마한 제조공장을 인수하였다. 생산 제품을 근무했던 전 직장에 납품할 수 있어 초창기 회사를 안정시키는 데 큰 도움이 되었다. 부부 둘이 제조공장을 운영하며 어려움도 있었지만 20년이 지난 지금은 매출도 많아졌고 매년 이익이 꾸준히 발생하는 안정적인 회사로 성장했다. 그동안 회사 성장에만 집중하다 보니 모아둔 개인자산은 많지 않고 법인의 자산만 많아졌다. 혹 상속이 발생하면 회사 가치가 커져 상속세가 10억 원 이상 나온다는 담당 회계사의 이야기를 듣고 걱정이 앞선다.

부부가 각 50%의 법인 주식을 가지고 있고 법인은 계속해서 성장하고 있어 상속세에 대비해 10억 원 이상은 준비해야 한다. 부부가 개인으로 종신보험에 가입하려고 하니 개인 보유자산이 많지 않고 급여도 인상하지 않아 급여로 보험료를 납부하기는 어려운 상황이다. 그래서 법인을 계약자와 수익자로 하고 피보험자를 부부로 하는 종신보험을 각각 체결했다.

퇴직하기 전 업무상 사망사고가 발생하면 법인으로 사망보험금이 입금되기 때문에 이를 활용하여 퇴직금과 유가족 위로금을 지급할 수 있게 된다. 이를 위해서는 정관 규정 정비가 선행되어야 한다.

만약 퇴직 전까지 아무런 사고 없이 건강하게 생활하고 퇴직한다면 부부의 퇴직금 중 일부를 가입한 보험상품으로 수령할 수 있다. 계약자를 법인에서 퇴직하는 임원으로 변경하여 퇴직금 처리를 하는 것이다. 이때 퇴직금인 보험의 평가금액은 총 납입보험료에 이자상당액을 더한 금액과 해약환급금 중 큰 금액이 된다. 아내가 퇴직할 때는 피보험자가 남편으로 되어 있는 보험계약을 퇴직금으로 수령하고, 남편이 퇴직할 때는 아내가 피보험자로 되어 있는 보험을 퇴직금의 일부로 수령한다.

이렇게 되면 보험계약의 형태는 계약자와 수익자는 남편, 피보험자는 아내인 계약과, 계약자와 수익자는 아내, 피보험자는 남편인 계약으로 변경된다. 보험계약 유지 중 남편이 사망하면 피험자 남편인 사망보험금은 상속재산에 합산되지 않으므로 상속세 절세 및 상속세 재원마련에 적합한 형태가 된다. 남편이 계약자로 되어 있는 보험은 사망시점의 해약환급금이 상속재산에 포함되어 상속세가 과세된다. 남편 사망으로 계약자를 남편에서 자녀로 변경하면 [계약자, 수익자＝자녀, 피보험자＝아내]인 계약이 되어 아내 사망 시 사망보험금은 상속재산에 포함되지 않아 상속세가 과세되지 않는다.

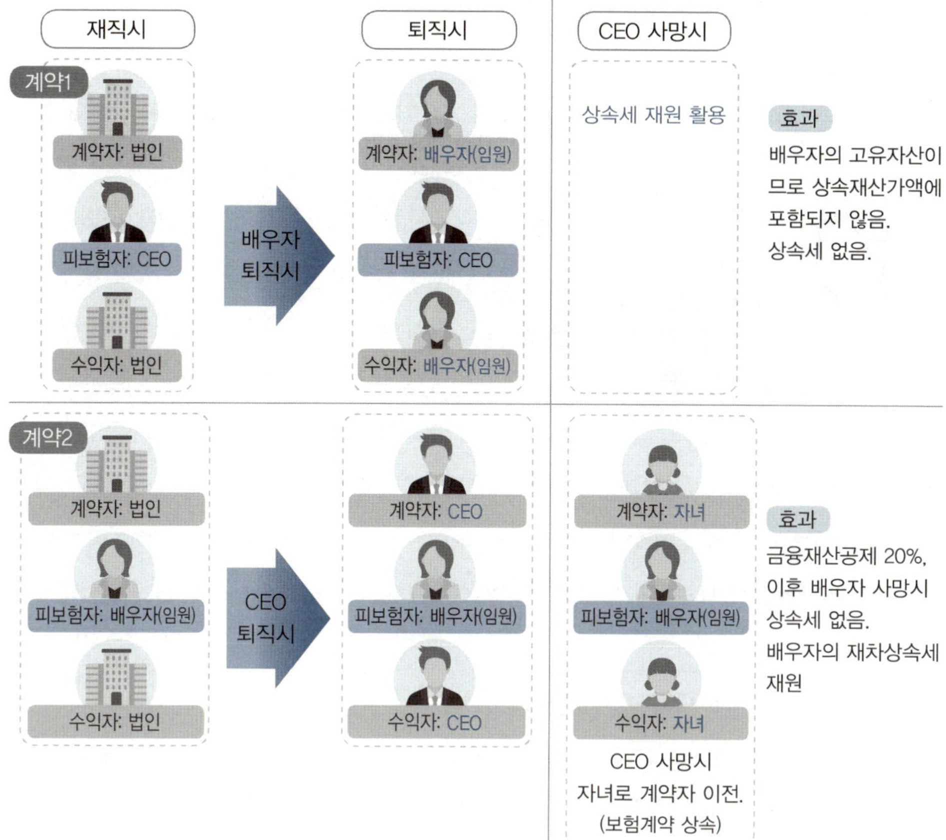

신씨는 그동안 회사만 성장했지, 부부가 노력한 만큼의 대가를 받지 못했다는 후회가 들었다. 그래서 급여 인상과 퇴직금의 크기도 키우기로 했다. 또한 회사의 주주로서 매년 배당도 실행하기로 했다. 이렇게 하면 법인에 쌓인 잉여금도 개인화시키고 기업의 가치를 줄여가며 상속세도 절세하는 효과가 있다. 퇴직 전 발생되는 상속에 대한 위험은 보험으로 대비되어 있어 안심이다.

(7) 법인 종신보험으로 상속세 재원을 마련하자

Q. 기계부품 제조업을 운영하는 53세 김 대표는 몇 년 전 아내가 암 투병 중 먼저 세상을 떠났다. 27살 딸은 현재 해외에서 공부 중이다. 20년간 운영한 법인은 안정기에 들어섰고, 기업가치를 평가해 보니 약 35억 원이다. 법인의 지분은 김 대표가 100%를 소유하고 있다. 현재 거주하는 아파트도 20억 원 정도이고 부채도 없으며 금융재산도 3억 원 정도 있다.

미술을 전공하는 딸에게 제조업을 승계해 줄 생각은 없다. 어느 날 문득 본인이 세상을 떠난다면 딸이 온전히 사업체와 재산을 물려받을 수 있을지 염려가 되어 상담을 의뢰했다.

김 대표의 예상 상속세를 먼저 계산해 보자.

법인 주식가치 35억 원과 거주 아파트 20억 원, 금융재산 3억 원 그리고 부채는 없다. 김 대표는 사별하여 배우자가 없기 때문에 배우자 공제를 받지 못하여 외동딸이 혼자 부담해야 할 상속세는 약 21억 원이다. 기업가치와 부동산 그리고 금융자산의 향후 상승률을 3%로 가정하면 20년 뒤 예상 상속세는 43억 원으로 증가한다. 외동딸에게 남겨지는 자산은 비상장기업의 주식과 거주하는 아파트가 자산의 대부분이고 현금자산은 적은 편이다. 외동딸이 6개월내에 납부할 상속세를 마련하기가 만만치 않다.

상속세 계산 절차	현재 시점 53세	10년 후 63세	20년 후 73세	30년 후 83세
총 상속재산가액	5,800,000	7,794,715	10,475,445	14,078,122
− 상속과세액(금융재산)	300,000	403,175	541,833	728,179
− 상속과세액(부동산재산)	2,000,000	2,687,833	3,612,222	4,854,525
− 상속과세액(법인주식)	3,500,000	4,703,707	6,321,390	8,494,418
상속세 과세가액	5,785,000	7,779,715	10,460,445	14,063,122
− 장례비용	15,000	15,000	15,000	15,000

절세모음.zip 〈상속·증여편〉

공제금액	560,000	580,635	608,367	645,636
– 일괄공제	500,000	500,000	500,000	500,000
– 배우자공제	0	0	0	0
– 금융재산공제	60,000	80,635	108,367	145,636
상속세 과세표준	5,225,000	7,199,080	9,852,078	13,417487
산출세액	2,152,500	3,139,540	4,466,039	6,248,743
세액공제	64,575	94,186	133,981	187,462
– 신고세액공제(3%)	64,575	94,186	133,981	187,462
납부할 세액	2,087,925	3,045,354	4,332,058	6,061,281

외동딸이 제조업을 물려받아 운영할 수 없으니 가업승계증여특례나 가업상속공제 제도를 활용하여 증여세나 상속세를 줄이기는 어렵다.

일반적으로 상속세 재원을 마련하기 위해 종신보험의 사망보험금을 활용해 보자.

계약자와 수익자가 누구냐에 따라 사망보험금은 상속자산에 포함되기도 하고 빠지기도 한다. 김대표가 계약자가 되고 외동딸이 수익자가 되면 상속자산에 포함되고 외동딸이 계약자와 수익자가 되면 상속자산에 포함되지 않아 지급받은 사망보험금을 온전히 상속세 납부재원으로 활용할 수 있다. 그러나 유학 중인 자녀는 아직 소득원이 없다. 김 대표도 본인이 받는 급여로 생활비와 자녀 유학비를 충당하면 여유가 없는 상태다. 외동딸이나 김 대표가 계약자가 되는 보험계약을 체결하면 보험료 납입이 어렵다.

이럴 경우 계약자와 수익자를 법인으로 하고 피보험자를 김 대표로 하여 20억 원의 사망보험금이 지급되는 법인 종신보험 계약을 체결한다.

만약 김대표가 사망한다면 사망보험금은 법인으로 지급되고 법인은 유동자금이 생긴다. 비상장주식과 부동산을 대부분의 상속자산으로 물려받은 외동딸은 6개월 이내 상속세 납부재원 마련에 애로가 있을 것이다. 이때 물려받은 주식의 일부를 법인에 매각한다. 아버지로부터 상속받을 때의 주식가치와 상속받은 주식을 법인에 매각할 때의 가치가 동일하므로 양도차익은 발생하지 않아 납부할 세금은 없다.

법인은 양수한 주식을 소각한다. 물론 자사주 양수 시 상법 절차를 준수해야 한다. 거래되지 않는 비상장주식을 상속받은 상속인들이 주식을 현금화할 수 있는 방법은 그 법인에 주식을 되파는 것이다. 이때 법인의 유동자금이 없다면 상속인의 주식을 사주기가 어렵다. 법인이 계약한 종신보험은 법인에 유동자금을 만들어 줘 상속인의 주식을 매입해 주는 상속재원으로 활용 가능하다.

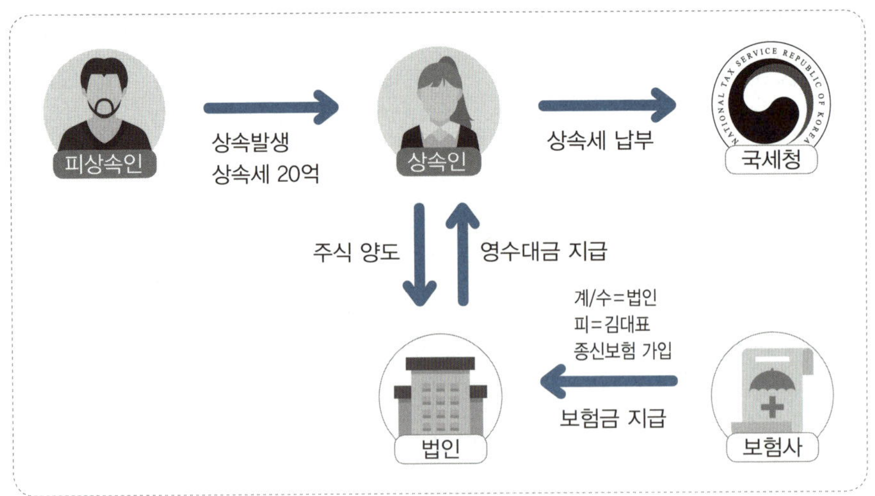

(8) 종신보험으로 3대에 걸친 자산관리 전략

Q. 기업을 외동 아들에게 넘겨주고 이제 노후 생활을 즐기고 있는 70세의 A씨는 40세 아들에게 넘겨준 법인 외에도 개인적인 부동산과 금융자산이 있다. 아들 B 씨는 30세에 아버지의 사업을 일찍 물려받아 10년간 아버지와 함께 법인을 잘 성장시켜 놓았다. 이 대로라면 50세가 되는 10년 뒤의 법인 주식가치는 100억 원이 넘을 것으로 예상된다. 만약 80세 이후에 A씨가 사망한다면 A씨의 자산 대부분은 이미 몇십억 원의 자산을 형상한 아들에게 상속되어 아들 B씨는 또 상속을 고민하게 되는 '노노(老老) 상속' 현상이 일어나게 될 것이다.

A씨는 본인의 자산을 한 세대 건너뛰어 손자 C씨에게 주는 방법을 고민하고 있다. 이럴 때 보험상품을 이용하면 어떨까?

절세모음.zip 〈상속·증여편〉

　자산가 A씨는 자녀에게 살아생전 자산을 미리 증여했지만, 죽어서 자산을 상속해도 물려주는 자산은 무조건 50% 상속세율 대상이다. 증여, 상속세 세율 최고 구간에 이미 도달해 있는 상태다. 보험을 활용하면 할아버지 A씨가 손자인 C씨에게 애정을 담아 자산의 일부를 넘기면서 세금 절세까지 할 수 있다. 먼저 할아버지 A씨가 계약자, 수익자가 되고 보험사고의 대상은 아들인 B씨로 종신보험 계약을 체결한다. 할아버지 A씨가 사망하면 계약자와 수익자를 손자인 C씨로 변경한다. 만약을 대비해 유언장을 작성해 놓으면 상속재산에 대한 분쟁을 예방할 수도 있다. 더불어 상속인들의 유류분 침해 여부도 고려해야 한다.

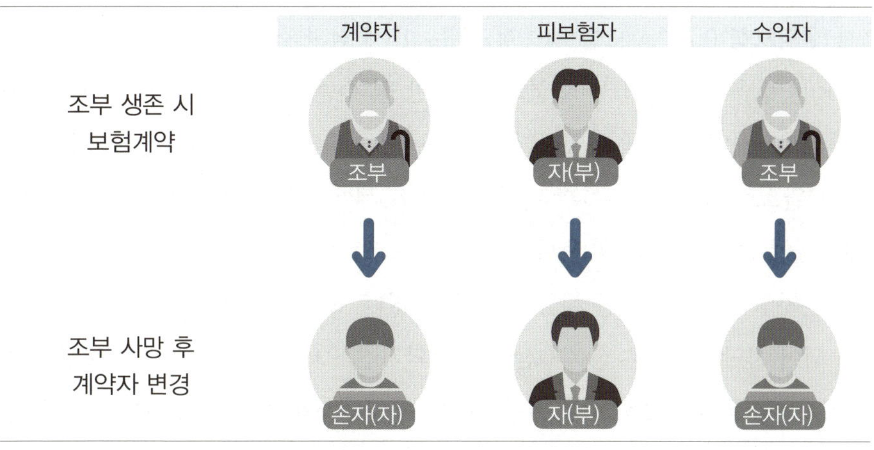

　할아버지 사망 시 보험의 소유권이 아들이 아니라 손자 C씨에게 상속될 때 세금은 어떻게 될까? '할아버지 A씨가 납입한 보험료와 그동안의 이자 수입 상당액'이 상속자산으로 포함돼 이에 대해 상속세가 과세된다. 이때 승계된 보험에 대한 상속세는 원칙적으로 손자인 C씨가 부담해야 한다. 그러나 손자인 C씨가 아직 보유한 자산이 많지 않아 상속세를 낼 여력이 안 된다면 아들인 B씨가 대신 상속세를 납부해도 된다. 이때 손자 C씨의 상속세를 아버지인 B씨가 대신 납부하더라도 증여세가 과세되지 않는다. 상속인이 각자가 상속받았거나 받을 재산을 한도로 상속세를 연대해 납부할 의무가 있는 것이며, 연대 납세 의무자로서 각자가 받았거나 받을 상속재산의 한도 내에서 다른 상속인이 납부해야 할 상속세를 대신 납부한 경우 증여세가 과세되지 않는다.

　다만 세대를 생략해 상속됐기 때문에 손자인 C 씨에게 상속한 자산에 대해서는 산출된 상속세에 30%를 할증해 과세한다. 그러나 할아버지에서 아버지, 다시 손자로 재차 상속하면 두 번의 상속세가 과세되므로, 할아버지가 손자에게 세대를 생략해 상속하는 것이 30%의 할증에도 불구하고 세금이 더 적어 절세 효과를 얻을 수 있다. 또한 보험금은 금융재산에 포함되어 순금융재산의 20%와 2억 원 중 적은 금액으로 최대 2억 원까지 금융재산공제를 받을 수 있다.

　향후 아들인 B씨가 사망하면 손자 C씨는 상당금액의 사망보험금을 수령하게 될 것이다.

　M사 생명보험 00 종신보험 체증형 기준, 40세 남자를 피보험자로 사망보험금 20억 원 10년 납을 설계하면 월 보험료 1,025만 원 수준이다. 현재 70세인 A씨가 보험 가입 후 15년 뒤인 85세에 사망한다면 손자에게 상속되는 상속자산은 납입한 보험료 약 12억 원으로 평가된다. 이후 아들 B씨가 85세에 사망하면 손자 C씨가 수령하는 사망보험금은 체증되어 36억 원에 이른다.

　이때 손자인 C씨가 납부할 세금은 한 푼도 없다. 보험계약자와 수익자가 모두 손자 C씨로 되어 사망보험금은 상속자산에 포함되지 않으며 할아버지로부터 보험의 소유권을 상속받을 때 아버지인 B씨가 상속세를 대신 납부해 주었기 때문이다. 보험을 통해 할아버지가 손자에게 부를 이전하는 방법을 활용하면 아들 B 씨가 받을 상속자산이 줄어들어 1차 상속세가 감소되고, 아들 B씨의 사망으로 받게 되는 사망보험금은 상속자산에 포함되지 않아 손자인 C 씨의 2차 상속세까지 절세하는 효과를 누릴 수 있게 된다.

 관련 법령

상속세 및 증여세법 제27조(세대를 건너뛴 상속에 대한 할증과세)
상속세 및 증여세법 제3조의 2(상속세 납세 의무)

(9) 상속포기해도 보험금은 받을 수 있다

Q. 평소 걱정이 많은 사업가 노씨는 혹시라도 사업에 실패해 한순간에 모든 재산이 다 날아가지 않을까 걱정이다. 그래서 아내와 자녀를 보험금 수익자로 한 보험에 가입해 두었다. 그런데 최근 사업이 어려워 대출을 받으면서 든 생각이 본인이 사망한 시점에 빚이 자산보다 많을 경우 아내와 자녀를 수익자로 한 사망보험금이 온전히 전달될 수 있을까 염려되었다.

상속이 개시되면 피상속인의 재산은 물론 부채도 모두 상속인에게 이전된다. 그런데 상속 채무가 상속 재산보다 더 많다면 피상속인의 빚이 고스란히 상속인에게 승계됨으로써 피상속인의 사망 후 상속인이 곤경에 빠지는 상황이 생길 수도 있다. 이런 점을 감안하여 민법에서는 한정 승인과 상속포기라는 제도를 둠으로써 상속인이 원치 않을 경우에는 상속을 받지 않을 수 있게 하고 있다.

한정승인은 상속인이 물려받은 상속재산금액의 범위 내에서 상속채무를 변제할 의무를 지는 것으로 피상속인의 채무 규모가 얼마나 되는지 알 수 없어 무조건 상속을 포기하기가 곤란한 상황에서 선택하는 방법이다. 그러나 상속채무가 상속재산보다 더 많다는 것이 확실할 때는 아예 상속을 포기하는 것이 더 유리하다. 상속을 포기하면 상속재산에 대한 권리를 포기하는 대신 피상속인의 채무를 대신 갚지 않아도 된다.

이 경우 피상속인의 사망에 따라 보험회사로부터 수령할 사망보험금이 있다면 상속 포기와 함께 보험금에 대한 수령권도 없어지는 것일까? 또는 상속인들이 상속을 포기하지 않았을 때 피상속인의 채권자가 상속된 보험금에 대해 압류할 수 있을까?

세법에서는 피상속인이 사망함에 따라 수령하는 보험금 중 피상속인이 보험계약자로서 불입한 보험료에 해당하는 보험금을 상속재산으로 보고 이를 상속재산에 포함시켜 상속세를 과세한다. 그렇지만 사망보험금을 상속재산으로 간주하는 것은 사망한 피보험자가 보험료를 불입한 결과에 따라 상속인이 보험금을 받게 된 것이므로 이를 피상속인이 물려준 유산으로 보아 이에 대해 상속세를 과세하기 위한 것일 뿐 사망보험금은 계약자가 아닌 보험금 수익자의 고유재산이므로 피상속인의 채권자가 상속보험금에 대해 압류할 수는 없다.

대법원도 "보험계약자가 피보험자의 상속인을 보험수익자로 맺은 생명보험계약에 있어서 피보험자의 상속인은 피보험자의 사망이라는 보험사고가 발생한 때에는 보험수익자의 지위에서 보험자에 대해 보험금 지급을 청구할 수 있다"며 "이 권리는 보험계약의 효력으로 당연히 생기는 것으로서 상속재산이 아니라 상속인의 고유재산이라고 할 것(2004.7.9. 선고 2003다29463 판결)"이라고 판시했다.

더불어 보험금 수익자가 특정인이 아닌 상속인으로만 표기된 경우, 보험금에 대해 압류를 하더라도 어차피 상속을 포기함으로써 피상속인의 채무를 승계받지 않은 상속인에게 채무 이행을 이유로 강제집행을 할 수 없는 것이다. 그러나 보험금과 보험계약에 대한 압류는 별개인데 만약 노씨가 사망하지 않은 상태라면 노씨가 계약자인 보험계약도 노씨 소유의 금융 자산이므로 노씨의 채권자가 채무이행을 이유로 압류할 수 있다. 이때 미리 계약자를 변경하는 것도 가능하지만 채무면탈을 목적으로 재산권을 이전했을 경우에는 채권자로부터 민법상 '사해행위취소의 소'를 제기당할 수도 있다. 그러므로 애초에 보험가입 시 계약자를 배우자나 자녀 등 상속인 명의로 가입하는 것이 가장 안전하다. 한편, 상속이 개시되면 체납 세금을 포함하여 피상속인이 내야 할 세금의 납세의무도 상속인에게 승계되는데 이 경우 납세의무도 상속인의 상속재산을 한도로 한다. 상속재산을 초과해서는 납세 의무가 성립되지 않는다. 다만 이때 국세청은 체납국세의 징수를 위해 상속인이 수령한 보험금에 대해 압류가 가능하다.

가족을 위해 가입해 놓은 종신보험의 사망보험금은 수익자인 상속인의 고유 재산이므로 상속인들에게 온전히 전달될 수 있다는 설명에 노씨는 이제 마음의 안정을 찾는 것 같다. 그러나 본인이 살아생전에 부도가 나 납입한 보험료에 압류가 들어올 수 있다는 부분이 염려되어 계약자를 아내와 자녀로 변경할 계획이다. 계약자 변경 시

변경된 계약자가 보험료를 납입할 경제적 능력이 있어야 하므로 이번 기회에 본인 소유 100% 법인 지분의 일부를 아내와 자녀에게 증여하고 매년 배당을 실행하여 납입 보험료 재원을 만들기로 했다.

상속을 포기했을 때 사망보험금은　　　🔍

1. 사망보험금은 민법상 상속인의 고유자산으로 압류 대상이 아니다.

2. 피상속인이 계약자인 보험에서 상속인이 수령한 사망보험금은 상속세 과세 대상자산이다.

3. 피상속인이 사망 전 청약한 보험계약의 보험금 및 해약환급금은 채권자에게 압류될 수 있다. 다만, 보장성 보험의 경우 생계유지, 치료 및 장애 회복에 필요한 비용 등을 고려하여 대통령령으로 압류 금지 범위가 정해진다.

(10) 어머니를 위한 마지막 배려 – 보험금청구권 신탁 이야기

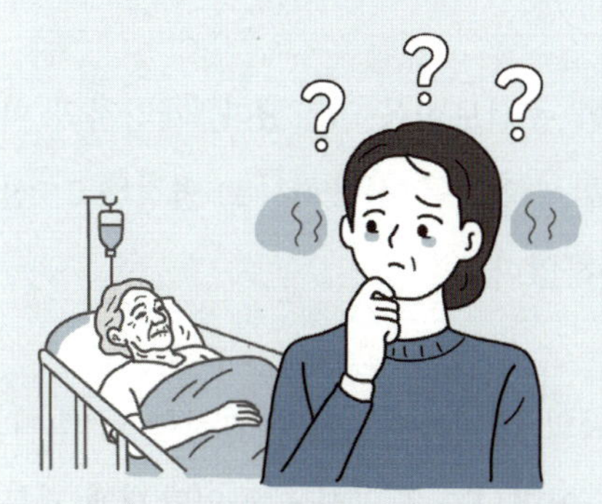

Q. 서씨는 마흔을 막 넘긴 직장인이다. 젊은 시절 아버지를 여의고, 이후 오랫동안 어머니와 둘이서 살아왔다. 그녀는 외동딸로서 늘 어머니를 자신의 인생의 중심에 두고 살아왔다. 평범한 하루하루 속에서도 그녀에게는 언제나 어머니가 우선이었다.

그러던 어느 날, 어머니의 건강이 급격히 나빠지기 시작했다. 기억력이 흐려지고, 길을 잃거나 과거와 현재를 혼동하는 일이 잦아졌다. 병원에서는 초기 치매 판정을 내렸다. 서씨는 출근 전과 퇴근 후, 주말에도 어머니 곁을 지켰지만 점차 혼자서는 돌보기 어려운 상황에 이르렀다. 결국, 어머니를 요양원에 모시는 결정을 내렸다. 그날 밤, 그녀는 깊은 고민에 빠졌다.

'만약 내가 어머니보다 먼저 세상을 떠난다면… 그때 어머니는 어떻게 살아가실까?'

미혼이며 형제도 없는 자신이 갑작스레 세상을 떠난다면, 치매를 앓고 있는 어머니는 자신의 남겨진 재산을 어떻게 사용할 수 있을까? 아파트와 약간의 예금, 그리고 2억 원의 종신보험 사망보험금이 있지만, 어머니가 그것을 제대로 활용할 수 없다는 사실이 그녀를 두렵게 만들었다.

그렇게 보험설계사를 찾아가 상담을 받게 되었고, 그 자리에서 '보험금청구권 신탁'이라는 제도를 처음 듣게 되었다. 생소했지만, 이야기를 들을수록 서씨에게 꼭 필요한 제도라는 확신이 들었다.

'보험금청구권 신탁'이란, 피보험자가 사망했을 때 보험금이 곧바로 유족에게 지급되지 않고, 신탁회사를 통해 일정한 조건에 맞춰 지급되도록 하는 방식이다. 서씨의 경우, 그녀가 사망하면 보험금 2억 원은 신탁회사로 지급되며, 신탁회사는 매달 일정 금액을 어머니의 요양비 및 의료비 명목으로 지급하게 된다.

이렇게 되면 어머니가 보험금 청구를 할 수 없는 상태여도 걱정할 필요가 없고, 남겨진 보험금이 엉뚱한 방향으로 사용되는 일도 막을 수 있다. 신탁회사라는 중간 관리자가 그 돈을 관리하고, 계약 내용대로 사용하도록 책임지는 것이다.

서씨는 먼저 보험설계사와 함께 자신이 가입한 종신보험을 검토했다. 계약자와 피보험자는 모두 본인, 수익자는 어머니였다. 이후 수익자를 신탁회사로 변경하고, 신탁회사와 함께 '보험금청구권 신탁 계약'을 체결하였다.

계약서에는 다음과 같은 내용을 포함했다.

보험금 2억 원을 수탁받는다. 수익자는 서씨의 어머니다. 매달 일정한 금액(예: 200만 원)을 어머니에게 지급한다. 남은 금액은 어머니가 사망하면 공익단체에 기부한다.

이 과정은 그렇게 어렵지 않았다. 오히려 신탁회사의 전문가가 서류 준비와 계약서를 꼼꼼히 도와주었고, 모든 절차는 몇 주 내로 마무리되었다. 그렇게 서씨는 마음의 짐을 조금 덜 수 있었다. "내가 없더라도 어머니는 안전할 거야"라는 생각이 그녀를 안심시켰다.

신탁계약이 체결되고 나면, 서씨가 생존해 있는 동안에는 별다른 변화가 없다. 하지만 그녀가 사망하는 순간, 계약이 발효된다. 보험사는 사망보험금을 신탁회사에 지급하고, 신탁회사는 그 돈을 운용하여 어머니에게 매달 요양비를 보내준다.

또한 어머니가 더 이상 요양원에 있지 않게 되거나, 건강상태가 급변할 경우, 신탁회사는 계약에 따라 지급 금액을 조정하거나 추가비용을 긴급히 지급할 수도 있다. 이런 유연한 대처는 전통적인 상속 방식에서는 상상하기 어렵다. 만약 어머니가 사망하게 되면, 남은 보험금은 서씨가 미리 지정해 둔 대로 처리된다. 그녀는 이를 공익재단에 기부하는 것으로 선택했지만, 다른 가족이나 친척에게 지급되도록 정할 수도 있다.

보험금청구권 신탁은 단순히 자산을 나누는 제도를 넘어, 남겨질 사람을 위한 배려이자 사랑의 연장선이다. 특히 초고령 사회를 살아가는 우리에게, 누구나 한 번쯤은

절세모음.zip (상속·증여편)

생각해 보아야 할 제도이기도 하다.

　서씨는 여전히 어머니를 매주 요양원에서 만나고 있다. 하지만 이제는 마음속 걱정 하나가 사라졌다.

　'혹시라도 내가 먼저 떠나게 되더라도, 어머니는 괜찮을 거야.'

　사랑은 살아 있는 동안에도 필요하지만, 때로는 우리가 떠난 이후에도 누군가를 지켜주는 가장 강력한 유산이 된다. 그리고 그 유산은 지금 우리가 준비할 수 있다.

신탁이
뜬다

01

물려주고 싶지만
물려주고 싶지 않은 당신에게

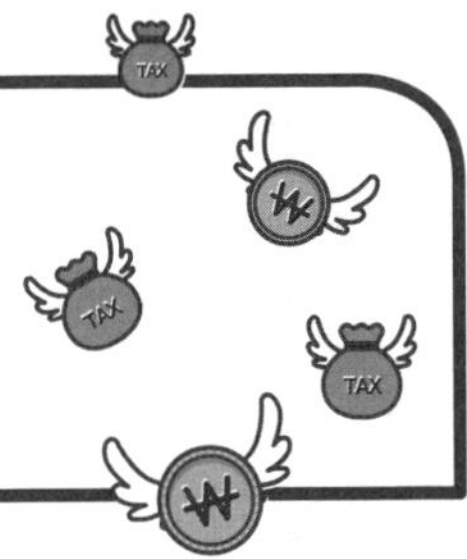

(1) 올바른 상속이 고민인 당신을 위한 해법

> **건물주 이씨의 고민**
>
> "미리 주면 자식들 독립심만 낮아지고 재산을 못 지킬 것 같아 걱정이다."
>
> **Q.** 건물주 이씨(67세)는 아내(60세), 출가한 아들(37세, 직장인), 딸(32세, 주부)이 있다. 최근 건강에 적신호가 느껴지면서 보유한 건물에 대한 상속 고민이 생겼다. 서울 모처에 위치한 건물은 최근 부동산 가격이 급등하면서 호가 100억 원에 시세가 형성되었다. 건물주 이씨는 자녀들에게 이 건물을 물려주고 싶은데 상속세가 큰 부담이다. 담당 세무사에게 문의하니 상속세율이 50% 구간에 해당되어 절반이 세금으로 나갈 수 있다고 이야기한다. 자녀들이 상속세를 마련하지 못하면 어렵게 마련한 건물을 팔아야 할지도 모른다는 불안감이 커진다.
>
> 세무사는 건물주 이씨에게 사전에 자녀들에게 증여하면 절세가 가능하다고 조언한다. 그러나 자녀들에게 미리 증여하면 소비벽이 있는 딸과 직장인이면서 주식 투자를 하고 있는 아들이 과연 이 건물을 잘 관리하며 지켜낼 수 있을지 의문이다. 이런 걱정 때문에 건물주 이씨는 선뜻 증여를 결심하지 못하고 있다.

고생해서 모은 재산을 세금 때문에 파는 것도 싫고, 살아생전 주려고 하니 자식들의 독립심을 헤치고 소비습관이 나빠질까 걱정인 이씨의 고민을 해결할 방법은 없을까?

절세모음.zip 〈상속·증여편〉

신탁제도를 이용하면 이 고민을 해결할 수 있다.

신탁은 증여로 발생할 수 있는 부작용을 상당 부분 제거할 수 있다. 자녀에게 건물을 증여한 후에도 부모가 간접적으로 소유권을 통제할 수 있어 자녀 소유의 건물을 안전하게 지킬 수 있다. 또한, 자녀가 먼저 사망하더라도 그 재산이 직계가족에게 갈 수 있도록 설계할 수 있어 증여로 인한 위험을 방지할 수 있다.

방법은 다음과 같다.

자녀들에게 증여하면서 자녀들이 부동산관리신탁 계약을 동시에 체결하도록 한다. 부동산관리신탁 계약의 조건으로 부동산을 처분하거나 담보로 대출할 경우 부모의 동의를 받도록 설정한다. 신탁계약을 하면 부동산에 신탁등기가 되므로 자녀들이 공유지분을 처분하거나 담보 대출을 받으려고 할 때 신탁회사 법인인감 날인이 필요하다. 자녀들이 신탁회사에 자신의 소유지분을 매각하거나 담보 제공을 요청할 때, 신탁회사는 부모의 동의서가 제출되지 않으면 설령 소유자인 자녀의 요청이라도 거부할 수 있다. 수익형 부동산에 대해 신탁하더라도 임대관리나 시설관리는 기존과 같이 부모가 직접 할 수 있다.

이렇게 수익형 부동산에 증여계약과 신탁계약을 결합하면 증여를 통한 절세계획을 수립함과 동시에 자녀들이 재산관리능력을 갖출 동안 자녀 명의의 공유지분을 안전하게 지킬 수 있다. 자녀들이 재산관리능력이 생기는 시점에 신탁계약을 해지해 직접 부동산을 관리하도록 하면 건물주 이씨의 고민이 해결될 것이다.

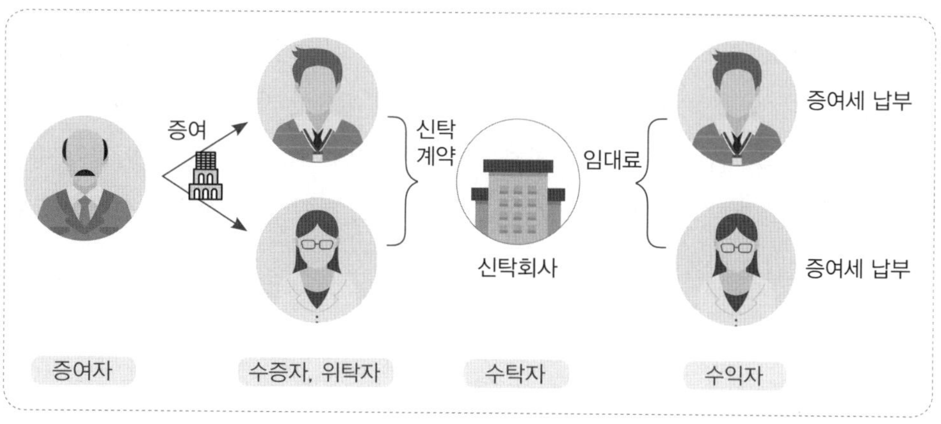

김염려 님의 고민

"요즘 자꾸 깜빡깜빡하는 게… 치매에 걸리면 자식들이 재산을 마음대로 처분하진 않을까요?"

Q. 치매가 걱정되는 김염려 씨는 성년후견인이 된 자녀가 마음대로 재산을 사용하지 못하도록 막고 싶다. 자산가인 김염려 씨는 남편을 여의고 혼자서 생활하고 있다. 결혼 후 미국에서 생활하는 큰딸과 결혼하여 집 근처에 살고 있는 아들이 있다. 아들은 직장생활을 하면서 받는 급여보다 씀씀이가 크다. 아파트 대출도 많고 자녀 사교육비도 만만치 않게 지출하고 있다. 늘 돈이 부족해 김염려 씨에게 손을 벌린다.

최근 김염려 씨는 건망증이 심해지는 등 본인이 치매증상이 천천히 진행되고 있음을 느낀다. 어느 날 문득, 시간이 지나 치매가 진행되어 판단력이 흐려지면 성년후견인을 세워야 하는데 믿음직한 큰딸을 성년후견인으로 세우고 싶다. 그러나 해외에서 성년후견인 역할을 하기에는 무리가 있는 만큼, 결국 근처에 사는 아들이 성년후견인이 될 가능성이 높다. 아들이 성년후견인이 될 경우 김염려 씨의 재산을 낭비할 수 있는 위험이 있다. 김염려 씨는 아들의 지출로 딸에게 건네야 할 재산도 줄어들고 본인의 생활에도 지장을 초래하는 것은 곤란하다는 생각에 밤잠을 설치는 중이다.

이러한 고민을 담당 보험설계사에게 이야기하니 신탁을 추천한다. 방법은 다음과 같다.

치매 판정을 받기 전에 김염려 씨의 재산을 신탁회사에 신탁한다. 그리고 수익자를 본인으로 정하고 일상에 필요한 자금의 범위 내에서 신탁회사로부터 정기적으로 생활비를 받는다. 만약 치매 판정을 받게 되면 똑같이 필요한 자금 범위 내에서 김염려 씨에게 생활비를 지급하고 이를 초과하는 부분에 대해서는 성년후견인 아들이 마음대로 신탁회사로부터 자금을 인출할 수 없도록 한다. 본인 사망 시에는 신탁해서 맡겨 둔 자산을 딸과 아들에게 상속되게 한다.

절세모음.zip〈상속·증여편〉

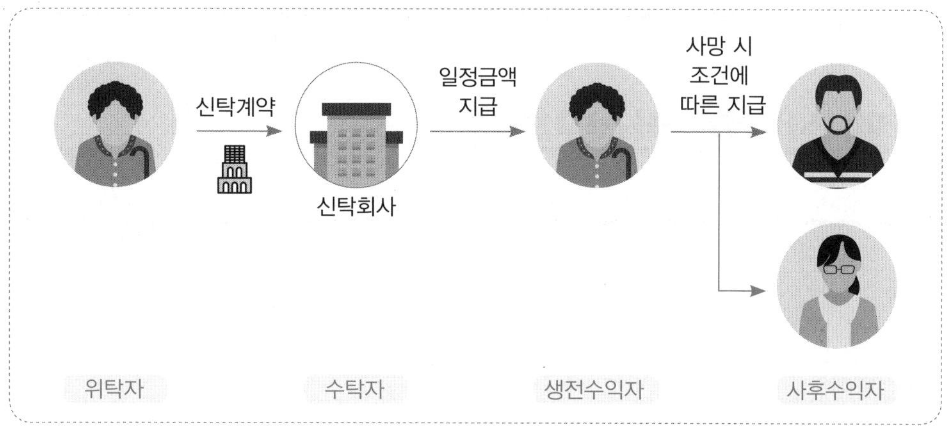

　신탁을 활용함으로써 김염려 씨가 보유한 금융자산 중 생활에 필요한 비용을 초과하는 금액에 대해서는 성년후견인이 자유롭게 사용할 수 없게 한다는 것이 신탁의 큰 장점이다. 결국 씀씀이가 큰아들이 어머니의 재산을 마음대로 사용하지 못하도록 안전장치를 마련한 것이다. 김염려 씨는 필요한 비용만이 지출되어 과소비와 자금의 잘못된 사용을 방지할 수 있으며 외국에 있는 딸에게도 승계될 재산이 보전되어 만족스럽다.

02

왜 신탁이 관심인가?

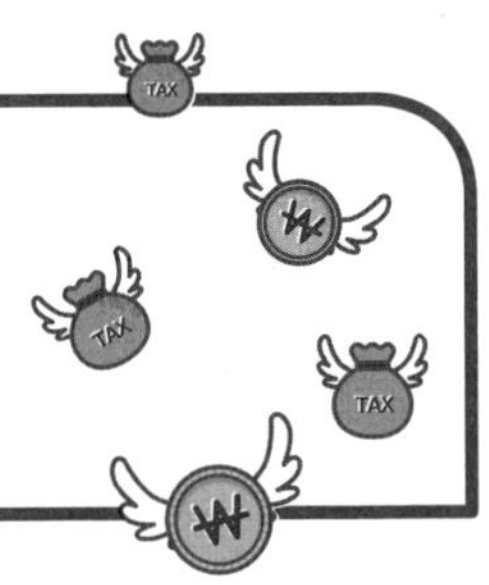

信託(믿을 신 맡길 탁). 단어 그대로 믿고 맡기면 알아서 척척 해주는 신탁에 대한 관심이 최근 늘어나고 있다. 이러한 신탁이 왜 관심을 받고 있는지 알아보자.

첫째, 금융산업의 변화다. 신탁은 금융기법이 발달하고 저금리가 장기화되어 고도의 운용능력을 필요로 하게 되면서 금전신탁을 활용한 재산증식기능을 중심으로 발달하여 왔다. 또한 자금조달의 필요성이 커지고 자산유동화의 발달, 프로젝트파이낸싱(PF)의 성장으로 자산유동화와 담보관리를 목적으로 하는 재산신탁을 통해 한 단계 더 성장하였다. 앞으로는 신탁제도가 금융, 부동산 등 자산을 모두 맡겨 운용하는 종합재산신탁 시장으로 점차 커질 것으로 전망된다.

둘째, 고령화 시대에 대한 대비다. 고령화 시대에 신탁은 노후 자산 관리 수단으로 상속, 증여까지 관리할 수 있어 주목받고 있다. 신탁은 자산 수익 관리, 재산권 이전, 후견까지 생애를 마감하는 과정에 대한 종합 서비스가 가능하다. 노후자산관리로 신탁업이 중요하게 꼽히는 이유는 위탁자, 수탁자, 수익자 세 명의 계약이 이뤄지기 때문이다. 명의를 수탁자에게 두면 위탁자는 재산의 소유권을 분리할 수 있으므로 상속, 증여, 기부에 있어서 더 많은 선택지가 생긴다. 또 신탁에는 후견 기능도 있다. 위탁자나 수익자에게 정신적 제약이 따를 때 재산을 안전하게 지키고 지원하는 역할을 한다. 이때 후견인에 의한 금융 착취 등을 차단할 수 있다는 점이 신탁의

절세모음.zip (상속·증여편)

장점이다.

　셋째, 법률 및 제도의 변화다. 금융위원회는 '신탁업 혁신방안'을 내놓았다. 신탁 가능한 재산 종류를 늘리면서 법무법인, 병원, 요양원 등 분야별 전문 기관도 참여하도록 할 계획이다. 주로 금전 신탁에만 몰려 있던 것이 부동산 등 다양한 재산을 관리할 수 있는 종합 신탁으로 이어질 수 있도록 물꼬를 트겠다는 것이다. 2024년 보험금청구권 신탁의 시행이 변화의 시작이라 본다.

　이러한 요인들로 인해 신탁은 한국에서 점점 더 중요한 금융수단으로 자리 잡고 있으며, 앞으로도 그 중요성이 더욱 커질 것으로 전망된다.

03 신탁이란?

  우리는 평소 연금저축신탁, 부동산신탁 등 신탁과 관련된 말을 한 번쯤 들어본 적이 있을 것이다. 그렇지만 신탁이 무엇인지 정확한 의미를 이해하지는 못하는 경우가 대부분이다.

  사전적으로 신탁이란 고객이 자신의 재산을 믿을 만한 사람이나 기관에 맡기면 맡은 사람이나 기관이 목적에 맞게 운용, 관리해 주는 서비스다. 관계자로 신탁을 설정하는 위탁자, 신탁을 인수하는 수탁자, 그리고 신탁의 이익을 받는 수익자가 있다. 위탁자가 신탁재산에 대한 처분, 운용 등을 수탁자에게 맡기고, 수탁자는 신탁에서 정한 목적에 맞게 재산을 운용 또는 처분한다. 수익자에게는 신탁운용의 이익을 지급하게 된다.

[신탁법 제2조 신탁의 정의]

  이 법에서 '신탁'이란 신탁을 설정하는 자(이하 '위탁자'라 한다)와 신탁을 인수하는 자(이하 '수탁자'라 한다) 간의 신임관계에 기하여 위탁자가 수탁자에게 특정의 재산(영업이나 지적재산권의 일부를 포함한다)을 이전하거나 담보권의 설정 또는 그밖의 처분을 하고 수탁자로 하여금 일정 한 자(이하 '수익자'라 한다)의 이익 또는 특정의 목적을 위하여 그 재산의 관리, 처분, 운용, 개발, 그 밖에 신탁 목적의 달성을 위하여 필요한 행위를 하게 하는 법률관계를 말한다.

절세모음.zip (상속·증여편)

신탁은 특수한 경우로서 위탁자의 단독행위인 유언이나 신탁선언에 의해서도 설정될 수 있다. 다만, 대부분의 신탁은 위탁자와 수탁자 간의 신탁 계약에 의해 설정되는 것이 일반적이다. 민법에 의한 일반적인 계약들이 계약당사자만을 구속하는 것과 달리, 신탁계약은 계약당사자인 위탁자와 수탁자뿐 아니라, 신탁계약에 의해 수익자로 지정된 자에게까지도 신탁계약의 효력이 미치는 점에서 다른 계약들과 큰 차이가 있다.

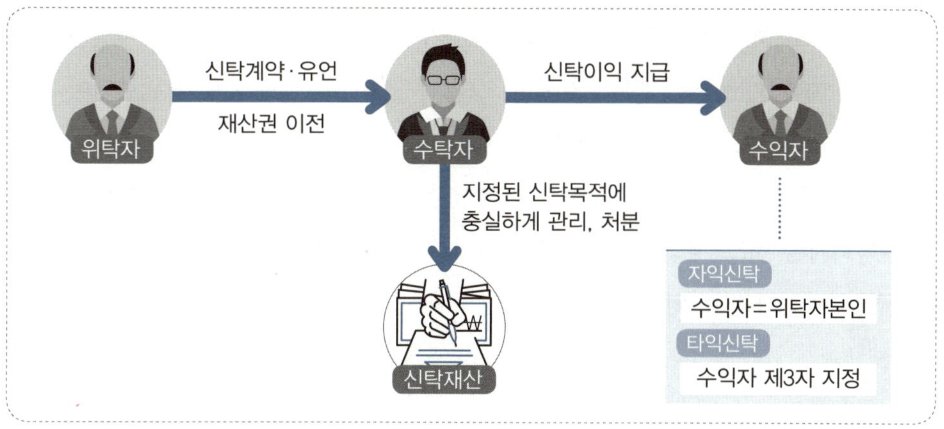

신탁의 수익자는 신탁의 원금과 이익을 받을 권리만을 가지기 때문에 신탁계약의 당사자가 아닐지라도 수익자가 되는 것을 승낙한 것으로 간주한다. 다만, 수익자가 이를 거부하거나, 수익자가 됨에 따라 채무 등의 부담을 지게 되는 경우에는 그렇지 않다. 또한, 신탁이 성립하기 위해서는 위탁자로부터 수탁자에게로 신탁의 대상이 되는 재산의 이전이 있어야 한다. 즉, 신탁이 설정되면 수탁자는 그 신탁재산의 소유자 및 권리자가 된다.

수탁자는 신탁재산을 자기 이름으로 소유하면서, 외견상 자신의 재산인 것처럼 신탁재산을 관리하게 되지만, 수탁자는 자신을 위해서가 아니라 수익자를 위해 신탁재산을 소유한 것일 뿐이며, 신탁의 원금과 이익은 모두 수익자에게 귀속된다. 이때, 수익자가 위탁자 본인인 경우에는 자신을 위한 재산관리가 주된 신탁의 목적일 것이며, 수익자가 타인인 경우에는 타인을 위한 재산관리의 수단으로서 신탁이 이용되는 것이다.

　수탁자는 신탁 재산의 소유자이지만, 신탁법에 의해 수탁자는 누구의 명의로도 신탁의 이익을 누릴 수 없다. 수익자는 신탁의 원금과 이익을 가져갈 사람이기 때문에 수탁자가 신탁 계약에서 정한 바대로 신탁사무를 잘 처리하고 있는지를 감시·감독할 권한을 가지게 된다.

　신탁관계를 정하는 법률로는 신탁에 관한 일반법률인 '신탁법'과 영리를 목적으로 신탁을 업으로 하는 신탁회사를 지도·감독하기 위한 '자본시장과 금융투자업에 관한 법률(이하 '자본시장법'이라 함)'이 있으며, 그밖에 담보부사채의 발행과 관련되어 제한적으로 적용되는 '담보부사채신탁법'이 있다.

　또한, 자본시장법의 하위법규로서 자본시장법에서 금융위원회에 위임한 사항 또는 신탁회사를 지도·감독하기 위하여 필요한 사항을 반영하여 금융위원회에서 제정한 '금융투자업규정'도 영업신탁의 실무를 규율하고 있는 매우 중요한 신탁관련 법령이다.

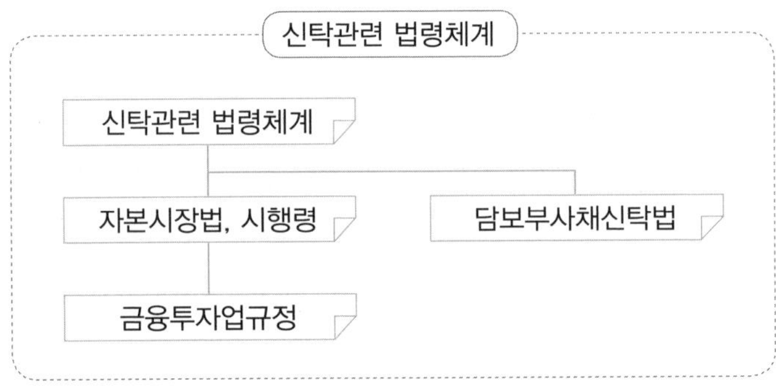

절세모음.zip 〈상속·증여편〉

04

신탁의 종류

신탁은 신탁의 목적, 수익자, 위탁재산, 운용방법 등에 따라 다양한 종류로 구분할 수 있다.

(1) 민사신탁과 상사신탁

특별한 대가 없이 일반인들 간에 개인적인 친분이나 신뢰를 바탕으로 이루어지는 신탁을 민사신탁이라고 하며, 영리를 목적으로 하는 전문가나 신탁회사들에게 일정 대가를 지급하고 이루어지는 신탁을 상사신탁 또는 영업신탁이라고 한다.

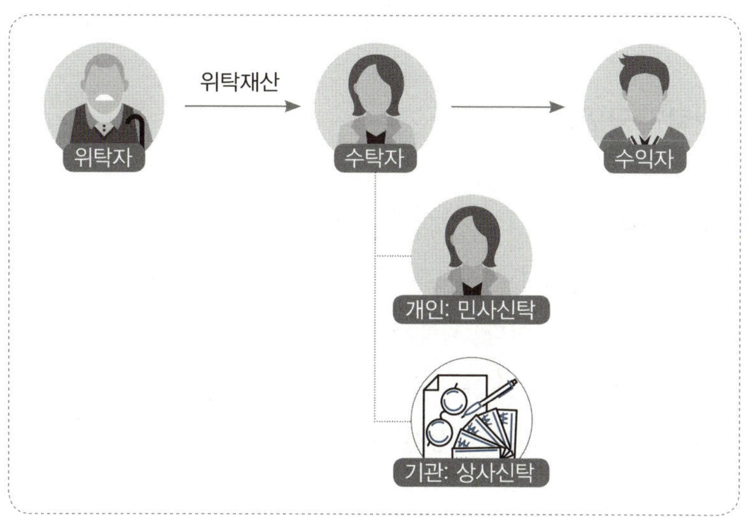

(2) 자익신탁과 타익신탁

자익신탁은 위탁자가 수익자로서 신탁의 이익을 받는 신탁을 말한다. 예를 들어 위탁자가 자신의 증권을 신탁회사에 위탁하고, 그 수익을 자신이 받는 경우가 자익신탁이다.

타익신탁은 위탁자가 수익자를 다른 사람으로 지정하고 신탁의 이익을 그 사람에게 주는 신탁이다. 위탁자가 자신의 부동산을 신탁회사에 위탁하고 그 수익을 자신의 자녀에게 주는 경우가 타익신탁인 것이다.

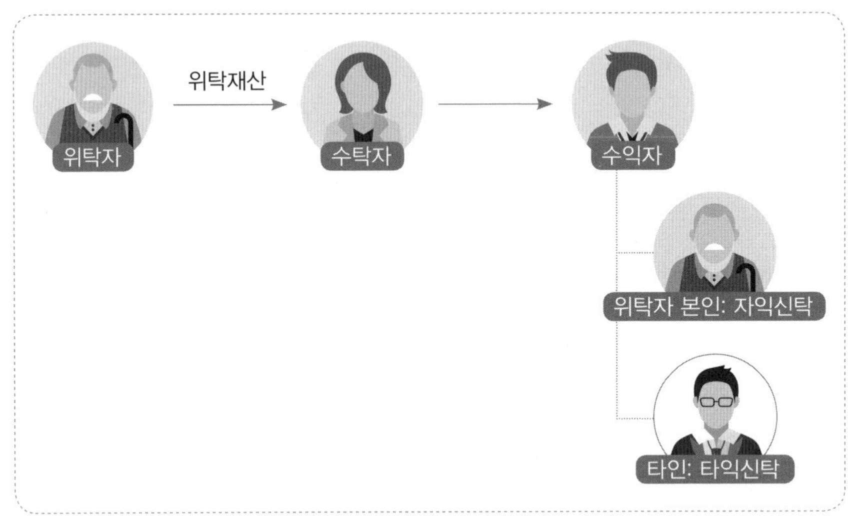

(3) 금전신탁과 금외신탁

금전신탁은 위탁재산이 금전인 신탁을 말한다. 예를 들어 위탁자가 자신의 돈을 신탁회사에 위탁하고 그 돈을 운용하도록 하는 경우다. 금외신탁(재산신탁)은 위탁재산이 금전 이외의 재산인 신탁이다. 위탁자가 자신의 유가증권이나 부동산을 신탁회사에 위탁하고 그 재산을 운용하도록 하는 경우 금외신탁인 것이다. 금전 이외의 신탁재산으로 증권, 금전채권, 동산, 부동산, 무체재산 등이 있다. 최근 보험금청구권도 신탁재산에 포함되었다.

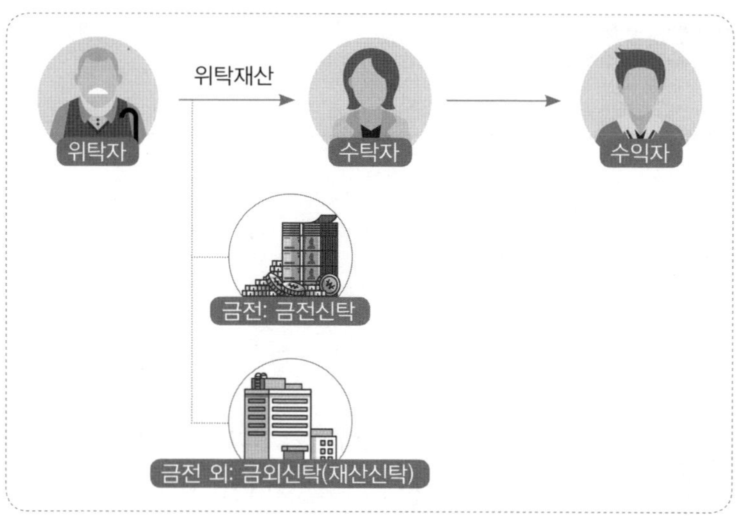

05

유언대용신탁

Q. 40대 중반 김씨는 낭비벽이 심한 아내와 이혼한 후 재혼하지 않고 초등학생인 아들을 혼자 양육하고 있다. 최근 병원 검진 결과 암 판정을 받았고 치료가 쉽지 않을 것이라는 의사의 소견을 들었다. 부모님은 돌아가셨고 혼자 사는 욕심 많은 형이 한 명 있다.

매월 2,000만 원가량 임대료가 나오는 건물이 있지만, 본인이 세상을 떠나면 어린 아들이 재산을 지킬 수 있을까, 아들을 위해 재산이 제대로 쓰일까 하는 염려로 밤잠을 설치는 중이다.

사망하면 아들에게 재산이 상속되겠지만 미성년자라 낭비벽이 있는 전처가 친권인이 되면 자산을 탕진할까 걱정이 태산이다. 유언으로 하나뿐인 형을 후견인으로 선정해도 욕심 많은 형이 이 재산을 아들을 위해서만 사용하지 않을 것 같아 불안하다. 아들에게 재산을 온전히 상속할 방법은 없을까?

유언대용신탁을 통해 김씨의 고민을 해결할 수 있다.

먼저 유언대용신탁의 개념, 구조, 유언과의 차이점 그리고 마지막으로 유류분 문제에 대해서 알아보자.

절세모음.zip 〈상속·증여편〉

(1) 유언대용신탁의 개념

유언대용신탁은 위탁자(재산을 보유한 자)가 수탁자(재산을 보관, 관리, 운용하는 자)와 신탁계약을 맺고 수익자(재산 원본과 이익을 받는 자)에게 물려줄 재산을 수탁자에게 이전하고, 수탁자는 이를 보관, 관리, 운용하면서 위탁자 생전에는 신탁의 이익을 위탁자에게 지급하다가 위탁자 사후에는 신탁재산의 원본과 이익을 모두 수익자에게 지급하는 것을 말한다.

(2) 유언대용신탁의 구조

신탁재산이 부동산인 경우 신탁을 설정하면 위탁자 명의 부동산이 수탁자로 등기된다. 즉 부동산의 법적인 소유권자는 수탁자인 것이다. 그러나 부동산에서 발생하는 수익은 수탁자가 아니라 수익자가 갖는다. 살아생전에 그 부동산의 수익은 위탁자가 가지다가 사후에는 수익자가 원본과 이익을 모두 갖게 되는 것이다. 이는 유언과 동일한 효과를 낼 수 있다.

그러나 유언으로는 결코 그 효과를 달성할 수 없는 유언대용신탁만의 고유한 상속설계 방법이 있다. 바로 수익자연속신탁이다. 수익자의 순위를 연속적으로 이어지게 설정하여 선순위 수익자가 사망하면, 후순위 수익자가 이어서 수익권을 갖게 되는 것이다.

예를 들면, 남편이 소유한 부동산의 수익을 사후에 아내가 수령하도록 지정했다가 아내가 사망하면 그 원본과 수익권을 자녀들이 아닌 본인이 생전에 생각했던 졸업한 고등학교로 지정하는 것 등이다. 유언으로는 위와 같은 상속설계는 불가능하다. 유언으로 소유 부동산을 아내에게 남기겠다고 하고, 본인 사후에 아내에게 부동산이 상속되었다면 이후 이 부동산은 아내의 의사에 의해 상속되게 된다. 아내가 상속받을 사람을 미리 정해 놓았다면 정해진 자에게, 그렇지 않다면 상속인들이 물려받게 된다. 그렇다면 남편이 아내 사후에까지 그 영향을 미칠 수가 없다.

반면 수익자연속신탁은 남편의 뜻을 실현해 낼 수 있다. 이때 주의해야 할 점은 선순위 수익자는 신탁재산의 원본이 아닌 수익만을 가지며 신탁재산의 원본은 최종 수익자가 갖게 된다는 점이다.

(3) 유언과 유언대용신탁의 차이점

상속을 준비하는 방법에는 유언과 유언대용신탁이 있다. 이 두 방법에는 어떤 차이가 있는지 알아보고 본인에게 맞는 상속 준비 방법을 선택하면 좋겠다.

설정방법

유언은 앞서 설명한 5가지 방식 즉, 공정증서, 자필증서, 비밀증서, 녹음, 구수증서의 각각의 형식요건을 갖춰야 한다. 형식요건을 갖추었다 해도 유언 당시 유언자가 의사능력을 갖추고 있었는지 여부에 대해 분쟁의 여지가 있을 수 있다.

유언대용신탁은 위탁자와 수탁자 간의 계약으로 설정되고 그 외 엄격한 형식 요건이 요구되지 않으므로 설정이 간편하다. 수탁자인 금융기관은 유언대용신탁 체결에 앞서 위탁자에게 인지능력검사진단서를 계약서에 첨부하기를 원한다. 인지능력검사진단서는 일종의 치매검사로서 위탁자의 의사능력(자신의 행위의 의미나 결과를 정상적인 인식력과 예지력을 바탕으로 합리적으로 판단할 수 있는 정신적 능력이나 지능) 여부를 정신과 또는 신경과 전문의사로부터 확인받는 검사다. 이는 위탁 당시 위탁자의 의사능력 관련 분쟁의 소지를 상당히 줄여준다.

상속설계의 유연성

민법은 법정 유언사항을 유증, 상속재산 분할 방법 지정 등 몇 가지로 제한하여 인정하고 있다. 유언대용신탁은 유언처럼 법으로 신탁가능한 사항을 정하지 않는다. 상속재산의 분할에 대해서만 자유롭게 상속을 설계할 수 있다. 그렇지만 친생부인이나 인지와 같은 신분상의 법률행위에 대해서는 관련 업무를 수행할 수 없기 때문에 오히려 유언보다 설계가 곤란한 점도 있다.

상속재산 분할과 관련해서 유언보다 유언대용신탁이 유연한 설계가 가능하다. 위의 김씨를 예로 들어보자.

유언은 이혼한 남편이 사망하면 미성년 자녀에게 재산이 상속되고 상속은 종결된다. 자녀가 미성년자이므로 친모나 후견인이 상속자산을 온전히 자녀를 위해 사용할지, 재산이 제대로 관리될지, 아무도 모른다. 그러나 유언대용신탁은 자녀를 위해 재산을 사용하도록 강제할 수 있다. 피상속인이 재산을 수탁기관에 맡기고 살아생전에 본인이 재산의 수익금을 받아 사용하다 사망 시는 한꺼번에 자녀에게 재산이 넘겨지지 않고 생활비만 일정 금액을 지급하고 대학생활 중 학자금으로 얼마를 지급하고, 취업을 하면 남은 금액을 전액 지급하도록 신탁계약을 체결하는 것이다.

상속재산의 범위

유언은 피상속인이 가지고 있는 모든 자산에 대해 유언을 남길 수 있다. 그러나 유언대용신탁은 신탁으로 맡길 수 있는 재산에 제한이 있다. 신탁법에서는 재산적 가치를 지니는 것은 모두 신탁할 수 있다. 자본시장법을 적용 받는 은행, 증권, 보험사 등 금융기관에서 유언대용신탁을 취급하고 있고, 이들이 수탁자가 되므로 '자본시장과 금융투자업에 관한 법률(자본시장법)'을 따라야 한다. 자본시장법에는 금전, 증권, 금전채권, 동산, 부동산, 부동산관련권리, 무체재산권 이렇게 7가지로 신탁재산에 제한을 두고 있다.

2024년 11월 보험금청구권이 신탁 가능재산으로 추가되었다. 이 부분에 대해서는 다음 장에서 자세히 설명하겠다.

상속재산의 독립성

신탁재산은 위탁자의 고유재산과는 독립된 재산으로 취급된다. 그래서 위탁자의 채권자는 신탁재산에 대해 강제집행을 할 수 없고, 위탁자가 파산하더라도 신탁재산은 파산재산에 귀속되지 않는 것이 원칙이다. 이러한 성질을 '신탁재산의 독립성'이라고 한다(신탁법 제22조).

집행의 신속성

유언대용신탁은 유언에 비해 집행이 신속하고 정확하다는 장점이 있다. 특히 예금과 같은 금융자산 집행에는 더욱 그러하다. 유언의 경우 은행예금 인출 시 상속인 전원의 동의를 받아야 출금할 수 있다. 유언에 불만을 품은 상속인이 동의를 하지 않을 경우 은행 예금의 출금을 할 수 없다.

또한 유언은 공정증서 유언을 제외한 나머지 유언방식은 모두 집행 전 '검인'이라는 절차를 밟아야 한다. 검인이란 가정법원이 유언서의 존재 및 내용을 인정하는 것을 말한다. 검인을 받았더라도 다른 상속인이 유언의 효력을 따지는 소송을 제기할 수 있고 법원은 판단을 통하여 유언의 효력을 인정하지 않을 수도 있다.

그러나 유언대용신탁은 신탁업자가 유언자의 사망 즉시 유언집행자로서 신속하고 정확하게 유언을 집행한다. 금융자산의 경우 사망 당일 집행 가능하고, 부동산의 경우 사후수익자에게 등기를 이전하는 약 3~4일 후면 집행 가능하다.

(4) 유언대용신탁과 유류분

유언대용신탁으로 신탁한 자산은 위탁자(즉 피상속인) 사망 후 사후 수익자에게 상속이 되었을 때 공동상속인 중 누군가는 유류분 침해를 주장하며 소송을 진행할 수 있다. 이에 대한 판결은 아직 하급심만 나와 있는 상태다. 그동안 하급심에서는 유언대용신탁 재산이 유류분 반환 대상인지를 두고 판결이 엇갈렸다.

2020년 수원지법 성남지원(2017가합408489)과 수원고법(2020나11380)은 상속 개시 1년 이전에 계약한 신탁재산은 상속인이 아니라 신탁회사에 귀속되는 만큼 유류분 반환 대상이 아니라고 판단했다.

반면 2022년 창원지법 마산지원(2020가합100994)은 신탁재산이 수익자의 상속 재산이 아니더라도 특별수익에 해당한다며 유류분 반환 의무가 있다고 판결하였다.

최근에는 유언대용신탁 재산도 유류분 반환 대상이라는 쪽이 힘을 받고 있다. 2024년 서울중앙지법 제15 민사부에서는 공동상속인 한 명이 수탁자인 은행과 다른 공동상속인을 상대로 제기한 유류분 반환 청구 소송에서 고객의 재산을 유언대용신탁으로 운용하면서 받은 금융회사(수탁사)의 수수료는 유류분 반환 대상이 아니라는 판단을 처음으로 하였다. 이번 판결에서도 재판부는 유언대용신탁 재산을 특별수익으로 보고 유류분 산정의 기초 재산에 포함했다. 재판부는 "신탁 계약의 수익권은 망인이 사망하기 전까지는 망인이 갖고, 망인이 사망한 이후에 수익자에게 이전되는 법률관계를 실질적으로 살펴보면 민법 제562조가 정한 사인증여와 비슷하다"며 유류분 산정 대상으로 판단했다. 그러나 아직 대법원이 명시적으로 판시한 사례가 없기 때문에 어떻게 결론이 날지는 두고 봐야 한다. 또한 유류분 반환을 피하기 위한 목적으로 유언대용신탁을 활용하는 것은 위험이 있을 것으로 보인다.

(5) 김씨의 고민을 해결하기 위한 유언대용신탁

김씨는 신탁회사와 유언대용신탁 계약을 체결한다. 본인이 소유한 건물을 신탁하고 여기서 나오는 이익금을 살아생전에 사용한다. 본인이 사망 후에는 이 이익금 중 일부를 자녀가 취업을 하여 자산을 관리할 수 있을 때까지는 생활비와 학비로만 지급되도록 한다. 이후 자산 관리가 가능한 시점에 남아 있는 원본인 건물을 아들에게 이전 등기하도록 하였다. 이렇게 함으로써 미성년 후견인인 형이 본인이 남기고 간 자산을 마음대로 사용하거나 처분하지 못하도록 하여 하나뿐인 아들에게 온전히 남겨

줄 수 있게 되었다. 김씨의 사망 시 신탁의 원본이 자녀에게 상속되면서 상속세가 발생한다. 상속세 부분은 별도의 검토가 필요하다.

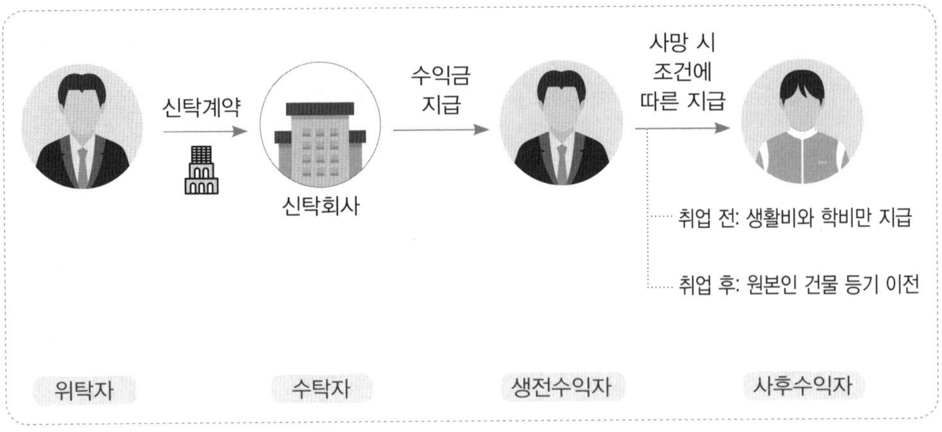

06

보험금청구권 신탁

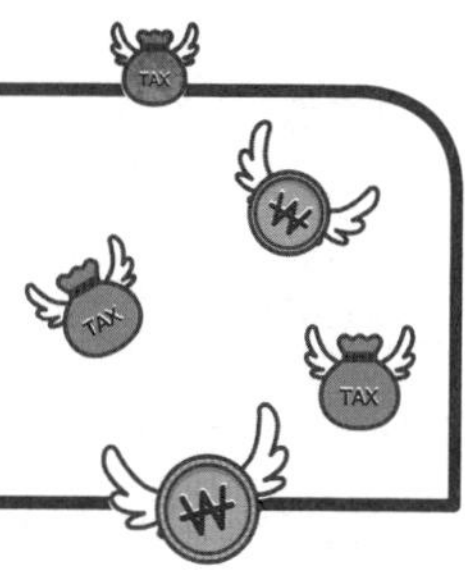

Q. 몇 년 전 이혼한 박씨는 8살 난 아들 외는 피붙이가 아무도 없다. 조그마한 가게를 운영하며 아들을 혼자 키우고 있다. 평소 친하게 지내던 후배가 보험사에 입사하여 찾아왔다. 혼자서 8살 아들을 양육하는데 언니가 혹시 잘못된다면 아들이 힘들게 살아가야 하니 아들을 위해 사망보험금을 준비하라며 종신보험을 권유하였다. 박씨는 힘든 살림이지만 아들을 위해 3억 원의 사망보험금을 보장하는 종신보험에 가입하였다. 가입 후 얼마 지나지 않아 안타깝게 암 진단을 받았다. 수술은 하였지만 예후가 좋지 않다. 갑자기 본인이 사망하면 아들이 성년이 되기 전이면 사망보험금 3억 원이 일시에 지급되는데 아들이 이 보험금을 지켜낼 수 있을까? 미성년자라면 이혼한 전남편이 친권인으로 나타나 보험금을 가로채는 건 아닐까? 성년이 되었다 해도 아들이 이 돈을 흥청망청 소진하지는 않을까? 걱정은 점점 더 커져만 간다. 무슨 해결책이 없을까?

아들이 성년이 되기 전에 박씨가 사망하면 이혼한 전남편이 친권을 가지게 되는 친권 자동 부활제는 폐지되었다. 일명 '최진실법'이라고도 불리는 이 제도는 2008년 배우 최진실 씨가 사망한 후 친권이 이혼한 전남편에게 넘어가자 그동안 남매를 키워온 외할머니에게도 친권을 주장할 수 있도록 해야 한다는 취지에서 만들어진 민법이다.

친권을 가진 부모의 사망 후 가정법원의 심사를 통해 미성년 자녀에 대한 친권자를 결정한다는 제도로 2013년 7월 1일부로 전면 시행되었다. 친권 자동 부활 금지제로 인해 이혼한 전남편이 아들의 친권자로 적합한지 법원이 판단하니 한시름 덜기는 했으나 만약 법원이 이혼한 남편을 친권자로 결정하면 어떡하냐는 염려는 계속해서 남아 있다. 성인이 되어서도 지급된 3억 원의 사망보험금을 잘 사용할지의 걱정도 해결해야 한다.

이 고민을 해결할 수 있는 길이 열렸다. 금융위원회는 2024년 11월 12일 자 보도자료를 통해 자본시장과 금융투자업에 관한 법률 시행령 및 금융투자업 규정 개정안이 시행되어, 유가족 재산관리가 용이하도록 '보험금청구권 신탁'이 허용된다고 발표하였다.

그러면 보험금청구권 신탁에 대해 알아보자.

(1) 보험금청구권 신탁의 정의와 의미

보험금청구권신탁은 피보험자의 보험사고로 발생하는 보험금이 신탁재산이 되는 신탁 계약이다. 생명보험의 위험 대비 기능과 신탁을 통한 유산 관리의 장점을 결합한 방식이다. 보험금청구권신탁은 피상속인의 사후 재산의 효율적인 관리와 안전한 분배를 가능하게 한다. 또한 유산 관리에서 발생할 수 있는 여러 가지 혼란을 줄여 안정성을 제공한다.

(2) 보험금청구권의 재산적 성격

보험금청구권은 보험사고 발생 시 보험수익자가 보험회사에 보험금을 청구할 수 있는 권리다. 이는 '정지조건부 채권'이라는 특성을 가지며, 조건이 성립되었을 때 구체화된다. 정지조건부 채권은 특정 조건이 충족되어야만 발생하는 채권으로, 보험금

절세모음.zip (상속·증여편)

청구권이 이에 해당한다. 피보험자의 사고가 발생해야만 보험금청구권이 구체적으로 실현되는 것이다.

금융위원회는 2024년 3월 자본시장법 시행령 개정을 통해 보험금청구권을 금전채권으로 해석했다. 그리고 11월 12일 금전채권인 사망보험금에 대해 보험금청구권 신탁을 허용하였다.

(3) 보험금청구권 신탁의 구조

피보험자의 사망으로 인한 사망보험금을 상속인(수익자)이 즉시 수령하는 것이 아니라, 신탁회사가 보험회사로부터 보험금을 수령하여 관리 · 운영하다가 위탁자가 생존 시 지정한 수익자에게 방식, 시기에 따라 보험금을 지급하는 서비스를 말한다.

(4) 보험금청구권 신탁의 신탁계약 요건

보험금 청구권 신탁이 가능한 보험은 3천만 원 이상의 일반사망 보험금에 한정한
다. 일반사망보장을 담보하는 종신보험과 정기보험에 한정된다. 질병, 재해, 상해보
험이나 자동차, 화재보험 등의 사망보장은 해당되지 않는다. 특약으로 보장하는 사
망보험도 해당 조건이 안 된다. 보험계약 대출이 있으면 안 되며 신탁계약체결 시 보
험계약자와 피보험자 그리고 위탁자가 동일인이어야 한다. 신탁의 수익자는 직계존
비속 또는 배우자로 제한된다.

보험금청구권 신탁의 요건

구 분	보험금청구권 신탁 요건
보장대상	3천만 원 이상 일반사망 보장에 한정
보험 종류	종신보험 또는 정기보험
신탁계약특성	보험계약 대출 불가
계약구조	보험계약자＝피보험자＝위탁자가 동일해야 함
수익자	보험계약자의 직계존비속 또는 배우자

(5) 보험금청구권 신탁의 흐름도

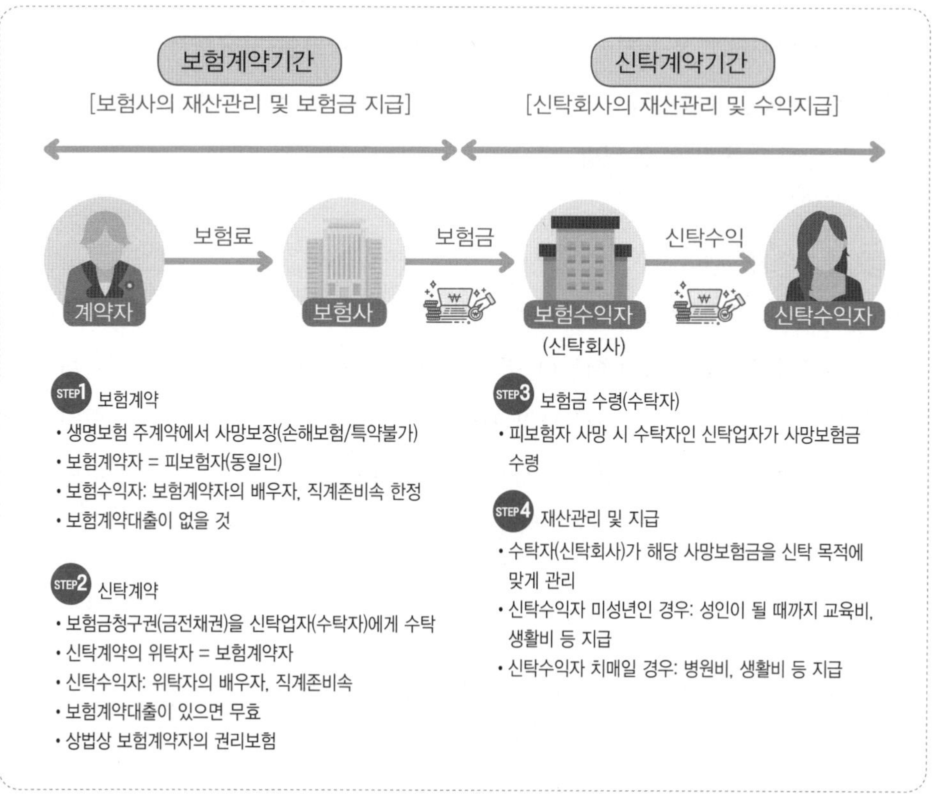

(6) 보험금청구권 활용사례

미성년자녀를 위한 재산관리

부모 사망 시 일시금으로 지급되는 사망보험금을 미성년후견인이 잘 관리하지 못하는 것을 대비하여 일정시점에 학비와 생활비에 해당하는 금액만 지급하고 자녀가 성년이 되어 재정관리를 할 수 있는 시점에 남은 보험금을 일시금으로 지급하는 방법으로 활용할 수 있다. 이 방식은 미성년후견인제도를 보완하여 후견인의 재산 편취를 방지하고 후견업무의 효율성을 높여준다.

성년이 된 장애인도 재정관리가 어려워 성년후견인을 두게 된다. 이 성년 후견인의 재산편취를 방지하고 효율적인 재산 관리를 위해 수탁자인 신탁회사는 계약자와 약정한 대로 필요한 생활비와 요양비 등을 주기적으로 지급하여 사망보험금이 일시에 소진되지 않도록 관리할 수 있다.

고령의 부모님만 남겨 놓은 채 자녀가 사망한 경우 지급되는 거액의 사망보험금을 고령의 부모님이 관리하기는 어렵다. 특히 치매 등 질병을 앓고 있을 경우는 더 어렵다. 이때 사망보험금을 안전하게 관리하면서 매월 일정금액을 부모님의 생활비로 사용하고, 필요시 의료비나 간병비로 사용할 수 있다면 부모님만 남겨 놓고 떠난 자녀가 하늘나라에서도 웃을 수 있을 것이다.

(7) 박씨의 고민을 해결하기 위한 보험금청구권 신탁

박씨가 계약자 피보험자로 가입한 3억 원의 일반사망보험금이 지급되는 종신보험을 신탁회사에 보험금청구권 신탁 계약을 체결한다. 위탁자는 박씨가 되고 수탁자는 신탁회사가 되어 박씨가 사망했을 때 사망보험금을 수탁자인 신탁회사가 수령하여 관리 운영한다. 계약 체결 시 신탁의 수익자를 아들로 정한다. 박씨가 사망하게 되면 박씨의 아들이 취업하기 전까지는 학비와 생활비로 일정한 금액을 지급하고 취업하게 되면 남은 보험금을 지급하게 한다. 그러면 박씨가 염려하는 전남편이 미성년후견인으로 지정되어 사망보험금을 탕진할 염려도 덜게 되고, 아들도 안정적으로 학업을 마치고 사회생활을 하게 될 것이다.

보험금청구권 신탁은 고액 자산가들만의 전유물이 아니다. 사망보험금 3,000만 원 이상이면 누구나 활용할 수 있다. 보험금청구권 신탁은 앞으로 상속 설계 및 재산 관리의 새로운 대안으로 많은 관심을 받을 것이다.

알쏭달쏭,
흔히 받는 증여 질문

(1) 자녀에게 유학비를 보내는 것도 증여일까?

자녀가 해외 유학을 준비하거나 진행 중일 때, 부모 입장에서는 학비와 생활비 등 다양한 비용을 지원하게 된다. 이 과정에서 '증여세' 문제가 발생할 수 있다는 점을 미리 인지하고, 적절한 절세 전략을 세우는 것이 중요하다. 실제로 유학비 지원이 모두 비과세되는 것은 아니며, 자녀의 경제적 상황과 자금의 실제 사용 용도에 따라 과세 여부가 달라진다. 아래에서는 유학비 지원 시 증여세가 비과세되는 조건, 과세 대상이 되는 경우, 실제 증여세 계산 예시, 절세 전략, 그리고 주의해야 할 사항을 차례로 설명한다.

유학비 지원의 비과세 조건

우선, 부모가 자녀에게 유학비를 지원할 때 증여세가 부과되지 않는 대표적인 경우는 자녀가 경제적으로 완전히 무자력한 상태일 때다. 즉, 자녀가 소득이나 재산이 전혀 없고, 부모가 지원하는 유학비가 실제로 교육비와 생활비로 사용되는 경우에 해당한다. 이때 지원 금액은 사회통념상 합리적인 수준이어야 하며, 일반적으로 연간 5,000만 원 이내의 유학비는 비과세로 인정받는다. 이 기준은 현지 물가와 학비 수준 등을 종합적으로 고려해 산정된다.

과세 대상이 되는 경우

반면, 자녀가 이미 일정 수준의 경제적 자립 능력이 있다면 상황이 달라진다. 예를 들어, 자녀가 부동산 임대 소득이나 주식 투자 수익 등으로 자금을 마련할 수 있다면, 부모가 추가로 지원하는 금액은 증여로 간주되어 증여세 과세 대상이 된다. 또, 부모가 송금한 유학비가 실제로 학비나 생활비가 아닌, 예금·적금 가입이나 주식·부동산 구입 등 재산 형성에 사용된 사실이 확인되면 증여세가 부과된다.

조부모가 손자녀의 유학비를 지원하는 경우도 주의해야 한다. 만약 손자녀의 부모, 즉 자녀가 경제력이 충분하다면 조부모의 지원 역시 증여세 과세 대상이 된다. 다만, 부모가 경제적으로 무자력한 경우에는 예외적으로 비과세가 인정될 수 있다.

실제 증여세 계산 예시

실제 사례를 들어보자. 부모가 10년 동안 성인 자녀에게 총 3억 원을 유학비 명목으로 지원했고, 이 중 자녀가 2억 원을 주택 구입에 사용했다고 가정한다. 이 경우, 주택 구입에 사용된 2억 원이 증여세 과세 표준이 된다. 여기서 5,000만 원의 증여세 공제 한도를 적용하면, 과세표준은 1억 5,000만 원이 된다. 증여세율 20%를 적용하고, 누진공제 1,000만 원을 차감하면 최종적으로 2,000만 원의 증여세가 산출된다.

구분	금액
주택 구입 금액	2억 원
증여세공제 한도	5,000만 원
과세표준	1억 5,000만 원
세율	20%
누진공제	1,000만 원
산출세액	2,000만 원

※ 만약 자녀가 비거주자로 판명될 경우, 5,000만 원 공제 한도는 적용되지 않는다.

절세 전략

유학비 지원 시 증여세 부담을 줄이기 위해서는 몇 가지 전략이 효과적이다. 첫째, 10년마다 5,000만 원까지 증여세 공제가 가능하다는 점을 활용해, 유학비를 한 번에 송금하는 대신 매년 500만 원씩 분할 송금하는 방법이 있다. 이렇게 하면 공제 한도 내에서 자금을 지원할 수 있어 증여세 부담이 줄어든다.

둘째, 유학비가 실제 교육비와 생활비로 사용되었음을 입증할 수 있도록, 각종 영수증과 현지 은행 계좌 입출금 내역을 꼼꼼히 보관하는 것이 중요하다. 자금의 사용 용도를 명확히 해두면, 세무조사 시에도 불필요한 오해를 피할 수 있다.

셋째, 부모와 조부모가 증여세 공제 한도와 저율 과세구간을 활용해 분할 지원하는 방법도 있다. 예를 들어, 조부모는 5,000만 원을 지원하고, 부모는 1억 원까지 10% 세율 구간 내에서 지원하면 전체 세 부담을 줄일 수 있다.

유의해야 할 사항

마지막으로, 유학비 지원 시 반드시 주의해야 할 점이 있다. 우선, 1,000만 원 이상 현금 이체 시에는 금융정보분석원(FIU)에 자동 보고되기 때문에, 고액 송금은 세무조사로 이어질 수 있다. 또한, 유학이 끝난 후 5년 이내에 남은 자금을 부동산 등 재산 취득에 사용하면 증여세가 부과될 수 있다. 따라서 유학비 지원 전에는 자녀의 경제력과 자금 사용 계획을 사전에 충분히 점검하고, 예상치 못한 세금 부담이 발생하지 않도록 관리해야 한다.

최근 국세청 통계에 따르면, 2024년 기준 해외 송금 관련 자금 추적 및 증여세 부과 사례가 꾸준히 증가하고 있다(국세청, 2024년 세정동향). 이러한 추세를 감안하면, 유학비 지원에 앞서 세무 전문가와 충분히 상담하고, 관련 서류를 철저히 준비하는 것이 바람직하다. 이처럼 유학비 지원은 단순한 송금이 아니라, 자녀의 경제력, 자금의 실제 사용처, 송금 방식 등에 따라 증여세 과세 여부가 결정된다. 꼼꼼한 사전 준비와 전략적 접근이 절세의 핵심임을 꼭 기억해야 한다.

관련 법령

상속세 및 증여세법 제46조: 피부양자의 생활비·교육비 비과세 규정

상속세 및 증여세법 제53조: 직계존속 간 증여재산공제(성인 5,000만 원/미성년 2,000만 원)

민법 제974조: 직계혈족 간 부양 의무 범위

절세모음.zip (상속·증여편)

(2) 자녀에게 주는 생활비도 증여일까?

Q. 딸이 대학에 진학하면서 생활비를 매달 지원해 주고 있는데, 이 돈이 모두 증여세에서 자유로운 걸까? 성인이 된 자녀에게 생활비 명목으로 송금했지만, 혹시 자녀가 이 돈을 저축하거나 투자에 사용하면 세금 문제가 생기지 않을까? 생활비 지원에 증여세가 붙지 않으려면 어떤 점을 꼭 챙겨야 하는지 궁금하다.

자녀에게 생활비를 지원하는 일은 많은 가정에서 자연스럽게 이루어지는 일이다. 하지만 세법에서는 이 생활비 지원이 모두 비과세로 인정되는 것은 아니다. 부모가 자녀에게 생활비를 지급할 때, 사회 통념상 인정되는 수준이어야 하고, 자녀가 스스로 생활할 수 없는 경제적 상황에 있는 경우에만 증여세가 면제된다. 여기에는 교육비나 병원비 등 필수적인 지출도 포함된다.

만약 자녀가 이미 직장에 다니거나 소득이 있는 성인이라면, 부모가 생활비 명목으로 송금한 금액은 증여로 간주될 수 있다. 또, 자녀가 받은 생활비를 실제 생활비로 사용하지 않고, 저축이나 투자, 부동산 구입 등 자산을 형성하는 데 사용했다면 과세 대상이 된다. 조부모나 기타 친족이 자녀에게 직접 생활비를 지원하는 경우에도, 부모가 충분히 부양할 수 있는 상황이면 비과세가 인정되지 않는다.

증여재산공제 제도를 활용하면, 부모가 성인 자녀에게 10년간 최대 5,000만 원, 미성년 자녀에게는 2,000만 원까지 증여세 없이 지원할 수 있다. 이 한도를 초과하는 금액에 대해서는 증여세가 부과된다. 예를 들어, 부모가 10년간 성인 자녀에게 총 7,000만 원을 지급했다면, 공제 한도 5,000만 원을 초과한 2,000만 원에 대해 증여세가 산출된다. 과세표준 2,000만 원에 10% 세율을 적용하면 증여세는 200만 원이다.

구분	금액
총 지급액	7,000만 원
증여재산공제 한도	5,000만 원
과세표준	2,000만 원
세율	10%
산출세액	200만 원

생활비나 교육비로 사용했다는 사실을 입증할 수 있도록 영수증, 송금 내역 등 관련 자료를 반드시 보관해야 한다. 만약 고액의 지원이 반복되거나, 생활비 명목의 자금이 실제로는 저축이나 투자에 쓰였다면, 세무조사 대상이 될 수 있으니 주의가 필요하다.

최근 국세청 자료에 따르면, 2015년 5조 원이던 상속·증여세 세수가 2024년에는 약 14조 원까지 증가했다(국세통계, 2025). 이는 생활비나 용돈 등 가족 간 금전 거래에 대한 세무 관리가 점점 더 엄격해지고 있다는 신호다.

생활비 지원은 가족 간 정서적 지원이지만, 세법상 요건을 제대로 지키지 않으면 예상치 못한 세금 부담이 생길 수 있다. 사전에 관련 규정을 충분히 숙지하고, 필요하다면 세무 전문가의 상담을 받는 것이 바람직하다.

관련 법령

상속세 및 증여세법 제46조: 사회 통념상 인정되는 생활비와 교육비는 비과세 대상으로 규정
민법 제974조: 직계혈족 간의 부양 의무 명시

절세모음.zip 〈상속·증여편〉

(3) 결혼 축의금으로 아파트를 사면 증여세를 내야 할까?

Q. 지난달, 우리 아들 결혼식이 있었다. 많은 하객들이 축의금을 보내주었고, 그 금액이 생각보다 많아 아들을 위해 아파트를 구입하기로 했다. 하지만, 이 과정에서 증여세 문제가 발생할 수 있다는 이야기를 듣고 걱정이 되었다. "자녀의 결혼 축의금으로 아파트를 사면 증여세를 내야 하나?"

결혼을 앞두고 부모와 함께 아파트 구입을 준비하면서, 축의금으로 마련한 자금이 과연 증여세 대상이 되는지 궁금해진다. 신랑 신부 몫과 혼주 몫 축의금이 어떻게 구분되는지, 그리고 부모 계좌로 받은 축의금 일부를 자녀가 집을 사는 데 쓰면 어떤 세금 문제가 생길지 고민된다.

실제로 축의금과 관련해 세무상 어떤 점을 미리 준비해야 안심할 수 있을지 사례와 함께 자세히 알아본다.

결혼식에서 받은 축의금으로 아파트를 구입할 때, 증여세 과세 여부는 축의금이 누구에게 귀속된 것인지에 따라 달라진다. 신랑 신부와 직접 친분이 있는 하객, 즉 친구나 직장동료가 건넨 축의금은 결혼 당사자에게 귀속되므로 자녀 소유로 인정되고, 이 경우에는 증여세가 부과되지 않는다. 반면, 부모의 친지나 동료 등 혼주에게 전달된 축의금은 부모 소유로 간주된다. 이 돈을 자녀가 아파트 구입에 사용하면, 부모로부터 현금을 증여받은 것으로 보아 증여세가 과세된다.

실제 사례를 보면, 부모 명의 계좌에 입금된 축의금 3억 원 중 2억 원을 자녀가 아파트 구입에 사용한 경우, 이 2억 원은 증여재산으로 산정된다. 이때 자녀는 일반 증여재산공제 5,000만 원과 혼인 추가공제 1억 원을 적용받을 수 있다. 따라서 과세표준은 5,000만 원이 되고, 여기에 10% 세율을 적용하면 증여세는 500만 원이 산출된다.

구분	금액
증여재산	2억 원
일반공제	5,000만 원
혼인공제	1억 원
과세표준	5,000만 원
세율	10%
산출세액	500만 원

이처럼 축의금의 귀속 주체가 명확하지 않으면, 자금출처 조사 시 증여세 부담이 발생할 수 있다. 따라서 방명록에 하객과 신랑·신부의 관계를 명확히 기재하고, 축의금 입금 내역을 신랑·신부 명의 계좌로 분리해 관리하는 것이 중요하다. 신랑과 신부 각각 부모로부터 1억 5,000만 원(일반공제 5,000만 원＋혼인공제 1억 원)까지 비과세가 가능하므로, 부부합산 최대 3억 원까지 무상 증여를 활용할 수 있다.

최근 국세청과 통계청 자료에 따르면, 결혼 자금과 관련한 증여세 자금출처 조사가 꾸준히 증가하고 있다(국세청, 2024년 상속·증여 세금상식). 특히 주택 구입 등 고액 자산 취득 시에는 축의금의 귀속과 사용내역을 명확히 입증하지 못하면 예상치 못한 세금 부담이 생길 수 있다.

결국 결혼 축의금으로 자산을 마련할 때는, 축의금의 귀속 주체를 명확히 구분하고, 관련 증빙 자료를 철저히 준비해야 한다. 방명록, 계좌 내역 등 객관적 증빙이 있다면 불필요한 증여세 부담을 줄일 수 있다. 결혼 준비 과정에서 세무 전문가와 상담해, 증여세 공제 한도와 과세 기준을 충분히 확인하는 것이 안전한 절세 전략이다.

절세모음.zip〈상속·증여편〉

실제 준비 절차

알쏭달쏭, 흔히 받는 증여 질문

STEP1 자금출처 사전 분류

구분	증빙 자료	비고
신랑/신부 계좌 입금	방명록, 입금증	친구·직장동료 축의금
혼주 계좌 입금	예식장 계약서	친척·부모 지인 축의금

STEP2 세무검증 대비 문서 관리

1. 방명록 원본 보관: 하객 200명 중 120명이 신부와 동창인 경우 해당 명단 강조 표시

2. 계좌 입출금 내역:

   • 신랑 계좌 → A은행 123–456 (축의금 8,000만 원)

   • 신부 계좌 → B은행 789–012 (축의금 7,000만 원)

3. 부동산 매매계약서: "자금출처: 결혼축의금" 명시

(4) 전업주부 명의로 아파트를 사면 증여로 볼까?

소득이 없는 전업주부 명의로 아파트를 취득하면 국세청은 자금 출처를 조사한다. 배우자가 자금을 제공했다면, 상속세 및 증여세법상 10년 동안 최대 6억 원까지는 증여재산공제가 적용된다. 예를 들어 남편이 아내에게 6억 원을 증여해 아파트를 구입하면, 공제 한도 내에서는 증여세가 부과되지 않는다. 하지만 아파트 가격이 6억 원을 넘으면, 초과분에 대해 증여세가 과세된다.

아내 명의로 10억 원짜리 아파트를 취득했다고 가정하면, 배우자 공제 한도 6억 원을 제외한 4억 원이 과세표준이 된다. 증여세 계산식은 다음과 같다.

구분	금액
아파트 취득 금액	10억 원
배우자 공제 한도	6억 원
과세표준	4억 원
세율	20%
누진공제액	1,000만 원
산출세액	7,000만 원

즉, 4억 원 × 20% − 1,000만 원 = 7,000만 원의 증여세가 발생한다.

국세청은 소득이 없는 사람이 고가 부동산을 취득할 때 자금 출처를 엄격히 확인한

절세모음.zip 〈상속·증여편〉

다. 생활비 명목으로 받은 돈을 모아 부동산을 구입해도 증여로 간주될 수 있다. 최근 국세청 자료에 따르면, 2024년 부동산 취득 자금조사 건수가 전년 대비 23% 증가했고, 이 중 68%가 배우자 간 자금 이동과 관련된 사례였다(국세청, 2024년 세무조사 연례 보고서).

절세를 위해서는 공동명의로 소유권을 분할하는 전략이 있다. 예를 들어 남편 50%, 아내 50%로 지분을 나누면, 아내 지분 5억 원은 배우자 공제 한도 내에 들어가 증여세가 면제된다. 10년 단위로 6억 원씩 분할 증여하는 방법도 누진세율 적용을 줄이는 데 도움이 된다.

배우자 공제를 적용받더라도 반드시 증여세 신고를 해야 한다. 신고하지 않으면 미신고 가산세 20%가 부과된다. 또 부동산을 취득 후 10년 이내 매각하면, 양도소득세 계산 시 취득가액이 낮게 평가되어 세 부담이 커질 수 있다.

전업주부 명의 부동산 취득은 절세 전략으로 활용할 수 있지만, 자금 출처를 명확히 입증하고 배우자 공제 한도를 전략적으로 활용해야 불필요한 세금 문제를 피할 수 있다. 세무 전문가와 미리 상담해 증여 시기와 지분 구도를 설계하는 것이 바람직하다.

 관련 법령

상속세 및 증여세법 제53조: 배우자 간 증여재산공제 규정
상속세 및 증여세법 제60조: 재산 평가 기준 및 시가 규정

(5) 부모가 자녀에게 현금을 증여하면 국세청에서 알 수 없을까?

최근 자녀의 집 마련이나 고액 소비를 지원하기 위해 현금 증여를 고민하는 부모가 많다. 하지만 현금을 직접 건넨다고 해서 세무 당국의 감시를 피할 수 있는 것은 아니다. 국세청은 금융거래 기록을 철저히 관리하고 있어, 현금 증여 역시 투명하게 드러난다.

금융거래 기록, 국세청의 감시망

1,000만 원 이상의 현금 입출금은 금융정보분석원(FIU)에 자동으로 보고된다. 이는 자금세탁 방지와 탈세 방지를 위한 제도다. 예를 들어, 자녀가 갑자기 집을 사거나 고가의 자동차를 구입하면, 국세청은 해당 자금의 출처를 조사할 수 있다. 이 과정에서 부모로부터 받은 현금이 확인될 가능성이 높다. 실제로 국세청은 매년 수백 건의 자금출처조사 및 증여세 추징을 실시하고 있다. 2023년 기준, 국세청이 증여세 탈루 혐의로 조사한 사례는 2,000건이 넘는다(국세청 보도자료, 2024년 2월).

증여세 신고, 반드시 필요

증여공제 한도 내에서 증여하더라도 반드시 증여세 신고를 해야 한다. 신고하지 않으면, 나중에 자녀가 해당 금액을 사용할 때 과세 문제가 발생할 수 있다. 예를 들어, 부모가 자녀에게 5,000만 원을 증여하고 신고하지 않았다면, 자녀가 이 돈으로 부동산을 구입할 때 국세청은 이를 새롭게 증여받은 것으로 간주하여 세금을 부과할 수 있다.

증여세 계산 예시

부모가 성인 자녀에게 1억 원을 현금으로 증여했다고 가정해 보자. 이때 증여재산 공제 한도는 5,000만 원이므로, 초과분 5,000만 원에 대해 증여세가 부과된다.

구분	금액
증여금액	1억 원
증여공제	5,000만 원
과세표준	5,000만 원
세율	10%
산출세액	500만 원

계산식

$$\text{증여세} = (\text{과세표준} \times \text{세율}) - \text{누진공제액} \quad \text{증여세} = (\text{과세표준} \times \text{세율}) - \text{누진공제액}$$

여기서는 누진공제액이 0원이므로, 5,000만 원 × 10% = 500만 원이 증여세로 산출된다.

차용증 활용, 증여와 구분

부모와 자녀 간에 금전 거래가 있을 때, 단순히 '빌려준 것'이라고 주장하면 국세청은 이를 증여로 간주할 수 있다. 실제로 차용증을 작성하고, 확정일자를 받거나 공증을 통해 법적 효력을 갖추는 것이 중요하다. 차용증이 없으면 세무조사 시 증여로 인정될 가능성이 높다.

증여공제 활용, 절세 방법

직계존속(부모)으로부터 성인은 10년간 최대 5,000만 원, 미성년자는 2,000만 원까지 증여재산공제를 받을 수 있다. 이 한도 내에서 주기적으로 증여하면 합법적으로 절세가 가능하다. 예를 들어, 10년마다 5,000만 원씩 분할 증여하면 증여세 부담 없이 자녀에게 자산을 이전할 수 있다.

결론

현금을 통한 미신고 증여는 세무조사와 가산세 부과의 위험이 크다. 국세청의 감시망을 피하기 어렵기 때문에, 반드시 합법적인 절차를 통해 증여를 진행하는 것이 바람직하다. 증여공제 한도를 활용하고, 필요시 차용증 등 증빙서류를 갖추는 것이 현명한 절세 전략이다.

관련 법령

상속세 및 증여세법 제4조: 증여재산의 과세 대상 규정
상속세 및 증여세법 제53조: 증여재산공제 규정

(6) 자녀의 대출을 대신 갚아줘도 될까?

Q. 자녀가 집을 사거나 생활비 마련을 위해 대출을 받았는데, 부모가 대신 대출금을 상환해 주면 세금 문제가 생길까? 단순히 가족 간의 경제적 지원이라고 생각할 수 있지만, 국세청은 이런 상황을 어떻게 해석할까? 증여세 부담 없이 자녀를 돕고 싶다면 어떤 점을 반드시 챙겨야 할까?

최근 부동산 가격 상승과 대출 규제로 인해 자녀가 대출을 받아 집을 마련하는 사례가 많아졌다. 이 과정에서 부모가 자녀의 대출금을 대신 상환해 주는 경우가 종종 발생한다. 하지만 세법에서는 이런 행위를 단순한 지원이 아닌 '현금 증여'로 간주한다. 즉, 부모가 자녀의 대출금을 갚아주면 상환한 금액 전액이 증여세 과세 대상이 된다.

절세모음.zip 〈상속·증여편〉

증여세 과세 기준과 계산

예를 들어 자녀가 3억 원의 대출을 받았고, 부모가 이를 대신 상환했다면 3억 원 전체가 증여로 인정된다. 다만, 직계존속(부모)으로부터 자녀가 10년간 받을 수 있는 증여재산공제 한도는 5,000만 원이다. 이 한도를 초과하는 금액에 대해서만 증여세가 부과된다. 최근 국세청 자료에 따르면, 2015년 5조 원이던 상속·증여세 세수가 2024년에는 약 14조 원까지 증가했다(국세통계, 2025)는 점을 보면 증여세 신고와 납부가 점점 더 중요해지고 있음을 알 수 있다.

증여세 계산 예시

부모가 자녀의 2억 원 대출금을 대신 상환한 경우, 증여재산공제 5,000만 원을 적용하면 과세표준은 1억 5,000만 원이 된다. 여기에 세율 20%와 누진공제액 1,000만 원을 적용하면 증여세는 아래와 같이 계산된다.

구분	금액
대출 상환액	2억 원
증여공제	5,000만 원
과세표준	1억 5,000만 원
세율	20%
누진공제액	1,000만 원
산출세액	2,000만 원

계산식

증여세 = (과세표준 × 세율) − 누진공제액 = (1억 5,000만 원 × 20%) − 1,000만 원 = 2,000만 원

증여세 면제 요건과 차용증 활용

부모가 자녀의 대출금을 대신 갚아주고도 증여세를 피하려면 반드시 '차용증'을 작성해야 한다. 차용증에는 대출 상환 금액, 이자율(연 4.6% 이상), 상환 조건 등이 명확히 기재되어야 하며, 공증이나 확정일자를 받아두면 법적 효력이 높아진다. 만약 무이자로 빌려주는 경우라면, 이자 차액(적정 이자율 4.6% 기준)이 연 1,000만 원 미만이

어야 증여세가 과세되지 않는다. 예를 들어 2억 1,700만 원까지는 무이자 대여가 가능하다. 이를 초과하면 이자 차액에 대해 증여세가 부과된다.

또한 실제로 자녀가 원금을 매월 혹은 정기적으로 상환해야 하며, 계좌이체 등 금융거래 내역을 남겨야 한다. 만약 차용증만 작성하고 이자 지급이나 원금 상환이 제대로 이루어지지 않으면 국세청은 이를 증여로 간주할 수 있다.

절세 전략

- 10년간 5,000만 원 증여공제 한도를 활용해 매년 500만 원씩 분할 상환하면 증여세 부담을 줄일 수 있다.
- 부모와 자녀가 공동으로 채무를 인수해 각자 지분만큼 상환 책임을 나누는 방법도 있다.
- 자녀 명의 부동산에 근저당권을 설정해 채권 회수 의사를 명확히 입증하면 세무상 신뢰도를 높일 수 있다.

주의해야 할 사항은 1,000만 원 이상 현금 거래는 금융정보분석원(FIU)에 자동 보고된다. 국세청은 자금 출처를 조사하며, 증여 혐의가 있으면 세무조사가 진행될 수 있다. 자녀가 증여세를 납부하지 못하면 부모가 대신 납부해야 하는 연대납세 의무가 발생한다. 단, 채무 면제 증여는 연대납세 의무가 적용되지 않는다.

결론적으로 자녀의 대출 상환을 부모가 대신해 주는 것은 경제적 지원이지만, 세법상 명백한 증여로 해석된다. 증여세 부담을 줄이려면 차용증 작성, 적정 이자율 적용, 정기적 원금·이자 상환 등 객관적 증빙을 철저히 갖추는 것이 핵심이다. 최근 증여세 신고 건수와 세수 모두 꾸준히 증가하고 있으니, 모든 거래 내역을 투명하게 남기고, 세무 전문가의 조언을 받아 체계적으로 준비하는 것이 바람직하다.

절세모음.zip (상속·증여편)

(7) 증여세를 부모가 대신 내줘도 될까?

증여세는 증여를 받은 수증자가 납부하여야 한다. 만약, 증여자가 증여세를 대신 납부하는 경우 대신 납부한 증여세만큼 추가로 증여받은 것으로 보아 납부할 증여세는 더 많아지게 된다.

증여세 납부 능력이 없는 미성년자 등이 부동산 등을 증여받아 납부한 증여세에 대하여 자금출처를 입증하지 못하는 경우에는 재차 증여로 보아 증여세를 추징한다. 이 경우 신고 및 납부 불성실 가산세도 납부해야 한다. 증여세를 증여자가 대신 납부하는 경우 현금을 부동산 등과 함께 증여하는 것으로 신고하는 것이 좋다.

부모가 자녀에게 시가 10억 원 주택을 증여하는 경우, 자녀가 납부해야 할 증여세는 약 2억 2,000만 원이다. 증여세를 부모가 대신 납부하는 경우 납부해야 할 증여세는 약 3억 5,000만 원이다. 증여세 신고는 주택과 함께 현금 3억 5,000만 원을 증여받은 것으로 하고, 증여할 현금 3억 5,000만 원으로 자녀의 증여세를 납부하면 된다.

	주택	주택 + 현금
주택가액	1,000,000,000	1,000,000,000
현금	–	348,692,810
총 증여재산가액	1,000,000,000	1,348,692,810
증여재산공제	50,000,000	50,000,000
과세표준	950,000,000	1,298,692,810
세율	30%	40%
산출세액	225,000,000	359,477,124
신고세액공제	6,750,0000	10,784,314
납부할 증여세	218,250,000	348,692,810

증여세 부담을 줄이기 위해선, 현금을 증여하는 사람과 주택을 증여하는 사람이 달라야 한다. 예를 들어 부모가 주택을 증여하고, 조부모가 현금을 증여하면 된다.

부모가 증여한 주택에 대한 증여세를 조부모가 증여한 현금으로 납부하는 것이다. 이 경우 조부모가 증여한 현금에서 증여세를 차감한 금액이 부모가 증여한 주택에 대한 증여세보다 크면 된다.

할아버지가 현금 2억 8,000만 원을 증여하는 경우 증여세는 약 4,540만 원이다. 증여세를 납부하고 남은 현금 약 2억 3,460만 원으로 부모가 증여한 주택에 대한 증여세를 납부하면 된다. 부모가 대납하는 경우 대비 약 7,000만 원의 증여세 절세효과가 있다.

증여 대상	주택	현금
증여재산가액	1,000,000,000	280,000,000
증여재산공제	–	50,000,000
과세표준	1,000,000,000	230,000,000
산출세액	240,000,000	36,000,000
세대생략할증	–	10,800,000
최종 산출세액	240,000,000	46,800,000
신고세액공제	7,200,000	1,404,000
납부할 증여세액	232,800,000	45,396,000
세후 현금		234,604,000

절세모음.zip 〈상속·증여편〉

수증자가 동일인으로부터 증여받는 경우, 합산하여 증여세를 계산한다. 부모가 증여세를 대납하는 경우 주택 증여자와 현금 증여자가 같아져 총 납부할 증여세는 많아지게 된다.

반면, 부모가 주택을 증여하고, 조부모가 현금을 증여하는 경우에는 증여자가 달라져 납부할 증여세가 줄어들게 된다.

증여자가 직계존속인 경우 배우자는 동일인으로 본다.
아버지가 부동산 등을 증여하고, 어머니가 증여세 납부를 위한 현금을 증여하는 경우 아버지와 어머니는 직계존속의 배우자이므로 동일인에 해당한다. 결국, 증여자를 달리하여 증여세가 줄어드는 효과는 없게 된다.
절세를 위해선 부동산 등 증여자와 현금 증여자는 직계존속의 배우자가 아닌 다른 사람으로 하여야 한다.

수증자가 비거주자면 증여세를 대납해도 OK

> **Q.** "외국에 거주하고 있는 자녀에게 부동산을 증여할 예정입니다. 외국에 거주하
> 는 자녀에게 증여하는 경우 증여세가 더 많다고 하는데 그게 맞나요?"

세법은 거주자와 비거주자를 구분하여 비거주자에게는 세제 혜택을 제한적으로 적용
하고 있다. 거주자란 국내에 주소를 두거나 183일 이상 거소를 둔 개인을 말하며, 비
거주자는 거주자가 아닌 자를 말하는 것으로 국적이나 외국 영주권 취득 여부와는 관
련이 없으며 거주기간, 직업, 국내에 생계를 같이하는 가족 및 국내 소재 자산의 유무
등 생활관계의 객관적인 사실에 따라 구분한다.

비거주자인 자녀에게 증여하는 경우, 증여재산공제 5,000만 원 적용이 불가하다. 시
가 10억 원 주택을 증여하는 경우 거주자인 자녀 대비 증여세를 약 1,500만 원 더 납
부하여야 한다.

	거주자	비거주자
주택가액	1,000,000,000	1,000,000,000
증여재산공제	50,000,000	–
과세표준	950,000,000	1,000,000,000
세율	30%	30%
산출세액	225,000,000	240,000,000
신고세액공제	6,750,000	7,200,000
납부할 증여세	218,250,000	232,800,000

비거주자인 자녀에게 증여하는 경우, 거주자와 달리 적용되는 것이 하나 더 있다. 거
주자인 자녀에게 증여하는 경우 증여세 납세 의무자는 증여받은 자녀가 된다. 증여세
를 증여자가 대신 납부하는 경우 해당 금액도 증여재산으로 보는 것은 자녀의 납부의
무를 증여자가 대신 납부했기 때문이다.

비거주자인 자녀에게 증여하는 경우에는 증여받은 자녀와 증여자가 연대하여 증여세

를 납부할 의무가 있다. 비거주자인 자녀가 증여 받은 주택에 대한 증여세를 부모가 대신 납부하여도 추가 증여세가 발생하지 않는다. 증여자인 부모가 본인의 납부 의무에 따라 증여세를 납부했기 때문이다.

(8) 자녀에게 싸게 팔아도 괜찮을까?

세법에는 배우자 또는 직계존비속에게 양도한 재산은 양도자가 그 재산을 양도한 때에 그 재산의 가액을 배우자 또는 직계존비속이 증여받은 것으로 추정하는 규정이 있다. 다만, 배우자 또는 직계존비속에게 대가를 받고 양도한 사실이 명백히 인정되는 경우에는 해당 규정을 적용하지 않는다.

양도소득세가 증여세보다 작다고 해서 실제 양도가 아님에도 형식만 양도로 하여 자녀에게 주택의 명의를 넘기는 경우에는 주택의 가액에 대해 증여세가 추징될 수 있다. 부모가 자녀에게 주택을 양도한 경우 매매대금의 자금출처, 매매대금 지급내역 등으로 양도한 것이 명백한 것임을 자녀가 입증하여야 한다.

만약, 자녀의 자금출처가 부족하여 시가보다 적은 금액으로 주택을 양도하는 경우에는 어떻게 될까?

이 경우 부모와 자녀 각각의 입장에서 세법상 불이익 여부를 살펴보아야 한다.

먼저, 주택을 양도하는 부모 입장이다.

자녀에게 받은 매매대금과 시가의 차액이 3억 원 또는 시가의 5% 이상인 경우, 양도소득세 계산 시 실제 받은 매매대금과 관계없이 시가를 양도가액으로 하여 양도차익을 계산한다.

10년 전 5억 원에 산 시가 10억 원 주택을 6억 원에 자녀에게 양도했다면, 매매대금과 시가의 차액인 4억 원이 3억 원 이상인 경우에 해당하여 실제 양도차익인 1억 원이 아닌 시가를 기준으로 계산한 양도차익 5억 원에 대해 양도소득세를 납부해야

절세모음.zip 〈상속·증여편〉

한다.

다음은 자녀 입장이다.

부모에게 시가보다 작은 매매대금을 지급하고 양수하는 경우 매매대금과 시가의 차액이 3억 원 또는 시가의 30% 이상인 경우, 매매대금과 시가의 차액에서 3억 원과 시가의 30%에 해당하는 금액 중 적은 금액을 차감한 금액을 증여받은 것으로 보아 증여세를 납부해야 한다.

시가 10억 원 주택을 6억 원에 자녀에게 양도했다면, 매매대금과 시가의 차액인 4억 원에서 3억 원을 차감한 1억 원을 증여 받은 것으로 보아 증여세를 납부해야 한다.

특수관계유무	거래구분	판단기준	과세요건 (양도소득세법)	과세요건 (상증세법)	증여재산가액
있음	저가 양수도	낮은가액	[시가-대가]가 시가의 5% OR 3억 원 이상인 경우	[시가-대가]가 시가의 30% OR 3억 원 이상인 경우	시가-대가 -min(30%, 3억 원)
있음	고가 양수도	높은가액	[시가-대가]가 시가의 5% OR 3억 원 이상인 경우	[대가-시가]가 시가의 30% OR 3억 원 이상인 경우	대가-시가 -min(30%, 3억 원)
없음 (증여추정)	저가 양수도	현저히 낮은가액		[시가-대가]가 시가의 30%	시가-대가-3억 원
없음 (증여추정)	고가 양수도	현저히 높은가액		[대가-시가]가 시가의 30%	대가-시가-3억 원

자녀에게 주택을 싸게 파는 건 가능하다. 다만, 매매대금과 시가의 차액 크기에 따라 부모와 자녀 모두에게 세법상 불이익이 있을 수 있으니, 절세를 위한 선택지로는 부족한 부분이 있다.

부모가 양도소득세를 납부하지 않아도 된다면, 결과는 달라질 수 있다.

1세대 1주택 비과세가 가능한 주택이거나 샀을 때보다 가격이 내린 주택이면 된다. 주택을 자녀에게 싸게 파는 부모는 양도차익을 실제 받은 매매대금이 아닌 시가를 기준으로 계산하는 것 외 다른 불이익은 없다.

1세대 1주택 비과세가 가능한 주택을 자녀에게 싸게 파는 경우, 세법상 불이익이 적용되어도 비과세 규정은 그대로 적용이 가능하니 납부할 양도소득세는 없다.

샀을 때보다 가격이 내린 주택을 싸게 파는 경우, 시가를 기준으로 양도차익을 계산하여도 양도차손이 발생하여 납부할 양도소득세는 없다.

양도소득세가 비과세 또는 감면되거나 샀을 때보다 가격이 내린 부동산을 매매대금의 자금출처가 확실한 자녀에게 저가로 파는 경우 시가의 30%와 3억 원 중 적은 금액이 증여재산가액에서 차감되기 때문에 증여세를 절세할 수 있다.

매매대금의 자금출처가 확실하고, 실제 매매대금을 부모에게 보낸 거래내역이 확인되는 경우에도 해당 매매대금이 다시 자녀에게 회수된 것이 적발되어 증여세가 추징되는 경우가 종종 있습니다. 매매대금의 사후관리에도 꼭 신경을 써야 한다.

관련 법령

상속세 및 증여세법 시행령 제26조: 증여세 과세요건 및 계산 방법

소득세법 제41조: 특수관계자 간 부당행위계산 규정

민법 제598조: 금전대차 계약의 효력 요건

(9) 자녀에게 돈을 빌려줘도 증여로 볼까?

Q. "증여세를 부모에게 빌려서 납부할 예정입니다. 빌린 금액은 2년 뒤 만기인 보험계약의 보험금으로 상환할 계획입니다. 이때 부모한테 빌린 금액도 증여로 보는지, 증여로 본다면 이자는 얼마나 드려야 하나요?"

부모가 자녀에게 돈을 빌려주더라도 국세청은 이를 증여로 추정할 수 있다. 차용증 작성, 이자 지급, 상환 내역 등 객관적 증빙이 없을 경우 증여세 과세 대상이 된다.

금전 차용 거래 시 차용금액에 대한 이자를 주는 것이 일반적이다. 이때 이자는 당사자 간 협의에 의해 정해진다. 다만, 특수관계자간 차용 거래인 경우에는 이자를 많

이 주는 것도 적게 주는 것도 세무상 문제가 될 수 있다. 적정한 이자는 얼마일까?

이자는 얼마나 줘야 적정할까?

일반적인 금전 차용 거래에서는 당사자 간 합의로 이자율을 정한다. 그러나 부모와 자녀처럼 특수관계자 간의 거래에서는 이자율이 너무 낮거나 너무 높으면 증여세가 발생할 수 있다.

현행 세법상 특수관계자 간 거래에 적용되는 적정 이자율은 연 4.6%이다. 만약 이보다 낮은 이자율로 거래할 경우, 그 차이에 대해서는 자녀가 부모로부터 경제적 이익을 받은 것, 즉 증여로 간주될 수 있다.

예를 들어, 자녀가 부모에게 2억 원을 연 3%의 이자로 빌렸다면, 적정 이자율과의 차이인 1.6%에 해당하는 금액, 즉 연간 320만 원(2억 × 1.6%)만큼을 자녀가 증여받은 것으로 본다.

연간 1,000만 원 기준이 적용된다

다만, 이런 경우에도 실제로 증여세가 과세되려면 자녀가 1년 동안 이익을 본 금액이 1,000만 원 이상이어야 한다. 위 예시와 같이 연간 이익이 320만 원이라면, 세법상 증여세가 부과되지 않는다.

세법은 이 기준을 1년 단위로 적용한다. 자금을 빌린 날부터 1년 후를 기준으로 매년 이자 차이를 계산하며, 매년 이익이 1,000만 원 이상인 경우에만 증여세가 발생할 수 있다.

이 기준을 바탕으로 계산해 보면, 자녀가 이자 없이 빌릴 수 있는 금액은 약 2억 1,700만 원이다. 다시 말해, 부모가 이 금액까지는 무이자로 자녀에게 빌려줘도 이자 차익에 대해 증여세가 부과되지 않는다.

담보 제공 시에도 증여세가 발생할 수 있다

부모가 자녀를 위해 담보를 제공해 금융기관에서 대출을 받게 해준 경우에도 증여세 문제가 발생할 수 있다. 예를 들어, 부모가 담보를 제공하여 자녀가 연 3%의 낮은 이자율로 대출을 받았고, 원래라면 담보 없이 연 4.6%의 이자를 내야 했던 상황이라면, 그 이자 차이만큼 자녀가 이익을 본 것으로 간주된다.

이 경우에도 마찬가지로, 이익 금액이 연 1,000만 원 이상이어야 증여세가 과세된다. 예를 들어 2억 원을 3% 이자로 대출받았다면, 적정이자율과의 차이 1.6%를 적용해도 연간 이익이 320만 원에 불과하다면 증여세는 부과되지 않는다.

부모가 자녀에게 돈을 빌려주거나 담보를 제공하는 경우, 그로 인해 자녀가 이익을 얻게 되면 그 이익에 대해 증여세가 부과될 수 있다. 그러나 연간 이익 금액이 1,000만 원 미만인 경우에는 증여세가 과세되지 않는다.

자녀가 증여세를 납부하기 위해 부모에게 적정 이자율(4.6%)보다 낮은 이자율로 자금을 빌리는 경우에는 자녀가 이익을 보는 금액이 1,000만 원 미만인지 여부를 먼저 확인할 필요가 있다.

핵심요약

이자금액을 정하기에 앞서, 증여가 아닌 차용 거래임을 입증할 수 있는지부터 확인해 보자!

(10) 부모 명의의 아파트에 자녀가 무상으로 살아도 될까?

> **Q.** 서울에 사는 신혼 아들 부부는 첫 아이의 탄생을 앞두고 있다. 그동안 살던 원룸은 아이를 키우기에 너무 좁았고, 새 보금자리를 마련해야 했다. 그래서 부모 명의의 아파트를 자녀에게 무상으로 내주려고 하는데 문제는 없을까?

부모 소유의 주택에 자녀가 무상으로 거주하는 경우, 세법상 증여로 간주될 수 있다. 현행 상속세 및 증여세법 제37조 제1항은 타인의 재산을 무상으로 사용해 얻는 이익이 1억 원 이상인 경우 증여세 과세 대상으로 규정하고 있다. 여기서 무상사용이익은 주택 시가의 2%를 연간 임대료로 간주하여 산정하며, 5년간의 무상사용이익을 현재가치로 환산(연 10% 할인율 적용)해 계산한다.

예를 들어, 부모 소유 아파트의 시가가 20억 원인 경우, 연간 임대료는 20억 원의 2%인 4,000만 원으로 계산된다. 5년간 무상사용이익의 현재가치는 약 1억 5,000만 원 수준이 된다. 이 중 5,000만 원을 공제한 약 1억 원이 증여세 과세표준이 된다. 반면, 주택 시가가 약 13억 1,800만 원 이하라면 5년간 무상거주 시 무상사용이익이 1억 원을 넘지 않으므로 증여세가 과세되지 않는다.

증여세는 무상거주를 시작하는 시점에 5년간의 무상사용이익에 대해 일시에 부과된다. 만약 5년이 경과한 후에도 계속 무상거주를 한다면, 추가로 증여세 과세가 발생할 수 있다. 또한, 주택 시가가 변동될 경우 무상사용이익 및 과세 여부가 달라질 수 있으므로 주택 가치의 변동에도 주의해야 한다.

증여세 계산 시 직계존비속 간에는 5,000만 원(미성년자는 2,000만 원)의 증여재산공제가 적용된다. 따라서 실제 납부세액은 공제 후 산정된다.

아래 표는 부동산 무상거주에 따른 증여세 계산공식과 주요 공제·세율 구조를 정리한 것이다.

구분	공식 및 내용	비고
5년간 무상사용이익	부동산 시가 × 2% × 3.7908	5년 치 현가계수 적용
증여세 과세 기준	5년간 무상사용이익이 1억 원 이상 시 과세	1억 원 미만이면 비과세
증여재산공제	5,000만 원(직계존비속, 성인 기준)	미성년자는 2,000만 원

무상거주와 관련한 세무 리스크를 줄이기 위해서는 다음과 같은 점을 유의해야 한다.

- 무상거주 기간을 명확히 기록하고 증빙을 보관할 것
- 주택 시가 변동에 따라 과세 여부가 달라질 수 있으므로 정기적으로 시가를 확인할 것
- 5년 이후 상황 변화에 대비해 추가 증여세 발생 가능성을 점검할 것
- 사전에 세무 전문가와 상담해 본인의 상황에 맞는 절세 방안을 모색할 것

이와 같은 절차와 기준을 숙지하면, 부모 소유 주택에 무상거주하는 경우에도 불필요한 세금 부담이나 법적 분쟁 없이 안전하게 자산을 관리할 수 있다.

(11) 과외 등 아르바이트 수입도 자금출처 입증이 가능할까?

부동산, 오피스텔 등 고가 자산을 취득하는 경우 자금출처조사 대상이 될 수 있다. 특히 대학생, 무직자, 소득이 일정하지 않은 경우에는 자금의 출처에 대한 소명 요구가 빈번하게 발생한다. 자금출처조사는 해당 자산의 취득자금이 본인의 정상적인 소득이나 재산에서 마련된 것인지, 아니면 타인으로부터 증여받은 것인지를 확인하는 절차다. 소명이 불충분할 경우 증여로 간주되어 증여세가 부과된다.

자금출처조사에서 가장 중요한 것은 객관적이고 논리적인 증빙자료의 준비다. 국세청은 취득가액의 80% 이상(10억 원 초과 자산은 미소명 금액 2억 원 미만)을 소명하면 증여세를 부과하지 않는다. 다만, 이 기준을 충족하지 못하거나, 실제로 증여가 확인되는 경우에는 증여세가 과세된다.

자금출처로 인정되는 대표적인 항목과 증빙서류는 다음과 같다.

구분	자금출처로 인정되는 금액	증빙서류 예시
근로소득	총급여액 – 원천징수세액	원천징수영수증, 급여명세서
사업소득	소득금액 – 소득세상당액	종합소득세 신고서, 소득금액증명원
이자 · 배당소득	총지급액 – 원천징수세액	원천징수영수증
차입금	차입금액	차용증, 입금내역, 이자지급내역
임대보증금	보증금 또는 전세금	임대차계약서
재산 처분대금	처분가액 – 양도소득세 등	매매계약서, 양도세 신고서
증여	증여금액	증여계약서, 증여세 신고서

과외, 아르바이트 등 비정기적 소득도 자금출처로 인정받으려면 소득 발생 내역과 자금 흐름을 명확히 입증해야 한다. 예를 들어, 원천징수영수증, 입금내역, 계약서, 종합소득세 신고 내역, 예금통장 사본 등 일련의 자료를 체계적으로 준비해야 한다.

절세모음.zip (상속·증여편)

금융기관은 1천만 원 이상의 현금거래, 의심 거래 등에 대해 금융정보분석원(FIU)에 보고 의무가 있으며, 모든 금융거래는 실명으로 이루어져야 한다. 자금출처 소명 과정에서 개인정보보호에도 유의해야 한다.

실무적으로는 자금출처조사 안내를 받으면, 매매계약서, 자금조달계획서, 소득 및 금융자료, 증여 관련 자료 등 요구되는 서류를 신속히 준비해 제출해야 한다. 각 자료는 자금의 흐름과 형성 과정을 논리적으로 설명할 수 있어야 하며, 필요시 전문가의 도움을 받아 대응 전략을 수립하는 것이 바람직하다.

결론적으로, 합법적인 소득과 자산으로 고가 자산을 취득하였더라도 자금출처 소명 준비는 필수적이다. 특히 비정기 소득, 가족 지원, 재산 처분 등 다양한 자금원이 혼재된 경우에는 각 항목별로 증빙자료를 꼼꼼히 준비하고, 소명 논리를 명확히 해야 불필요한 세무 리스크를 예방할 수 있다.

(12) 보험계약을 미리 증여하면 나중에 보험금은 자녀 것이 될까?

상속세 및 증여세법 제34조에 따라 보험계약의 증여세 과세 시점은 보험사고 발생일(만기, 해약, 사망 등)로 정해진다. 단, 특정 조건에서는 계약자 변경 시점에도 증여세가 부과될 수 있다.

증여세 발생 시점

① 일반 원칙: 보험사고 발생 시점

- 상속세 및 증여세법 제34조는 보험금이 지급되는 시점(만기, 사망, 해약 등)을 증여일로 규정한다.
- **예시** 부모가 1억 원 보험료를 납입한 후 자녀로 계약자를 변경하고, 5년 후 보험금 3억 원을 수령하면, 3억 원 전체가 증여세 과세 대상이 된다.
  - ▷ 증여재산공제(5,000만 원) 적용 후 과세표준:

    3억 원−5,000만 원 = 2억 5,000만 원

② 예외: 계약자 변경 시점

- 고액 보험 또는 연금보험의 경우, 계약자 변경 시 해약환급금 또는 납입보험료를 증여재산가액으로 산정한다(대법원 2018.1.11 선고 판결).
- 예시 부모가 10억 원 일시납 연금보험의 계약자를 자녀로 변경한 경우, 변경 당시 해약환급금(예: 9억 원)과 납입보험료(10억 원)에서 큰 금액으로 증여세 과세 대상이 된다.

보험 유형별 증여세 계산 방법

보험 유형	증여세 과세 시점	증여재산가액
고액 저축성 보험, 연금보험	계약자 변경 시점 (예외 사항일 경우)	해약환급금 또는 납입보험료 중 큰 금액
연금보험	연금수익자 변경 시점	연금 수령액의 현재가치
종신보험	사고 발생 시점	보험금 전액

- 계산 예시 (연금보험)

  부모가 5억 원을 일시납한 연금보험 계약자를 자녀로 변경한 경우:

  ▷ 증여세 과세액: 납입보험료(5억 원)와 해약환급금 중 큰 금액

1. 10년 규정: 사망 전 10년 이내 증여된 보험금은 상속재산에 포함된다.
2. 이중과세 리스크:
   - 계약자 변경 시 해약환급금으로 증여세를 납부한 후, 보험금 수령 시 차액(보험금−해약환급금)에 대해 추가 증여세가 부과될 수 있다.

절세 전략

- 계약자·수익자 일치: 자녀를 계약자와 수익자로 동시에 지정해 간주상속재산이 안 되도록 상속세를 피한다.
- 사전 증여: 10년간 증여재산공제(5,000만 원)를 활용해 사전 증여 후 보험료를 납입한다.

보험계약 증여는 보험 유형과 사안별로 세금이 달라지므로, 반드시 전문가와 사전

절세모음.zip (상속·증여편)

검토가 필요하다.

 관련 법령

상속세 및 증여세법 제34조: 보험금 증여 시기 및 과세표준 산정 규정

대법원 2018.1.11 선고 2017두60246 판결: 고액 연금보험 계약자 변경 시 증여세 부과 기준

(13) 증여, 상속세가 나오지 않아도 신고해야 할까?

Q. 자산을 상속하거나 자녀에게 증여할 때, 세금이 한 푼도 나오지 않으면 굳이 신고를 해야 할까? 상속세나 증여세가 면제되는 상황에서도, 나중에 부동산을 팔거나 자산을 처분할 때 세금 부담이 커질 수 있다는 이야기를 들은 적이 있다. 실제로 신고를 하지 않으면 어떤 불이익이 생기는지, 그리고 절세를 위해서는 어떤 전략이 필요한지 궁금하다.

최근 상속·증여세에 대한 관심이 높아지면서, "세금이 안 나오면 신고하지 않아도 된다"는 오해가 여전히 많다. 하지만 세법상 신고 의무가 있는 경우라면 반드시 신고를 해야 하고, 그렇지 않은 경우에도 미래의 세금 부담을 줄이기 위해 전략적으로 신고하는 것이 유리하다.

신고가 반드시 필요한 경우

상속인이나 수증자가 사전에 받은 재산이 있다면, 상속세나 증여세가 나오지 않더라도 신고 의무가 발생한다. 예를 들어, 피상속인이 사망 전 10년 이내에 상속인에게, 5년 이내에 상속인 외의 자에게 증여한 재산은 상속재산에 합산해 신고해야 한다. 만약 아버지가 사망 8년 전에 아들에게 3억 원을 증여했다면, 이 금액 역시 상속재산에 포함되어 신고해야 한다.

또한 피상속인이 사망 전 1~2년 내 2억 원~5억 원 이상의 자금을 처분하거나 대출했는데, 그 용도를 입증하지 못한다면 이 역시 추정상속재산으로 보고 신고해야

한다. 실제로 최근 상속·증여세 신고건수는 2024년 기준 16만 건을 넘었으며, 국세청의 사전증여재산 합산조사도 꾸준히 증가하는 추세다(기획재정부, 2025년 3월 발표).

신고가 선택이지만 권장되는 경우

상속세가 부과되지 않는 부동산 상속의 경우에도, 반드시 신고를 해두는 것이 유리하다. 부동산의 취득가액을 시가로 인정받으려면 상속 당시 감정평가서 등으로 신고를 해야 한다. 신고하지 않으면 취득가액이 공시가격으로 낮게 책정되어, 나중에 부동산을 매도할 때 양도차익이 커지고 그만큼 양도소득세 부담이 커진다.

예를 들어, 시가 8억 원인 부동산을 상속받은 후 12억 원에 매도할 경우를 가정해 보자. 신고하지 않으면 취득가액이 공시가격 5억 원으로 인정되어 양도차익이 7억 원이 되고, 세율 30% 가정 시 양도소득세는 2억 1,000만 원이 된다. 반면, 신고를 통해 시가 8억 원을 취득가액으로 인정받으면 양도차익이 4억 원으로 줄어들고, 양도소득세도 1억 2,000만 원으로 감소한다. 이로써 9,000만 원의 세금 절감 효과를 얻을 수 있다.

구분	신고 미실시	신고 실시
취득가액	5억 원	8억 원
양도가액	12억 원	12억 원
양도차익	7억 원	4억 원
세율	30%	30%
양도소득세	2억 1,000만 원	1억 2,000만 원
절감 효과	–	9,000만 원

또한, 증여세 공제 한도(직계존속 5,000만 원) 내에서 증여를 받았더라도 신고를 하지 않으면, 추후 세무조사 시 가산세(최대 40%)가 부과될 수 있다. 실제로 증여세 신고 누락으로 인한 가산세 부과 사례가 매년 수천 건에 달한다(국세청, 2024년 통계).

신고하지 않을 경우의 위험

신고 의무를 이행하지 않으면 무신고 가산세가 본 세의 20~40%까지 추가로 부

절세모음.zip 〈상속·증여편〉

과될 수 있다. 부동산의 경우 취득가액이 낮게 책정되어 양도소득세 부담이 커지고, 1,000만 원 이상 금융거래가 있으면 FIU(금융정보분석원)에 보고되어 세무조사로 이어질 수 있다.

전략적 신고 절차

절세를 위해서는 먼저 부동산은 감정평가서, 현금은 거래 내역서 등 평가자료를 확보해야 한다. 신고기한도 반드시 지켜야 한다. 상속세는 사망일 기준 월말부터 6개월 이내, 증여세는 증여일 기준 월말부터 3개월 이내에 신고해야 한다. 또한, 직계존비속 증여공제(5,000만 원), 배우자 공제(6억 원) 등 각종 공제를 최대한 활용해 과세표준을 낮추는 것이 중요하다.

결론

세금이 한 푼도 나오지 않더라도, 상속·증여세 신고는 미래의 세금 부담을 줄이는 중요한 전략이다. 특히 부동산 상속의 경우, 신고 여부에 따라 수천만 원의 세금 차이가 발생할 수 있다. 신고를 소홀히 하면 가산세나 세무조사 등 예기치 못한 리스크가 생길 수 있으니, 반드시 전문가와 상담해 정확하게 신고하는 것이 장기적으로 유리하다.

관련 법령

상속세 및 증여세법 제67조: 상속세 신고 의무 및 기한 규정

상속세 및 증여세법 제71조, 제73조: 연부연납 및 물납 조건

소득세법 제97조의2: 양도소득세 취득가액 산정 기준

(14) 해외 비거주자는 상속세와 증여세가 없으면 증여하는 게 더 유리할까?

Q. 서울에 거주하는 김모 씨는 미국 시민권자인 아들에게 뉴욕의 아파트(시가 20억 원)를 증여하기로 결정했다. 김씨는 "비거주자에게 해외 재산을 증여하면 세금이 없다"는 말을 듣고 절세를 기대했지만, 실제로는 예상치 못한 증여세 고지서를 받게 되었다. 무엇이 문제일까?

거주자 증여자의 증여세 과세 범위

한국 세법은 증여자가 거주자인 경우, 전 세계 재산(국내·외 모든 자산)을 증여할 때 증여세를 부과한다. 이는 수증자(자녀)의 거주 여부와 관계없이 적용된다.

① 국내 재산 증여

- 수증자가 비거주자라도 국내 재산은 과세 대상
- 예시 서울 아파트를 비거주자인 자녀에게 증여 → 한국 증여세 부과

② 해외 재산 증여

- 수증자가 비거주자인 경우에도 해외 재산은 과세 대상
- 예외 해당 해외 재산에 대해 외국에서 증여세를 납부한 경우 → 한국에서 이중과세 방지 가능

기존 오해와 수정된 사실

기존 답변에서 "비거주자에게 해외 재산을 증여하면 세금이 없다"고 언급된 부분은 잘못된 정보였다. 2017년 세법 개정 이후, 거주자가 비거주자에게 해외 재산을 증여하면 다음과 같은 과세가 이루어진다:

구분	증여세 과세 여부	근거 법령
국내 재산	과세	상속세 및 증여세법 제4조의2
해외 재산	과세 (예외 경우 제외)	국제조세조정법 제4조

실제 계산 예시

 서울 거주 부모가 미국 시민권 자녀(비거주자)에게 뉴욕 아파트(시가 20억 원)를 증여

① 한국 증여세 계산

- 과세표준: 20억 원(비거주자는 기본공제 없음)
- 누진세율 적용:

    1억 원 이하: 10% → 1,000만 원

    1억~5억 원: 20% → 4억 원 × 20% = 8,000만 원

    5억~10억 원: 30% → 5억 원 × 30% = 1억 5,000만 원

    10억~20억 원: 40% → 10억 원 × 40% = 4억 원

- 총 세액: 6억 4,000만 원

② 미국 세법 적용

- 개인당 공제 한도(2025년 기준): 약 190억 원 (1,399만 달러)
- 추가 세금 없음

③ 이중과세 방지 여부

- 외국납부세액 공제 가능성 없음(미국에서 납부한 세금 없음)

숨겨진 리스크와 절대적인 유리함의 한계

① 이중과세 리스크

한국에서 납부한 증여세를 외국납부세액 공제로 처리하지 못하면 양국에서 모두 세금을 내야 할 가능성 존재

② 양도소득세 문제

수증자가 향후 해당 해외 부동산을 매각할 경우, 한국과 미국 모두에서 양도소득세 발생 가능성 있음

③ 신고 누락 벌금 위험

미국 IRS에 Form 3520 미제출 시 최대 증여액의 25% 벌금 부과 가능(20억 원

의 경우 약 5억 원)

전문가의 조언과 절세 전략

① 사전 컨설팅 필수

한·미 세법 모두 검토 후 자산 이전 계획 수립 필요

② 신탁 활용 절감 전략

해외 신탁을 통해 자산 이전 시 세금 부담 최소화 가능

③ 분할 증여 활용

연간 기본공제 한도 내에서 분할 증여 진행 → 한국·미국 모두에서 절감 효과

발생 가능

관련 법령

「상속세 및 증여세법」 제4조의2(증여세 납세의무) - 비거주자

「국제조세조정에 관한 법률」 제4조(다른 법률과의 관계) - 증여특례

미국 Internal Revenue Code § 2501(증여과세 기준)

절세모음.zip (상속·증여편)

부록 2

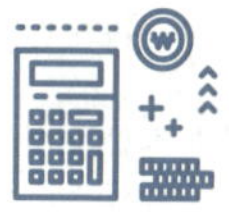

상속·증여 관련 실무 및 서식

(1) 상속·증여 서류 작성 절차

유언장 작성방법

① 유언장의 개념과 필요성

유언장은 본인이 사망한 이후에 자신의 재산이나 가족에 관한 여러 사항을 본인의 의지대로 처리하고자 할 때 작성하는 문서이다. 유언장은 법적으로 유효하게 작성할 경우, 상속인 간의 분쟁을 예방하고 본인의 의사를 존중받을 수 있도록 도와준다. 유언장이 없을 경우, 민법상 상속분에 따라 자동으로 상속이 이루어지지만, 이 과정에서 가족 간 갈등이 발생하는 경우가 많다. 따라서 미리 유언장을 작성해 두는 것이 바람직하다.

유언장은 본인이 사망한 이후에 효력을 발생하는 문서로, 본인이 살아있는 동안에는 언제든지 자유롭게 수정하거나 취소할 수 있다. 유언장 작성은 본인의 의지에 따라 이루어져야 하며, 강요나 위협에 의해 작성되어서는 안 된다. 유언장의 필요성은 재산 분배뿐만 아니라, 미성년 자녀의 후견인 지정, 장례 방식, 기부 등 다양한 분야에서 나타난다.

② 유언장의 종류와 작성 방식

유언장은 크게 자필증서, 녹음, 공증, 비밀증서, 구수증서 등 여러 방식이 있다. 그러나 실무적으로 가장 많이 사용되는 것은 자필증서와 공증유언장이다.

- 자필증서 유언장

  자필증서 유언장은 본인이 직접 손으로 써서 작성하는 방식이다. 작성 시에는 반드시 본인이 직접 작성해야 하며, 날짜와 본인의 이름을 반드시 기재해야 한다. 또한, 작성한 날짜와 서명, 날인 또는 인장을 찍어야 한다. 자필증서는 간편하게 작성할 수 있지만, 유언장의 효력 여부를 두고 분쟁이 생길 수 있으니, 본인의 필체가 명확하게 드러나도록 작성하는 것이 중요하다.

- 공증유언장

  공증유언장은 본인이 공증인 앞에서 유언의 내용을 진술하고, 이를 공증인이

문서로 작성하여 공증하는 방식이다. 공증유언장은 법적 효력이 높고, 분쟁
이 적어 실무에서 많이 사용된다. 공증인 앞에서 본인의 신분을 확인받고, 유
언의 내용을 진술한 후, 공증인과 증인 앞에서 서명 또는 날인을 하면 된다.

- 기타 유언장

  녹음 유언장은 본인이 유언의 내용을 녹음하여 남기는 방식이다. 비밀증서
  유언장은 본인이 작성한 유언장을 봉인하여 공증인에게 제출하는 방식이다.
  이 외에도 구수증서 유언장은 본인이 위급한 상황에서 구두로 유언을 남기는
  방식이지만, 법적 효력이 인정되기 어렵다.

③ 유언장의 주요 구성 요소

유언장은 다음과 같은 주요 구성 요소를 포함해야 한다.

- 표제

  유언장임을 명확히 나타내는 표제를 맨 위에 기재한다. 예를 들어 '유언장'
  또는 '유언서'라고 표기한다.

- 본문

  본문에는 본인이 사망한 이후에 처리하고자 하는 내용을 구체적으로 작성한
  다. 주요 내용으로는 상속인 지정, 재산 분배, 미성년 자녀의 후견인 지정,
  장례 방식, 기부 등이 있다. 본문은 명확하고 구체적으로 작성해야 하며, 추
  상적이거나 모호한 표현은 피하는 것이 좋다.

- 날짜

  유언장이 작성된 날짜를 반드시 기재한다. 날짜는 연, 월, 일까지 명확하게
  표기해야 한다.

- 서명 및 날인

  본인의 이름을 직접 서명하고, 날인 또는 인장을 찍는다. 서명과 날인은 본
  인의 신원을 확인하는 중요한 요소이다.

- 기타

  필요한 경우, 증인을 두거나 공증인의 확인을 받을 수 있다. 증인은 본인과

이해관계가 없는 사람으로 선정하는 것이 좋다.

④ 유언장 작성 시 주의사항

유언장을 작성할 때는 다음과 같은 사항에 주의해야 한다.

- 법적 요건 준수

  유언장은 법적으로 요구하는 요건을 반드시 준수해야 한다. 예를 들어, 자필 증서 유언장의 경우 본인이 직접 작성해야 하며, 날짜와 서명, 날인이 반드시 필요하다. 공증유언장의 경우 공증인 앞에서 본인의 신분을 확인받고, 유언의 내용을 진술한 후 서명 또는 날인을 해야 한다.

- 명확한 표현

  유언장의 내용은 명확하고 구체적으로 작성해야 한다. 모호하거나 추상적인 표현은 해석상 분쟁의 소지가 있으므로 피하는 것이 좋다. 예를 들어, "일부 재산을 나누어 달라"는 표현보다는 "○○은행 예금 계좌의 잔액을 장남 ○○○에게 상속한다"는 식으로 구체적으로 작성해야 한다.

- 상속인 권리 보호

  유언장을 작성할 때는 상속인들의 권리를 침해하지 않도록 주의해야 한다. 민법상 상속인에게는 유류분이 보장되어 있으므로, 유언장을 통해 이를 침해하는 내용을 작성하는 것은 효력이 제한될 수 있다.

- 수정 및 보관

  유언장은 본인이 살아있는 동안 언제든지 수정하거나 취소할 수 있다. 유언장을 수정할 경우, 기존 유언장을 폐기하고 새로운 유언장을 작성하는 것이 바람직하다. 유언장은 안전하게 보관해야 하며, 본인 이외에도 신뢰할 수 있는 가족이나 변호사에게 보관을 의뢰할 수 있다.

상속세 신고절차

상속세 신고절차는 피상속인의 사망(상속개시)일부터 상속세 납부까지 약 6~9개월에 걸쳐 단계적으로 진행된다. 각 단계는 법정기한이 정해져 있으며, 시기별로 준비해야 할 서류와 절차가 다르다. 아래는 상속개시일부터 사망신고, 상속재산 평가, 분할, 상속세 신고 및 납부까지의 전 과정을 시기별로 상세히 정리한 내용이다.

상속세 신고절차

상속개시일	사망진단서(시체검안서) 수취
+1개월	사망신고 • 안심상속원스톱서비스 • 사망자등재산조회통합처리신청(정부24)
+3개월	• 상속포기 또는 한정승인심판청구(피상속인 주소지 관할 가정법원) • 사망관련 국민연금 청구(유족연금, 반환일시금, 사망일금 등)(5년 이내)
+6개월	• 상속재산의 평가(거래가액, 감정가액, 수용가액 확인) ※평가심의위원회심의를 거친 경우: 상속개시일 2년 이내~법정결정기한 이내까지 가능 • 외국인토지취득신고(부동산거래신고 등에 관한 법률8②, 28⑤)
상속개시일이 속하는 달의 말일부터 6개월 이내 (상속세 신고기한)	• 상속재산의 협의분할 • 취득세 신고 및 납부 • 피상속인의 소득세 신고 및 납부 • 상속세의 신고·납부(피상속인의 주소지 관할 세무서)
상속세신고기한부터 9개월 이내	• 배우자상속재산 분할기한까지 분할(등기)한 경우 배우자가 실제 상속받은 재산으로 인정 ※부득이한 사유가 있는 경우 연장가능(상속재산 미분할신고서 제출 필요)

① 상속개시일(사망일): 사망진단서 등 수취

상속은 피상속인의 사망과 동시에 개시된다. 상속개시일에는 먼저 사망진단서 또는 시체검안서를 발급받아야 한다. 이 서류는 향후 사망신고, 금융기관 재산조회, 상속세 신고 등 모든 상속 관련 절차의 기본이 된다. 사망진단서는 병원에서, 시체검안서는 관할 경찰서나 검안의로부터 발급받을 수 있다.

② 상속개시일로부터 1개월 이내: 사망신고 및 초기 행정절차

상속개시일로부터 1개월 이내에는 반드시 사망신고를 해야 한다. 사망신고는 사망진단서 또는 시체검안서를 첨부하여 주민센터에 제출한다. 사망신고가 완료되어야 피상속인의 주민등록이 말소되고, 상속인들이 상속재산 조회, 상속세 신고 등 후속 절차를 진행할 수 있다. 이 시기에는 안심상속원스톱서비스(정부24)를 통해 피상속인의 금융재산, 자동차, 토지, 건축물 등 각종 재산의 통합조회 신청도 가능하다. 또한 사망자 자동차 소유내역 조회 신청도 병행할 수 있다.

③ 상속개시일로부터 3개월 이내: 상속포기·한정승인, 국민연금 등 처리

상속인이 상속을 포기하거나 한정승인을 원할 경우, 상속개시를 안 날로부터 3개월 이내에 가정법원에 심판청구서를 제출해야 한다. 한정승인은 상속재산 내에서만 채무를 변제하겠다는 의미이고, 상속포기는 모든 권리와 의무를 포기하는 것이다. 이 기간 내에 사망 관련 국민연금(유족연금, 반환일시금 등)도 청구할 수 있다. 사망일시금은 5년 이내에 청구해야 하므로, 3개월 이내에 신청하지 못해도 추후 청구가 가능하다. 또한, 상속재산의 규모와 종류, 피상속인의 부채 등 상속재산 목록을 정리하기 시작해야 한다.

④ 상속개시일로부터 6개월 이내: 상속재산 평가, 협의분할, 세금신고

상속개시일이 속하는 달의 말일부터 6개월 이내가 상속세 신고 및 납부의 법정기한이다. 이 시기에는 다음과 같은 주요 절차를 진행해야 한다.

④-1. 상속재산 평가

상속재산의 평가는 상속개시일 현재의 시가를 기준으로 한다. 시가는 상속개시일 전후 6개월 이내의 매매, 감정, 수용, 경매, 공매가격을 우선 적용한다. 시가 산정이 어려운 경우에는 세법이 정한 보충적 평가방법을 사용한다. 상속재산 평가에는 부동산, 금융자산, 주식, 자동차, 회원권 등 모든 재산이 포함된다. 부동산은 인근 거래사례, 감정평가 등을 참고하고, 상장주식은 평가기준일 전후 2개월간의 최종시세가액을 평균하여 산정한다.

④-2. 상속재산 협의분할

상속인들 간에 상속재산의 분할에 대한 협의를 진행한다. 협의가 완료되면 상속재산분할협의서를 작성한다. 협의가 이루어지지 않을 경우에는 법정상속분에 따라 분할하거나, 협의가 완료될 때까지 일부 재산에 대해 미분할상태로 신고할 수 있다.

④-3. 취득세 신고 및 납부

상속받은 부동산 등은 상속세 신고와 별도로 관할 시·군·구청에 취득세를 신고하고 납부해야 한다. 취득세 신고기한은 상속개시일로부터 6개월 이내(피상속인이나 상속인이 외국에 주소를 둔 경우 9개월 이내)이다.

④-4. 상속세 신고 및 납부

상속세 신고는 상속개시일이 속하는 달의 말일부터 6개월 이내에 해야 한다. 신고는 홈택스 전자신고 또는 관할 세무서 방문을 통해 할 수 있다. 신고서에는 상속인별 상속재산 및 평가명세서, 채무·공과금·장례비용 및 상속공제명세서, 배우자 상속공제명세서, 상속세 과세가액계산명세서, 상속세 과세표준 신고 및 자진납부계산서 등이 포함된다. 상속세는 신고와 동시에 납부해야 하며, 일정 요건을 충족하는 경우 연부연납(분할납부)이나 물납(부동산 등으로 납부)도 가능하다.

⑤ 상속세 신고기한 이후 9개월 이내: 미분할재산 분할 및 추가신고

상속세 신고기한까지 상속재산의 분할이 완료되지 않은 경우, 배우자 상속재산 분할기한까지(최대 9개월 이내) 분할이 가능하다. 이때 상속인 간 협의가 마무리되면 분할된 재산에 대해 추가로 상속세 신고를 할 수 있다. 단, 분할기한 내에 분할하지 못하면 배우자 상속공제 등 일부 공제 혜택이 제한될 수 있으므로, 기한 내에 분할을 완료하는 것이 바람직하다.

⑥ 상속세 신고 및 납부 후 후속 절차

상속세 신고 및 납부가 완료되면, 상속재산의 소유권이전 등기, 금융자산 명의변경, 자동차 소유권이전, 국민연금 및 보험금 청구 등 후속 행정절차를 진행한다. 상속재산의 소유권 이전등기는 상속재산분할협의서, 상속인 인감증명서, 상

속세 납부영수증 등 필요한 서류를 갖추어 관할 등기소에 신청한다. 금융자산의
명의변경은 각 금융기관에 상속인임을 증명하는 서류(가족관계증명서, 상속인확인
서 등)를 제출하여 처리한다.

⑦ 상속세 신고 시 유의사항 및 준비서류

상속세 신고를 위해서는 피상속인 제적등본, 가족관계증명서, 사망진단서, 금융
기관 거래내역서, 채무입증서류, 상속재산분할협의서 등 각종 증빙서류를 사전
에 준비해야 한다. 상속재산의 평가, 공제항목 적용, 증빙서류 첨부 등은 매우
복잡하므로, 자산이 많거나 상속인이 다수인 경우 세무전문가의 자문을 받는 것
이 바람직하다. 상속세 신고기한을 넘기면 무신고가산세, 과소신고가산세, 납부
지연가산세 등 각종 불이익이 발생할 수 있으므로 반드시 기한 내에 신고·납부
를 완료해야 한다.

증여세 신고절차

증여세는 누군가로부터 무상으로 재산이나 권리를 받을 때(증여받을 때) 부과되는
세금이다. 증여세 신고는 받은 사람(수증자)이 직접 해야 하며, 법적으로 의무가 있
다. 신고를 누락하거나 잘못 신고할 경우, 가산세와 이자, 세무조사 등 각종 불이익
이 발생할 수 있다.

증여세 신고절차는 다음과 같다.

① 증여세 신고의 기본 원칙

신고의무자: 증여받은 사람(수증자)이 신고의무자이다.

신고기한: 증여일이 속하는 달의 말일부터 3개월 이내에 신고해야 한다. 예를
들어 2025년 3월 15일에 증여받았다면, 2025년 6월 30일까지 신고해야 한다.

신고장소: 수증자의 주소지 관할 세무서에 제출한다. 단, 수증자가 비거주자이
거나 주소가 불분명한 경우 등 예외적으로 증여자의 주소지 관할 세무서 또는
증여재산 소재지 관할 세무서에 제출할 수 있다.

신고방법: 세무서 방문, 홈택스 온라인 신고, 세무대리인 신고 등이 있다.

② 증여세 신고 절차

②-1. 신고서류 준비

증여세 신고를 위해서는 다음과 같은 서류를 준비해야 한다.

증여세 과세표준 신고 및 자진납부계산서: 국세청 홈택스 또는 세무서에서 받을 수 있는 공식 서식이다. 이 서식에 증여자와 수증자의 인적사항, 증여재산의 종류와 평가액, 세액 등을 기재한다.

증여재산 및 평가명세서: 증여받은 재산의 종류(예: 부동산, 예금, 주식 등), 평가액, 평가근거 등을 상세히 기재한다.

자진납부서: 신고한 세금을 납부할 때 사용하는 서식이다.

가족관계증명서: 증여자와 수증자가 가족인지 확인하기 위해 필요하다.

증여계약서: 부동산, 현금, 주식 등 증여계약이 있는 경우 첨부한다. 부동산은 별도의 서류 없이 증여계약서로 갈음할 수 있다.

증여재산 확인서류: 금융자산(예금, 주식 등)은 통장 사본, 송금증, 주식잔고내역 등으로 증빙한다.

기타: 골프회원권, 차량 등 특수자산의 경우 보유내역, 채무가 있는 경우 채무내역 등도 필요하다.

②-2. 신고서 작성

신고서는 아래 순서대로 작성하는 것이 일반적이다.

증여재산 및 평가명세서 작성

증여받은 재산의 종류, 평가액, 평가근거 등을 상세히 기재한다.

증여세 과세표준 신고 및 자진납부계산서 작성

증여자와 수증자의 인적사항, 증여일, 증여재산, 세액, 공제액 등을 기재한다. 기본세율 적용 증여재산 신고 시 별지 제10호 서식(국세청 홈택스에서 다운로드 가능)을 사용한다.

자진납부서 작성

신고한 세금을 납부할 때 사용한다.

②-3. 신고서 제출

세무서 방문: 준비한 서류를 수증자의 주소지 관할 세무서에 직접 제출한다.

홈택스 온라인 신고: 국세청 홈택스(www.hometax.go.kr)에 접속하여, '신고/납부 〉 세금신고 〉 증여세' 메뉴에서 신고가 가능하다. 공인인증서 로그인 후, 증여일, 증여재산, 세액 등을 입력하고 신고서를 제출한다.

세무대리인 신고: 세무사 등 전문가에게 신고를 위임할 수 있다.

②-4. 세금 납부

신고서를 제출한 후, 신고한 세금을 납부해야 한다. 납부는 현금, 계좌이체, 홈택스 등 다양한 방법으로 가능하다. 분납(2회까지)도 가능하며, 첫 납부는 신고기한 내에 50% 이상을 납부해야 한다.

증여세 신고 절차

절차	기간
증여 발생, 증여계약서 작성(필요시)	D데이(증여일)
− 신고서류 준비	D ~ D 해당 월 말일+3개월 내
− 신고서 작성	
신고서 제출	
− 세무서 방문	
− 홈택스 온라인 신고	
− 세무대리인 신고	
세금 납부	

③ 증여세 신고 시 주의사항

신고기한 준수: 신고기한을 넘기면 무신고가산세(산출세액의 20%)와 납부지연가산세(연 8% 이자 상당)가 부과된다.

정확한 신고: 실제보다 적게 신고하면 과소신고가산세가 부과된다.

서류 보관: 신고서와 증빙서류는 5년 이상 보관해야 한다.

분납: 세금이 많은 경우 분납(2회까지)이 가능하며, 첫 납부는 신고기한 내에

  절세모음.zip (상속·증여편)

50% 이상을 납부해야 한다.

가족 간 증여: 부부 간 증여는 10년간 6억 원까지 공제되며, 이를 초과하는 부분에 대해서만 세금이 부과된다. 자녀에게 증여하는 경우도 공제액이 있으니 확인 필요.

미신고 리스크: 증여세 신고를 누락하면 세무조사 대상이 될 수 있고, 추후 조사 시 가산세와 이자, 징역 또는 벌금형 등 불이익이 발생할 수 있다.

④ 홈택스 증여세 전자신고 예시

① 홈택스 로그인

② '신고/납부 〉 세금신고 〉 증여세' 메뉴 선택

③ 증여일, 증여재산, 세액 등 입력

④ 신고서 제출 및 부속서류(가족관계증명서, 계좌이체내역 등) 첨부

⑤ 세금 납부

• 홈택스 로그인 예시

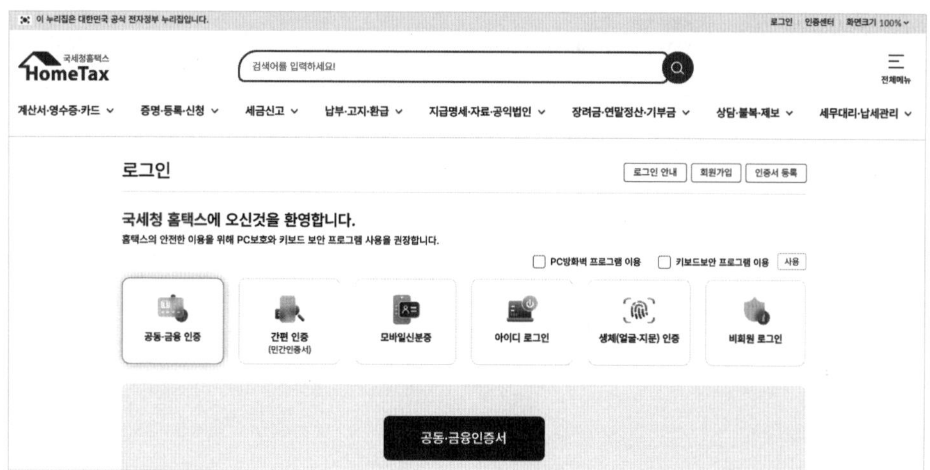

• 홈택스 〉 증여세신고 예시

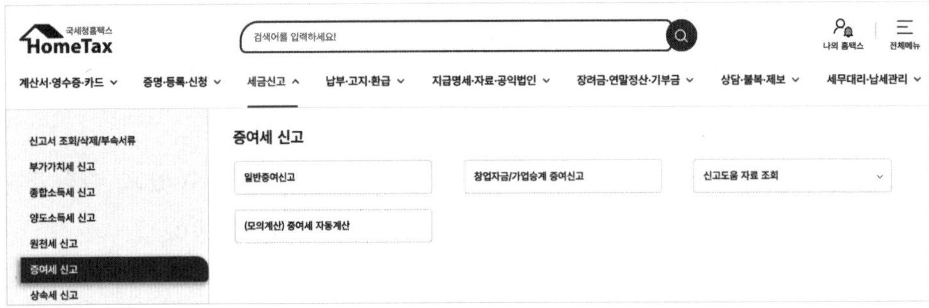

• 홈택스 〉 증여세신고 〉 일반증여신고 예시

절세모음.zip (상속·증여편)

(2) 실무 서식 샘플 및 작성 예시

유언장 작성 예시

유언장

나는 ○○○(생년월일: ○○○○년 ○월 ○일, 주소: ○○시 ○○구 ○○동 ○○번지)은 본 유언장을 통해 사망 후의 재산 처리와 가족에 관한 사항을 다음과 같이 유언한다.

1. 상속인 지정 및 재산 분배
   - ○○은행 예금 계좌(계좌번호: ○○○–○○○–○○○○)의 잔액 전액을 장남 ○○○에게 상속한다.
   - ○○아파트(소재지: ○○시 ○○구 ○○동 ○○번지)는 차남 ○○○에게 상속한다.
   - 기타 현금 및 유가증권은 배우자 ○○○에게 상속한다.

2. 미성년 자녀 후견인 지정 – 미성년 자녀 ○○○의 후견인으로 배우자 ○○○을 지정한다.

3. 장례 방식 – 장례는 가족회의를 통해 결정하며, 화장 후 납골당에 안치한다.

4. 유언집행자 지정 – 유언집행자로 ○○○을 지정한다. 이상의 내용을 유언한다.

2025년 6월 15일

작성자: ○○○ (서명 및 날인)

① 표제

'유언장' 또는 '유언서'로 명확히 표기

② 본문

상속인 지정 및 재산 분배: 구체적 재산(계좌, 부동산 등)과 상속인을 명확히 기재

후견인 지정: 미성년 자녀가 있을 경우 후견인 지정

장례 방식: 희망하는 장례 방식 기재

유언집행자 지정: 유언 집행을 위한 관리인 지정(선택 사항)

③ 날짜

작성 연, 월, 일을 반드시 기재

④ 주소 및 성명

유언자의 주소와 성명을 명확히 기재

⑤ 서명 및 날인

직접 서명 또는 날인(손도장도 가능)

⑥ 수정

수정 시 수정 부분에 직접 서명 및 날인

⑦ 보관

본인 또는 신뢰할 수 있는 제3자에게 보관

⑧ 검인

자필, 녹음, 비밀증서 유언장은 사후 법원 검인 필요

현금 증여계약서 샘플

현금 증여계약서

증여자(갑): 홍길동 (주소: 서울시 강남구 ○○동 ○○번지, 생년월일: 1970-01-01)

수증자(을): 홍철수 (주소: 서울시 강남구 ○○동 ○○번지, 생년월일: 1995-03-15)

갑은 을에게 다음과 같은 내용으로 현금을 증여하기로 계약한다.

제1조(증여의 목적)

갑은 본 계약에 따라 을에게 현금 50,000,000원(오천만 원)을 무상으로 증여한다.

제2조(증여의 이전 및 방법)

갑은 본 계약 체결일로부터 7일 이내에 위 증여금을 을의 아래 계좌로 송금한다.

(계좌번호: ○○은행, 123-456-7890, 예금주: 홍철수)

제3조(증여의 효력)

본 계약에 따라 증여금이 을의 계좌로 송금된 때에 증여의 효력이 발생한다.

제4조(기타)

본 계약에 정하지 아니한 사항과 계약의 해석에 관한 사항은 관련 법령 및 상관습에 따른다.

2025년 6월 15일

증여자(갑): 홍길동 (서명 또는 날인)

수증자(을): 홍철수 (서명 또는 날인)

① 제목 및 계약서 명칭

'현금증여계약서' 등으로 명확히 표기한다.

② 계약 당사자 정보

증여자(갑)와 수증자(을)의 성명, 주소, 생년월일을 정확히 기재한다.

③ 증여의 목적 및 금액

증여하는 현금의 금액을 숫자와 한글로 명확히 표기한다.

예 "현금 50,000,000원(오천만 원)을 무상으로 증여한다."

④ 증여의 이전 및 방법

증여금을 언제, 어떤 방법으로 이전할지 구체적으로 명시한다.

예 "본 계약 체결일로부터 7일 이내에 ○○은행 계좌로 송금한다."

⑤ 증여의 효력 발생 시점

증여금이 수증자에게 실제로 인도(송금)된 때에 효력이 발생함을 명시한다.

⑥ 기타 사항

계약서에 정하지 않은 사항이나 해석에 관한 사항은 관련 법령 및 상관습에 따름을 명시한다.

⑦ 작성일 및 서명·날인

계약서 작성일을 기재하고, 증여자와 수증자가 각각 서명 또는 날인한다.

여러 장일 경우, 각 장마다 간인(騎縫印)을 한다.

⑧ 서류 보관

증여자와 수증자가 각각 1부씩 보관한다.

정확한 정보 기재: 계약 당사자의 인적사항, 증여금액, 송금계좌 등 모든 항목을 정확히 기재한다.

명확한 증여 의사: 증여의 목적과 금액, 이전 방법을 명확히 명시하여 분쟁 예방.

서명·날인: 반드시 증여자와 수증자가 직접 서명 또는 날인한다.

관련 법령 준수: 증여세 신고 등 관련 법령을 준수한다.

보관: 계약서는 분쟁 발생 시 중요한 증거가 되므로 안전하게 보관한다.

이와 같이 작성하면 현금증여계약서가 법적 효력을 갖추게 된다.

필요시 변호사, 세무사 등 전문가의 자문을 받는 것도 권장된다.

금전소비대차 계약서 작성 및 공증 예시

다음은 금전소비대차 계약서 샘플, 작성방법, 그리고 공증절차 안내이다.

금전소비대차계약서 샘플

금전소비대차계약서

채권자(대여인): 홍길동 (주소: 서울시 강남구 ○○동 ○○번지, 주민등록번호: 700101-1234567)

채무자(차용인): 김철수 (주소: 서울시 강남구 ○○동 ○○번지, 주민등록번호: 800202-2345678)

위 당사자는 아래와 같이 금전소비대차계약을 체결한다.

제1조(대여금 및 지급)

1. 채권자는 채무자에게 금 50,000,000원(오천만 원)을 대여한다.

2. 대여금은 본 계약 체결일로부터 7일 이내에 채무자의 아래 계좌로 송금한다.

   (계좌번호: ○○은행 123-456-7890, 예금주: 김철수)

제2조(변제기일 및 변제방법)

1. 채무자는 대여금을 2025년 12월 31일까지 일시불로 변제한다.

2. 변제는 채권자의 지정계좌로 입금한다.

제3조(이자)

1. 대여금에 대해 연 5%의 이자를 부과한다.

2. 이자는 대여금 변제일과 함께 지급한다.

제4조(지연손해금)

변제기한까지 대여금 또는 이자를 지급하지 아니할 경우, 연 12%의 비율로 지연손해금을 지급한다.

제5조(기한의 이익 상실)

채무자가 대여금 또는 이자 지급을 1회 이상 지체하는 경우, 채권자는 언제든지 기한의 이익 상실을 주장할 수 있다.

제6조(기타)

본 계약에 정하지 아니한 사항과 계약의 해석에 관한 사항은 관련 법령 및 상관습에 따른다.

2025년 6월 15일

채권자: 홍길동 (서명 또는 날인)

채무자: 김철수 (서명 또는 날인)

작성요령

① 계약 당사자 정보

채권자(대여인)와 채무자(차용인)의 성명, 주소, 주민등록번호(또는 사업자등록번호)를 정확히 기재한다.

신분증과 대조하여 본인임을 확인한다.

② 대여금액 및 지급방법

대여금액을 숫자와 한글로 명확히 표기한다.

대여금 지급일 및 지급방법(계좌이체 등)을 구체적으로 기재한다.

③ 변제기일 및 변제방법

변제(상환) 기한과 방법을 명확히 기재한다.

분할상환 시 분할금액, 분할횟수, 지급일 등을 구체적으로 적는다.

④ 이자

이자율과 지급방법을 명확히 기재한다.

이자율은 이자제한법(연 20% 이내)을 준수한다.

⑤ 지연손해금

변제지연 시 부과할 지연손해금(연체이자)을 명확히 기재한다.

지연손해금 약정이 없으면 법정이자(연 5%)만 청구 가능하다.

⑥ 기한의 이익 상실

채무자가 지급을 지체할 경우, 채권자가 기한의 이익 상실을 주장할 수 있음을 명시한다.

⑦ 기타

계약서가 여러 장일 경우 간인을 하거나 쪽 번호를 기재한다.

계약서는 당사자 수만큼 작성하여 각자 보관한다.

⑧ 서명 및 날인

채권자와 채무자가 각각 서명 또는 날인한다.

대리인이 있을 경우, 대리권을 증명하는 위임장을 첨부한다.

공증절차 안내

① 공증 필요성

공증을 받으면 계약서의 진정성이 인정되고, 채무불이행 시 재판 없이 강제집행이 가능하다.

차용증 인증(사서증서 인증)은 진정성만 인정, 공정증서는 강제집행력까지 부여된다.

② 공증 준비서류

본인 방문 시: 신분증, 도장(막도장 가능)

대리인 방문 시: 위임장(공증용), 인감증명서(발급 3개월 이내), 대리인 신분증 및 도장

법인일 경우: 법인등기부(또는 법인인감증명서), 법인대표 신분증, 법인도장

③ 공증 절차

공증사무소 방문: 채권자와 채무자가 직접 방문하거나, 대리인이 방문한다.

공증인 작성: 공증인이 계약서(공정증서)를 작성하거나, 이미 작성된 계약서를 인증한다.

서명 및 날인: 당사자가 서명 또는 날인한다.

정본/등본 교부: 정본(채권자), 등본(채무자), 원본(공증사무소 보관)이 각각 교부된다.

④ 공증 수수료

금액에 따라 다르며, 공정증서는 일정수수료 + 정본/등본료가 기본이다.

⑤ 유의사항

공정증서는 집행력이 있어 채무불이행 시 즉시 강제집행이 가능하다.

사서증서 인증은 집행력이 없고, 진정성만 인정된다.

대리인이 방문할 경우, 위임장과 인감증명서가 반드시 필요하다.

이상으로 금전소비대차 계약서 샘플, 작성방법, 공증절차를 안내하였다.

계약서 작성 시에는 반드시 정확한 정보와 법령을 준수해야 하며, 필요시 변호사나 공증인의 자문을 받는 것이 바람직하다.

부동산 증여계약서

증여자(갑): 홍길동 (주소: 서울시 강남구 ○○동 ○○번지, 생년월일: 1970-01-01)

수증자(을): 홍철수 (주소: 서울시 강남구 ○○동 ○○번지, 생년월일: 1995-03-15)

갑은 을에게 다음과 같은 내용으로 부동산을 증여하기로 계약한다.

제1조(증여의 목적)

갑은 본 계약에 따라 을에게 아래 표기한 부동산을 무상으로 증여한다.

- 부동산의 표시

  · 소재지: 서울시 강남구 ○○동 ○○번지

  · 종류 및 구조: 아파트, 철근콘크리트조

  · 면적: 85㎡

  · 기타: [등기부 명시 내용 추가 기재]

제2조(소유권 이전 등기 및 인도)

갑은 본 계약 체결일로부터 30일 이내에 을 명의로 위 부동산의 소유권이전등기 및 인도에 관한 모든 절차를 완료하며, 을은 이에 필요한 서류 제출 및 절차에 성실히 협조한다.

제3조(비용 및 세금 부담)

본 계약에 따른 소유권이전등기, 등기 관련 비용 및 세금은 을이 부담한다.

단, 별도 약정이 있을 경우에 한하여 예외로 할 수 있다.

제4조(증여의 효력)

본 증여는 위 부동산의 소유권이전등기가 을 명의로 완료된 시점에 효력이 발생한다.

제5조(기타)

본 계약에 명시되지 아니한 사항 및 계약의 해석에 관한 사항은 관련 법령 및 일반 관습에 따른다.

2025년 6월 15일

증여자(갑): 홍길동 (서명 또는 날인)

수증자(을): 홍철수 (서명 또는 날인)

주식 증여계약서

증여자(갑): 홍길동 (주소: 서울시 강남구 ○○동 ○○번지, 생년월일: 1970–01–01)

수증자(을): 홍철수 (주소: 서울시 강남구 ○○동 ○○번지, 생년월일: 1995–03–15)

갑은 을에게 아래의 주식을 무상으로 증여하기로 계약한다.

제1조(증여의 목적)

갑은 본 계약에 따라 을에게 아래에 기재한 법인 발행 주식(이하 "증여주식")을 무상으로 증여한다.

- 법인명: ㈜○ ○ ○
- 법인등록번호: 123456–1234567
- 본점주소: 서울시 강남구 ○○동 ○○번지
- 발행주식총수: 100,000주
- 증여주식수: 10,000주
- 1주당 액면가액: 5,000원
- 1주당 매매가액: 20,000원
- 총 매매가액: 200,000,000원(금이억원정)

- 주권번호(있는 경우): [기재]
- 주식종류: 보통주(또는 기타)

제2조(주식 이전 및 명의개서)

갑은 본 계약 체결일로부터 30일 이내에 증여주식에 대하여 을 명의로 명의개서 등 소유권 이전에 필요한 절차를 완료하며, 을은 이에 필요한 서류 제출 및 협조를 한다.

제3조(비용 및 세금)

주식 이전 및 명의개서 등 소요되는 비용과 증여로 인한 제세공과금은 을이 부담한다. 단, 별도 약정이 있을 시 예외로 할 수 있다.

제4조(증여의 효력)

본 증여는 증여주식의 명의개서가 완료된 시점에 효력이 발생한다.

제5조(기타)

본 계약에 명시되지 않은 사항과 해석상 이견 발생 시 관계법령 및 일반관례에 따른다.

2025년 6월 15일

증여자(갑): 홍길동 (서명 또는 날인)

수증자(을): 홍철수 (서명 또는 날인)

(3) 유용한 실무 관련 사이트

민법 및 법률상담사례

상속의 우선순위, 유류분, 성년후견인 등 관련 법령과 상속관련 법률상담사례 등 참조 및 검색 사이트

- 국가법령정보센터 – 민법, 가사소송법 등   https://www.law.go.kr/
- 대한법률구조공단 – 상속 법률상담사례   https://klac.or.kr/legalinfo/counsel.do

세법

상속세 및 증여세 전자신고 및 관련 신고 안내, 상속세 및 증여세법 법령 사이트

- 국세청 – 상속세 및 증여세 신고안내 및 각종 자료   https://www.nts.go.kr/
- 홈택스 – 상속세 및 증여세 신고   https://hometax.go.kr/
- 국세법령정보시스템 – 상속세 및 증여세법   https://taxlaw.nts.go.kr/

세금계산

상속세 및 증여세를 직접 모의계산이 가능한 사이트

- 메트라이프생명(Agent용) – TIP 〉 노블리치솔루션 〉 비스포크리포트 〉 상속·증여
  https://noblerich.insudeal.co.kr/center/search
- 홈택스 – 상속세 및 증여세 신고 〉 (모의계산)증여세·상속세 자동계산   https://hometax.go.kr/
- 부동산계산기.com – 상속세 / 증여세 계산   https://부동산계산기.com/상속세
  https://부동산계산기.com/증여세

상속·증여재산 평가

상속세 및 증여세 계산 시 재산가액을 직접 평가해 보는 사이트

- 홈택스 – 상속세 및 증여세 신고 〉 재산가액 스스로 평가하기   https://hometax.go.kr/

부동산 공시지가

세금 계산시 부동산 재산에 대한 공시지가 확인 가능한 사이트

- 국토교통부 – 공시지가알리미   https://www.realtyprice.kr/notice/main/mainBody.htm
- 한국토지주택공사 – 씨:리얼(부동산종합정보조회)   https://seereal.lh.or.kr/main.do
- 국토교통부 – 일사천리(시도별 부동산정보조회시스템)   https://kras.go.kr/mainView.do
- 국토교통부 – 일사천리(서울시 부동산정보조회시스템)   https://kras.seoul.go.kr/

부동산 실거래가

세금 계산시 부동산 재산에 대한 실거래가 확인 가능한 사이트

- 아실   https://asil.kr/asil/index.jsp
- 호갱노노   https://hogangnono.com/
- 국토교통부 – 실거래가공개시스템   https://rt.molit.go.kr/
- KB부동산   https://kbland.kr/
- 네이버부동산   https://fin.land.naver.com/

기업정보

기업인 대상 상속 및 증여시 해당 기업에 대한 재무정보 파악 사이트

- 금융감독원 - 전자공시시스템 (외감법인, 상장사 등) https://dart.fss.or.kr/
- 중소벤처기업부 - 중소기업현황정보시스템(비외감, 비상장 기업 등) https://sminfo.mss.go.kr/

양식

상속 및 증여시 필요한 각종 샘플 양식 제공 사이트(일부 양식 유료)

- 예스폼 - 유언장 등 각종 서식 및 안내 https://www.yesform.com/

맺으며

《절세모음.zip》은 VIP전담 자산관리센터인 노블리치센터의 경험과 노하우를 기록하고 싶은 욕심에서 시작되었다. 스무 해 가까이 VIP 상담을 해왔으니 발자국 하나쯤은 남기는 게 옳지 않겠는가! 이 야심찬 출판 작업은 장장 3년에 걸쳐 진행되었다. 2023년 개인편을 필두로 2024년 법인편, 2025년 상속·증여편이 대미를 장식하였다.

우리는 총 3편의 《절세모음.zip》 연작에 오랜 시간 고객들이 던진 수많은 질문과 노블리치센터 전문가들이 고민한 해답을 쏟아 넣었다. 소중한 사람에게 편지를 쓰듯, 꾹꾹 눌러 담은 우리의 마음이 전해지기를 바란다.

컨설팅의 목표는 문제를 해결하는 것이지만, 최종 목적은 인생의 행복, 혹은 더 중요한 가치를 실현하는 것이다. 우리는 우리의 솔루션이 고객의 재무적, 비재무 가치를 실현하는 데 도움이 되는지를 주의 깊게 살피고 고민해 왔다. 이 책을 함께 읽은 여러분도 기술적인 상속·증여 절세 방법뿐 아니라 행복을 향한 밑그림이 선명해지기를 진심으로 소망한다.

집단지성으로 최적의 솔루션을 연구합니다!

솔루션랩 Solution Lab.

솔루션랩은 자산가, 법인 등 고객의 상황과 니즈, 법과 제도의 변화에 민감하게 반응합니다.
보다 특화된 솔루션 제공을 목적으로 노블리치센터 산하 자산관리 연구소로 설립되었습니다.

연구분야

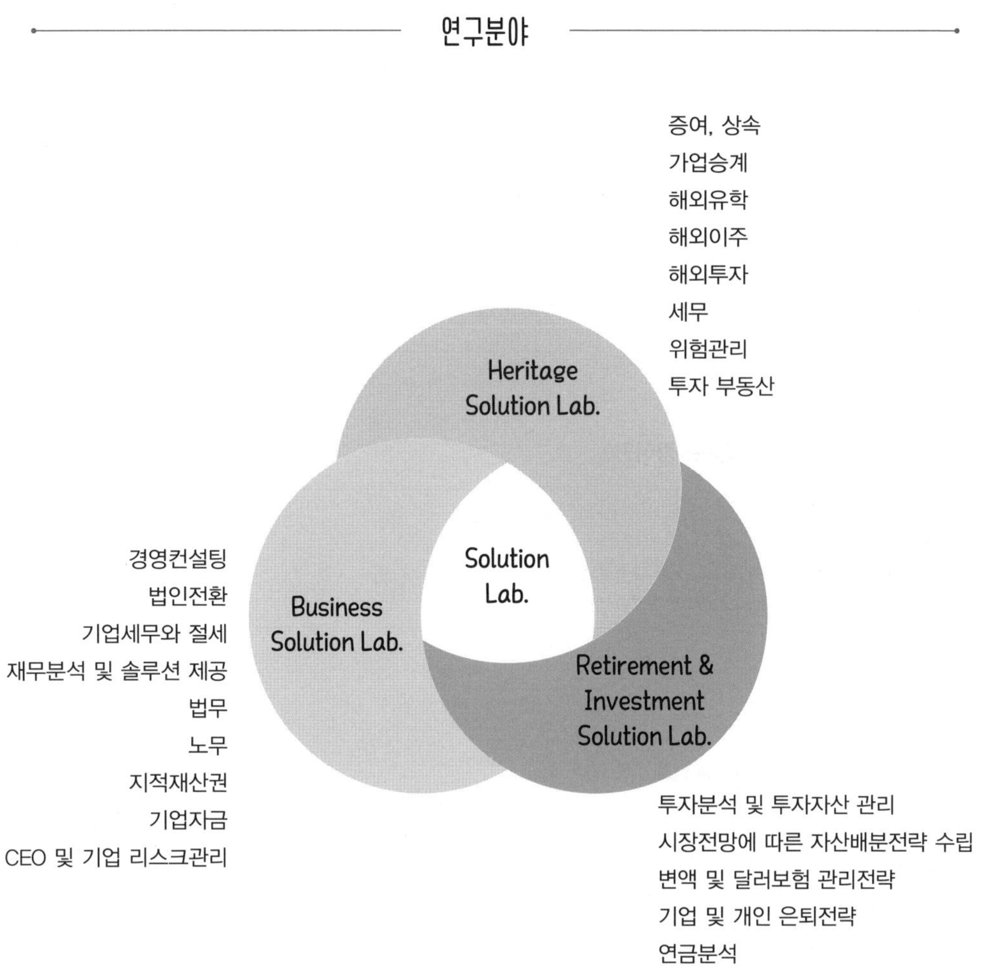

절세모음.zip 《3. 상속 · 증여편》

초판 1쇄 인쇄 2026년 02월 20일
초판 1쇄 발행 2026년 02월 27일
지은이 메트라이프생명 노블리치센터 산하 솔루션랩
공동저자 김인태 · 신일환 · 조영호 · 조하림 · 고경남 · 원윤정
엮은이 조미정

펴낸이 김양수
펴낸곳 도서출판 맑은샘
출판등록 제2012-000035
주소 경기도 고양시 일산서구 중앙로 1456 서현프라자 604호
전화 031) 906-5006
팩스 031) 906-5079
홈페이지 www.booksam.kr
블로그 http://blog.naver.com/okbook1234
이메일 okbook1234@naver.com

ISBN 979-11-5778-740-1 (04320)
　　　979-11-5778-737-1 (SET)

이 도서의 저자 판매 수익금은 전액 독거노인을 위해 기부됩니다.